★ 国家出版基金资助项目
★ 湖北省学术著作出版专项资金资助项目

高等教育与社会发展论丛

董泽芳◇主编

多元与和谐：
民族院校人才培养模式的战略选择

王世忠　著

华中师范大学出版社

新出图证（鄂）字 10 号

图书在版编目（CIP）数据

多元与和谐：民族院校人才培养模式的战略选择/王世忠著. —武汉：华中师范大学出版社，2017.12

（高等教育与社会发展论丛/董泽芳主编）

ISBN 978-7-5622-8069-9

Ⅰ.①多…　Ⅱ.①王…　Ⅲ.①民族学院—人才培养—培养模式—研究—中国　Ⅳ.①G758.4

中国版本图书馆 CIP 数据核字（2017）第 312073 号

多元与和谐：民族院校人才培养模式的战略选择

© 王世忠　著

责任编辑：廖国春	责任校对：罗　艺
封面设计：罗明波	
编辑室：学术出版中心	电话：027－67863220/7792
出版发行：华中师范大学出版社	社址：湖北省武汉市洪山区珞喻路 152 号
电话：027－67863426（发行部）	027－67861321（邮购）
传真：027－67863291	邮编：430079
网址：http://press.ccnu.edu.cn	电子信箱：press@mail.ccnu.edu.cn
印刷：湖北恒泰印务有限公司	督印：王兴平
开本：710mm×1000mm　1/16	字数：407 千字
版次：2017 年 12 月第 1 版	印次：2017 年 12 月第 1 次印刷
印张：27.5	定价：83.00 元

欢迎上网查询、购书

总　序

高等教育是社会大系统中的一个极其重要的子系统，它与经济、政治、文化等子系统之间有着相互依存的关系。高等教育作为培养高层次专门人才的社会活动，与人的发展更有着极为密切的联系。同时，高等教育自身又是一个多层次、多类型、多主体的系统，不仅大学之间，大学内部各组织之间，领导、教师与学生之间关系错综复杂，而且与社会的方方面面都有着千丝万缕的联系。随着时代的发展，多层次的高等教育与多元化的社会之间形成了越来越密切的互动关系。现代社会，高等教育的存在和发展越来越离不开政府和社会在人力、物力、财力，以及政策、环境等方面的支持与促进；社会的发展也越来越离不开高等教育及其研究的引领与推动。美国经济学家弗里德曼用经济学“核心—边缘”理论研究二战后的经济社会现象与教育特别是与高等教育的关系时，发现在知识成为经济社会赖以存在和发展的基本资源与生产要素后，高等教育逐渐从游离于社会之外的“象牙塔”进入社会的边缘区，并渐次成为推动经济社会发展的“中心”要素，从而提出了著名的高等教育“从边缘走向中心”的发展趋势理论。从二战后高等教育对许多国家发展的实际影响来看，高等教育已成为促进国家科技振兴、经济发展、政治民主、文化繁荣的必要条件；从高等教育对社会个体的影响来看，高等教育不仅是提高个人素质、开发个人潜能的重要基础，更是促进社会流动、实现人生价值的主要途径。的确，高等教育对社会及个人的影响力从来没有像今天这样巨大，社会变革对高等教育的影响也从来没有像今天这样深刻。

然而，随着现代科技的发展和工业化进程的加速，科学文化及其内含的经济价值和工具价值得以彰显，高等教育发展中理性主义与功利主义的冲突日趋激烈。同时，高等教育大众化的进程加快及其与政府、市场、大学三者关系日益复杂，加之财政困难，高等教育商业化、官僚化、技术至上和教育质量下降等问题凸显，高等教育发展的现状和社会的期望之间的鸿沟逐渐加深，高等教育与社会发展之间的冲突也不断加剧。著名的高等教育学家约翰·S. 布鲁贝克在其《高等教育哲学》一书中，专门从冲突论的视角，论述了高等教育发展中认知论与政治论、自治与控制、学术自由与社会责任、精英教育与大众教育、普通教育与专才教育五方面的冲突，还就传统的高等教育与现代的高等教育、学术研究与社会现实道德、大学与教会等方面的冲突展开了论述。联合国教科文组织前总干事费德里克·马约尔在 1995 年发布的联合国教科文组织关于“高等教育的变革与发展的政策性文件”中更明确指出，“全世界几乎所有国家的高等教育都处于危机之中”。

在我国，随着社会现代化进程的加快，人们已愈来愈清楚地认识到，高等教育与社会的良性互动和协调发展不仅是政治稳定、科技振兴、经济发展、文化繁荣、人民幸福的必要前提，而且是保障高等教育健康发展、高效运行的基本条件。然而，现实的高等教育与社会互动机制仍不够健全，高等教育与社会发展不协调的现象也普遍存在。尤其是在社会大转型的今天，新旧体制、新旧观念与新旧因素的对立与摩擦，以及由此产生的社会失序、混乱与震荡，不仅使高等教育与社会的互动日趋复杂，也使高等教育与社会的协调发展严重受阻。有关高等教育与社会发展的关系的研究也面临着一系列值得研究的新问题。

从宏观的层次讲：一是社会结构转型与高等教育制度的调适问题。社会转型主要包括政治结构、经济结构、文化结构等在内的社会结构的整体性变迁过程。社会转型必然引起与原有社会结构相配套的规则与程序不同程度的失效，而新社会结构要素的生长亟待制度创新来促进和保障。高等教育制度如何调适与创新，如何形成与各种新的社会结构要素协调发展的关系，如何实现高等教育自身健康发展与着眼于学科发展、促进社会全面协调发展的双重目标等问题，必须通过高等教育社会学的研究才能作出科学的回答。二是高等教育与社会关系的变化及高等教育的社会功能重构。社会结构的全面转型必然对高等教育产生巨大的影响，并使高等教育与社会的关系出现一系列新变化。如市场经济的发展打破了高等教育自我封闭的格局，加强了高等教育对市场的关注；民主政治的推进提升了高等教育的自主地位，弱化了高等教育对政府的依赖；对外开放格局的形成拓展了教育者的视野，加强了高等教育同世界的联系，等等。在这种情况下，如何重新认识高等教育的社会价值，如何重构高等教育的各种社会功能，如教育对市场经济的适应、支持与矫正功能，对政治的维护、监督与批评功能，对国外文化的选择、吸收与融合功能，等等，也是高等教育社会学研究的重要任务。三是高等教育与社会冲突的加剧及高等教育的整合机制。社会全方位的变革使高等教育赖以生存的基础发生了变化，高等教育本身也进入了一个剧变时期，旧的运行机制正在被打破，新的运行机制尚未被建立，高等教育与社会的冲突大量存在。如社会经济发展对高等教育的人才需求结构与高等教育的人才培养、输出结构的冲突，高等教育发展对投入的需求与社会经济承受力的冲突，高等教育对理性精神的追求与社会现实的功利取向的冲突，高等教育的价值观念取向与社会文化观念更新的冲突，等等。诚然，高等教育社会冲突的出现并不必然产生消极的后果。如果通过高等教育社会学的研究能够形成比较健全的教育与社会的整合机制，高等教育与社会之间的冲突就会向积极的方面转化。

从中观的层次讲，主要是社会转型带来的各种社会分化引发了一系列新的高等教育社会问题。如区域分化与高等教育发展的失衡问题，阶层分化与弱势群体子女的高等教育问题。急剧的社会转型使原有社会阶层结构产生了前所未有的大分化，进而导致利益的大分化，这必然会在不同利益主体间产生广泛的矛盾和冲突。由此引发了地区之间高等教育差距扩大、高等教育资源配置不合理、高等教育机会不均等等新的高等教育社会问题。

从微观的层次看，主要有社会行为无序与大学行为失范问题，高等教育时空拓展与高校师生关系变化问题，大学校内、校外环境变化与大学教师角色冲突问题，商业的价值原则渗透与大学生的功利行为问题，等等。这些现实的问题，都是令人感到困惑的新的教育问题、社会问题，迫切需要高等教育社会学的探讨与解决。

在这种情况下，高等教育社会学理应顺应时代的要求，调整研究的视角，真正树立起高等教育与社会一体化协调发展的观念，加强对高等教育与社会互动机制的研究，努力探寻高等教育与社会协调发展的规律，促进我国高等教育的健康发展和社会的全面进步。本丛书的出版目的正在于促进这一研究。

本丛书在编写上突出了下列特点：一是研究立场的本土性与研究内容的时代性。从中国近代高等教育的发展过程看，过去高等教育学的研究在一定程度上存在着过于依赖西方教育理论和教育观念的问题，相关研究缺乏本土意识。本丛书强调立足中国国情来解决中国高等教育实践中的问题。在研究内容上，牢牢把握当下中国社会大转型这一时代背景，直面因新旧体制、新旧观念及新旧因素的对立与冲突所产生的社会失序、混乱及震荡给高等教育发展带来的冲击与挑战，紧紧围绕“高等教育与社会和谐发展”这一核心主题，提出了摆脱困境、战胜危机所要解决的一系列重要问题，并通过实实在在的研究，给出了明确回答。本丛书提出的这些问题，都是“高等教育与社会和谐发展的中国问题”，或者说是“中国的高等教育与社会和谐发展问题”。而从书作者通过研究作出的回答，可视为有助于解决问题的一些“中国答案”。

二是研究视域的广泛性与研究视角的多层性。高等教育与社会发展都是多层次、多类型、多主体的系统，探讨二者的关系应该有广阔的视域和多层的视角。在研究的视域上，本丛书既着力审视整个社会的结构与文化、体制与机制同整个高等教育之间的关系，也努力探明区域分化、地方传统文化同地方高等教育之间的关系，并用力探究具体高校中的职业性别政治、权力关系及角色冲突等问题。在研究的视角上，本丛书立足于高等教育学，比较倚重于社会学，但并不局限于社会学，而是根据研究的具体问题及主要目的，将研究的视角延展至经济学、文化学、人类学、教育学等学科。开阔的学术视野与多样的研究视角，使得从书内容格外丰富多彩。

三是研究方法的多元性与研究手段的实证性。本丛书遵循了理论研究与实证研究相结合、立足国情与合理借鉴相结合、问题分析与对策探讨相结合等原则，注重多种方法的综合运用。尤为强调运用实证分析的手段，将研究结论建立在翔实的资料基础之上，力图更多地用客观事实说话，用实际材料说话。如制度政策的文本分析、形式多样的问卷调查、扎根实地的田野研究、已有统计数据的二次分析等，在本丛书中都有合理运用，从而为发现高等教育与社会协调发展中存在的问题、揭示成因、寻觅对策提供了必要依据。通过开展实证研究，本丛书改变和克服了老套社会科学研究“从概念到概念”、“从理论到理论”、“从问题到问题”的不良倾向，增强了理论研究的“问题导向”与策略研究的“有的放矢”。

本丛书得以出版，既要感谢华中师范大学出版社新老领导的精心策划与大力支持，也要感谢编辑部主任和各位编辑的认真审读与细致编校，更要感谢顾明远先生与吴康宁先生的充分肯定与郑重推荐。

本丛书的作者主要是高等教育与社会发展研究方向的博士和博士后，丛书多是在他们的博士学位论文的基础上修改而成，虽然研究宗旨与写作要求一致，但每本书的主题思想与写作风格各异。作为丛书主编，我希望本丛书的出版能够为促进我国高等教育与社会协调发展起到一定的作用，也希望高等教育与社会发展的议题能受到学界更多的关注。由于作者的水平以及对高等教育与社会协调发展规律的认识有限，本丛书必有诸多不足之处，诚望诸位学者、读者不吝赐教。

董泽芳

2017 年 6 月 6 日

前　言

多元、共生、和谐、质量，处于自然科学、社会科学、人文科学发展的交汇点上，共同表征着民族教育在当下的发展形态。多元是自然、文化与个体独立生存的基础，共生是生态系统各部分成长与发展的路径，和谐是事物内部协调与外部平衡的状态，质量是反映实体满足明确或隐含需要能力的特性总和。质量的定义中所说“实体”是指可单独描述和研究的事物，它可以是活动、过程、产品、组织、体系、人以及它们的组合。多元是实现共生与和谐的前提与保障，共生是和谐生长的内在机制，和谐是多元与共生追求的目标。质量是实现多元、共生、和谐“产品”或工作的优劣程度。在多元共生中走向和谐整生，其普适性的价值内涵，既是生态文明时代的精神主旨，也是当下教育乃至全人类的终极追求。民族院校是党和国家为解决我国国内民族问题而设置的一种特殊的办学组织形态，因而也是我国高校少数民族学生最为集中的一个地方，它不仅体现了我国民族政策的价值取向，而且也是影响我国民族关系的一个重要领域。它具有特殊性，发挥着其他非民族院校无可替代的作用。随着我国高等教育跨入大众化阶段以后，民族院校的少数民族学生人数也急剧增加。然而，由于历史、自然、现实体制等多种因素的制约和影响，民族院校的少数民族学生大多来自比较贫穷的边疆地区和偏远地区。因此，如何解决少数民族大学生从“有学上”到“上好学”的问题，充分实现从机会公平到过程公平、结果公平，这就成为民族院校急需解决的一个重大的理论问题和重要的现实问题。

提高教育质量无疑是一个当前最受人关注的问题。实际上，所有的大学都将把提高教学质量看作是高等教育改革最中心的目标，民族院校人才培养模式对人才培养的质量起决定作用，影响着民族院校的发展。若民族院校采用了符合自身实际情况的人才培养模式，其培养的人才不仅能适应民族地区经济发展、社会进步的实际需求，还能满足国家发展对创新型、应用型人才的需求。“人才培养模式”一般是指人才培养目标、培养规格和培养方式；“民族院校人才培养模式”是指民族院校根据国家和民族地区的需求，依据国家和民族地区人才培养的目标和质量标准，在特定的教育思想和教育理论的指导下，为实现培养目标而形成培养过程的诸要素构成的结构框架与运行制度。因此，《多元与和谐：民族院校人才培养模式的战略选择》牢牢把握当前我国社会转型的时代背景，始终坚持以人为本、以育人为中心的现代大学办学理念，科学确立人才培养的中心地位，紧紧抓住“高等教育与社会和谐发展”这一核心主题，以战略研究为基础，以学科建设与发展规划为核心，注重内涵发展和质量提高，在对民族院校自身核心竞争力和比较优势有清晰认知的基础上，注重保持和创建民族院校的特色和品牌，努力探索一条适合民族院校自身发展的路径。

提高质量不仅仅是技术层面的问题，而是政治层面的问题。大学已经深入地了解到什么因素可以促进学生的学习，但将这些认识在实际中加以利用则是另一回事。另外，强调扩大入学机会，为不同层面的人提高就学机会在政治上更容易受人拥护。如果多用一些资金在提高教学质量上，有人会把这种举措看成是太精英化而不能面对更多的学生。不过，政府和高等教育机构都有责任保障质量的最低标准，可以选择很多策略来完成这一责任。

民族院校内部治理策略，其一是民族院校发展策略必须得到广大师生的认同，被认为能够帮助学校应对重大挑战，值得师生投入时间和精力。其二，民族院校发展策略应该提供实践和思考的机会，才能不断完善发展策略。其三，民族院校发展策略的目标是挖掘院校自身的潜力，总结经验，不断反思。其四，对于所有的高等院校来说，成本是一个需要考虑的重要因素。

民族院校的教学方法、课程内容、课程结构与知识结构也需要不断更新。民族院校人才培养模式决定着其培养的人才的质量，直接影响着民族院校科学的可持续的发展。我国对人才培养模式的研究文献很多，主要是针对普通高等院校和高等职业院校。但是，民族院校不同于普通非民族院校，它具有自身的特点：其一，为少数民族地区和国家培养民族干部与少数民族高素质研究型人才、应用型人才；其二，研究我国的民族理论和民族政策，为我国少数民族工作的顺利进行提供保障；其三，弘扬和传承各民族的优秀传统文化。因此，研究民族院校人才培养模式是具有重要意义的。第一，体现了国家《中长期教育改革和发展规划纲要》对提高高校教学质量的纲要精神；第二，从理论研究上进一步提升和完善民族院校教学质量和人才培养模式；第三，为民族院校教学模式的改革与创新提供具体的实践方案和具有可操作性的实施策略。因此，民族院校必须以教育规律和人才成长规律为基础，更新自身的教学理念、创新自身的人才培养模式，提高民族院校的教育质量。

本书是集体写作，作者指导的研究生全程参与了本书的研究和写作，其中闫豫、杨相配、陈燕、余思思分别参与了第四章、第七章、第八章、第九章的写作，华中师范大学刘璐博士、南昌师范学院王明露对相关资料收集和编辑校对做了大量工作。本文参阅了大量的相关论著，并使用了案例，向这些原作者致以诚挚的谢意。

本书的出版得到了华中师范大学出版社冯会平编审的指导和帮助，出版社的廖国春编辑为本书的文字润色、编辑成书付出了大量心血，在此对他们的辛勤劳动表示衷心感谢。

由于水平和力量有限，本书还有很多不足之处。恳请教育工作者和广大读者，给予批评指正。

王世忠

2017 年 6 月

目　录

第一章　导　论

第一节　研究缘起与研究意义

一、研究缘起

民族院校是党和国家为解决我国国内民族问题而建立的高等院校，其在办学宗旨、教育对象、培养目标、课程体系、教育方法等方面均形成了自身的特色，为我国民族高等教育的健康发展提供了成功范式。民族院校具有其特殊性，发挥着其他非民族院校无可替代的作用。它主要起以下三个方面的作用：其一，为少数民族地区和国家培养民族干部与少数民族高素质研究型人才、应用型人才；其二，研究我国的民族理论和民族政策，为我国少数民族工作的顺利进行提供保障；其三，弘扬和传承各民族的优秀传统文化。现阶段，我国的民族院校从管理主体可以分为两大类，即中央委属民族院校和地方民族院校。其中，中央委属民族院校即国家民族事务委员会直属的院校共有 6 所，分别为中央民族大学、中南民族大学、西南民族大学、西北民族大学、北方民族大学和大连民族大学；地方民族院校有 10 所，分别为广西民族大学、云南民族大学、内蒙古民族大学、青海民族大学、湖北民族学院、贵州民族大学、西藏民族大学、河北民族师范学院、呼和浩特民族学院、四川民族学院。

民族院校人才培养模式对人才培养的质量起决定作用，影响着民族院校的发展。若民族院校采用了符合自身实际情况的人才培养模式，其培养的人才不仅能适应民族地区经济发展、社会进步的实际需求，还能满足国家发展对创新型、应用型人才的需求。“人才培养模式”一般是指人才培养目标、培养规格和培养方式；“民族院校人才培养模式”是指民族院校根据国家和民族地区的需求，依据国家和民族地区人才培养的目标和质量标准，在特定的教育思想和教育理论的指导下，为实现培养目标而形成培养过程的诸要素构成的结构框架与运行制度①。在竞争激烈的21世纪，世界各国的竞争中，核心竞争应该是经济实力的竞争，关键应该是科学技术的竞争，核心应该是人才的竞争。从某种意义上讲，人才在世界各国的流动将会决定各国实力的增减。因此，世界各国都在竭尽全力吸引、用好人才，以使国家可持续发展。随之而来的一个国家如何培养出高质量、有竞争力的人才问题也出现在我们面前。我国是一个发展中国家，是一个人口大国、人力资源大国，但并不是一个人才资源大国、人才资源强国。要立于不败之地，把人口包袱转变为人才金矿，全面建成小康社会，实现中华民族伟大复兴，归根结底需要的是人才，而这一切就需要我们去关注人才培养模式，因为它会左右人才成败、人才聚散。我国自1998年开始的高等教育改革以来，教育事业取得了跨越式发展，高等教育毛入学率从1998年的9.8%提高到2008年的23.3%，完成了高等教育由精英阶段向大众化阶段的历史性转变。这不但在相当程度上满足了社会对高等教育的旺盛需求，而且适应了经济社会发展的需要。随着时间的推移，到2011年至2015年全国大学生在校生数和少数民族大学生在校生数（普通本科）均呈上升趋势，如下图所示。

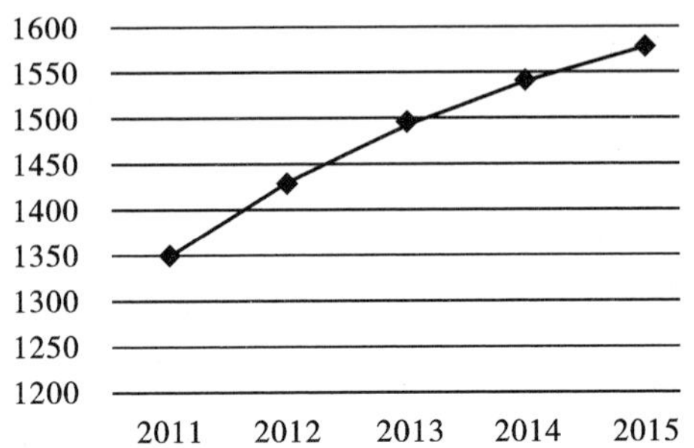

图1-1　2011—2015年全国大学生在校生总人数（普通本科）　单位：万人

① 宋遂周. 我国民族院校人才培养模式研究［D］. 北京：中央民族大学，2010：39.

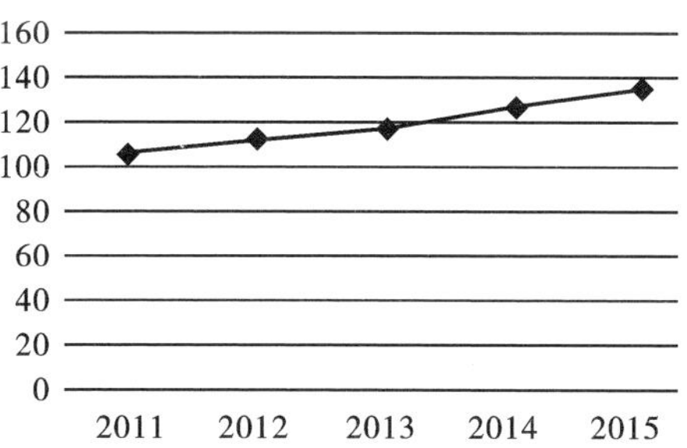

图 1-2　2011—2015 年少数民族大学生在校生总人数（普通本科）　单位：万人

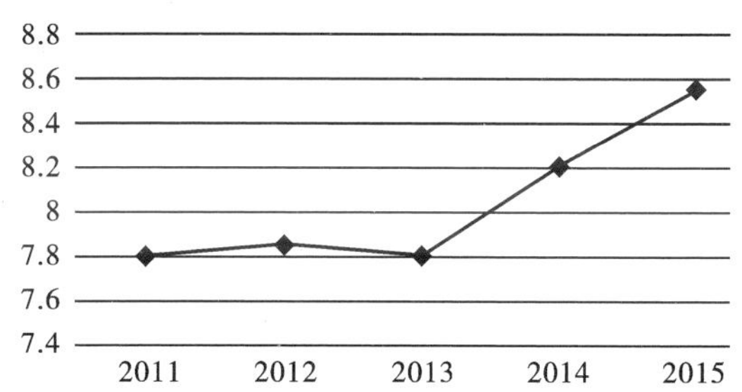

图 1-3　2011—2015 年少数民族大学生在校总人数占全国大学在校生人数的比例（普通本科）　单位:%

人才培养的观念决定了人才培养的目标，人才培养的目标决定人才培养的模式，人才培养的模式决定人才培养的质量，这是教育的基本逻辑。2007 年 3 月，温家宝总理在政府工作报告中指出："高等教育要以提高质量为核心，加快教育教学改革，相对稳定招生规模，加强高水平学科和大学建设，创新人才培养模式，优化人才培养结构，努力造就大批杰出人才。"培养适应国家与民族地区经济社会发展需要的高素质应用型人才，直接或间接地关系到少数民族和少数民族地区的一系列的发展，与此同时也关系到国家经济的发展、政治的安定、文化的繁荣和社会的和谐。人才培养问题可以理解为两大方面的问题：一方面是培养什么样的人的问题，另一方面是怎么样培养人的问题，即培养模式的问题。人才培养作为高校的职能，是高校的身份象征。人才培养一直是教育领域内长盛不衰的话题。21 世纪高校作为知识的保存、传播、应用、创新和人才的培养、挖掘以及科学发现、技术更新的前沿阵地的地位更加凸显，而高校人才培养离不开科学的培养模式的指导。构建人才培养理性模式，有利于转变传统教育观念，树立创新型人才教育观，也有利于进一步深化教育改革，促进并提高教育教学质量和人才培养质量。然而影响人才培养模式的因素众多，既有外部的社会变革因素，又有内部教育思想、教育价值观念及其价值取向选择等，这些因素必须通过教育主体的实践行动发挥作用，因此，伴随着我国高等教育大众化目标的实现，必须进行有关于人才培养模式的研究。

二、研究意义

人才培养质量决定于人才培养模式。在我国高等教育的规模实现跨越式的发展的背景下，党和政府始终将质量作为高等教育发展的重中之重。在当今全球化、本土化的背景下，深入了解人才培养模式是一项既有理论价值又有现实意义的重要课题。首先，把人才培养模式作为研究对象，有利于深化对人才培养模式本质的认识。当前，我国人才培养模式从单一走向多元，从封闭走向开放，这是时代发展的要求。高等院校在招生制度、培养目标、培养方式、培养制度等方面都各不相同，但人们却常把不同院校的人才培养模式混为一谈，因此导致人们对不同院校人才培养模式的特色和人才培养模式的功能认识不清。因此，通过从理论上区分不同院校在人才培养模式上的异同点，进而对不同院校人才培养目标、培养制度和培养方法、政策支持等进行系统梳理，有利于我们准确理解和把握人才培养模式的深刻内涵。其次，将人才培养模式作为研究对象，对于我国教育的发展具有相当的促进作用。教育质量是我国高等教育存在与发展的基础，在党的十七大、十八大路线的指引下，我国确立了优先发展教育、建设人力资源、提高高等教育质量的具体要求。人才培养模式决定人才培养质量，深入开展人才培养模式研究是深化高等教育制度改革的主要途径。将人才培养模式作为研究课题，有利于明确人才培养理念、人才培养目标、人才培养制度和人才培养评价。通过对我国人才培养制度改革的比较分析，总结出我国人才培养模式的优势和特色，为我国创新人才培养模式提供理论依据和现实借鉴。人才培养模式直接或间接地关系到人才培养的质量，关系到所培养的人才能否与民族地区乃至全国的经济建设和社会发展的需求相适应。对人才培养政策和模式的状况进行总结，将人才培养模式方面取得的成绩和存在的问题进行深入探究，有针对性地提出对策和建议，有利于贯彻落实我国关于提高教育质量的要求，有利于培养适合我国经济社会发展的高素质人才，从而为全面实施科教兴国战略、人才强国战略，构建社会主义和谐社会提供人才保障。

第二节 文献回溯与研究问题

一、文献回溯

（一）国内人才培养模式文献综述

1.“人才培养模式”的概念

在我国，对人才培养模式的关注和相关研究兴起于20世纪90年代，研究内容和基本类型主要包括学制变革型（如“5111”模式、“4＋2”模式）、素质导向型（如应用型人才培养模式、能力型人才培养模式）、课程结构体系改造型（如学科综合、专业基础拓宽）、理论与实践相结合型（如“工学结合”模式、“产学研一体化”模式）、校内外合作型（如校企合作模式、合作教育模式），等等。总体而言，人才培养模式的研究呈现出目标能力化、规格社会化、方式多样化等特征和趋势。

我国最早提出“人才培养模式”这一概念的是学者文育林。学者曲钦岳认为理科教育试行着两种人才培养模式，即基础学科强化型人才培养模式和与厂矿企业、科研机构进行合作教育的培养模式。学者刘明浚认为：“人才培养模式是指在一定的办学条件下，为实现一定的教育目标而选择或构思的教育、教学式样。”① 他还认为，人才培养模式包括以下几个要素：课程体系、教学方法、教学手段、教育目标和教育组织手段等等。其中，人才培养的核心要素是课程体系，其他要素为课程体系的安排和实施提供协助，促使培养目标的达成。1994年初，由原国家教委制定并组织实施的教育改革研究项目“高等教育面向21世纪教学内容和课程体系改革计划”中的内容之一是研究和改革各专业或专业群的目

---

① 刘献君，吴洪富. 人才培养模式改革的内涵、制约与出路［J］. 中国高等教育，2009（12）：10.

标和人才培养规格，改革人才培养模式。学者陈祖福将人才培养模式理解为，“为受教育者构建什么样的知识、能力、素质结，以及怎样实现这种结构的方式”①。学者俞信从狭义和广义两个方面谈到了人才培养模式的概念，狭义的理解是指“过程与方式”，广义的理解是“在一定教育思想指导下，培养目标、教育制度、培养方案、教学过程诸要素的组合”②。1998年，教育部下发了《关于深化教育改革，培养适应21世纪需要的高质量人才的意见》，认为人才培养模式是“学校为学生构建的知识、能力、素质结构，以及实现这种结构的方式，它从根本上规定了人才培养特征并集中体现了教育思想和教育观念”。教育部原副部长周远清认为：“所谓人才培养模式，实际上就是人才培养目标、培养规格和基本培养方式。”③ 学者龚怡祖将人才培养模式界定为，“在一定的教育思想和教育理论指导下，为实现培养目标（含培养规格）而采取的培养过程的某种标准构造样式和运行方式。它们在实践中形成了一定的风格或特征，具有明显的系统性与范型性”④。阴天榜认为培养模式是“在一定的教育思想、教育理论和教育方针的指导下，各级各类教育根据不同的教育任务，为实现培养目标而采取的组织形式及运行机制”⑤。杨杏芳认为人才培养模式的概念是“在一定的教育思想和教育理论指导下，为实现培养目标而采取的教育教学活动的组织样式和运行方式等”⑥。学者李培凤、王生钰认为：“人才培养模式是指在高等教育理论和实践指导下，为实现一定的培养目标，由人才培养方案构建方式、运行机制及

① 陈祖福．迎接时代挑战，更新教育思想和观念［J］．高等理科教育，1997(1)：8.

② 俞信．对素质和人才培养模式的基本认识［J］．工程教育研究，1997(4)：10.

③ 教育部高等教育司．深化教学改革，培养21适应世纪需要的高质量人才［M］．北京：高等教育出版社，1998：48.

④ 龚怡祖．略论大学培养模式［J］．高等教育研究，1998(1)：86.

⑤ 阴天榜．论培养模式［J］．中国高教研究，1998(4)：46.

⑥ 杨杏芳．论我国高等教育人才培养模式的多样化［J］．高等教育研究，1998(6)：69.

培养途径诸要素组成的复合系统。”① 学者李文鑫、黄进认为，人才培养模式是关于人才培养过程质态的总体性表述，即对人才培养过程的一种设计、构建和管理，在人才培养中起着统帅作用②。蔡炎斌界定人才培养模式为：“在一定的教育思想和教育理论的指导下，学校根据人才培养目标，对培养对象采取的某种特定的人才培养的结构、策略、体系及教育教学活动的组织样式和运行方式的总称。”③ 柯文进指出：“人才培养模式是指大学根据国家人才培养的目标和质量标准，在一定的教育思想和理念指导下，以人才培养活动为本体，为大学生设计的知识、能力等素质结构以及实现这种素质结构的教育、教学活动方式。”④ 李志义认为人才培养模式是指“涉及人才培养活动的所有方面和整个过程，是对人才培养活动结构和过程及其相互关系的模式化，决定了组成要素、要素之间的相互关系及运行特点”⑤。刘英、高广君认为，人才培养模式是“在一定的教育理念指导下，高等学校为完成人才培养任务而确定的培养体系、培养途径和培养机制的定型化范式”⑥。

以上学者对人才培养模式的界定主要涉及两个方面：第一，认为人才培养模式是一种方式、方法，其目的是实现培养目标；第二，认为人才培养模式是各种要素之间相互组合，重视培养过程。

2.“民族院校人才培养模式”研究

李洁（2009）认为要构建多元化的人才培养模式：“2＋1”分流教

---

① 李培凤，王生钰．跨学科人才培养模式案例分析［J］．国家教育行政学院报，2004（1）：91．

② 李文鑫，黄进．跨学科人才培养的理论研究［M］．武汉：武汉大学出版社，2004：126．

③ 蔡炎斌．高校创新人才培养模式之探索［J］．湖南师范大学教育科学学报，2006（2）：79．

④ 柯文进．现代大学制度下大学人才培养模式研究［J］．中国建设教育，2006（11）：13．

⑤ 李志义．谈高水平大学如何构建本科培养模式［J］．中国高等教育，2007（15）：35．

⑥ 刘英，高广君．高校人才培养模式的改革及其策略［J］．黑龙江高教研究，2011（1）：127．

学人才培养模式，教师教育专业实行“师范院校 + 实习学校”的教师职前教育人才培养模式，非教师教育专业实行“学历 + 职业资格证书”的人才培养模式、复合型人才培养模式、“校企联合”人才培养模式①。土登、耿亚军、汪卫琴（2009）认为民族院校应该培养应用型人才，应用型人才的内容是使学生具有合格的思想政治素质、良好的道德素质和较高的能力与情感素质，实现多方面的发展。其中，师资队伍是关键②。谢梦（2010）通过对湖北民族学院的人才培养模式的探究，提出该校应该进行以下几项改革：其一，加强通识教育体系建设；其二，加强实践创新教学平台建设；其三，加强师资力量建设③。徐桂兰（2004）分析了民族院校的特殊性，在此基础上提出重构其人才培养模式，在构建其人才培养模式时要考虑到生源的多层次性、民族地区经济社会发展不平衡。建议“一体两翼”的多元化人才培养模式，即以培养通用型人才为主体，以研究型、特色型人才为两翼④。雷召海（2010）以中南民族大学为个案探索了民族院校人才培养模式⑤。

国内对民族院校的培养模式研究甚少，且主要研究民族院校培养模式的创新与改革途径，并没有通过民族院校人才培养模式的横向比较进行创新。

（二）国外人才培养模式文献综述

由于第三次科技革命，科学、生产、技术之间的转化周期大大缩短了，同时，它们成为大学人才培养模式变化的动机之一。当时的人才培

① 李洁．地方民族院校人才培养模式改革的思考与实践［J］．中国电力教育，2009（10）：8.

② 土登，耿亚军，汪卫琴．少数民族和民族地区应用型、精英型人才培养必要性分析［J］．西南民族大学学报（人文社科版），2009（12）：65.

③ 谢梦．民族院校人才培养模式研究——以湖北民族学院为例［J］．湖北民族学院学报（哲学社会科学版），2010（2）：74.

④ 徐桂兰．民族院校人才培养模式多元化论［J］．广西民族学院学报（哲学社会科学版），2014（2）：150.

⑤ 雷召海．关于民族院校人才培养模式创新的探索［J］．中南民族大学学报（人文社会科学版），2011（6）：60.

养模式主要以“协作式”为主，强调教学、科研和生产的紧密结合，充分地彰显了时代的特征。

高等教育哲学对人才培养模式的影响极大，国外学者主要从政治层面的教育哲学出发，把对人才培养模式研究的焦点放在社会各方面对人才的需求上。人才素质的规格是随着时代的转变、经济社会的发展而有所不同。高等教育哲学决定着人才培养模式。西方大学人才培养模式的改革包括两个方面：其一，学者们进行着相关理论的研究，指导人才培养模式的改革；其二，学者们的研究也离不开各个高等学校的积极实践，将新的理念融入学校人才培养模式的改革之中，在实践中检验理论的适用性。

美国约翰·布鲁贝克是高等教育哲学理论的奠基人，他对高等教育哲学的见解是：一种哲学是以认识论为基础，即大学教育是精神知识的追求；另一种哲学是以政治论为基础，即大学教育不仅可以探索知识，更重要的是对国家具有深远的影响，满足社会需求。这两个层面的教育哲学对西方人才培养模式产生了极大的影响。西方高等院校人才培养模式大体可区分为人文型、科学型、技术型以及混合型四种模式。西方不同的国家、不同的大学都有着不同的具体模式，因为各地区、各学校的具体的人才培养目标、教学计划、课程体系等的侧重点不同。

（三）文献简评

综合考察人才培养模式的已有研究，但如以下几个方面还未引起足够的重视：第一，从普通高等院校和高等职业院校的角度进行探讨的文献较多，但对民族院校这一独特视角关注较少；第二，从教育行政管理或教学管理等宏观或中观层面探讨的较多，而从专业课程设置、课程的“二次开发”、教学实施过程与规律的把握等微观层面的关注较少。

二、研究的基本问题

（一）人才培养模式的内涵

当今社会是竞争激烈的社会，世界各国之间的竞争，中心是经济实力的竞争，最为关键的是科学技术的竞争，核心是人才的竞争。从某种意义上讲，人才在世界各国的流动将会决定各国实力的增减。所以，世界各国都在竭尽全力吸引、用好人才，以使国家可持续性发展。与之相适应的，一个国家高等教育如何培养出高质量、有竞争力的人才竞争新格局也展现在我们面前。我国是一个发展中国家，是一个人口大国、人力资源大国，但并不是一个人才资源大国、人才资源强国。要立于不败之地，把“人口”包袱转变为“人才”金矿，全面建成小康社会，实现中华民族伟大复兴，归根结底都需要人才，而这一切更需要我们去关注人才培养模式，因为它会左右人才成败、人才聚散。伴随着教育体制改革深入和社会教育需求的多样化发展，从20世纪80年代开始，人才培养模式问题便逐渐成为中国高等教育的重要议题。但到今天，人才培养模式的改革和创新仍然是高等教育发展的薄弱环节。我们应该认真研究人才培养模式的内涵，为高等教育的发展和人才培养提供有力的佐证。

人才培养模式是高等教育领域的基本问题，有人才培养，就有人才培养的模式。但我国高校、学界及教育行政部门提出并讨论人才培养模式，则是近20多年特别是近几年的事。1994年刘明浚等人首次明确对人才培养模式概念做出界定。刘明浚主编的《大学教育环境论要》指出：“人才培养模式是指在一定的办学条件下，为实现一定的教育目标而选择或构思的教育、教学式样”；同时也明确指出了人才培养模式所应涉及的诸要素，包括“课程体系、教育途径、教学方法、教学手段、教学组织手段等”，其中“课程体系是人才培养的核心要素，而其他要素则是为了使课程体系正确而有效地安排和施教从而使培养目标得以落到实处”①。在我国高等教育管理层面，首次对这一概念做出界定的是教育部在1998年召开的第一次全国普通高校教学工作会议的主文件《关于深化教学改革，培养适应21世纪需要的高质量人才的意见》中提到的，“人才培养模式是学校为学生构建的知识、能力、素质结构，以及实现这种结构的方式，它从根本上规定了人才特征并集中体现了教育思想和教育观念”。在学术界，不同的学者也从不同的角度对这一概念进行了界定。颇具代表性的观点可分为以下五种：

---

① 刘明浚．大学教育环境论要［M］．北京：航空工业出版社，1993：4．

第一种观点认为，“培养模式是教育思想、教育观念、课程体系、教学方法、教学手段、教学资源、教学管理体制、教学环境等方面按一定规律有机结合的一种整体教学方式，是根据一定的教育理论、教育思想形成的教育本质的反映”①。这种解释狭义地将人才培养模式界定在教学活动的范畴内，强调“人才培养模式”这一概念应用于教学方式方法上。

第二种观点认为，“对人才培养模式界定为：在一定的教育思想指导下，人才培养目标制度、过程的简要组合，是为了实现一定的人才培养目标的整个管理活动的组织构建方式，它是在一定的教育思想指导下，为完成特定的人才培养目标而构建起来的人才培养结构和策略体系，它是对人才培养的一种总体性表现，它们在实践中形成了一定的风格特征，具有明显的系统性和范型性”②。这种解释是将人才培养模式概念的界定扩大至整个管理活动的范畴内，强调“人才培养模式”的概念可以在泛化的意义上来使用，是一种泛化论的观点。

第三种观点认为，“培养模式的内涵，是指在一定的教育思想和教育理论指导下，为实现培养目标（含培养规格）而采取的培养过程的某种标准构造样式和运行方式，它们在实践中形成了一定的风格或特征，具有明显的系统性与范型性”③。这一看法将培养模式概念的范畴划定在教学活动和整个管理活动之间。如果将培养模式仅限定于“教学活动”的范畴内则相对地过于狭窄，人才培养模式应该是贯穿于大学的整个培养过程中，它与教学计划、专业结构、课程设置等等之间存在着包容与被包容的关系。然而如果将人才培养模式的内涵泛化直至整个管理活动的过程中，则又会显得对人才是培养模式的解释不够精准，他们大都认为人才培养过程中带有方向性的管理问题才是培养模式所真正能涉及的。

第四种观点认为，对于人才培养模式内涵的理解，不应该明确地将

① 刘红梅，张晓松．21世纪初高教人才培养模式基本原则探析［J］．齐齐哈尔医学院学报，2002（5）：589.

② 马国军．构建创新人才培养模式的研究［J］．高等农业教育，2001（4）：19.

③ 龚怡祖．略论大学培养模式［J］．高等教育研究，1998（1）：86.

其限定于某一个特定的教育系统的范畴内，而应该从“人才培养”和“模式”这两个核心词语出发，对“人才培养模式”的内涵进行重新审视，是因为“人才培养”与“模式”这两个词都有一种“状态”的含义存在。《现代汉语词典》中对“模式”解释是“某种事物的标准形式或使人可以照着做的标准样式”。“人才培养”是变化的状态，“模式”是状态中表现出来的特性。“人才培养模式”是由“人才培养”与“模式”两个词构成，它的内涵应该是在培养人的过程中呈现出的一种结构状态特征。因而，应该将人才培养模式的内涵总结成：“所谓的大学人才培养模式是指在现代大学培养理念和理论指导下建立起来的比较稳定的大学人才培养活动的结构框架和活动程序，其中建立‘结构框架’的目的在于指导大学的管理者和教育者从宏观上把握人才培养活动整体及各要素之间内部关系的功能，而‘活动程序’意在突出人才培养模式的有序性、可控性和可行性。”①这种解释主要受到“模式”的概念的影响，更多地强调的是培养模式应该是一种结构体系与运行机制。

第五种观点认为，人才培养模式就是用模式的理论来研究人才培养问题，也就是用模式研究的方法来分析、研究、解决实践中的人才培养问题。这种模式是一种重要的科学操作和科学思维方法，是借助科学方法来对过程的本质特性进行描述。

持不同观点的学者从不同角度对人才培养模式这一概念进行了界定，虽然表述不同，但对人才培养模式的内涵理解基本是一致的。他们普遍认为“人才培养模式”指在一定的现代教育理论和教育思想的指导下，按照一定的培养目标和人才规格，以相对来说较为稳定的教学内容和课程体系、管理制度和评估方式，实施人才教育的过程的总和。在1998年在教育部召开的第一次全国普通高校教学工作会议上，时任教育部副部长的周远清曾对这一概念作出过这样的阐述，他认为所谓的人才培养模式，实际上就是人才的培养目标和培养规格以及实现这些培养目标的方法和手段。

---

① 陈洪玲，于丽芳．高校扩招后人才培养模式的理论与实践［M］．北京：北京师范大学出版社，2011：3.

（二）人才培养模式的外延

伴随着人才培养模式理论研究的深入，国内外的一些专家学者都积极地对人才培养模式这一概念内涵及外延进行了探讨，但仍以人才培养的目标、规格、方案及相关的制度与过程等要素为阐述重点。当下较为通用的对“人才培养模式”的定义，大体包括以下四个层面的内容：其一，人才培养的规格和目标；其二，为了实现人才培养规格和目标的教育过程；其三，保证教育过程按既定方向实施的评估体系和管理制度；其四，能与之匹配的科学的教学方式方法。鉴于人才培养是一个开放而又复杂的系统，下文将其分为三个层次予以论述。

第一，就观念层面而言，“人才培养模式”涵括教育价值取向、理念体系和人才培养目标。这一概念含有一定的价值诉求，这种价值诉求要获得实现，就得通过具体的培养活动来达到，这就要求对培养目标予以定位①。

第二，就制度层面而言，人才培养模式涵括课程体系的设计与培养方案的编制。虽然观念对人才的培养有着重要的影响，不过它终究需要借助于工具性的东西即教育内容、课程体系和人才培养方案来转化。

第三，就操作层面而言，人才培养模式涵括教育方法体系和人才培养过程的组织实施。所谓“教育方法体系”是指在教育实施的过程中要借助的基本物质条件，一项教育活动的有效展开，往往离不开一定的途径、方式方法来将教育客体与教育主体联系起来。而“人才培养方案”是指实现人才培养目标的策略选择，因为人才培养的效果在相当程度上取决于对教育的有效管理。

（三）人才培养的质的规定性

“规定性”是事物本身所固有的特性。任何事物都存在着两种最基本的规定性：质的规定性和量的规定性。质的规定性就是事物之所以为该

---

① 张博文．从理论和实践的结合上完整、准确地理解人才培养模式［J］．荆楚理工学院学报，2010（8）：75.

事物以及它区别于其他事物的特点。人才培养模式也具有其质的规定性①：

第一，人才培养模式应该是对人才培养活动结构、过程以及其相互关系的一种较为简约化的表示。人才培养活动既包括一系列要素构成的一些静态结构及其关系，同时也包括了人才培养过程中所表现出来的动态的运行状态。由要素组合而成的范型与其活动过程中表现出来的运行方式最终便构成了人才培养模式的基本内容。通过人才培养活动和人才培养活动过程的系统分析，便可以找出能够凸显人才培养活动的关键环节与核心的内容，从而得到人才培养模式的一系列的组成要素和这些要素之间的相互关系和运行特点，等等。

第二，人才培养模式的描述对象为学校人才培养活动。“人才培养模式”是指在一定的现代教育理论、教育思想指导下，按照特定的培养目标和人才规格，以相对稳定的教学内容和课程体系，管理制度和评估方式，实施人才教育的过程的总和。因而人才培养模式的界定范围应该涉及学校人才培养活动的各个方面以及整个过程。但是应该明确的一点是人才培养模式不应该等同于人才培养活动，而应该把人才培养活动抽象化、系统化，最终概括出人才培养活动的范式、模型。

第三，人才培养模式的各要素按一定的内在的规律组合在一起，并且依据一定教育规律运行要素之间相互联系、相互制约，组成一个相对而言较为完整的有机的整体。一个或几个要素的发展变化，就会引起其他要素的一系列的发展与变化，而正是这种要素变化的机制最终构成了运行方式。由于人才培养模式拥有各要素的不同组合与发展变化结果，因此便形成了风格各异的具体人才培养模式。

第四，人才培养模式受到外界因素的制约。教育思想、教育理论、教育目的、社会和个人对人的培养需求成为外界因素的主要方面。外界因素的发展变化，会引起人才培养模式中相关要素的变化与发展，从而引起人才培养模式的革新。

---

① 陈洪玲，于丽芳．高校扩招后人才培养模式的理论与实践［M］．北京：北京师范大学出版社，2011：4.

（四）人才培养模式的基本要素

“人才培养”有两个方面的含义：一是“人才”，即社会需要的理想的人；二是“培养”，即为了培养这种理想的人的教育活动的过程。也可以理解为“人才培养”即人才培养的活动。所以人才培养模式构成要素会涉及四个方面的问题：一培养什么人；二用什么培养人；三怎样培养人；四培养人怎样。由于这四个问题所涉及的层面不同也就决定了其不同的构成要素：

1．目的要素

由于“培养什么人”这问题涉及价值层面的培养目标和培养规格，因而应归于目的要素。“目的”通常是指行为主体根据自身的需要，借助意识、观念的中介作用，预先设想的行为目标和结果。人的实践活动以目的为依据，目的贯穿实践过程的始终。人才培养目标会受到社会对人才类型、人才规格的一系列的需求、学生不同的基础条件以及全面发展要求的共同制约，因而目的要素才是人才培养模式中的最关键因素，目的要素对人才培养进行质的规定，是一切教育活动的出发点和归宿，是全部教育工作的核心。人才培养的规格则是在培养目标的基础上，进一步规定了人才培养的层次、服务方向及知识、能力、素质等要求。

2．内容要素

“用什么培养人”讨论的是培养制度和培养内容，因而应归于内容要素。“制度”一般指要求大家共同遵守的办事规程或行动准则，也指在一定历史条件下形成的法令、礼俗等规范或一定的规格。因而培养制度则是有关人才培养的重要规定，是人才培养的规程和行动准则，是程序更是其实施体，是人才培养活动得以按既定规定实施的重要保障和基本前提，是培养模式这一活动中的最为活跃的一项内容。培养过程是人才培养模式实施的过程，是人才培养模式的核心，是培养目标能否实现的基础。培养过程包括专业设置、课程体系、教育主体、培育方案、教学组织形式等。

3．方法要素

“怎样培养人”主要研究的是行为层面的教育方法，属于方法要素。教育方法是指在一定的教育思想指导下形成的实现教育思想的策略性途径。教育方法是教育的客观规律和原则的反映和具体体现，正确地运用各种教育方法，对于提高教学的质量、实现教育的目的、完成教育的任务具有深远的意义。教育方法是为实现人才培养目标、掌握人才培养内容而采用的程序、方式和手段的总和。教育方法是多元的，包括教师直接指向教育内容的教学方法、学生学习方法指导及学前教育和家庭教育的方法。

4．评价要素

“培养的人怎样”这一问题则涉及结果层面的质量评价体系，因而应归于评价要素。“评价”通常指对一件事或人物进行判断、分析后的结论。而评价的过程是一个对评价对象的判断过程；是综合计算、观察和咨询等方法的一个复合分析过程。在人才培养过程中的评价体系主要对实施教育的过程和结果进行考核和测评，是检测人才质量的最重要的评价标尺。对于人才培养的评价是保证人才培养质量的重要措施，它包括人才培养评价内容、评价标准、评价方法等。

（五）人才培养模式的特征

人才培养模式是在一定的教育思想和教育理论指导下，根据社会对人才的需要以及学校自身的特点，为实现一定培养目标而形成的比较稳定的人才培养活动结构样式和运行机制，人才培养模式在实践中形成一定的风格或特征：

1．系统性与灵活性

培养模式是一个系统，由培养目标、培养制度、培养过程、培养评价四个子系统构成，从总体上勾画出了人才形成的规格，包括知识、品德、能力等在内的网络体系。各个子系统之间是相互作用的，培养目标统摄培养制度、培养过程和培养评价①。人才培养模式具有一定的弹性，因而其存在着一定灵活性，这样更加有利于具体运作。

2．独立性与中介性

人才培养模式的任何子系统在相互作用时都应该保持其独立性，按需调整，以适应改革的整体需要。任何人才培养的模式，都应该以某种

① 文汉．人才培养模式探析［J］．高等农业教育，2001（4）：17．

教育思想和教育理论为其依据，将这一模式具体化，经过其中的中介手续，最后将其转变为可供学校的教育工作者在人才培养活动中的可操作的既简约又相对完整的范型①。人才培养模式作为一种沟通教育理论和教育实践的中介手段，是教育理论在教育实践中的具体运用，其可操作性与培养模式本身的中介性特点密不可分。

3．稳定性与多样性

人才培养模式不是从个别的、偶然的教育现象中产生的，它是通过对大量的人才培养教育活动的理论抽象和概括所得到的，具有一定的规律可循，也具有一定的稳定性。人才培养模式的多样性是我国社会经济现状与发展的内在的必然要求，也是教育内在规律与自身不平衡发展的一种必然结果。

第三节　研究视角与研究方法

一、研究视角

（一）从学科导向向问题导向

民族教育学是以研究我国55个少数民族教育的现象及其规律为特定对象的一门独立的学科。我国55个少数民族的教育应称为“中国少数民族教育”，也可简称为“民族教育”。《中国大百科全书民族卷》是这样表述的：“少数民族教育是在多民族国家内对人口居于少数的民族实施的教育，简称民族教育。在中国，指对汉族以外的其他民族实施的教育。”这个定义基本揭示了民族教育的本质特征，目前已为大多数人所接受。李铁映同志在1992年召开的全国第四次民族教育工作会议上所作的报告也指出：“我国的民族教育，就其范围来说，是指对汉族以外的55个少数民族成员所实施的教育。”② 随着民族教育事业的快速发展，民族教育学科日臻成熟，民族教育学科体系日益完善。民族高等教育学

① 于长志，陆秀君，吴蓓，等．对普通高等教育人才培养模式的认识［J］．沈阳农业大学学报（社会科学版），1999（3）：71．

② 王铁志．论民族教育的概念［J］．民族教育研究，1996（2）：3．

科体系的建设也逐步回应现实问题，由学科导向逐步向问题导向转变。

1. 学科导向与问题导向

(1) 学科导向

学科主要是高等教育学的范畴。在高等教育研究领域，人们一般认为学科大致包括教学科目、学问分支和学术组织三层基本含义。作为高等教育学的一个重要范畴，学科主要应包括两方面含义：其一，学科是特定研究领域走向成熟的产物。“称一个研究范围为一门‘学科’，即是说它并非只是依赖教条而立，其权威性并非源自一人或一派，而是基于普遍接受的方法或真理。”① “称一门知识为学科，即有严格和具有认受性的蕴义。”② 其二，学科是研究领域制度化与建制化的结果。在这种意义上，学科的形成也就在于它成功地界定了自身的研究边界，并规定了本学科研究者的学术规范，即所谓的“学科构成了话语生产的一个控制体系，它通过同一性的作用来设置其边界。而在这种同一性中，规则被永久性地恢复了活动。”③ 一般情况下，学科的设置应建立在学科划分的基础之上。但是随着知识积累的增多，原有学科经过分化或综合而出现新的学科。以学科为导向，即是以现实问题的解决为载体，以学科的建设、学科体系的完善为目的，是将科学知识理论化、体系化，或者是将科学研究领域制度化和建制化。

(2) 问题导向

“问题”很难有一个确定的、无异议的定义。通常来说，问题包含三个基本成分：给定信息、目标和障碍。给定信息即是一致的有关问题条件的描述，即问题的起始状态。目标是指有关构成问题结构的描述，即问题要求达到的目标状态，问题解决就是要把问题的给定状态转化为目标状态。障碍是指在解决问题的过程中所遇到的各种亟待克服的因素，也就是说在问题的解决过程中，很可能会有一些错误和曲折，要经过曲

---

① 华勒斯坦，等. 学科·知识·权力［M］. 北京：生活·读书·新知三联书店，1999：14.

② 华勒斯坦，等. 学科·知识·权力［M］. 北京：生活·读书·新知三联书店，1999：13-14.

③ 华勒斯坦，等. 开放社会科学——重建社会科学报告书［M］. 北京：生活·读书·新知三联书店，1997：35.

析的步骤。综合上述对问题三个基本要素的分析，可以将问题界定为给定信息与要实现的目标之间有某些障碍需要加以克服的情境。问题大致包括如下四种解释：要求回答或解答的题目，需要解决的矛盾、疑难，事故或麻烦，关键及要点、嫌疑。

问题就是矛盾，问题就是实际。问题导向就是以应对和解决社会实践活动及其各种社会交往、社会关系中，所存在的利益冲突和价值对立问题为目的。无论是自然科学还是人文社会科学的发展，都是立足于问题而产生，着眼于解决问题而完善，任何一门学科都应具备识别问题、认识问题、分析问题和解决问题的目的方法和手段。

2. 民族高等教育学科体系的建立与学科体系构成

(1) 民族高等教育学科体系的建立与完善

民族高等教育既是我国教育事业的重要组成部分，又是我国民族工作的有机组成部分。在教育事业中，仅有汉族教育事业的发展而无民族教育事业的充分发展，还不是完全的教育事业的发展。在民族工作中，仅有民族经济、民族文化、民族体育等的发展，而无民族教育事业的发展，也不可能实现消灭历史遗留的各民族间事实上的不平等。所以，民族教育既是教育工作又是民族工作，它既以基本的教育理论为指导，又受我国民族理论所制约。民族教育一方面要遵循教育的发展规律，另一方面又必须遵从少数民族教育发展的特殊规律。民族教育的这种共性与特性，形成了民族教育的特殊矛盾，构成了一个特定的研究领域。

在解放初期，各民族院校的建立、民族文字教材的编写、民族教育经费的拨发等，都是对民族教育特点的较深认识而采取的正确方针政策，民族教育事业得到了发展与提高。但对民族教育特点规律性认识不够，采用了某些不正确的办法，而阻碍了民族教育应有的发展与提高。民族教育发展需要正确的方针政策，而正确的方针政策取决于对民族教育客观规律的认识与掌握。创建和完善民族教育学科体系，正是阐明民族教育事业发展的客观规律，为民族教育方针政策的制定提供科学的理论依据。

民族高等教育学科的建立是把民族教育基本规律理论化、体系化，从而更深刻、更完整地揭示民族教育的客观规律，有了理论就能更好地提高民族教育质量，更好地发展民族教育事业。民族教育的改革与发展与普通教育有共性，但是民族教育的特殊矛盾性是普通高等教育学的理论所不能全部概括的。民族高等教育学既是一门独立的学科，又是介于教育学科与民族学科之间的一门边缘学科。民族高等教育学科的建立与完善是从民族的角度来考察研究教育规律和作用，从中揭示教育与民族间相互联系的规律，以及教育本身的一些带有民族性的规律，从而揭示培养少数民族各级各类人才的一些规律。

（2）民族高等教育学科体系的构成

①民族高等教育学本体研究

任何一门学科的建立，都有一个理论探讨的过程。建立一门学科的首要任务，就是对本学科的研究对象、具体内容和相关概念等进行周密考察和明确界定①。民族教育学的主要范畴是：民族、民族教育、民族教育本质、民族地区教育、民族成分教育、民族学校教育、民族成员教育、跨文化教育、多元文化教育、民族文化与民族教育、民族政治与民族教育、民族经济与民族教育、宗教与民族教育、民族意识、民族心理、民族语言文字、民族关系、民族教育模式、民族双语教学及多语言教学、民族教育课程设置等等。民族教育学需要对这些范畴的具体内涵作阐释。同时，民族教育学的本体研究把本学科的立足点规定为运用民族学和教育学的基本理论，研究各民族教育的起源、发展过程，揭示其内在规律，比较各民族教育的异同及其现状，寻求民族教育发展的现实途径，为各民族教育的发展和民族文化素质的提高提供理论依据。这个立足点决定了民族教育学的本体研究必须了解民族学、教育学及其他相关学科的理论成就和研究动态，及时了解社会科学和自然科学的研究成果，批判地吸收教育学、民族学、民族心理学、文化人类学等学科的研究方法和成果，建构起民族教育学基本理论体系。

②民族高等教育史研究

要全面认识民族教育发展规律，就必须把各个民族的教育作为一个发展过程，从纵向的历史发展角度进行多侧面、多层次的研究。中国少

① 胡萍，周兴茂．中国民族教育及其学科的历史回顾、成就与展望［J］．湖北民族学院学报，2005（1）：85．

数民族教育史可分为：民族教育起源论，即是探讨各民族教育的起源及其与地理环境、社会政治结构、经济发展水平、文化背景、心理意识、思维方式、价值观念、宗教信仰等因素相互影响的关系，探讨民族教育历史发展和现实发展的承继关系；族别教育史，即是以各民族从氏族、部落、部落联盟到民族的形成过程为依据，以各民族教育的起源、发展变化为线索，研究民族发展和教育之间相互影响、制约的辩证关系，探讨历史上各少数民族教育形成及其特征的关系和条件，总结各民族教育改革发展的客观规律，编著各个民族的教育史。

③民族高等教育学应用研究

在充分把握各民族教育的现实发展、本质特征和客观规律的基础上，借鉴应用教育统计学、教育预测学、发展社会学等学科的理论，规划并设计出符合民族地区实际的民族教育发展战略。同时，要以民族教育基本理论和方法为指导，开展民族心理与教育、民族教育教学方法、民族双语教学、民族教育中的课程设置等问题的研究，为民族教育的现实发展提供科学的理论依据。民族教育应用研究是不可缺少的一部分，没有结合实际的应用研究，民族教育学的建构就会失去依托，但应用研究必须有一定的理论和方法作指导，否则民族教育研究也就失去了目标和方向。近年来关于民族教育方面的文章和著作发表、出版了不少，可是对民族教育发展真正起到推动作用的却不多见。现在，是该把民族教育学科建构问题提到科研主攻方向的时候了①。

3. 民族高等教育学科建设导向的转变

(1) 回应现实变革的民族教育学科

近年来，在民族教育事业的改革与发展中，涌现出大量急待解决的理论问题与实际问题。诸如民族教育质量怎样才能尽快得到提高，民族教育经费如何投资才能收到最大效益；寄宿制学校怎样巩固与提高、民族学校多长年限最佳；民族学生身心发展规律如何认识；民族地区农村中小学布局调整如何开展等，这些民族教育中的问题急需理论指导，需

① 蔡宝来. 再论民族教育学科体系建构问题 [J]. 民族教育研究，1995 (3)：10.

要对民族教育客观特殊规律有所了解、有所认识，才能进一步提高教育质量[①]，这些都要求民族教育学科的建设回应的现实问题。

民族教育事业的改革与发展强调在学科建设的同时，更加强调实践取向，而由改革所产生的一系列实践问题，使民族教育研究进一步明确了研究范式转型的必要性和紧迫性，并明确了民族教育改革研究范式的发展方向，具体表现在研究主题的选择和确定上，是以民族教育事业改革与发展中遇到实际问题作为研究课题，关注问题、研究问题、解决问题成为民族教育学科研究者的自觉意识，从而形成以问题解决为取向的民族教育事业改革与发展研究热潮。在研究方法上，积极倡导一些能充分体现民族教育学科特色的新方法，这些方法有田野调查法、案例研究法、访谈法等，除了传统的质性研究方法外，民族教育学的研究方法也较多地采用了实证的、定量的分析方法。这些方法的运用更直接地触及民族教育事业改革与发展过程中的深层次问题，有助于更深入地揭示民族教育事业的现状与问题，真正启发教学实践者，使对民族教育学科研究的着力点最终确定为民族教育事业发展的实际问题的解决。

(2) 民族高等教育学科建设导向转变的意义

第一，对民族教育现实发展的指导作用。随着各民族相互交往的日趋频繁，现代科技的迅猛发展以及社会改革迈向深水区，传统的、民族之间互相封闭的堡垒逐渐被打破，民族之间的文化、教育的交流与融合逐步加强，民族之间文化、教育的差距逐渐缩小。民族文化教育的同步发展和共同繁荣是各民族所希望的，而由于推进现代化进程所引起的优秀民族文化教育传统的失落又是我们应力求避免的。以问题为导向的民族教育学科体系建设，将把民族教育的现代化与传承优秀的民族传统文化的辩证关系作为一个重要的研究课题，在努力寻找现代教育和民族文化相互连接、发展的切点的同时，更肩负起传承民族文化，发展和弘扬民族传统文化的重要使命。这不仅是发展民族教育，而且更为重要的是通过对民族教育的研究，加深对民族教育本质特征的认识，为正确揭示民族教育发展规律，寻

① 叶志贞，崔斌子．创建教育学科的新分支——民族教育学［J］．中央民族学院学报，1986（3）：21．

求发展民族教育的正确模式和途径，提供科学的理论指导。

第二，对民族地区经济、教育发展的推动作用。我国有55个少数民族，根据2010年第六次全国人口普查统计数据，我国各少数民族人口占总人口的8.49%。我国的许多少数民族地区大多集老、少、边、山、穷于一体，那里自然环境较差，生产力水平也相对低下。在人类社会进入信息时代的潮流中，少数民族同汉族相比，将经受更为严峻的考验。因而实现各个少数民族经济、教育的现代化，是实现社会主义现代化过程中更为艰巨的任务。要实现各民族共同繁荣与发展，除了在发展民族教育的政策上实行优惠照顾，在各民族自治地区采取适合民族教育实际的措施以外，还必须深入研究民族地区的社会政治环境、经济发展水平、文化背景、风俗习惯、宗教信仰、价值观念、生产生活方式等对民族教育的影响。民族教育学科建设由学科导向逐步向问题导向转变，有助于探索和解决民族教育事业发展过程中的突出问题，有利于探讨各民族发展教育和治穷致富、走上繁荣富强之路的最佳途径。

第三，促进对民族教育学学科体系的发展。民族教育学是民族学和教育学二者交叉产生的边缘学科，并已取得了长足的发展，为社会科学的发展和人类教育事业的进步做出了不可替代的贡献。民族学和教育学都是具有较长的形成过程、广泛的研究对象和较为完整的理论体系的综合性学科，在以学科建设为导向的阶段，民族教育学立足于我国少数民族教育的实际，借鉴、吸收、融合这两门学科的理论精华，扬长避短、相互补充、相互阐发，使民族教育学成为一门兼有两者的某些长处而避开其不足的交叉性学科。而现阶段，在民族教育学科体系日臻成熟的基础上，由学科导向向问题导向转变，不仅是回应社会变革和少数民族教育发展的需要，同时也是民族教育学科体系自我完善、自我提升的需要。这是因为民族教育学科体系的建立本身就是立足于解决问题而产生，着眼于解决问题而成长，在民族教育学学科体系逐步完善之后，更需要通过对现实问题的解决，来实现自身体系的调整与提高①。

---

① 蔡宝来. 再论民族教育学科体系建构问题 [J]. 民族教育研究，1995 (3): 11-12.

（二）从实践探索到理论探讨

人才培养模式是在培养人才的过程中逐渐形成的，是培养主体为了实现特定的人才培养目标，在一定的教育理念指导和一定的培养制度保障下设计的，由若干要素构成的具有系统性、目的性、中介性、开放性、多样性与可仿效性等特征的有关人才培养过程的运作模型与操作样式①。作为国民教育体系的有机组成部分，培养人才始终是民族院校开展各项活动的中心任务，而本科教育是民族院校教学活动的主体和重心之一。在深化民族高等教育机制体制改革的过程中，结合各民族院校的实际情况，积极进行本科人才培养模式的探索与改革，实现本科人才培养模式的优化与创新，全面提升本科人才培养质量，是当前民族院校发展中亟待解决的问题。2010 年，党和国家在发布的《国家中长期教育改革和发展规划纲要（2010—2020 年）》中，明确提出要探索多种培养方式，形成各类人才辈出、拔尖创新人才不断涌现的局面。2012 年，教育部在《关于全面提高高等教育质量的若干意见》中，也明确提出创新人才培养模式，提高高等教育质量。本书从公共产品理论的视角，探讨了民族高等教育的产品属性，并由民族高等教育的强正外部性分析了民族院校的特征，并据此提出创新民族院校本科人才培养模式的建议。

1. 公共产品理论

1954 年，美国经济学家萨缪尔森首次在《公共支出的纯理论》一文中，区分了私人消费产品与公共消费产品。根据他的观点，全部社会产品和服务按其在消费上是否具有竞争性和排他性，可以分为私人产品、公共产品以及准公共产品。公共产品具有效用的不可分割性、消费的非竞争性和受益的非排他性。与之相对应，私人产品是可以由个别消费者所占有和享用，具有敌对性、排他性和可分性的产品。公共产品由政府提供，私人产品由市场提供。准公共产品则介于公共产品和私人产品之间，是一种偏向于公共产品的混合物品。虽然这些产品的效用可为全体

① 董泽芳．高校人才培养模式的概念界定与要素解析［J］．大学教育科学，2012（3）：30.

社会成员所享用，但由于消费者数量的增加会导致拥挤；或者通过定价，在技术上实现排他，从而使每个消费者获得的效益下降甚至不能消费，出现消费上的竞争性和排他性。同时，准公共产品的另一个重要特点就是具有正外部效应，这些产品给生产者或消费者以外的人带来了收益，但是受益者并没有为之承担相应的成本，生产者或者消费者也没有因此获得应有的补偿。因而，准公共产品应由市场与政府共同提供，若仅由政府或市场任何一方提供，将不利于社会资源的优化配置，导致产品和服务供给的不足。

2．民族高等教育的产品属性

（1）高等教育是一种准公共产品

首先，从高等教育的排他性来看。我国高等院校招生以择优录取为原则，学习能力和学习成绩的高低是消费者面临的首要排他性条件。同时，我国高等教育除为个别专业设置了特殊的政策外，总体上实行学生缴费上学的政策。大学期间的学杂费、生活费以及由求学产生的机会成本等，又构成了消费者所面临的第二个排他性条件。其次，从高等教育的竞争性来看。在高等教育规模既定的情况下，人们接受高等教育的机会是有限的。在高等教育资源稀缺的情况下，一个人受教育的机会的获得就意味着他人受教育机会的失去。同时，在一定的学校规模下，学生数量的增加，会降低原有的教育服务水平，如生均校舍面积、图书、仪器等教育资源会变得拥挤，进而导致教育质量的下降。随着高等教育规模的扩大，我国已进入大众化阶段。2012 年，我国高等教育毛入学率达30％。如果说，在高等教育扩招之前，对高等教育的竞争主要是对入学机会的竞争，那么，现今高等教育的竞争则体现为对优质高等教育资源的竞争。最后，高等教育除了会给受教育者本人带来巨大的收益外，还会对受教育者子女、受教育者家庭、社会乃至人类文明的进步带来不可估量的影响。从这一点来看，高等教育又具有正外部性。因而，高等教育既不是在消费上具有完全的竞争性和排他性的私人产品，也不是在消费上完全不具有竞争性和排他性的公共产品，高等教育兼有私人产品和公共产品的双重属性，因而是一种准公共产品。

(2) 民族高等教育是具有强正外部性的准公共产品

2005年国家民委、教育部联合出台的《关于进一步办好民族院校的意见》(民委发〔2005〕240号)指出，民族院校是党和国家为解决我国国内民族问题而专门设立的主要培养少数民族人才的综合性高等院校，是我国培养少数民族高素质人才、研究我国民族理论和民族政策传承和弘扬各民族优秀文化的重要基地，是展示我国民族政策对外交往的重要窗口。这一文件对民族院校做了全面而科学的定位。自从1941年，我国第一所民族院校——延安民族学院创办以来，民族院校已获得了长足的发展。在本质上，民族院校同综合类院校和具有行业背景的高校一样，是知识的共同体，具有教学、科研和社会服务三大职能，其中心任务是为国家培养高层次人才。民族高等教育除了给受教育者本人带来受益外，还在社会、经济、文化、生态等方面带来巨大的收益。但是，与综合类院校和具有行业背景的院校不同，民族院校作为一种制度性的安排，是我国民族政策的重要组成部分。民族院校的设置确保了民族政策目标的实现，一方面，民族院校在招生时，给少数民族地区学生和少数民族学生特殊的优惠政策，如适当加分或降分录取、同等条件优先录取等，为少数民族考生和少数民族地区的学生创造了更多的求学深造的机会。同时，国家对少数民族和西部地区尽量多投放高校招生指标，提高了少数民族的升学率①，从而保障了少数民族的受教育权和发展权的实现。另一方面，民族院校在弘扬和传承各民族优秀文化、促进各民族文化交流与融合、维护和巩固民族团结、缩小和平衡地区差距、稳定国家边防、实现国家繁荣等方面发挥着重要作用。而这些文化和政治功能又是一般院校所不能比拟的。因此，民族高等教育是正外部性更大的准公共产品。

3. 民族院校的特征

(1) 教育模式的双重性

教育模式是在一定社会条件下形成的具体式样，是某种教育和教学过程的组织方式，反映教育活动过程的程序和方法。民族院校是一种制

---

① 滕星，王铁志. 民族教育理论与政策研究［M］. 北京：民族出版社，2009.

度性的安排，具有教育模式的双重性特征。首先，民族院校是高等教育的重要组成部分，位于整个国民教育体系的最高层次，因而，民族院校的发展与改革遵循国家统一的教育方针政策，服务于国家的整体发展战略。另一方面，民族院校又是我国民族政策的一部分，因而，民族院校的发展又服从于我国的民族政策，尤其是民族教育政策的要求和安排。其次，民族院校的首要任务是为各民族学生传授人类共同的文化知识，为国家培养各行各业的人才。同时，民族院校又通过特色专业和课程的设置，为各民族大学生传授有关本民族和其他各民族的优秀传统文化知识，以促进民族交流与融合，维护民族团结和稳定。最后，民族高等教育的改革与发展，既受各级教育行政部门的少数民族教育管理机构的管理，如教育部少数民族教育司等，同时又受相应的民族事务管理机构的相应教育管理部门的管理，如国家民族事务管理委员会教育科技司等。

(2) 教育主体的民族性

任何民族都带有自身独特的教育形式，教育从来都是服务于民族的，带有明显的民族性。就民族院校而言，教育主体的民族性是其重要的和主要的特征之一。民族院校是我国为解决国内民族问题而建立的专门的培养少数民族专门人才的综合性高等院校①，其定位十分明确，主要面向和服务于少数民族和少数民族地区。因此，在民族院校，教育主体的民族成分是多样的。从教师的角度看，少数民族师资是民族院校的一支重要力量，不少教师既懂汉语，又懂少数民族语言，是实施双语教学的保障力量。从学生的角度看，民族院校主要培养民族地区和各少数民族的人才，少数民族学生占有相当的比例，有的民族院校的少数民族学生占大多数。同时，基于教育主体的民族性特征，民族院校教育教学活动的实施更多考虑了受教育者的文化背景，在教育模式、办学类型、教学方法、专业和课程设置等方面，都充分考虑了少数民族教育的民族性②。

---

① 荣仕星，徐杰舜，吴政富．希望：中国民族教育政策研究报告［M］．哈尔滨：黑龙江人民出版社，2011.

② 滕星，王铁志．民族教育理论与政策研究［M］．北京：民族出版社，2009.

(3) 生源质量的多层次性

长期以来，民族院校在面向少数民族地区和少数民族招生时，采取了一系列教育补偿措施，如高考加分政策、优先录取政策等。这些政策在客观上为保障少数民族受教育权和发展权，实现了各民族在高等教育入学机会上的平等。但是，这些倾斜和优惠政策导致民族院校生源质量的多层次性。生源质量的多层次性的突出表现在民族院校在不同省份的录取分数线过于悬殊，生源质量差异较大。以某民族大学为例，该校在中部教育大省H省属于一本招生，2010年至2012年的文科最低分为530分、547分、561分，最高分为555分、568分、583分，平均分为537分、554分、569分。而该校在西部N省则属于二本招生，2010年至2012年的文科最低分数线为467分、463分、454分，最高分为468分、478分、480分，平均分为467分、470分、462分。由这三年的招生分数对比可知，该校在教育大省H省一批招生，而在教育水平相对薄弱的西部N省二本招生，高考平均录取分数悬殊较大且有逐年扩大的趋势，2012年，高考平均录取分数相差超过一百分，招进来的学生质量差异较大就显而易见了。2013年，该校在N省实现了一本招生，这有助于提升生源的质量，但是生源差异虽有缩小却依然存在。

(4) 校园文化的多元性

校园文化是以学生为主体，以课外文化活动为主要内容，以校园为主要空间，以校园精神为主要特征的一种群体文化。民族院校是主要为少数民族和少数民族地区服务的高校，各少数民族是其主要的和特定的生源。各民族从祖国各地汇聚到一所高校，在同一个校园内共同学习和生活，形成了民族院校多元性的校园文化。当前，民族院校已形成层次有序的发展格局，包括隶属于国家民族事务委员会的院校6所，隶属于地方政府的院校9所。其中，6所委属民族院校所招收的学生，基本上涵盖了我国56个民族，且少数民族学生的数量在民族院校中占有较大优势。譬如，截至2013年11月，中央民族大学本科生（含预科生）中，少数民族学生比例为54.9%；截至2014年3月，中南民族大学招收有56个民族的学生，其中，少数民族学生比例达到60%以上。各民族在宗教信仰、母语背景、经济状况、身体素质、情感等方面存在巨大的差异。这些差异形成了民族院校独有的多元文化，既为民族院校优化本科人才培养模式提供了丰富的素材和充沛的动力，但也在客观上增加了创新本科人才培养模式的障碍和难度。

4．创新民族院校本科人才培养模式的建议

（1）树立以人为本的人才培养理念

教育是一种有目的地培养人的社会活动，这是教育的质的规定性。教育的发展同人类追求自身解放的步伐是基本一致的，其职能在于传递生产经验和生活经验，其目的在于促进人的自由而全面的发展。民族高等教育作为国民教育体系的最高层次，其中心任务是培养人才。民族高等院校的三大职能，无论是教学、科研还是社会服务，都是以培养人才为中心和宗旨。要培养人才，就应树立以人为本的人才培养理念，彻底转变传统地把学生当做教师教学活动附庸的观念，扭转以教师为中心的教学模式，确立学生在教学活动中的主体地位，让学生成为教学活动的主人翁。2010 年，《国家中长期教育改革和发展规划纲要（2010—2020 年）》也明确提出，根据教育发展阶段性特征，坚持以人为本。可以说，民族院校树立以人为本的人才培养理念，确立学生在高校教学活动中的主体地位，是实现本科人才培养模式创新的根本所在。

（2）探索多元化的人才分流培养模式

随着我国高等教育事业改革的深入，众多高校纷纷探索符合本校实际和适应社会需要的人才培养模式，高校人才培养模式呈现多样性的态势。1998 年，南京师范大学提出了“自主学习、学识融通、学时精简、学科整合、学程分段、学业分流”的人才培养模式。2000 年，北京师范大学启动人才培养模式的改革，将过去师范 4 年一贯制的单一培养模式改变为 4＋2、4＋3、4＋0 等多元化的人才培养模式。其基本思路是：在大学的第三学年结束时进行一次中期筛选，根据学生的志向和选择，实行分流培养①。民族院校由于生源质量具有多层次性，且不同层次之间存有较大差异，探索多元化的人才分流培养模式就成了提升人才培养

① 徐桂兰．民族院校人才培养模式多元化论［J］．广西民族学院学报（哲学社会科学版），2004（3）：151．

质量的必然选择。合理借鉴现有的较为成熟的人才培养模式，积极探索民族院校自身的多元化的人才分流培养模式，是实现民族院校本科人才培养模式创新的重要突破口和着力点。

(3) 建立具有民族特色的人才培养模式

民族院校以少数民族为主要服务对象，是少数民族学生较为集中的地方。教育主体的民族性是民族高等教育的主要特征，各民族文化背景迥异，这些差异增加了民族院校人才培养的难度和障碍，并在客观上要求民族院校的人才模式不可能是整齐划一的，但是另一方面也为民族院校构建具有民族特色的人才培养模式创造了契机。英国知名学者阿什比曾说过，大学就像一个有机体，任何类型的大学都是遗传与环境的产物。同样的道理，民族院校本科人才培养模式的民族特色也应该是遗传和环境的产物，民族院校本科人才培养模式特色的形成是在长期的办学实践中形成独特的、相对稳定的特征，反映了民族院校的独特个性和特有优势，包括特色的教学理念、培养目标、管理模式、管理风格、教育教学组织运作形式、课程设置、校本教材、教学方法、校园文化等①。尤其是民族院校的一些学科，诸如民族学、民族语言等专业，在我国高等院校中居于领先的地位和水平，有的学科、专业是民族院校所独有的，以这些学科为抓手，将特色学科融入人才培养中，民族院校的人才培养模式特色自然就得以彰显。

(4) 增强人才培养模式的市场适应性

民族院校培养的人才，要服务于国家战略和民族地区社会和经济的发展。民族院校人才培养质量的高低，最终是要面对市场的检验。而市场对人才数量、规格的要求不是一成不变的，而是不断变化的。因而，除基础学科外，民族院校的人才培养模式，尤其是应用型学科的人才培养模式，应保持与市场的互动，积极适应市场的需要，增强培养人才的市场适应性，以提高办学的社会及经济效益。要增强人才培养模式的市场适应性，首先，应科学定位民族院校的办学层次，明确办学方向。只

① 苏德，吕佩臣．民族院校办学特色发展之若干思考［J］．中央民族大学学报（哲学社会科学版），2010（3）：67.

有科学定位自己的层次，明确办学方向，才能培养出社会需要的合格人才。其次，应根据市场需求，不断优化专业结构，适时增设社会急需的专业。最后，民族院校可根据市场对人才要求的变化，在经学生同意的情况下，适当调整学生所学专业，确保人才培养模式的动态适应性。

（三）从关注现实到战略选择

战略，被美国营销大师杰克·特劳特称之为大竞争时代的商业生存之道①。战略转型是战略发展的内在逻辑使然。因为没有一成不变的战略，环境的变化、实力的变化、资源的变化、政策的变化都要求战略做出调整。战略的转型和调整是战略管理的应有之义。高等教育要主动适应商品经济和市场经济，这是潘懋元先生在 20 世纪 80 年代末提出的重要命题，被称之为高等教育的“主动适应论”②。我国正处在社会经济大发展、大转型、大升级的历史时期，高等教育大众化、国际化、区域化也向纵深加速推进，竞争格局日益凸显，民族院校必须主动适应，顺势而为，乘势而上，力争通过战略实施和战略转型取得竞争优势。战略转型就是民族院校为了谋求未来的竞争优势，在发展过程中根据环境的变化，结合自身的资源和能力，对战略进行重新选择和变革的过程。战略转型的好坏往往决定一所高校事业的兴衰③。

1. 战略选择论的起源与发展

从某种意义上说，“战略选择理论”是在与权变理论的宿命论（fatalism）的论战中形成的。按照权变组织理论的观点，环境决定了企业组织结构及其运作模式④。从 20 世纪 50 年代后期到 60 年代后期，一系列越来越精细的描述环境、技术、规模、结构和过程之间关系的权变

① 杰克·特劳特．什么是战略［M］．火华强，译．北京：机械工业出版社，2011：3.

② 潘懋元．正确对待商品经济对高等教育的冲击［J］．高等教育研究，1989（3）：1-7.

③ 张继龙．高校战略转型的决策过程研究——以扬州大学为例［J］．煤炭高等教育，2014（3）：17.

④ 罗珉．组织设计：战略选择、组织结构和制度［J］．当代经济管理，2008（5）：1.

模型得以创立。由于这些模型十分分散，许多具有宿命论的性质，因此有些组织理论学者对权变理论的核心要旨提出了质疑。“战略选择论”认为，管理者是可以对组织的“营运领域”（domain of operations）作出某些决策，进而创造或选择环境，由此推动了组织及其运作模式的演进。也就是说，管理者可以通过积极的“战略选择”来改变组织的环境、结构及其运作模式。进入20世纪80—90年代以来，战略选择理论得到了持续发展，并引入了一些新的因素。日本管理学家伊丹敬之等人把企业进行战略选择的知识能力或能力要素称为隐形资产（invisible assets）。他认为，隐形资产本质上是一种知识信息。正是隐形资产这种其他资源所不具备的特性为企业经营搭便车提供了可能，而且也只有以知识、信息为基础的资产才可以被同时用于多种用途，并构成企业的战略选择。也就是说知识、信息产生了协同作用，并为企业的战略选择提供了可能。这说明，企业进行战略选择的知识能力或能力要素是在“战略上适应组织的”①。

事实上，战略选择是在环境中做出的。对通用汽车公司所采用的多事业部制组织结构的一项实证研究显示，产业的多样化和地域分散化与多事业部结构存在着正相关，组织规模会导致产业多样化和地域分散化，从而会对多事业部结构的形成产生间接影响②。反之，缺少多样化会限制多事业部结构的发展程度。

英国管理学家拉尔夫·D. 斯塔西指出，管理者在提到战略选择时，通常认为战略选择有如下特征：（1）组织的领导者应该设置目标，进行使命陈述，说明愿景、理想或意向；（2）领导者将向组织中的所有员工宣传愿景，并使他们相信愿景必会实现；（3）战略管理需要行动计划，包括长期计划，组织按照长期计划向着目标前进；（4）战略管理的目的就是以一种比竞争对手更为有效的方式来实现公司能力和顾客需要之间

---

① ITAMI H, ROEHL T W. Mobilizing invisible assets [M]. Boston, Massachusetts: Harvard Business School Press, 1987.

② PALMER D A, FRIEDLAND R, JENNINGS P D, et al. The economics and politics of struc-ture: the multidivisional form and the large US corporation [J]. Administrative Science Quarterly, 1987, 32 (1): 25-48.

的相互匹配。

战略选择观说明成功来自以下几个方面：(1) 对组织在未来将处于何地、将成为什么进行清楚的描述；(2) 分析环境如何并为何变化、未来将如何变化等方面的信息；(3) 不断使企业的竞争能力与变革相适应，保持一种动态的均衡，这样才能够保证企业沿着既定的道路走向未来；(4) 鼓励和激发组织的每一个成员认同组织愿景，并形成一种强大的共同文化规范，使员工为了实现组织愿景而组成一个亲密集体共同工作①。

2．战略选择影响战略转型

战略选择影响战略转型，战略选择基于历史，战略转型面向未来。因此，战略制定既不能忽略过去，也不能贬低过去或抬高过去，而应该以史为鉴，以积极的心态和坚定的信念来审视历史，总结过去。只有确立正确的历史观，才能够使高校发展不脱离实际，不盲从不盲目。正如乔治·凯勒所说，战略决策意味着“积极而不是消极地对待他们的历史地位”，“认真审视当时的状况以及学校在其中所处的位置，并通过一个规划过程，积极地应对现实的变化，克服它，驾驭它，或者抓住其潜在的契机”②。树立正确的历史观，梳理学校发展的战略历程，是学校做出战略选择、实现战略转型时的一项基础工作。

纵观国内外不同流派对战略转型相关问题的研究，对战略转型及战略转型相关概念的内涵和特征一直存在争议。有些流派的学者认为战略转型是偶然发生的，而有些学派认为是经常、渐进发生的；有些学派认为战略转型面临的环境是复杂的；而有些学派认为环境是比较简单的。唐健雄认为战略转型的实质是组织在成长过程中为应对复杂的动态环境的变化，谋求未来生存与发展的竞争优势，结合自身的资源和能力，使组织战略内容或形态发生状态上的根本变革的过程③。以往学者的研究

① STACEY R D. The chaos frontier: creative strategic control for business [M]. Oxford, London: Butterworth-Heine-mann, 1991: 10-11; 19.

② 乔治·凯勒. 大学战略与规划：美国高等教育管理革命 [M]. 别敦荣，译. 青岛：中国海洋大学出版社，2005：192-193.

③ 唐健雄，王国顺，周勇. 动态环境下的企业战略转型动因与阻力研究 [J]. 矿冶工程，2008 (2)：100-104.

中与战略转型相近的基本概念有调整、更新、转换、创新等。在国内的相关研究中，倾向于把战略转型同战略转换等概念相混用，虽然这些概念之间并没有本质区别，但是还是存在一定的差异，主要表现在组织战略的变化和调整的程度方面有所不同。战略转型是外部环境因素的变化和内部资源、能力积累到一定程度之后，组织战略模式发生质变的过程，是变化程度最大的战略变化。

战略转型不同于战略调整等，它是战略的根本性变化。首先，战略调整主要是在同一战略模式下对战略进行的小幅度改进活动，并不涉及战略模式的转换；而战略转型则是出于内外环境的变化积累到一定程度，以往的战略模式严重地阻碍了企业的发展，从而导致必须要对组织的战略模式进行转换。其次，战略调整类似于组织发展中的量变过程，而战略转型则相当于质变过程。战略调整只是一个量的积累过程，它不会使组织的战略发生本质的改变，而只有战略转型才会导致企业的战略产生质的飞跃。最后，战略调整是组织发展过程中的经常性行为，而战略转型只在内外因素的变化都达到一定限度时，由双方共同作用才会产生①。一个组织在成长过程中需要实施战略转型的机会比较有限，但战略转型却非常重要。如果组织能够抓住关键的战略转型机会，成功地实施了转型，那么组织的发展就可以跃上一个新的台阶，获得比以前更广阔的天地。而如果组织错过了战略转型的机会，就只能停留在原来的水平上，甚至逐渐衰落。因此，基于战略选择，实现战略转型对于组织来说至关重要，是组织成长的关键环节。

（四）从起点公平到结果公平

教育公平与效率的问题是当前我国社会生活和教育领域的一个热门话题，自20世纪90年代以来引发了教育理论界广泛的关注和讨论，并形成了三种具有代表性的观点。第一种观点认为：教育公平与教育效率本质上是统一的，教育中公平就是效率；第二种观点则强调教育公平与效率之间的对立或相斥性，认为教育公平与效率存在不可避免的矛盾，

① 姜勇，修国义．企业战略转型的本质及其影响因素分析［J］．科技与管理，2007（2）：51-53.

二者在教育发展过程中只能有所侧重，于是存在一个如何抉择和取舍的问题；第三种观点则倾向于融合前两种观点，在强调二者具有内在的统一性和差异性的基础上，强调二者统一的过程性和历史性，主张当前我国教育的发展应当“效率优先、兼顾公平”。尤其是第三种观点，受到了广泛的认同。应当承认，上述讨论无疑对如何认识教育公平与效率的关系做了一些有益的探索，但必须指出的是，对于教育公平与教育效率关系的认识依然存在过于简单化的倾向。由于公平与效率问题关系到教育能否健康发展，关系到社会的发展和稳定，是困扰教育决策和发展的一个重要的理论和实际问题，因此有必要重新思考二者的关系①。

关于教育公平的界定。科尔曼认为，完全的教育机会均等只有消除所有校外的差异才能实现，而这是永远不可能的。事实上，阶层差别总是客观存在的，这并不可怕。关键是阶层之间能否公平合理地流动。就中国而言，目前促进阶层流动的最大动力是教育，其他促进流动的方法还包括就业和收入分配，而后两者又与教育息息相关。阶层鸿沟的弥合首先要保证教育公平。

在相对公平的探讨上，有些学者则认为教育公平包括教育权利公平、教育机会公平；而有些学者认为教育公平更应该从动态的过程进行探讨，即教育公平包括教育起点公平、教育过程公平和教育结果公平。

在进行关于教育公平的讨论时，有学者认为首先要区分是规范的范畴还是实证的范畴②。公平不仅是指在个人或人群中资源的分布或分担，而且与公正相联系。因此确定是否公平必须以事实为基础，考察资源的分布情况，同时从规范的角度来判断社会应该如何分配资源，由于每个社会的道德和哲学规范是不同的，这些判断也会是不同的。即使基于事实的公平分析也要包括如下的判断，即资源在人群中的分布是怎样的，就是说，首先要先将人群分组，再分析资源是怎样分布的。分类的基础

① 彭泽平．对教育公平与效率关系的思考［J］．中国教育学刊，2003（5）：1．

② 董云川，张建新．高等教育机会与社会阶层：一项基于多民族边疆省份高校的实证研究［M］．北京：科学出版社，2008：145-146．

是根据年龄、性别、社会阶层、收入水平、职业或其他相关的变量。

教育公平是一个历久弥新的话题，它自古就被思想家们所重视。从柏拉图的《理想国》到罗尔斯的《公平论》，从孔子的“有教无类”到陈胜、吴广的“王侯将相宁有种乎”，这些都体现了人们对于教育公平的追求和研究。正像公平与效率问题成为哲学、社会学、经济学、伦理学、文化学、管理学等学科的共同话题一样，教育公平也事实上成为许多学科的研究对象之一。有关公平的内涵和外延问题，有学者在归纳我国已有的 17 种公平定义时认为，基本上可以分为 4 种不同的公平观：①公平是指制度、规则的公正、平等，当该有的制度没有建立或已有的制度配置不当，权利和义务不对称时，受制度制约的当事人双方是不可能公平的，规则的不平等是最根本的不公平，规则的不公正是决定意义上的不平等。制度、规则平等了，也就实现了机会均等，竞争过程也就透明了。②公平是指收入分配规则的公正平等。也就是说，在收入分配领域，必须按同一尺度、同一标准分配收入。即每一个人的收入都与其投入的比例系数相等。③公平是指社会公平，即社会的每一个公民收入调节的合理性，即道德、伦理意义上的公平。④公平是指一种主观感觉，心理平衡，由每一个人做主观评价[①]。有的学者认为，作为社会观念的公平，其实兼有上述几种含义，既是社会成员对其所处的地位、权利、收入和人格上的平衡状态，它与一定社会价值系统相关联，也受社会的政治经济制度的制约，是一个具有相对意义的社会观念。这些观点，实际上反映了各不相同的学科视角，并且在一定程度上也影响了教育公平的研究。在已有的教育公平研究中，基于伦理学、社会学、经济学和法学的基本理论的探究是比较普遍的，而在教育学领域，只有教育社会学和教育经济学这两个分支学科对教育公平问题予以较多的关注[②]。整合学科的研究，可知教育公平研究的多学科性及其本质的丰富性和复杂性，见表 1-1。

---

① 李圣风. 公平与效率研究述评 [J]. 经济问题，1995 (3): 4.

② 肖建彬. 论教育公平研究中的若干理论问题 [J]. 西北师范大学学报 (社会科学版)，2003 (3): 29.

表 1-1 教育公平本质的多学科考察比较

学科	理论基础	重要原则	重点或核心	表现
伦理学	公正、正义更多地用作评价社会制度的一种道德标准，被看作是社会制度的首要价值	罗尔斯公平三原则：平等自由、机会的公正平等、差别 三原则依次优先	合乎最少受惠者的最大利益	关注弱势群体
社会学	民族主义的自由注意平等观：教育是促进社会公平的主要工具 功能论：教育具有社会化和选拔功能，可以使不公平合法化 冲突论：学校教育是阶段冲突的产物	麦克马洪的三类型：水平公平、垂直公平、代际公平 受教育机会均等	教育机会均等的实现应贯穿整个教育系统以及学生在校学习的整个期间 教育系统中的机会均等必须与社会其他系统的机会均等协调一致，才能有效地促进整个社会的平等	主要包括入学机会均等、教育条件均等、教育结果均等、竞争机会均等、成果机会均等
经济学	公平是和资源的分配与享用相联系的	资源分配均等（起始性、横向性平等），财政中立，调整特殊需求，成本分担与成本补偿（纵向性平等），公共资源从富裕流向贫困	教育资源的公平分配	经历三个阶段：权力公平、能力公平，金钱公平
法学	天赋人权 社会成员按比例平等分配	合情合理 受教育权利的普遍化是一个基本人权问题	相同情况相同对待，不同情况不同对待 不同对待对应相关的不同	规定基本教育权利义务 依法保障教育机会均等

续表

学科	理论基础	重要原则	重点或核心	表现
教育学 社会学	社会学的一些基本原理	教育机会均等	均等包括起点均等，过程均等，结果均等；机会是包括一组对个人的教育有影响的变量	入学机会均等 教育条件均等 学业成功机会均等
经济学	教育资源是有限的，分布是不平衡的 国家政策、社会意识形态以及经济水平、教育人口的变化是主要影响因素	基本教育财政公平 以不均等财政拨款克服辖区内差异 对弱势群体采取倾斜的拨款政策 教育成本的分担和补偿；扶贫	教育资源分配均等，“公共资源从富裕流向贫困”作为判断教育资源分配是否公平的最终标准、教育财政公平的最高目标和实现教育机会均等最根本的财政要求	教育经费分配和教育成本分担的合理性

资料来源：肖建彬．论教育公平研究中的若干理论问题［J］．西北师范大学学报（社会科学版），2003（3）．

从表中对教育公平本质的分学科探讨中可以发现，教育公平是社会科学许多分支学科共同关注的问题，对教育公平本质的认识具有明显的交叉学科特征，即理论基础或认识的基本角度（研究的立场、观点、方法）不同，但都具有一定的合理性，或者说在某种程度上反映了客观现实；教育公平在许多学科的研究体系中都有其相应的定位①。

其实进一步研究，教育公平在本质上“蕴涵着人对自己、对他人、对人类的意义关怀”。人们提出思考教育公平是“为了一切人的发展和人的全面发展”。实现教育公平其目的在于对社会不公平现象进行调节

① 肖建彬．论教育公平研究的理论分析框架［J］．当代教育科学，2004（24）：15．

和解决，以促进社会超越某种程度的公平，同时也为弱者的生存提供最大限度的条件和机遇，把人与人之间的差异限制在社会所能承受的范围内，以保护社会稳定。另一方面，教育公平反映着教育利益在人们之间的分配关系。正是由于教育资源的有限性，在进行分配时，对人的行为加以节制和选择，避免危及他人和整个群体的利益。

二、研究方法

（一）文献法

文献法也称历史文献法，就是搜集和分析研究各种现存的有关文献资料，从中选取信息，以达到某种调查研究目的的方法。它所要解决的是如何在浩如烟海的文献群中选取适用于课题的资料，并对这些资料做出恰当分析和使用。通过本研究方法，对与民族院校人才培养模式的概述、基本类型、理论基础和六所委属民族院校人才培养模式的历史变迁的文献资料，进行搜集、查阅、整理、分析和归纳，从而为现状分析和对策研究提供借鉴与参考。

（二）实证法

实证研究法是认识客观现象，向人们提供实在、有用、确定、精确的知识研究方法，其重点是研究现象本身“是什么”的问题。实证研究法试图超越或排斥价值判断，只揭示客观现象的内在构成因素及因素的普遍联系，归纳概括现象的本质及其运行规律。本著作通过实证调查，同时结合相关统计资料，从纵向和横向两个维度对六所委属民族院校现行的人才培养模式进行对比分析，发现问题，从而提出符合当今民族院校发展特色的新型培养模式。

（三）个案研究法

个案研究法是指对某一个体、某一群体或某一组织在较长时间里连续进行调查，从而研究其行为发展变化的全过程，这种研究方法也称案例研究法。本著作选取了六所委属民族院校为研究对象，通过问卷调查、访谈等形式获取相关数据，从而深入了解委属民族院校的人才培养情况。

第四节　研究思路与研究框架

一、研究思路

无论什么样的研究都离不开方法的支持。没有研究方法就没有科学研究，没有研究方法，其研究就不是真正的研究。培根用实验法最早发现了热的运动本质；康德和拉普拉斯运用思辨的方法与假说方法提出了天体演化学说；拉瓦锡用定量方法、理论思维方法创立了氧化学说；凯库勒以基本灵感与想象发现了苯的环状结构式；门捷列夫用分类、比较法发现了元素周期表；海特勒与伦敦等把量子力学的理论引入了化学研究，创立了量子化学。达尔文用观察法、实验法、分类法、比较法等提出了进化论。从中不难发现，这些物理学、化学、天文学等自然科学领域的研究成果都是基于各种各样的方法来实现的。吴文俊的数学、袁隆平的杂交水稻等最新研究成果也都因采用了新的方法。由此可以看出，要做好研究工作，取得一定研究成果，就必须使用一定的研究方法。对于人才培养模式的研究自然也需要一定的方法。

在社会科学研究过程中，归纳与演绎两种思维逻辑往往相互交织，互为补充。然而两种方法都是必要的，只是在特定的条件下，不同的思维方法会占据主要地位，但是，无论哪一种思维方法都只是对事物相对全面的认识，而不是绝对全面的认识。人才培养模式的研究贯穿了两种思维逻辑。为了更加全面地反映人才培养模式的理论，深刻地揭示人才培养模式理论的本质，为整个人才培养模式研究的展开提供一种逻辑范式，构建人才培养理性模式，就应运用历史研究方法。因为一种理想模式在经验世界中的存在，应该辅之以对构成理想模式的事实材料进行历史背景考察，只有辅之对事实材料的历史背景考察，才能证明这种主观设计在现实中的可能存在。理想模式或理想模型是为了便于研究而建立的一种高度抽象的理想客体。这是马克斯·韦伯提出的一种社会科学的研究方法，他认为理想模型是“为了透视实在的因果关系，而建构非实在的因果关系”。这种方法通过一定的理论变项，对历史生活中特定的事实材料进行分析，使之形成一个有机的复合体，这些材料被设想为有着内在的一致性，因而构成了一种模型。这里“理想”一词，“意味着从可能性中认识事物，所谓的可能性，按照康德的见解，是指思维中凡不引起矛盾，亦即概念中不矛盾的东西，都具有逻辑上的可能性”。并且“理想的”并不是指这个模型所指是人们希望的、最好的，它只是表示某种现象是接近于典型的，犹如“理想真空”和“经济人”一样，实际上任何时候都不会以纯粹形态存在于现实之中。“这种理想的、客观化的概念将有助于我们在研究中增长推断（因果归属）的技巧：它不是假设，但它提供了构想假设的方向；它不是对实在的描述，但它的目的却为这种描述提供了一个明晰的表达手段。”① 因此可知，理想模型是一种主观思维的建构，是对不矛盾的事实材料之间关系的推断，它能使分散的材料构成一个完整的体系。但是，如果把理想模型理解为随心所欲的虚构，那就歪曲了它的积极作用。因为它特别强调以事实材料的历史背景为基础。理想模型作为一种主观建构本身只表现为一种可能性，它只是经验事物的形式条件；主观设定的事物如欲成为经验上必然出现的事物，还必须具备经验现实性。因此，社会科学不仅要使用个体化方法，同时也必须进行因果性考察。这种考察为模型的建构提供服务，用以证明主观设计在经验世界中的存在，把主观上的因果关系设计放在现实的客观可能性中加以验证。理想模型具有的这种联系主观设计与客观检验的特点，使它具有较强的应用价值②。这种方法自韦伯提出以来，不仅为社会学界人士所接受，在其他社会科学的研究中也被广泛采纳。理论模型变项的选择是理论模型建构的重要组成部分，变项的结构代表着事实的结构。构建人才培养模式的理想模型应从以下几个方面开始：第一，理论的基石范畴，它概括了人才培养模式的一些总的问题，该范畴可用以考察人才培养理性模式对这些关键的理论问题所做的设计；第二，中外人才培养模式比较研究；第三，我国高等教育人才培养模式的现状，第二、第三项概括了人才培养模式发展变化的过程，以及存在的

① 马克斯·韦伯．社会科学方法论［M］．韩水法，等译．北京：中央编译出版社，1998：136-156.

② 李娟．行政法控权理论研究［M］．北京：北京大学出版社，2000.

问题和取得的成功经验，因而可以用以考察科学合理的人才模式具体内容的设计；第四，人才培养模式与经济、政治、高校内部管理的关系，它主要是考察人才培养模式理论背后一些深层次的问题，如经济制度内容对人才培养模式的决定作用，同时政治体制和教育管理对人才培养模式的直接作用。这几大变项是属于不同层次的，但又有一定的逻辑关系，用它们考察人才培养模式的事实材料，能够使这些事实材料形成一个结构有机联系的整体，从而较系统、完整地勾勒出人才培养模式的面貌。

二、研究框架

本研究拟选取委属院校作为研究对象，同时结合文献资料和实证调查，对民族院校人才培养模式的历史变迁、现实状况进行系统分析并对相关对策进行深入探讨。具体研究内容分五个部分：

第一部分：民族院校人才培养模式的历史回溯。通过文献查阅和资料收集对相关研究的理论进行考察，从纵向维度梳理新中国民族院校人才培养模式的发展历程，评估民族院校办学经验的得失，从中厘清人才培养模式研究的历史脉络和发展趋势，为研究方案设计提供依据。

第二部分：民族院校人才模式的理论基础探讨。以马克思主义的人的全面发展学说为基础，探讨民族院校培养什么样的人，为谁培养人以及怎样培养人的哲学命题。从中华民族多元“一”体与中华文化的“一”体多元，探讨56个民族关系的发展历史渊源和客观现实。从和谐理论，探讨民族关系和民族团结进步的现实问题。多元、共生、和谐，处于自然科学、社会科学、人文科学发展的交汇点上，共同表征着文化在当下的发展形态。多元是自然、文化与个体独立生存的基础，共生是生态系统各部分成长与发展的路径，和谐是事物内部协调与外部平衡的状态。多元是实现共生与和谐的前提与保障，共生是和谐生长的内在机制，和谐是多元与共生追求的目标。在多元共生中走向和谐整生，其普适性的价值内涵，既是生态文明时代的精神主旨，也是当下知识分子乃至全人类的终极追求。

第三部分：民族院校人才培养模式的实践与创新。该部分阐述了国内外人才培养模式及其主要类型，明确了民族院校人才培养模式的定位，介绍了大类招生和大专业平台的人才培养模式，以及六所委属民族院校的人才培养模式现状，并提出符合民族院校发展特色的新型人才培养模式。

第四部分：民族院校人才培养模式的实证研究。该部分从学生的满意度的视角，探讨了民族院校本科教育质量，研究了民族院校本科教学质量保障体系问题，并进一步研究了民族院校本科发展性教学评估问题。

第五部分：民族院校人才培养模式的国际化研究。该部分阐述了国际化背景下，民族院校的国际化发展情况，并介绍了委属民族院校的中外合作办学模式。同时，结合高等教育大众化的背景，探讨了高等教育大众化的质量观及主要矛盾、影响因素，以及国际化的可行性与路径选择。

第六部分：民族院校人才培养模式的政策展望。该部分通过对中国特色民族高等教育政策的梳理及未来发展的展望，以期为优化民族院校的人才培养模式提供思路。

第二章　民族院校发展的历史回溯

百年大计，教育为本。回顾新中国成立以来民族教育政策的形成和发展历程，可以看出党和国家高度重视少数民族教育，根据少数民族和民族地区的特点和实际情况，制定了大量的民族教育政策。经过 60 多年的努力，民族高等教育取得了前所未有的发展成就，已经初步建立起具有中国特色社会主义的民族高等教育体系，不仅为少数民族和民族地区社会主义现代化建设培养了大批少数民族干部和各类专业人才，而且成为我国整个高等教育事业的重要基地和组成部分。

第一节　新中国建立初期民族教育政策的初步形成（1949 年—1956 年）

从 1949 年新中国成立到 1956 年社会主义改造基本完成，是我国民族教育政策初步形成的时期。我国民族教育工作面临重建教育体系的艰巨任务，经过几年艰苦的破旧立新工作，我国逐步构建起了新中国民族教育政策体系。

一、新中国民族教育方针政策

1949 年 9 月，中国人民政治协商会议上通过的《共同纲领》对新中国文化教育的性质、任务、方针、政策均做了明确的表述和规定。它明确规定了新中国教育的性质、任务、教育方法、改造旧教育的步骤和重点，为改造旧教育，建设新教育指明了方向，制定了原则。特别是在第六章“民族政策”第 53 条中明确规定了民族文化教育的政策，是我国建国初期发展文化教育事业的基本方针，也是改革旧教育、建立新教育体系的基本依据，同时《全国人民政治协商会议共同纲领》规定："人民政府应帮助各少数民族的人民大众发展其政治、经济、文化教育的建设事业。"这是指导新中国民族教育工作的第一个基本方针。

1950 年 11 月 24 日，政务院第 60 次政务会议批准通过《培养少数民族干部试行方案》，这是新中国为发展民族高等教育而颁布实行的第一个重要方案。它指出："为了国家建设、民族区域自治与实现共同纲领、民族政策的需要；从中央到有关省县，应根据新民主主义的教育方针，普遍而大量地培养各少数民族干部。"1951 年 9 月 20—28 日，在北京召开了第一次全国民族教育工作会议，第一次提出了发展少数民族教育的总方针："少数民族教育必须是新民主主义内容，即民族的、科学的、大众的教育，并应采取适合于各民族人民发展和进步的民族形式，确定少数民族教育的任务为：少数民族教育目前应以培养少数民族干部为首要任务，以满足各民族政治、经济、文化教育建设的需要，同时应当加强小学教育和成人业余教育，提高少数民族的文化水平，并应当努力解决少数民族各级学校的师资问题。根据各民族教育的实际情况，分别采取巩固、发展、整顿、改造的方针。"会议通过了《关于加强少数民族教育工作的指示》、《培养少数民族师资试行方案》、《少数民族学生待遇暂行办法》，为我国民族教育政策体系的形成奠定了基础。

二、少数民族教育行政体制政策

1951 年第一次全国民族教育工作会议明确提出"少数民族各级学校的学制应遵照中央人民政府政务院《关于改革学制的决定》，结合情况有步骤地实行改革和建立"。在教育部从 1951 年到 1955 年的小学学制改革、中学暂行规程、师范学校规程中对民族教育的学制都做了特殊规定。1951 年 11 月 23 日政务院第 112 次会议批准的《关于第一次全国民族教育会议的报告》，决定在中央人民政府教育部和有关各级人民政府教育行政部门，建立少数民族教育机构或指定专职人员负责，掌管少数民族教育工作①。

① 王铁志．新中国民族教育政策的形成与发展（上）［J］．民族教育研究，1998（3）：6．

1952年4月中央人民政府政务院作出的《关于建立民族教育行政机构的决定》中规定，中央人民政府教育部内设民族教育司；各大行政区人民政府（军政委员会）教育部或文教部（局），应视工作需要设民族教育处（科）或在有关处（科）内设专职人员；各有关省（行署）、市、专署、县人民政府教育厅（处）、局、科，应根据本地区少数民族人口的多寡，民族教育工作的繁简，分别设置适当的行政机构或专职人员。省地县民族教育行政机构设置原则是：少数民族人口占当地人口10%以上或人口虽不及10%而民族教育工作繁重的省、市教育厅（处）局，应视其具体工作情况，设专门机构；少数民族人口不足当地总人口10%，民族教育工作比较简单的省、市教育厅（处）局，应在有关处、科内指定专人负责，有关的专署、县人民政府教育科，均应指定专人负责；民族自治区或少数民族人口占当地总人口半数左右地区的各级人民政府教育行政部门，其主要任务就是管理少数民族教育工作，也可考虑设立适当的民族教育行政机构。民族教育行政机构与同级的高等、中等、初等教育机构分工原则；关于全国统一的一般的教育行政、经费、师资、学制、课程、教材等事项，仍由各主管司、处、科负责处理，关于少数民族教育的行政、经费、师资、学制、课程、教材等特殊问题，由民族教育司、处、科或所设专人负责处理；与双方都有关系的问题，由各有关司、处、科和民族教育司、处、科或专设人员协商处理。

民族教育行政机构或所设专职人员工作任务是：民族教育方针政策的贯彻执行；国家统一的教育方针政策和法令在民族教育方面贯彻执行过程中，因民族特点产生的特殊问题的研究与处理；国家统一规定的学制、教学大纲、教学计划等，为结合各民族的具体情况而作的变通或补充；掌管民族教育事业计划、学校网的设置和少数民族教育补助费；有关民族语文教材的编译工作和新创制的少数民族文字在学校内的实验、推广工作；协助和培养民族学校的师资；有关民族学院和民族公学的工作。

到1955年，全国28个省、自治区、直辖市的民族教育行政机构已基本建立。为了加强对民族教育行政领导，为进一步开展并提高民族教育工作创造条件，教育部于1955年4月28日给各省、自治区、直辖市的教育厅（局）发出《全国民族教育行政领导问题》的意见，要求各级教育行政部门要继续充实和健全民族教育行政机构，明确了民族教育行政机构的工作范围，以加强民族教育行政领导。

三、民族院校办学政策

1950年11月，政务院第60次政务会议讨论批准了《培养少数民族干部试行方案》，这是新中国为发展少数民族高等教育，创建适合中国国情的少数民族学院而颁布实行的第一个重要方案。《方案》明确阐述了创建民族学院的宗旨是为了国家建设、民族区域自治与实行共同纲领、民族政策的需要，应根据新民主主义的教育方针，大力培养各少数民族干部。特别强调目前以开办政治学校与政治训练班，培养普通政治干部为主，以迫切需要的专业与技术干部为辅。为此目的，在北京设立中央民族学院，并在西北、西南、中南各设中央民族学院分院，必要时还可增设。《方案》同时对各民族学院的培养目标、课程内容、教学要求、科学研究、经费等问题，作出了明确的规定。

1950年11月，政务院批准《筹办中央民族学院试行方案》，这是新中国筹建中央民族学院而颁布的第一个实施方案。《方案》对中央民族学院的任务、系班设置、教学方法、科研机构、领导体制等问题，做了明确的规定。1950年8月，西北民族学院在兰州成立。1951年5月，贵州民族学院在贵阳成立。1951年6月，中央民族学院在北京成立。1951年6月，西南民族学院在成都成立。1951年8月，云南民族学院在昆明成立。1951年11月，中南民族学院在武汉成立。1952年3月，广西民族学院在南宁成立。到1952年9月，先后成立了7所民族学院。1965年9月，西藏民族学院建成开学，标志着西藏高等教育的开始。

1955年6月，第一次民族学院院长会议召开，主要议题是研究民族学院的方针任务、教育工作和领导关系等问题。会议确定了民族学院今后的办学方针是："以提高在职少数民族地区区、乡级干部和部分县级干部的政治、文化、业务水平为主，个别地区根据建设的需要，适当招收少数民族青年，进行一定的专业训练和文化科学教育，培养各种专业干部和知识分子。民族学院的工作方针，应以整顿、巩固、提高质量为主，个别地区有需要与可能，可作适当发展。”① 明确提出了民族学院培养少数民族专业干部的任务，并强调应以整顿、巩固、提高教育质量为主，对民族学院的办学提出了更高的要求。1958 年 2 月，第二次民族学院院长会议召开。会议确定了“民族学院是为少数民族训练社会主义革命和社会主义建设的政治干部，同时培养专业人才”的任务，首次提出了民族学院“培养政治干部与培养专业技术人才并举”的办学方针，并强调民族学院应贯彻毛主席提出的全面发展的教育方针，培养又红又专的政治干部和专业技术人才。这两次民族学院院长会议的最大成果是根据新的形势调整了民族学院的办学方针，将民族学院在新中国成立初期，以“培养政治干部为主，专业技术为辅”的办学方针调整为“培养政治干部与培养专业技术人才并举”的办学方针，并进一步强调了民族学院为少数民族培养专业人才的重要任务。随着国家工作重心的转移，在各个不同历史时期国家对民族学院办学方针、主要任务、培养目标、教育结构、教育层次也在逐步调整、改造和转变。

这个时期，民族学院的办学特点：一是依据民族地区的实际，确立了民族学院的办学方针。二是民族学院作为我国高等教育的有机组成部分与普通高等教育办学模式相比有着不同的特点。它既不同于一般的少数民族政治干部学校，又不同于一般的普通高等院校，是兼有这两个方面特征的少数民族高等学校，它既有培养少数民族干部队伍的教育任务，又有培养各种专业技术人才的高等专业教育任务。与此同时，党和国家积极创建民族地区高等院校。1950 年，5 个民族自治区和 30 个民族自治州，党和国家在积极对民族地区进行经济开发的同时，也先后在这些地区创办了各类高等院校。1949 年 2 月，中央东北局批准成立延边大学。1952 年，内蒙古创建内蒙古师范学院、内蒙古医学院、内蒙古畜牧兽医学院。1953 年，重建广西师范学院。新疆于 1950 年将原新疆学院改建为新疆民族学院。尽管这些院校数量少，学科门类不全，办学条件也极简陋，培养目标也是以各民族党政干部为

① 赵世怀．地方民族学院的教育定位论［J］．广西民族学院学报（哲学社会科学版），1996（4）：86．

主，处于初创阶段，办学层次和办学质量都还较低，但它们填补了民族地区和多民族省份民族高等教育的空白，形成了最早一批培养少数民族中高级人才的重要基地。

四、双语教育政策及少数民族教材、教学用语及课程等的特殊措施

民族语言文字教材建设是保证民族语言教育顺利进行的前提。1950年颁布的《培养少数民族干部试行方案》中提出了双语教学政策，规定“各少数民族学校应聘设适当的翻译人员帮助教学，并对必须用本民族语言授课的班次和课程，逐渐做到用各族自己通用的语文授课，长期班的少数民族学生除学好本民族语文外，也应学习汉语汉文”。1951年11月23日政务院批准的《关于第一次全国民族教育会议的报告》，对少数民族的语言文字政策与双语教学政策进行了专门规范：“有现行通用文字的民族，小学、中学必须用本民族语文教学。有独立语言而尚无文字或文字不全的民族，一面着手创立文字和改革文字，一面得按自愿原则，采用汉族语文或本民族所习用的语文进行教学。少数民族的各级学校得按当地少数民族的需要和自愿设汉文课。”① 该报告又指出，民族教育应尊重少数民族的办学形式和特点：“少数民族教育的内容与形式问题、课程教材问题，既要照顾民族特点，又不能忽视整个国家的统一性。”1952年颁布的《中华人民共和国民族区域自治实施纲要》规定：“各民族自治区自治机关得采用各民族自己的语言文字，以发展各民族的文化教育事业。”1953年2月，教育部在《关于兄弟民族应用何种语言教学的意见》中强调，少数民族学校，应使用本民族语文教学，但在有本民族通用语言而无文字或文字不完备的民族，在创立出通用文字之前，可暂时采用汉语文或本民族所习用的语文进行教学。1954年7月，教育部《关于甘肃临潭初中增设藏文课程的问题给西北教育局的批复》提出：“民族学校必须设置民族语文课程。将来各种条件发展成熟时，更须逐步过渡到各学科

---

① 金炳镐，陈延斌．辉煌90年：中国共产党发展民族教育的光辉历程——中国共产党90年民族教育政策发展回顾［J］．中国民族教育，2011（7-8）：9．

采用本民族语文进行教学。”

另外还提出，课程教学要进行党的民族政策和马克思主义民族观的教育。政务院批准的《培养少数民族干部试行方案》规定，把中国历史与中国现况和民族问题与民族政策作为长期班政治课的基本内容之一。“在一切民族学校内，应发扬共同纲领精神，克服大民族主义倾向与狭隘民族主义倾向，培养民族间互相尊重、平等、团结、友爱、合作的作风”，要求各级民族师范学校“应酌量增加民族问题和民族政策等课程”。1950 年 12 月政务院批准的《关于开展农民业余教育的指示》提出应特别注意民族政策的教育。

五、少数民族教育经费方面的特殊优惠政策

1951 年政务院批准的《关于第一次全国民族教育会议的报告》提出：关于少数民族地区的教育经费，各地人民政府除按一般开支标准，拨给教育经费外，并应按各民族地区的经济情况及教育工作，另拨专款，帮助解决少数民族学校的设备、教师待遇、学生生活等方面的特殊困难。为了纠正少数民族教育补助费使用不当问题，充分发挥这项经费的作用，1953 年教育部发出《关于少数民族教育补助费使用范围的指示》，指出不得以有此项“专款”而取消或减少民族学校在一般教育事业费中应享有的份额，只有在学校教育上因民族特点而产生的必需开支，超过了一般教育事业费的范围或标准时，其超过部分由少数民族教育补助费项下开支，并具体规定了这项经费的使用范围。1956 年国务院发出《关于少数民族教育事业费的指示》，要求各地每年必须保证一定数额的少数民族教育补助费，根据当地经济及教育事业发展情况，以 1955 年招标数为基础，一般应逐年适当增加。

六、为少数民族地区培养师资、支援师资的特殊政策

加强师资队伍建设是发展少数民族教育的关键，政府把民族师范和教师队伍建设作为民族教育工作的重点。1951 年第一次全国民族教育会议通过的《培养少数民族师资的试行方案》提出了培养少数民族师资的具体措施，如积极帮助少数民族地区师范学院改善办学条件，提高教学质量，改进教材教法；在少数民族人口集中、教育发达的地

区筹设少数民族师范学院或师范专科学校，在一般师范学校内增设少数民族师范班，在若干师范学院或师范专科学校酌量增设有关少数民族教育的课程等。1956 年教育部在《关于内地支援边疆地区小学师资问题的通知》中就要求四川、陕西等省，对于接邻的边疆省、自治区需要外地支援的师资要有较多的支持，并且可扩大一些中等师范学校的招生比例，每年培养的小学师资中应包括一部分支援边疆省、自治区的师资。

七、招生及生活待遇方面给少数民族学生适度优惠

在招生政策方面，一是适当放宽报考年龄限制。少数民族地区的学生一般启蒙上学较迟，故高小毕业生年龄较大，报考中等、高等专业学校受到限制。1955 年教育部《关于放宽少数民族学生报考年龄的问题给广西省教育厅的函》指出："今年在各级学校招生规定报考年龄时，对少数民族学生报考年龄一般应比照当地规定放宽 2—3 岁。同时当年毕业生报考时不受年龄大小之限制。"二是放宽少数民族考生录取标准。1951 年高等学校招考新生规定"兄弟民族学生考试成绩虽差，得从宽录取"。这一规定沿用了三年，1953 年至 1961 年间，改为"同等成绩、优先录取"。三是对少数民族考生语言文字予以照顾。国家就当年很多少数民族学生要求照顾他们汉语实际困难的要求，在降低录取标准、照顾少数民族汉语水平等方面作出了相关的规定。这些政策为民族中小学基础教育解决了出口问题。

在学生待遇上实行优惠政策。1950 年颁布的《培养少数民族干部试行方案》规定：为了鼓励与帮助少数民族学生接受各种高等教育，凡考入高等学校的少数民族学生一律享受公费待遇，除公费待遇的少数民族学生外，在若干指定的中学也设立少数民族学生的公费名额。1951 年通过了《少数民族学生待遇暂行办法》。1952 年全国高等学校及中等学校学生的公费制一律改为人民助学金制度。当时规定，高等学校学生全部享受人民助学金，少数民族学生的标准可酌情提高。当时教育部颁发的《中学暂行规程（草案）》规定"中学设人民助学金，少数民族学生申请人民助学金时，应在可能条件下尽先予以照顾"。

第二节　全面建设社会主义时期的民族教育政策（1956年—1965年）

1956年，我国基本完成生产资料所有制的社会主义改造，随即进入全面建设社会主义时期。党的八大及时提出了调动一切积极因素，建设一个强大的社会主义国家的总体战略。我国民族基础教育由此也进入了一个新的发展时期，即探索社会主义民族教育发展道路的时期。这一时期，由于“左”倾错误的影响，我国民族基础教育政策发展出现过一些曲折（1956年—1960年），之后又重新步入正轨。

一、关于民族教育行政体制政策

1956年，党的八大指出：“正确地处理少数民族问题，是我们国家工作中一项重大的任务。我们必须用更大的努力来帮助各少数民族在经济和文化上进步，使各少数民族在我国社会主义建设事业中充分地发挥积极作用。”为了适应新形势的要求，培养建设人才，教育部于1956年6月在北京召开了第二次全国民族教育会议。总结了新中国成立以来少数民族教育工作的经验，讨论和确定了今后少数民族教育的方针任务，制定了《全国民族教育事业十二年规划纲要（1956—1967年）》，提出要在整个国民教育事业的发展过程中，使少数民族的教育事业逐步接近和赶上汉族水平的奋斗目标。在党的八大精神指引下，少数民族高等教育进入一个结构调整、建立学科专业、向现代高等教育转变的时期。

1958年以后，一些地方不适当地批判民族工作“特殊论”和少数民族“落后论”，刮起了“民族融和风”，出现了民族教育忽视民族特点的倾向。在“左”倾错误的影响下，许多民族学校被撤销或合并，民族语文教学被取消，民族学生的公费待遇被取消或削减，使民族教育政策遭受挫折。1961年后经过调整，重申了民族政策，民族教育政策得到恢复和进一步发展。1962年，中央批转了西北地区民族工作会议和全国民族工作会议报告。

二、帮助少数民族创制和改革文字，重视双语教育政策

双语教学政策进一步加强，双语教学工作取得新进展。1957年

12 月,国务院批准了关于少数民族创制和改革文字的方案以及帮助壮、布依、哈尼等 10 个没有文字的少数民族创制文字的方案，使民族语文教学得到更广泛的开展。这一时期，还强调了汉族学习少数民族语言和少数民族学习汉语的必要性。1957 年 3 月 17 日，李维汉在政协全国委员会邀请广西籍人士协商建立广西壮族自治区会议上的发言中指出：“在少数民族地区工作的汉族干部，一般地也应当学会当地民族通用的语言文字，以便密切同少数民族干部和当地人民群众的联系，为他们服务。”他同时还强调：“少数民族人民，首先是他们的干部和知识分子，还需要学习汉语汉文，这有两点重要理由：汉族占全国人口的百分之九十三以上，使用汉语汉文的人口（包括通用汉语汉文的少数民族在内）占全国人口的百分之九十五以上，随着社会主义经济和文化的发展，汉语汉文的使用范围势必继续扩大，而日益成为我国各民族共同使用的工具。学会了它，就更有利于各民族间的交际往来，也有利于少数民族就业、升学以及进行科学研究等等。再则，如同上面所说的，少数民族人民如果掌握了汉语，就更便利于从汉族文化里面吸收一切有益的东西来丰富和发展本民族的文化，更快地提高本民族的文化水平。”1958 年第一届全国人民代表大会第五次会议通过了《关于汉语拼音方案的决议》，随后教育部发出通知，要求教学拼音字母，利用拼音字母学习普通话。少数民族的学生，也可以试用拼音字母学习汉语。

明确了民族文字教材建设的任务。1959 年 9 月，文化部、教育部、国家民族事务委员会联合召开全国少数民族出版工作会议。会议指出各民族地区的中小学和师范学校应译用或采用全国通用教科书，另外自编本民族语言教材和民族学校汉语教材及民族补充教材；民族文字教材的编译，必须以党和国家的教育方针为指导思想；在教材的政治内容上要用社会主义、共产主义和爱国主义思想教育学生；争取在较短时间内，由有关民族地区分工协作，编译出一套比较完整的民族文字教科书和教学参考书。

三、关于民族教育经费和内地支持边疆师资政策

1956 年 9 月，国务院发出《关于少数民族教育事业费的指示》，要求今后一定时期内，民族地区的小学基本上仍由公办，民族地区生活条

件比较困难的地区应不收学杂费，原来实行收费的地区也须扩大减免名额。民族小学的编制定额应予适当照顾，学校极端分散的地区，得设专职辅导员巡回辅导教师的在职学习。各地每年必须保证一定数额的少数民族教育补助费，根据当地经济及教育事业发展情况，以 1955 年指标数为基础，一般应逐年适当增加。从 1956 年起，中央核拨经费采取块块拨款的办法，因而少数民族教育补助费不单列项下达，但拨给各地的教育事业费中仍包含这笔经费，如 1964 年全国教育经费专拨的少数民族教育补助费为 1 500 万元。

与此同时，采取新措施支援民族地区师资建设。1956 年教育部发出《关于内地支援边疆地区小学师资问题的通知》，提出边疆省、自治区所需师资除当地大力发展师范教育培养外，需要内地支援的主要由内地调配部分初中学生和失业知识分子加以短训解决。临近边疆的省要给予较多的支援。扩大中等师范招生比例，培养边疆民族地区所需师资。

第三节　改革开放初期的少数民族教育政策（1978 年—1993 年）

“文化大革命”期间，民族院校的发展遭受到重大挫折。在党的十一届三中全会正确路线指导下，民族高等教育经过思想、政治、组织路线上的拨乱反正，党的民族政策和民族教育方针、任务重新得到贯彻和落实。从全国各民族学院（大学）来看，原被撤销、停办的一些民族学院在 70 年代中期已基本恢复，到 1980 年 1 月，经教育部批准恢复中南民族学院之日起，标志着“文化大革命”前的 10 所民族学院已全部恢复①。1978 年 10 月 9 日，经中共中央和国务院有关领导批准的教育部和国家民委在《关于加强民族教育工作的意见》中强调，要逐步建立适合少数民族地区特点的民族教育体系。

① 霍文达．略论我国民族学院学科专业建设的发展变化［J］．中央民族大学学报，1995（6）：69.

一、关于少数民族教育的法律体系及其基本原则

新时期是依法治国的时期。中国分别于1982年、2004年两次修宪，各种法律如雨后春笋般涌出，各种法律体系基本形成，民族教育法律体系也是如此。

《中华人民共和国宪法》是中国少数民族教育的根本法律依据，以宪法为依据，《中华人民共和国教育法》（1995年颁布）、《中华人民共和国义务教育法》（1986年颁布，2006年修订）、《中华人民共和国民族区域自治法》（1984年颁布，2001年修订）等相关法律为中国少数民族教育构造了基本完整的法律体系。

（一）民族自治地方自治机关可以自主地管理和发展本地方教育事业

《中华人民共和国宪法》第119条规定："民族自治地方的自治机关自主地管理本地方的教育、科学、文化、卫生、体育事业，保护和整理民族的文化遗产，发展和繁荣民族文化。"《中华人民共和国民族区域自治法》第36条规定："民族自治地方的自治机关根据国家的教育方针，依照法律规定。决定本地方的教育规划，各级各类学校的设置、学制、办学形式、教学内容、教学用语和招生办法。"第37条规定："民族自治地方的自治机关自主地发展民族教育，扫除文盲，举办各类学校，普及九年义务教育，采取多种形式发展普通高级中等教育和中等职业技术教育，根据条件和需要发展高等教育，培养各少数民族专业人才。民族自治地方的自治机关为少数民族牧区和经济困难、居住分散的少数民族山区，设立以寄宿为主和助学金为主的公办民族小学和民族中学，保障就读学生完成义务教育阶段的学业。办学经费和助学金由当地财政解决，当地财政困难的，上级财政应当给予补助。"第42条规定："民族自治地方的自治机关积极开展和其他地方的教育、科学技术、文化艺术、卫生、体育等方面的交流和协作。自治区、自治州的自治机关依照国家规定，可以和国外进行教育、科学技术、文化艺术、卫生、体育等方面的交流。"

（二）国家帮助、扶持各少数民族地区发展教育事业

关于教育投入方面，《中华人民共和国教育法》第56条规定："国务

院及县级以上地方人民政府应当设立教育专项资金，重点扶持边远贫困地区、少数民族地区实施义务教育。”《中华人民共和国义务教育法实施细则》规定：“中央和地方财政视具体情况，对经济困难地区和少数民族聚居地区实施义务教育给予适当补助。”《中华人民共和国民族区域自治法》第71条指出：“国家加大对民族自治地方的教育投入，并采取特殊措施，帮助民族自治地方加速普及九年义务教育和发展其他教育事业，提高各民族人民的科学文化水平。”该法同时强调了国家为扶助民族自治地方发展经济文化建设事业设立的各项专用资金和临时性的民族补助专款，任何部门不得扣减、截留、挪用，不得用以顶替民族自治地方的正常的预算收入。新修订的《中华人民共和国义务教育法》第6条规定：“国务院和县级以上地方人民政府应当合理配置教育资源，促进义务教育均衡发展，改善薄弱学校的办学条件，并采取措施，保障农村地区、民族地区实施义务教育，保障家庭经济困难的适龄儿童、少年接受义务教育。”第47条规定：“国务院和县级以上地方人民政府根据实际需要，设立专项资金，扶持农村地区、民族地区实施义务教育。”

关于兴学招生方面，《中华人民共和国民族区域自治法》第71条规定：“国家举办民族高等学校，在高等学校举办民族班、民族预科，专门或者主要招收少数民族学生，并且可以采取定向招生、定向分配的办法。高等学校和中等专业学校招收新生的时候，对少数民族考生适当放宽录取标准和条件，对人口特少的少数民族考生给予特殊照顾。各级人民政府和学校应当采取多种措施帮助家庭经济困难的少数民族学生完成学业。”“国家在发达地区举办民族中学或者在普通中学开设民族班，招收少数民族学生实施中等教育。”新修订的《中华人民共和国义务教育法》第18条规定：“国务院教育行政部门和省、自治区、直辖市人民政府根据需要，在经济发达地区设置接收少数民族适龄儿童、少年的学校（班）。”

关于师资支援方面，《中华人民共和国民族区域自治法》第71条规定：“国家帮助民族自治地方培养和培训各民族教师。国家组织和鼓励各民族教师和符合任职条件的各民族毕业生到民族自治地方从事教育教学工作，并给予他们相应的优惠待遇。”《中华人民共和国教师法》规定："地方各级人民政府对教师以及具有中专以上学历的毕业生到少数民族地区和边远贫困地区从事教师教学工作的，应当给予补贴。"新修订的《中华人民共和国义务教育法》第 31 条规定："在民族地区和边远贫困地区工作的教师享有艰苦地区补助津贴。"第 33 条规定："国务院和地方各级人民政府鼓励和支持城市学校教师和高等学校毕业生到农村地区、民族地区人从事义务教育工作；国家鼓励高等学校毕业生以志愿者的方式到农村地区、民族地区缺乏教师的学校任教。县级人民政府教育行政部门依法认定其教师资格，其任教时间计入工龄。"

（三）关于与教育教学有关的语言文字的规定

《中华人民共和国宪法》第 4 条规定："各民族都有使用和发展自己的语言文字的自由。"《中华人民共和国教育法》第 12 条规定："汉语言文字为学校及其他教育机构的基本教学语言文字。少数民族学生为主的学校及其他教育机构，可以使用本民族或者当地民族通用的语言文字进行教学。学校及其他教育机构进行教学，应当推广使用全国通用的普通话和规范字。"《中华人民共和国民族区域自治法》第 10 条规定："民族自治地方的自治机关保障本地方各民族都有使用和发展自己的语言文字的自由。"第 37 条规定："招收少数民族学主为主的学校（班级）和其他教育机构，有条件的应当采用少数民族文字的课本，并用少数民族语言讲课；根据情况从小学低年级或者高年级起开设汉语文课程，推广全国通用的普通话和规范汉字。各级人民政府要在财政方面扶持少数民族文字的教材和出版物的编译和出版工作。"

（四）教育与宗教分开的原则

《中华人民共和国宪法》第 36 条规定："国家保护正常的宗教活动。任何人不得利用宗教进行破坏社会秩序、损害公民身体健康、妨碍国家教育制度的活动。"《中华人民共和国教育法》第 8 条规定："国家实行教育与宗教相分离。任何组织和个人不得利用宗教进行妨碍国家教育制度的活动。"

二、关于改革开放初期民族教育行政体制政策

新中国成立以来，党和国家采取了许多特殊政策和措施支持民族教

育事业的发展，进一步明确了改革开放初期民族教育的原则和任务。

1980年10月9日，教育部、国家民委发布的《关于加强民族教育工作的意见》指出："必须遵照党中央真正实行民族区域自治，在中央统一领导下充分行使民族区域自治权利的精神，保证民族自治地方在教育事业上的自主权。在国家统一的教育方针指导下，教育规划、学校管理体制、办学形式、学制、教材建设、教学内容、人员编制、教师任用和招聘、经费的管理和使用等，都应由自治地方根据实际情况决定。"强调要大力培养少数民族科学技术人才和管理人才，要求重点扶持民族教育，逐步建立适合少数民族地区特点的民族教育体系。在第二部分就明确指出应采取多种途径和多种方法发展少数民族高等教育："第一，首先要办好和发展民族学院。第二，加强设在民族自治地方的大专和中专院校。第三，根据国务院批转的1980年高等学校招生工作的规定，全国重点高等院校和少数民族人口较多的省的一般高等院校，要积极举办民族班。第四，在少数民族地区也要积极发展各类业余大学。"非常明确就是要为少数民族学生进入这些院校积极创造条件。高考招生，应对少数民族学生实行择优录取和规定比例适当照顾相结合的办法，在各民族自治地方，少数民族学生的录取的比例应力争不低于少数民族人口比例。设在民族自治地方和少数民族较多的省内的汉族的重点中学，应当积极为少数民族学生举办高考补习班，还应尽可能地办一些民族班。国家要采取积极措施，选派少数民族留学生出国深造，有计划地为少数民族培养高级的科技人才①。同时，要求大力发展民族师范教育，培养一支合格的民族教师队伍。"各自治区和各少数民族较多的省，一定要建立并办好一批民族师范院校。这些民族师范院校均应主要招收少数民族学生和少数有志为少数民族教育服务的汉族学生。民族师范院校的招生和毕业生的分配，都要注意照顾教育基础差的广大农牧区和山区，招生条件要放宽，学制、课程设置、教学内容等，都要从实际出发，切不可生搬汉族地区一般师范院校的经验和做法。一般的师范院校也应设民

---

① 司永成. 民族教育政策法规选编［M］. 北京：民族出版社，2011：19-20.

族师范班，招收少数民族学生入学。在发展民族师范教育的同时，必须采取多种形式大力培训、提高在职的民族教师的素养。内地有关省、市和高等学校要积极支援，并采取派专家、教授定期讲学，接受在职教师进修、代培等办法，为少数民族地区培养提高大专和中专师资。”①

1981 年 2 月，第三次全国民族教育工作会议在北京召开，会议总结了 30 多年来民族教育的历史经验，充分肯定了新中国成立以来少数民族高等教育工作的成绩，认真研究了在新的形势下如何进一步发展民族教育的问题，提高了对民族教育工作重要性的认识。在报送中共中央、国务院的《关于进一步加强民族教育工作的报告》中，对上述要求进一步做了重新规定和阐述。为了拓宽培养管道和专业范围，会议还强调指出：“培养少数民族专业技术人才，是全国各大专院校共同的任务，特别是那些被指定的院校负有更加重要的责任，大部分高级专业技术人员要靠它们来培养。”这些会议精神和有关文件的颁布，确立了这一时期少数民族高等教育的方针任务，为少数民族教育指明了发展方向，明确了培养目标，从而为我国少数民族高等学校的恢复和发展提供了政策支持和保障，使其步入了健康发展的轨道。

1984 年 5 月，全国人民代表大会通过《中华人民共和国民族区域自治法》(根据 2001 年 2 月 28 日第九届全国人民代表大会常务委员会第二十次会议《关于修改〈中华人民共和国民族区域自治法〉的决定》修正)，第 71 条第 2 款规定：“国家举办民族高等学校，在高等学校举办民族班、民族预科，专门或者主要招收少数民族学生，并且可以采取定向招生、定向分配的办法。高等学校和中等专业学校招收新生的时候，对少数民族考生适当放宽录取标准和条件，对人口特少的少数民族考生给予特殊照顾。各级人民政府和学校应当采取多种措施帮助家庭经济困难的少数民族学生完成学业。”1985 年 5 月 27 日，中共中央颁布《关于教育体制改革的决定》，民族教育体制改革有了总的方向。

1992 年 3 月，第四次全国民族教育工作会议召开。中共中央政治局

① 司永成. 民族教育政策法规选编 [M]. 北京：民族出版社，2011：20.

委员、国务委员兼国家教委主任李铁映作了《大力改革和发展民族教育促进各民族的共同繁荣》的报告，会议下发了《关于加强民族教育工作若干问题的意见》(教民〔1992〕8号)、《全国民族教育发展改革指导纲要》和《关于开展教育支援协作的意见》等10个文件。这次会议总结了第三次全国民族教育工作会议以来民族教育改革与发展的经验，对20世纪90年代以后我国民族教育发展与改革提出了明确的指导性意见：

其一，确定了民族教育改革与发展的六项基本原则，即：坚持社会主义办学方向；坚持为当地经济建设和社会发展服务；坚持一切从实际出发；坚持开放，扩大交流；坚持教育与宗教分离；坚持国家帮助与自力更生相结合。

其二，明确了民族教育改革与发展的三项基本任务：要打好基础，在数量和质量上有一个新的发展和提高；要坚持改革开放，进一步明确办学的路子，使民族教育更好地为当地经济建设和人民群众的富裕文明服务；要努力缩小目前困难较大的民族地区同全国教育发展平均水平的差距，使民族教育的发展与全国教育发展相适应，与少数民族和民族地区的经济社会发展相适应①。

三、深化民族院校办学体制改革政策

1979年11月，国务院批准《国家民委、教育部关于印发〈关于民族学院工作的基本总结和今后方针任务的报告〉的通知》，总结了全国民族学院20多年来的办学经验，阐述了民族学院的性质、特点，指出："民族学院主要是培养少数民族政治干部和专业技术干部的社会主义新型大学，它既有培养政治干部的部分，又有培养各种专业技术人才的系、科。"《报告》根据国家中心工作的转移对民族学院在新的历史时期的办学方针做了新的调整和规定："现在，我国进入了新的历史时期，各民族学院必须把工作重点转移到社会主义现代化建设上来，坚决执行新时期党和国家对民族工作方面的任务，大力培养'四化'所需要的具有共产主义觉悟的政治干部和专业技术人才，为少数民族地区的社会主

① 王铁志. 新中国民族教育政策的形成与发展（下）[J]. 民族教育研究，1998(4)：8.

义现代化建设服务。”从而为民族学院工作的主要任务、办学方向、专业设置调整等方面指明了方向，开始实现了民族学院培养目标的战略性转变，民族学院从此开始进入了一个新的发展时期。

1981 年第三次全国民族教育工作会议重申了 1952 年中央人民政府《关于建立民族教育行政机构的决定》，要求有关省、区、市依照这一精神，结合各地的实际情况，逐步恢复、建立和健全民族教育行政机构。

1992 年 10 月，国家教委民族地区教育司发布的《关于印发〈全国民族教育发展与改革指导纲要〉（试行）的通知》对少数民族教育的方针与政策作出了详尽的规定，规定各地要从民族地区的实际出发，改革民族教育管理体制，逐步实行基础教育由地方负责、分级管理的体制，充分调动广大干部和群众自力更生办学的积极性。

《纲要》第 6 条规定：“民族高等教育在 90 年代，要把工作重点放在适度发展、优化结构、改善条件、提高质量上，并力争取得显著成效。要使全国高等学校少数民族在校生，在现有基础上有一个适当的增长。国家教委和中央部委所属高等院校，要有计划地招收 55 个少数民族的学生，尽可能做到按需对口培养。同时，每年都要将一定数量的有丰富实践经验的少数民族优秀青年吸收到高等学校学习，为各地培养具有现代科学技术知识的后备干部和跨世纪的建设骨干。”第 17 条指出：“高等学校和中等专业学校在招生时，在一定时期内对少数民族考生仍继续实行同等条件下优先录取和适当降分录取相结合的办法（具体规定由有关省、自治区自定），使普通高等学校在校生中少数民族学生占有适当的比例，尽快为少数民族和民族地区培养一定数量的高级专门人才。同时要切实加强基础教育，办好预科，努力提高生源质量，并逐步引入竞争机制，全面提高少数民族学生的素质。”第 26 条规定：“继续认真办好民族高等教育，采取特殊措施有计划地培养少数民族高级专门人才。民族学院在历史上为培养民族干部发挥了重要作用。在新的形势下，它在民族高等教育中将继续占有其重要地位。有关主管部门和省、区、市人民政府，要大力支持和帮助民族学院改善条件、深化改革、发挥优势、提高质量、办出特色。当前除要继续重点办好具有民族特色的学科、专业和民族干部培训以及大学预科以外，对现有一般专业，社会需要的要改善条件继续办好。对民族地区急需的一些专业，要统筹规划，努力创造条件，有计划地设置。”第28条规定：“要进一步加强我国民族教育同各国教育的交流与合作。国家每年要继续划拨一定的研究生和出国留学生指标，在保证生源质量的前提下，定向招收少数民族学生，为民族地区和民族院校培养一批急需的高级专门人才和教师。”

1993年4月，国家民委召开所属民族学院书记、院长会议，进一步学习贯彻党的十四大精神和中央民族工作会议精神，总结和交流民族学院改革发展的经验，研究在新形势下进一步加快所属民族学院改革和发展的意见和措施，讨论制定了《国家民委关于加快所属民族学院改革和发展步伐的若干意见》，这个文件提出了我国民族学院改革和发展的思路、内容、任务、原则和措施。明确规定了民族学院改革和发展的主要思路和任务是：国家民委逐步简政放权，转变职能，由对所属民族学院的直接行政管理转变为运用多种手段宏观管理。扩大学校的办学自主权，进一步明确学校所承担的义务、利益和责任，使其真正成为面向社会自主办学的法人实体。逐步改革学校内部管理体制和运行机制，深化教育和教学改革。通过加快改革开放的步伐，促进民族学院和民族地区高等学校快速发展，在质量、数量、结构和效益等方面上一个新台阶，以适应少数民族和民族地区经济社会发展的需要。

四、民族语文教学、双语教学和少数民族文字教材政策

1988年第四次全国民族教育工作会议指出：民族教育的发展一定要以改革的精神办教育；提倡和鼓励不同民族学生合校分班或合校合班，提倡汉族学生学习少数民族的语言文字、文学艺术、历史、医学等；要使各族学生增进了解，广交朋友，团结互助，共同进步。

1992年《全国民族教育发展与改革指导纲要（试行）》规定，正确贯彻党的民族语言文字政策，在教学中，因地制宜地搞好双语教学；民族地区学校教学语言文字政策的具体实施主要由各省、自治区根据宪法、民族区域自治法的有关规定，按照坚持开放、扩大交流和有利于发扬民族优秀文化传统、有利于民族间科学文化交流、有利于提高各民族教育质量的原则和当地的语言环境、教学条件以及多数群众的意愿决

定；凡使用民族语言授课的学校，要搞好“双语”教学，推广全国通用的普通话；要加强对少数民族学生学习汉语文和民族语文的双语教学研究；学校中的双语教学工作，要纳入教学计划由当地教育行政部门统一管理。

新时期，加强少数民族文字教材建设，多次强调加强民族语文教材建设的重要性，并制定了一系列具体政策。

第一，进一步明确民族文字教材建设的方针和任务。“文化大革命”结束后，政府在民族文字教材建设方面强调要注意民族特点，提高质量。1980 年 6 月教育部转发的《少数民族文字教材工作座谈会纪要》提出：各个民族都有自己独特的发展历史，语言文字差异很大，教材编译工作不能停留于翻译统编教材。从长远看，民族教材要立足于自己编写，这是民族文字教材编译工作的发展方向。当前，民族教材，特别是语文和历史教材中，应根据各个年级的不同情况，适当选编一些本民族的优秀作品，或本民族发展历史的内容。1981 年的第三次全国民族教育工作会议还提出，民族文字教材的编译要提高质量，注意解决各科教学大纲、教材、教学参考书、工具书、课外读物的配套问题，要加强各有关省、区、市之间的协作。

1986 年印发的《全国中小学教材审定委员会朝鲜文教材审查委员会工作条例（试行）》规定，教科书的内容和形式，必须有利于祖国的统一、民族的团结、民族政策的落实、本民族优秀文化遗产的继承和发展；必须符合本民族学生心理特征和学习规律，体现民族特点和地区特点。

第二，加强教材编写出版及规划和管理。1981 年的第三次全国民族教育工作会议，比较全面地提出了加强民族文字教材建设的有关问题，提出：各有关省、区、市教育部门应重视少数民族文字教材的编译出版工作，并加强领导；要健全编译出版机构，配备足够的懂行的业务人员充实编译队伍，解决好编制、经费、纸张供应以及教材的印刷、发行、运输等问题，力求实现教材“人手一册，课前到手”的要求；要注意提高教材的编译质量，注意解决各科教学大纲、教材、教学参考书、工具书、课外读物的配套问题；编译民族文字教材，从内容到形式，都要注意民族特点和地区特点；在历史、地理、语文等教材中都要有民族和地区的内容；编写民族文字教材，要加强各有关省、自治区之间的协作。

五、继续在经费上给予民族教育特殊照顾政策

国家对民族教育经费问题一贯重视。新时期在有关法律和文件中多次强调增加民族教育经费，重视和扶持少数民族教育事业，所采取的特殊扶持政策主要有：

（一）加强民族教育专项补助经费管理，以解决民族教育的特殊困难

1991年国务院印发的《关于进一步贯彻实施〈中华人民共和国区域自治法〉若干问题的通知》指出："国家设立少数民族教育补助专款，实行专款专用，保证直接用于少数民族教育事业。"

1992年国家教委民族地区教育司颁布的《全国民族教育发展与改革指导纲要（试行）》规定，国家拨给的民族教育专项经费，要专款专用，不得挤占和挪用；除中央向地方下拨的各项教育专款要给予照顾外，有关省、市、自治区财政要按照《民族区域自治法》的有关规定，设立民族教育专项补助经费，其数额由省、自治区根据实际情况确定。

（二）多渠道增加民族教育投入

1980年，教育部、国家民委发出通知，建议除正常教育经费照拨外，能够从国家对少数民族地区的各项补助费中安排一定比例的款额，用于解决少数民族教育的特殊需要。

1992年国家教委、国家民委印发的《关于加强民族教育工作若干问题的意见》提出，坚持国家扶持与自力更生相结合的原则，多渠道增加民族教育的投入。根据民族地区的实际，基础教育要实行由地方负责、分级办学、分级管理的体制。各级各类民族学校要充分利用当地资源，因地制宜，广泛开展勤工俭学活动。《意见》还指出国家拨给民族地区包干经费中的"三项"补助经费（民族地区机动金、边境地区事业补助费、不发达地区发展资金），各省（区、市）要增加用于发展民族教育的比例。同年的《全国民族教育发展与改革指导纲要（试行）》又重申了这一精神。

2002年国务院颁布的《国务院关于深化改革加快发展民族教育的决定》提出，要统筹兼顾，突出重点。要把中央财政扶持教育的重点向民族工作的重点地区、边远农牧区、高寒山区、边境地区以及发展落后的人口较少民族聚居地区倾斜。大力支持少数民族和西部教育，专项容留、制定和落实有关优惠政策，扶持散杂居地区民族教育的发展；少数民族和西部地区地方本级财政教育经费的支出要切实做到“三个增长”；国际组织教育贷款、海外和港澳台教育捐款的分配，重点向少数民族和西部地区倾斜；鼓励社会力量办学，支持和调动社会力量参与教育“帮困济贫”行动，对纳税人向少数民族和西部地区农牧区义务教育的捐赠，在应纳税所得额中全额扣除；少数民族和西部地区新建、扩建学校包括民办公益性学校，以划拨方式提供土地，并减免城乡建设等相关税费；对勤工俭学、校办产业以及为学校提供生活服务的相关产业，继续实行税收优惠政策；同时，适度运用财政、金融等手段支持少数民族和西部地区教育事业的发展。

六、在招生中继续给予少数民族学生特殊照顾政策

（一）充实和完善招生中的民族政策和对少数民族录取成绩的照顾政策

1978年颁布的《关于一九七八年高等学校招生的意见》就规定同报考专业相关科目的考试成绩特别优秀的考生和边疆地区的少数民族考生，最低录取分数线及录取分数段，可适当放宽。1980年教育部与国家民委印发的《关于加强民族教育工作的意见》指出：高考招生，应对少数民族学生实行择优录取和规定比例适当照顾相结合的办法，在各民族自治地方，少数民族学生的录取比例应力争不低于少数民族人口比例。1981年高等学校招生工作中规定，对边疆、山区、牧区少数民族聚居地区的少数民族考生可根据当地的实际情况适当降低录取分数。对散居在汉族地区的少数民族考生，在与汉族考生同等条件下优先录取。高等学校举办少数民族班，可适当降低分数，招收边疆、山区、牧区等少数民族聚居地区的少数民族考生。在这一时期还提出了招生按比例分配名额的政策。1985年劳动人事部《关于允许农村、牧区少数民族学生报考技

工学校的批复》规定，农村、牧区少数民族学生中符合招生条件的可以报考技工学校。

1987 年国家教委颁布的《普通高等学校招生暂行条例》对少数民族招生的照顾政策进一步具体化、规范化，主要内容有：

①边疆、山区、牧区、少数民族聚居地区的少数民族考生，可根据当地的实际情况，适当降低分数，择优录取。对散居于汉族地区的少数民族考生，在与汉族考生同等条件下，优先录取。②民族班招生，从参加当年高考的边疆、山区、牧区等少数民族聚居地区的少数民族考生中，适当降低分数择优录取。③山区、边远地区、少数民族聚居地区的委托培养，可以划定招生范围，同时明确预备生源，适当降低分数，择优录取。④普通中等专业学校和成人高等学校招生时，也执行与普通高等学校相类似的政策。1992 年《全国民族教育发展与改革指导纲要（试行)》和《关于加强民族教育工作若干问题的意见》指出，高等学校和中等专业学校在招生时，在一定时期内对少数民族考生仍继续实行同等条件下优先录取和适当降分录取相结合的办法（具体规定由有关省、自治区自定)，使普通高等学校在校生中少数民族学生占有适当的比例，尽快为少数民族和民族地区培养一定数量的高级专门人才。

1993 年发布实施的《城市民族工作条例》第 9 条规定：“地方招生部门可以按照国家有关规定，结合当地实际情况，对义务教育阶段后的少数民族考生，招考时给予适当照顾。”一些少数民族杂散居地区在执行“同等条件下优先录取”政策的基础上，还制定了对少数民族考生适当降低分数录取的政策。

（二）恢复、完善关于少数民族考生语言文字的特殊政策

1978 年发布的《关于一九七八年高等学校招生的意见》指出，民族自治区、州、县和少数民族聚居地方的少数民族考生可以用本民族文字答卷，但报考用汉语授课的院校，要具有一定的汉语听写能力。1981 年高校招生时规定，民族自治区用本民族语文授课的高等学校或系，由自治区命题、考试和录取，不参加全国统一考试。用本民族语文授课的民族中学毕业生，报考用汉语文授课的高等学校，应参加全国统一考试。汉语文由教育部另行命题，不翻译，并用汉文答卷；其他各科（包括外

语试题的汉语部分）翻译成少数民族文字，考生须用本民族文字答卷。在考汉语文的同时，由有关省、自治区决定也可以考少数民族语文，并负责命题；汉语文和少数民族语文的考试成绩分别按50%计入总分；但汉语文成绩必须达到及格水平方能录取。1981年招生中对少数民族考生考试用语政策一直执行至今。

（三）实行定向招生政策

“定向招生、定向分配”是为了帮助边远地区、少数民族地区和某些工作条件较为艰苦的行业培养人才，把招生来源地区和毕业生分配去向适当结合起来的一项招生政策。

1982年，一些省、自治区、直辖市的少数高等学校就试行了“定向招生、定向分配”的办法，初见成效。1983年，教育部决定从当年开始，在中央部门所属的农、林、医、师范院校实行部分定向招生；省、市、自治区所属农、林、医、师范院校实行大部分定向招生。定向招生的学生，毕业生分配时实行定向分配。为鼓励学生报考定向生，必要时可以适当降低分数要求，实行择优录取。

经过几年的试行和完善，国家教委于1988年专门颁发了《普通高等学校定向招生、定向就业暂行规定》，划定了定向范围和具体招生、培养、分配政策，这项政策对解决民族地区人才问题起了一定的作用。

七、民族教育的对口支援与协作政策

内地对民族地区的教育对口支援协作开展的历史较长。改革开放以来，对民族地区的教育对口支援更为广泛，概括起来有以下三种形式：

（一）对少数民族贫困县教育事业的对口支援与协作

1992年的《关于加强民族教育工作若干问题的意见》和《全国民族教育发展与改革指导纲要（试行）》明确指出，开展省、自治区之间对口支援全国143个少数民族贫困县发展教育事业；组织经济发达地区协助民族贫困县制定教育发展规划；培养培训合格师资、教育行政干部，办好重点骨干中小学和县职业技术学校，发展电化教育和开展技术培训等，使教育更好地为促进当地经济建设和社会发展及脱贫致富服务；困难较多的一些省、区、市的民族教育，除国家给予一定的支持外，各级政府要动员本地的力量，参照“智力援藏”办法给予支持，包括选择一些办学条件较好的中等学校招收少数民族学生入学，为经济、教育发展有特殊困难的少数民族和民族地区多培养一些合格人才；要鼓励和有计划地组织内地省、区、市和沿海地区与民族贫困县开展多种形式结对支援，加快民族教育的发展与改革。

1993 年，国家教委印发了《关于对全国 143 个少数民族贫困县实施教育扶贫的意见》，确定了河北、北京、江苏、辽宁、山东等省市对口支援 143 个少数民族贫困县。2002 年《国务院深化改革加快发展民族教育的决定》指出，按照《中央办公厅、国务院办公厅关于推动东西部地区学校对口支援工作的通知》（厅字〔2000〕13 号）的要求，认真组织实施“东部地区学校对口支援西部贫困地区学校工程”和“西部地区大中城市学校对口支援本省（自治区、直辖市）贫困地区学校工程”，使少数民族和西部贫困地区在资金、设备、师资、教学经验等方面得到帮助。教育对口支援实行目标责任制，确保目标如期实现，提高对口支援的效益。要重点支持现代远程教育网络建设，建立县级远程教育教学点和乡级电视、数据收视点，有条件的地区和学校启动校园网络或局域网建设，培养培训教师和管理人员。

（二）对西藏的教育援助与协作

对西藏地区的教育援助与协作是多方位的。首先是支援高、中等专业学校教师和设备，帮助培训教师和教育管理干部，帮助建设学校。

1987 年国务院、国家教委西藏经济工作咨询小组转发《关于内地对口支援西藏教育实施计划》，主要任务有：重点加强师范教育和师资培养。由中央有关部委、有关省市和有关高校分别对口支援西藏的 4 所师范学校、9 所中专以及西藏大学、西藏农牧学院、西藏民族学院 3 所高等院校，主要任务是定期选派缺门专业课教师，为这些学校培训在职教师和管理人员。在西北师范学院成立藏族师资培训中心，为西藏培养中学师资。委托辽宁等五省市的师范院校为西藏代培师资。同时，国家每年统一分配 120 名内地高等师范本科毕业生和研究生支援西藏，工作 8 年后可调回内地。

确定对西藏七个地市的对口支援，浙江省对拉萨市，湖南省对林芝地区，湖北省对昌都地区，辽宁省对山南地区，山东省对日喀则地区，山西省对阿里地区，天津市对那曲地区。主要任务是选派初、高中骨干教师讲课，帮助培训中学教师和教学行政管理人员。此外，还确定了由中央电视台对口支援西藏电教馆，中央党校对口支援西藏党校，具体支援项目，由西藏提出，双方研究确定。此外还对中学实验室建设给予了技术指导。

加强西藏教育研究和中小学藏文教材建设。依托西北师范学院设立必要的机构，加强以西藏为重点的整个藏族教育的研究工作。在继续加强成、青、川、甘、滇等五省区藏文教材编写协作的同时，西北师院和西藏教材编写机构紧密合作，争取五年内重新设计、逐步编写出适合藏族特点的中小学教材。

西藏自治区各方面人才奇缺，办学环境又很简陋。为了尽快改变这一状况，中央领导同志指示除加强西藏自治区本身的教育外，在内地创建西藏学校和举办西藏班，着重为西藏培养中等专业技术人才。1984 年 12 月，教育部和国家计委发出通知，确定在北京、兰州、成都筹建三所西藏学校，每年招生 300 人；在上海、湖北等 16 个中等以上城市各选条件较好的一两所中学举办西藏班，每年招生 1300 名，同时还在北京市、成都市创办了两所西藏中学。西藏学校和西藏班实行双语教学。由西藏选派语文教师和管理人员，教职工的编制适当放宽。开办费和每年的经常性费用（包括装备、服装、公杂、医药、教学、学生寒暑假活动费以及每月的助学金等）由中央和西藏自治区政府负担。差额部分由有关省、市解决。内地西藏中学和西藏班的毕业生多数升入中等专业学校学习，少数升入内地高等学校深造。在内地举办西藏中学和西藏班有很多优越性，受到西藏广大干部群众的欢迎。1992 年国家教委发布的《全国民族教育发展与改革指导纲要（试行）》指出，西藏教育有特殊困难，全国要给予支援，要认真办好内地西藏班（校）。1993 年，国务院委托国家教委召开了教育援藏工作会议，及时总结经验。承担举办西藏班任务的 27 个省市与西藏共同签署了《教育支援西藏协议书》，落实了内地西藏班任务。会议确定：认真贯彻“长期坚持，努力搞好，不断完善”的方针，实行“对口、定点、包干责任制”。不断改善内地西藏班的办学条件，加强对内地西藏班（校）的管理，用好教育援藏补助经费。会后，国务院办公厅转发了《关于进一步加强教育援藏工作的请示》。1994年，国家教委又印发了《关于进一步加强内地西藏班工作的意见》和《内地西藏中学班（校）管理实施细则》、《内地中等专业学校西藏班管理的若干暂行规定》，使内地西藏班的办学方式日益规范化、制度化。

（三）对新疆的教育支援与协作

对新疆教育支援与协作形式多样。主要是内地高校对口支援新疆，帮助培养高等专门人才和高等学校师资。

国家教委、国家民委和新疆维吾尔自治区人民政府先后在1989年、1992年、1995年和1999年召开四次内地高校支援新疆协作会议。会议总结了内地与新疆在高等教育方面开展支援协作的经验，肯定了国务院有关部委及其承担任务的所属院校在与新疆高校支援协作中所取得的成绩。10多年来，国务院24个部委所属的80多所高等学校共招收新疆少数民族大学生7 000多人，定向培养研究生640人，培训教师和少数民族教育行政管理干部860多人，培训少数民族经济和企业管理干部1 400名，派出高校少数民族访问学者30名，有力地促进了新疆的教育事业、经济建设和社会发展。

举办内地新疆高中班，为新疆培养建设人才。1998年，江泽民同志在新疆考察工作时强调，要有计划地选送一些优秀青少年到内地读书。1999年下发的《国务院办公厅转发教育部等部门关于进一步加强少数民族地区人才培养工作的意见的通知》规定，从2000年起，在北京、上海、天津等12个城市开办内地新疆高中班。教育部据此印发了《关于印发〈关于内地有关城市开办新疆高中班的实施意见〉的通知》，对内地新疆班的开办规模、方式、任务、招生、教学、升学、教师配备、管理职责以及办学经费等问题做了具体部署和明确规定。

为加强对西藏、新疆等民族地区的教育支援与协作，2002年国务院《关于深化改革加快发展民族教育的决定》强调，教育对口支援工作要帮助西藏、新疆加强双语师资，特别是汉语教师的培养和支教工作；进一步加强内地西藏班（校）和新疆高中班的工作，完善内地西藏班（校）、内地新疆高中班管理、评估和升学分流办法；加大投入，提高教育教学质量，使其办学综合条件和管理水平达到当地省一级同类学校的标准；调整内地西藏班（校）招生结构，适度扩大高中和师范招生比例。

第四节　21世纪以来的民族高等教育政策（2000年至今）

步入21世纪以来，根据我国社会主义市场经济改革进一步深化、对外开放进一步扩大、科教兴国和西部大开发战略的实施向纵深发展的新形势下，2002年7月，国务院颁布了《关于深化改革加快发展民族教育的决定》(国发〔2002〕14号，以下简称《决定》)，为落实《决定》，同月召开了第五次全国民族教育工作会议。《决定》提出了21世纪初民族教育的指导思想、目标任务、基本方针和原则。

一、党和国家颁布了系列民族教育的政策

2002年7月，国务院颁布了《关于深化改革加快发展民族教育的决定》(国发〔2002〕14号)，指出要努力办好民族地区高等学校和民族高等学校，加快民族地区高等学校布局结构调整、专业结构调整、人事制度改革和后勤社会化改革步伐。做好高校民族班和民族预科班的招生工作，以上学年招生规模为基数，并按上学年全国普通高等学校本科招生平均增长比例，确定当年国家部委及东中部地区所属高等学校民族班和民族预科班的招生规模；预科生的经费按本科生标准和当年实际招生数，分别由中央和地方财政核拨；加强民族预科教育基地建设，深化预科教学改革，提高教育质量。实施培养少数民族高层次骨干人才计划，从2003年开始，选择若干所重点高等学校面向少数民族和西部地区，采取特殊措施培养少数民族的博士、硕士人才。对民族地区高等学校和民族院校学位授权点的建设和研究生招生规模等给予特殊的政策扶持。资助西部各省（区、市）重点建设一所起骨干示范作用的高等学校，重点支持办好中央民族大学。国家公派留学人员工作也要向少数民族和西部地区倾斜。在同等条件下，高等学校少数民族贫困生优先享受国家资助政策，确保每一个大学生不因经济困难而停止学业。文件还提出“民族教育跨越式发展”的思想，标志着我国民族教育进入了全面发展的新

时期。

2005年5月，国务院公布《国务院实施〈中华人民共和国民族区域自治法〉若干规定》，第21条规定："国家帮助和支持民族自治地方发展高等教育，办好民族院校和全国普通高等学校民族预科班、民族班。对民族自治地方的高等学校以及民族院校的学科建设和研究生招生，给予特殊的政策扶持。各类高等学校面向民族自治地方招生时，招生比例按规模同比增长并适当倾斜。对报考专科、本科和研究生的少数民族考生，在录取时应当根据情况采取加分或者降分的办法，适当放宽录取标准和条件，并对人口特少的少数民族考生给予特殊照顾。"

2005年10月，教育部发布《关于贯彻落实〈中共中央国务院关于进一步加强民族工作加快少数民族和民族地区经济社会发展的决定〉做好民族教育工作的通知》(教民〔2005〕13号)，关于民族高等教育，文件指出：一是积极发展民族地区高等教育，努力办好民族院校。加大对民族地区高校科技工作的指导和支持，引导鼓励民族地区高校充分发挥学科综合人才密集的优势，结合区域特色开展科学研究和成果转化工作，服务民族地区经济建设。要支持民族地区高校课程建设，加快民族地区高校数字资源的建设步伐。通过"西部之光"、"高等学校青年骨干教师国内访问学者"、"博士服务团"等项目向民族地区的倾斜，促进民族地区高校的学术交流和教师队伍建设。要进一步加强对民族地区高校的对口支援工作。进一步加大对民族院校的支持力度，在基地建设、科技项目、人才计划方面予以倾斜。二是加强民族地区人才培养工作。坚持贯彻科教兴国战略和人才强国战略，把为民族地区培养人才、建设人才摆在重要位置，采取多种形式为民族地区培养各类人才。继续举办少数民族本专科预科班和民族班，并适当扩大招生规模；加强民族预科教育基地建设，深化预科教育改革，提高教育质量。充分利用内地优质教育资源继续巩固和发展西藏、新疆学生到内地学习的重要教育方式，逐步扩大高中及以上阶段规模。积极实施"少数民族高层次骨干人才培养计划"，重视高校毕业的少数民族学生就业问题。

2007年2月，国务院发布的《关于印发〈少数民族事业"十一五"规划〉的通知》(国办发〔2007〕14号)指出："适当扩大全国普通高等院校少数民族预科班、民族班的招生规模。改善民族高等院校办学条件，提高办学质量，增强民族高等院校学生的创新和实践能力。加快推进中央民族大学建成世界一流民族大学的步伐。按照新机制推进国家助学贷款工作，完善奖助学金制度，建立有效的教育资助体系，帮助少数民族贫困大学生完成学业。充分利用现代信息技术，大力扶持民族自治地方现代远程教育和多样化继续教育的发展。”在“民族高等院校建设工程”中，文件要求：“重点改善民族高等院校办学条件。加强民族高等院校学科建设，打造优势特色学科，创办生态环境保护、民族文化保护、民族医药等新兴学科，建设好重点研究和实验基地。推动民族高等院校与国际著名大学、研究机构开展学术交流与合作，支持利用国外教育资源合作办学。”

2008 年 9 月，中央宣传部和国家民委联合颁布的《党和国家民族政策宣传教育提纲》指出：党的民族政策既全面考虑我们这个多民族的统一国家走上社会主义道路的基本事实，又全面考虑了我国 56 个民族在发展水平和文化风俗上存在多样性与差异性的基本事实；既深刻总结了我国历史上处理民族问题的经验教训，也积极借鉴了世界上一些国家处理民族问题的经验教训；既保持基本原则、基本理念的稳定性、一贯性，又随着工作重心的转移和实践的发展而不断充实、不断更新、不断完善。因而具有历史和现实的科学依据，具有强大生命力和感召力，成为民族高等教育发展的指导性政策①。

2010 年 7 月，《国家中长期教育改革和发展规划纲要（2010—2020 年)》颁布，把高等教育专列一章，提出到 2020 年高等教育的目标：“到 2020 年，高等教育结构更加合理，特色更加鲜明，人才培养、科学研究和社会服务整体水平全面提升，建成一批国际知名、有特色高水平高等学校，若干所大学达到或接近世界一流大学水平，高等教育国际竞争力显著增强。”“优化区域布局结构，设立支持地方高等教育专项资金，加大对中西部地区高等教育的支持，实施中西部高等教育振兴计

---

① 张立军．我国民族高等教育政策 60 年回眸 [J]．河北师范大学学报（教育科学版)，2011 (1)：9.

划。新增招生计划向中西部高等教育资源短缺地区倾斜，扩大东部高校在中西部地区招生规模。鼓励东部地区高等教育率先发展，加大东部地区高校对西部地区高校对口支援力度。”在“民族教育”专章中又特别提出：“积极发展民族地区高等教育。支持民族院校加强学科和人才队伍建设，提高办学质量和管理水平。进一步办好高校民族预科班。”在“组织实施重大项目”之“提升高等教育质量”中要求“实施中西部高等教育振兴计划，加强中西部地方高校优势学科和师资队伍建设；实施东部高校对口支援西部高校计划”；在“组织实施重大项目”之“发展民族教育”中强调“支持民族学院建设”。

2012年7月，国务院发布《关于印发〈少数民族事业“十二五”规划〉的通知》（国办发〔2012〕38号），提出“十二五”期间民族高等教育的主要任务是：“加强民族院校和民族地区高校建设，中央财政支持地方高校发展的专项资金、工程和项目向民族院校和民族地区高校倾斜。推进学科专业调整和课程改革，重点加强应用型学科、特色学科建设。加大民族医药人才、民族文化人才及双语师资等民族地区急需人才的培养力度。继续办好高校少数民族预科班、民族班。继续实施少数民族高层次骨干人才培养计划，并逐步扩大办学规模。”

振兴中西部高等教育，是深入实施西部大开发、振兴东北地区等老工业基地和中部崛起战略、促进区域协调发展的迫切需要，是促进边疆和民族地区经济社会跨越式发展和长治久安的必然要求，是提升中西部高等教育整体水平、全面提高高等教育质量、加快推进高等教育强国建设的重大举措。为此，2013年2月，教育部、国家发展改革委员会、财政部联合发布《关于印发〈中西部高等教育振兴计划（2012—2020年）〉的通知》（教高〔2013〕2号），明确了中西部高校在办学条件、人才队伍和学科专业建设、人才培养、科学研究、社会服务、文化传承创新等方面的具体改革发展目标和任务。文件提出的指导原则是：突出应用服务，支持区域急需，强化特色发展，发挥主体作用，注重分类指导。发展目标是：到2020年，中西部高等教育结构更加合理，特色更加鲜明，办学质量显著提升，建成一批有特色、高水平的高等学校，为整体提升我国高等教育发展水平、建设高等教育强国奠定坚实基础。中西部高校办学条件得到根本改善；高层次人才培养和引进取得明显成效，教师队伍素质整体提升；学科专业建设和人才培养更加适应经济社会发展和人的全面发展需要；体制机制改革取得较大进展；国际化水平明显提高；文化传承创新能力显著增强；科学研究、科技成果转化对区域产业升级和社会发展的支撑度、贡献度大幅提升。在提出的主要任务中，一是加强建设与发展涉及保护和弘扬优秀民族传统文化及西部地域特色文化、边疆文化、中原文化等地域特色文化的专业，以及民族传统工艺相关专业。二是继续实施面向贫困地区定向招生专项计划，“十二五”期间，每年在全国招生计划中专门安排1万名左右以本科一批招生为主的指标，面向集中连片特困地区参加全国统考的考生，实行定向招生。适度扩大少数民族高层次骨干人才计划，在研究生招生计划中单列。继续支持高校开展“援藏计划”招生。积极为新疆7所高校安排高层次双语人才培养专项推荐免试生计划。适度扩大少数民族预科班、民族班、高校招收内地西藏班、内地新疆高中班毕业生以及“非西藏生源定向西藏就业”等专项招生计划，加快培养少数民族地区急需人才。三是“十二五”期间，重点支持100所左右有特色、高水平的地方普通本科高校加快发展。围绕强化本科教学、提高本科教育教学质量，夯实办学基础，改善教学条件，提高学校本科教学基础能力。

2014年9月，中央民族工作会议暨国务院第六次全国民族团结进步表彰大会在北京举行，会议要求办好民族地区高等教育。9月，教育部党组书记、部长袁贵仁主持召开党组会，传达学习中央民族工作会议暨国务院第六次全国民族团结进步表彰大会精神，研究部署贯彻落实工作。会议强调，办好民族地区高等教育。进一步提高内地高校特别是重点高校在民族地区及农村地区的录取比例。中央民族工作会议暨国务院第六次全国民族团结进步表彰大会和教育部党组会议，对于民族高等教育的深入发展产生了重大影响。

二、民族院校创新实践和发展

目前，民族高等教育较全面而又稳妥地完成了宏观体制和微观体制的改革。在宏观体制改革方面，改革了民族高等教育办学体制、管理体制、投资体制、招生与就业体制，突破了计划经济体制条件下形成的民族高等教育传统体制，初步建立起与社会主义市场经济体制相适应的民族高等教育新体制及其运行新机制，从而推进了教育、科技与经济发展的有机结合，加快了民族高等教育的发展和少数民族人才的培养。在微观体制改革方面，各民族院校在国家民委和国家教委的指导下，确立了以培养人才为中心，以学科建设为龙头，遵循民族高等教育的规律和特点，适应社会主义市场经济体制发展要求为指导原则的方针，进行了民族院校内部管理体制改革，极大地提高了民族院校办学效益和整体水平。

目前，已初步形成了具有中国特色的社会主义民族高等教育体系。从形式结构来看，创造了适合中国国情和民族特点的多种办学形式，包括创建民族学院（大学），在普通高等学校举办民族预科班和民族班，在民族自治地方建立普通高等学校和民族普通高校等办学形式。民族高等教育事业得到了快速发展，办学规模迅速扩大，受高等教育的少数民族人口大幅度增加。

从层次结构来看，民族高等教育已初步形成了多层次、多规格、多形式的教育体系。民族学院（大学）普遍都设有专科、本科、研究生教育和继续教育，形成比较完整的教育体系，为少数民族和民族地区培养多层次、多规格的专业人才。民族学院（大学）研究生教育不断发展，全国15所民族学院（大学）现有博士学位授予权的学校3所，有博士学位授权专业点11个，有硕士学位授予权的学校10所，有硕士学位授权专业点150个，中央民族大学先进入国家重点建设的“211工程”，后成为国家“985高校”之一。西部10个省（区、市）高校已有博士学位授予权的15所，硕士学位授予权的及科研机构53个，有博士点59个，有硕士点640个，内蒙古大学、云南大学、广西大学、新疆大学和吉林省的延边大学等5所高校进入“211工程”。民族高等教育不仅办学规模迅速扩大，而且办学层次、办学规模、办学水平显著提升。

从科类结构来看，民族高等教育学科专业结构日趋合理，学科门类比较齐全。目前，我国民族学院已基本形成一个以文科专业为主，以民族学科为特色，理、工、农、医、教育、管理、艺术等门类比较齐全的学科体系，学科专业日趋优化，学科优势更加突出，民族特色、区域特色更加鲜明。以中央民族大学为例，学校现有23个学院，有覆盖10个学科门类的60个本科专业、5个一级学科博士学位授权点、25个一级学科硕士学位授权点，国家级重点学科3个、省部级重点学科一级2个、二级13个，2个国家文科基础学科人才培养和科学研究基地，1个教育部人文社会科学重点研究基地，3个国家“985工程”哲学社会科学创新基地。民族学科已是中央民族大学具有传统的特色学科，形成了民族学科群、民族语言文学学科群、民族艺术学科群，学校有民族学、民族史、民族语言等3个博士学位授权点。民族自治地方普通高校和民族普通高校学科门类比较齐全，有哲学、经济学、法学、文学、理学、工学、农学、经济学、教育学、管理学等学科门类，并建立一批特色学科专业和优势学科专业。

教师队伍是发展民族高等教育事业的基本条件，教师队伍建设是民族高等院校建设的关键。党和国家始终重视少数民族教师队伍建设，1985年，国家教委投资在西北师范大学建立了少数民族师资培训中心，到2005年9月，该中心培养了来自西部11个省区的回、藏、维吾尔、保安、锡伯等29个少数民族的大学本科教师2.8万余名，95%的少数民族毕业生返回了生源地，直接服务于当地的教育事业。

长期以来，民族院校全面贯彻党的教育方针和民族政策，解放思想，转变观念，发挥教育在西部大开发和民族地区经济社会发展、增强民族团结、维护国家统一中的作用；根据“因地制宜，分区规划，分类指导，突出重点”的原则，确定民族教育改革发展的目标和政策措施；坚持以地方自力更生为主，国家大力扶持，发达地区和有关高等学校大力支援相结合；坚持规模、结构、质量和效益相统一。民族院校办学条件进一步改善，形成具有中国特色、适应21世纪信息化和现代化建设需要、充满生机活力、较为完善的民族教育体系。坚持宗教与国民教育相分离的原则，坚持区域因素和民族因素相结合的原则，高举民族团结进步的伟大旗帜，进一步增强了各族师生“三个离不开”（汉族离不开少数民族；少数民族离不开汉族；少数民族之间也互相离不开）的观念，牢固树立自觉维护国家统一、反对民族分裂的思想意识，增强学生的社会主义法制观念、道德观念，提高科学、文化素质，为确保我国各民族的团结进步和国家的长治久安做出贡献。

三、民族语文教学、双语教学和民族文字教材建设政策

2002年《国务院关于深化改革加快发展民族教育的决定》强调，要尊重和保障少数民族使用本民族语文接受教育的权利，加强民族文字教材建设；编译具有地方特色的民族文字教材，不断提高教材的编译质量。要把民族文字教材建设所需经费列入教育经费预算，资助民族文字教材的编译、审定和出版，确保民族文字教材的足额供应；要大力推进民族中小学双语教学；正确处理使用少数民族语授课和汉语教学的关系，部署民族中小学双语教学工作；在民族中小学逐步形成少数民族语和汉语教学的课程体系；有条件的地区应开设一门外语课；要积极创造条件，在使用民族语授课的民族中小学逐步从小学一年级开设汉语课程。

有关方面多次强调加强民族语文教材建设的重要性，并制定了一系列具体政策。

2002年7月，《国务院关于深化改革加快发展民族教育的决定》提出，要把双语教学教材建设列入当地教育发展规划，予以重点保障；编写少数民族学生适用的汉语教材；国家对双语教学的研究、教材开发和出版给予重点扶持；加强民族文字教材建设；要把民族文字教材建设所需经费列入教育经费预算，资助民族文字教材的编译、审定和出版，确保民族文字教材的足额供应。

四、继续在经费上给予民族教育特殊照顾政策

国家一贯重视民族教育经费问题。新时期在有关法律和文件中多次强调增加民族教育经费，重视和扶持少数民族教育事业。

（一）多渠道增加民族教育投入

2002年国务院颁布的《国务院关于深化改革加快发展民族教育的决定》提出，要统筹兼顾，突出重点。要把中央财政扶持教育的重点向民族工作的重点地区、边远农牧区、高寒山区、边境地区，以及发展落后的人口较少民族聚居地区倾斜。大力支持少数民族和西部教育，专项容留、制定和落实有关优惠政策，扶持散杂居地区民族教育的发展；少数民族和西部地区地方本级财政教育经费的支出要切实做到“三个增长”；国际组织教育贷款、海外和港澳台教育捐款的分配，重点向少数民族和

西部地区倾斜；鼓励社会力量办学，支持和调动社会力量参与教育“帮困济贫”行动，对纳税人向少数民族和西部地区农牧区义务教育的捐赠，在应纳税所得额中全额扣除；少数民族和西部地区新建、扩建学校包括民办公益性学校，以划拨方式提供土地，并减免城乡建设等相关税费；对勤工俭学、校办产业以及为学校提供生活服务的相关产业，继续实行税收优惠政策；同时，适度运用财政、金融等手段支持少数民族和西部地区教育事业的发展。

（二）继续对少数民族学生在生活上实行待遇适当从优的政策

1. 适当减免收费

2002年国务院颁布的《国务院关于深化改革加快发展民族教育的决定》指出：对未普及初等义务教育的国家扶贫开发工作重点县，向农牧区中小学生免费提供教科书，推广使用经济适用型教材；采取减免杂费、书本费、寄宿费、生活费等特殊措施确保家庭困难学生就学。

2. 在学生待遇以及发放助学金方面给予适当照顾

2002年《国务院关于深化改革加快发展民族教育的决定》提出，中央财政通过综合转移支付对农牧区、山区和边疆地区寄宿制中小学校学生生活费给予一定资助；少数民族和西部地区各级财政也要相应设立寄宿制中小学校学生生活补助专项资金。

五、继续加大民族教育的对口支援与协作政策

内地对民族地区的教育对口支援协作开展的历史较长。改革开放以来，对民族地区的教育对口支援更为广泛，概括起来有以下两种形式：

（一）对少数民族贫困县教育事业的对口支援与协作

2002年《国务院深化改革加快发展民族教育的决定》指出，按照《中央办公厅、国务院办公厅关于推动东西部地区学校对口支援工作的通知》（厅字〔2000〕13号）的要求，认真组织实施“东部地区学校对口支援西部贫困地区学校工程”和“西部地区大中城市学校对口支援本省（自治区、直辖市）贫困地区学校工程”，使少数民族和西部贫困地区在资金、设备、师资、教学经验等方面得到帮助。教育对口支援实行目标责任制，确保目标如期实现，提高对口支援的效益。要重点支持现

代远程教育网络建设，建立县级远程教育教学点和乡级电视、数据收视点，有条件的地区和学校启动校园网络或局域网建设，培养培训教师和管理人员。

（二）对西藏和新疆的教育支援与协作

为加强对西藏、新疆等民族地区的教育支援与协作，2002 年国务院《关于深化改革加快发展民族教育的决定》强调，教育对口支援工作要帮助西藏、新疆加强双语师资特别是汉语教师的培养和支教工作；进一步加强内地西藏班（校）和新疆高中班的工作，完善内地西藏班（校）、内地新疆高中班管理、评估和升学分流办法；加大投入，提高教育教学质量，使其办学综合条件和管理水平达到当地省一级同类学校的标准；调整内地西藏班（校）招生结构，适度扩大高中和师范招生比例。

第三章　民族院校人才培养模式研究的理论基础

第一节　人的全面发展

一、人的全面发展学说

马克思、恩格斯在《德意志意识形态》中第一次正式和明确提出人的全面发展的概念。他们指出："个人是受分工所支配的，分工使他变成片面的人，使他畸形发展，使他受到限制。"① 马克思主义经典作家通过分析资本主义劳动过程中由于分工造成的人片面的、畸形的发展，提出了人的全面发展的概念。根据马克思主义经典作家的论述，人的全面发展具有全面而丰富的内涵：

在马克思看来，人的全面发展是人的最根本、最深刻的东西的全面发展。对此，马克思曾把它抽象地概括为："人以一种全面的方式，也就是说，作为一个完整的人，占有自己的全面的本质。"② 那么，何谓"全面的本质"？马克思主义人的本质理论告诉我们，人的本质是丰富的、多层次的，是在人的需要、劳动、能力、社会关系和个性的全面发展的历史过程中不断生成的，人本质上是在一定社会关系中通过劳动历史地实现其需要、发挥其能力和表现其个性的存在物。因而，马克思所讲的人的全面发展，其具体含义就是人的需要、人的劳动、人的能力、

① 马克思恩格斯全集：第 3 卷［M］. 北京：人民出版社，1979：514.

② 马克思恩格斯全集：第 42 卷［M］. 北京：人民出版社，1979：123.

人的社会关系以及人的个性等方面的全面发展。

人的全面发展是人的需要的全面发展。在马克思看来，人的需要即人的本性，为人所固有，同人共始终。如马克思所说："他们的需要即他们的本性"①，"你自己的本质即你的需要"②。因而，任何否定人的正当需要的行为都是违背人性的，都是从根本上否定了人自身。人为了满足自身的需要而从事劳动和其他社会活动，通过劳动和社会交往得到满足，而需要的满足和满足需要的劳动又产生出新的需要。人正是"以其需要的无限性和广泛性区别于其他一切动物"③。所以，马克思把人的需要的丰富和发展看成是"人的本质力量的新的证明和人的本质的新的充实"。在人类"最初的社会形态"即自然经济形态中，由于生产力水平极其低下，社会产品极其匮乏，人的需要只能在一个极其低下的层次上得到满足。资本主义大工业的建立和发展，使生产力得到了前所未有的发展，人们（主要指资产阶级）的物质生活水平有了明显的提高，物质需要得到了相当的满足和发展，但人们的精神却极其贫乏、颓废，精神需要并未得到同步的满足和发展。只有在人类社会发展的最高形态即共产主义社会里，"在劳动已经不仅仅是谋生的手段，而且本身成了生活的第一需要之后；在随着个人的全面发展，他们的生产力也增长起来，而集体财富的一切源泉都充分涌流之后……社会才能在自己的旗帜上写上：各尽所能，按需分配！"④ 人们的物质和精神各方面的需要才能得到极大的满足和全面的发展。由此可见，人的需要的全面发展是一个渐进的历史过程，它与人类社会的发展相一致，体现和推动着人的全面发展的进程，并构成了人的全面发展的一个极其重要的方面。人的全面发展是人的主体性的充分发挥。马克思一再说："人始终是主体"，人的主体性是人在创造自己历史的活动中所表现出来的能动性、创造性和自主性。能动性是人的主体性的最基本的内涵，创造性的实质是对现实的超越，自主性是人的主体性的最高层次。马克思历来主张把人当作人、当

① 马克思恩格斯全集：第 3 卷［M］. 北京：人民出版社，1979：514.

② 马克思恩格斯全集：第 42 卷［M］. 北京：人民出版社，1979：123.

③ 马克思恩格斯全集：第 49 卷［M］. 北京：人民出版社，1982：130.

④ 马克思恩格斯全集：第 42 卷［M］. 北京：人民出版社，1979：132.

作主体来看待，要“绝对承认人格原则”，反对蔑视人，只把人看作某种“手段”。人的主体性的全面发展不但指其特殊属性的充分发挥，而且指人成为自然界的主体、社会的主体和自我发展的主体。这不仅是人的全面发展理论的重要内容，而且是达到人的全面发展的重要条件。

人的全面发展是人的劳动的全面发展。劳动是人的类本质，是人生存与发展的基础和动力，是人的根本的存在方式。人通过劳动，在改造客观世界的同时改造自己本身，在劳动发展中获得自身的发展。正如马克思所指出的，在生产的行为本身中“生产者也改变着，他炼出新的品质，通过生产而发展和改造着自身，造就新的力量和新的观念，造就新的交往方式、新的需要和新的语言”①。人类社会发展的历程证明，劳动的产生就是人类的产生，劳动的异化就是人类的异化，劳动的解放和发展就是人类的解放和发展。在这个意义上，人的全面发展就是人的劳动的全面发展。因而，马克思所讲的人的劳动的全面发展除了主要是指人的劳动能力的全面发展外，还包含人的劳动意识、劳动关系、劳动实践等其他各方面的全面发展。

人的全面发展是社会关系的全面丰富。马克思主义认为：“人的本质不是单个人所固有的抽象物，就其现实性而言，是一切社会关系的总和。”② 人总是在一定的社会关系中生存和发展的。人的全面发展需要高度发达的生产力和与之相适应的丰富合理的生产关系。只有到了生产力高度发达的未来的共产主义社会，人才能够摆脱对物和人的依赖，成为自然界和社会关系的主人，社会的每一个成员才能够充分发挥他们的全部才能和力量。因此，“社会关系实际上决定着一个人能够发展到什么程度”。

人的全面发展是人的能力的全面发展。马克思和恩格斯都把人的能力的全面发展看作是人的全面发展的核心。马克思在《德意志意识形态》中指出，“任何人的职责、使命、任务就是全面地发展自己的一切

① 岳巍，贺福安．论人的全面发展理论视角下的改善民生［J］．长沙铁道学院学报（社会科学版），2008（2）：9．

② 马克思恩格斯全集：第1卷［M］．北京：人民出版社，1995：60．

能力”。恩格斯也指出，“根据共产主义原则组织起来的社会，将使自己的成员能够全面发挥他们的得到全面发展的才能”[①]，“使社会全体成员的才能得到全面发展”[②]，而且恩格斯在《爱北斐特的演说》中指出“每个人都无可争辩地有权全面发展自己的才能”，恩格斯在《共产主义原理》中把全面发展的人称作“全新的人”，这种全新的人是“各方面都有能力的人，即通晓整个生产系统的人”。人的能力是多方面的，主要包括人的自然力和社会能力、潜力和现实能力、体力和智力，等等。其中，自然力“作为天赋和才能、作为欲望存在于人身上”，是人的全部能力的生理基础，而社会能力是包含生产力、政治力、思想力、知识力、信念力等在内的复杂能力系统，是人的能力发展的重点。人的潜力既包括人的潜在自然力，也包括人的潜在社会能力，并在一定条件下可以转化成人的现实能力。要全面发展人的能力，不仅要发展和提高人的现实能力，更重要的是要挖掘和开发人的“自身的自然中蕴藏着的潜力”，并促进其不断转化为人的现实能力。在这多方面的能力体系中，马克思针对私有制和旧分工造成的人的体力和智力相分离的弊端，特别强调要全面发展人的体力和智力，并指出只有消灭私有制和旧分工，劳动者将体力劳动和脑力劳动结合于自身，能够适应不同的劳动要求，把不同的社会职能作为互相交替的活动方式，人的能力才能得到全面发展。

人的全面发展是人的个性的全面发展。人的个性是指作为具有社会性的个人的、具体的、独特的主体性。简而言之，即人的主体性的个体表现。个别性、独特性是个性的外在特征，而构成主体性的能动性、自主性、为我性等则是个性的内涵核心和本质特征。人的个性就是人的“独特性”与“主体性”的统一。在马克思看来，人的个性的全面发展是人的全面发展的综合体现和最高标准，“自由个性”是人类社会发展的最终目标和最高成果。马克思指出，人类社会经过前资本主义的“人的依赖关系”，再经过“以物的依赖性为基础的人的独立性”，最后必然达到“建立在个人全面发展和他们的共同的、社会的生产能力成为从属于他

① 马克思恩格斯选集：第1卷［M］．北京：人民出版社，1995：243.

② 马克思恩格斯全集：第46卷［M］．北京：人民出版社，1979：223.

们的社会财富这一基础上的自由个性”。到那时，“人终于成为自己的社会结合的主人，从而也就成为自然界的主人，成为自身的主人——自由的人”。即每个人都将是充分自由自主而又各具“自己本身”独特个性的人，整个社会将是由各具自身个性的“自由的人”而形成的联合体。

综上可知，马克思所讲的人的需要、劳动、能力、社会关系以及个性等方面的全面发展是一个相互联系、相互依赖、相互促进的统一体。用马克思的话讲："全面发展的个人——他们的社会关系作为他们自己的共同的关系，也是服从于他们自己的共同的控制的——不是自然的产物，而是历史的产物。要使这种个性成为可能，能力的发展就要达到一定的程度和全面性，这正是以建立在以交换价值基础上的生产为前提的，这种生产才在产生出个人同自己和同别人相异化的普遍性的同时，也产生出个人关系和个人能力的普遍性和全面性。”而“没有需要，就没有生产”。因而，在一定社会关系中通过生产劳动历史地实现其需要、发挥其能力和表现其个性的人的“全面的本质”的全面发展并为人“以一种全面的方式”所占有就构成了马克思关于人的全面发展的丰富内涵。另外，马克思所讲的“人”包括人类、群体和个人三种基本存在形态。由于群体被“看作是类的一些亚种”，而“在这些个人中，类或人得到了发展”，所以马克思所讲的“人”的全面发展指的是人类与个人尤其是个人的全面发展，且强调个人的全面发展与人类的全面发展的统一①。

二、立德树人的时代要求

党的十八大指出，要把立德树人作为教育的根本任务，习近平讲话强调了高校立身之本在于立德树人。立德树人是高等教育时代的命题，我们要把立德树人的重大意义置于时代背景下审视，全面贯彻党的教育方针，坚持教育为社会主义现代化建设服务、为人民服务，把立德树人作为教育的根本任务，培养德智体美全面发展的社会主义建设者和接班人。立德树人作为教育的根本任务对确保党和国家兴旺发达、长治久安有着非常重要的意义。

---

① 张艳新．马克思主义人的全面发展理论研究［D］．重庆：西南大学，2006：11-13．

（一）立德树人的基本内涵

立德树人的最大挑战就是“双一流”建设，即建设一流大学和一流学科。所谓一流标准即办学实力，不但看实力，还要看口碑；学校排名，不但看名次，还要看贡献；检查指标，不但看硬指标，还要看软实力；标准测量，不但看标准衡量，还要看价值取向。要在教育理念上明确教育的根本任务是立德树人。培养什么人、怎样培养人是关系到教育理念的正确与否及教育改革发展方向的问题。把“立德树人”作为教育的根本任务规定了我国教育工作的总方向，凝聚了党和国家对人才培养的总要求，指明了我国高等教育的根本使命及立身之本。“立德”意思为树立德业。《左传》载：“太上有立德，其次有立功，其次有立言，虽久不废，此之谓不朽。”人生最高的境界是立德有德、实现道德理想。“树人”意思是培养人才。“立德树人”强调的是教育以树人为本，树人以立德为先。蔡元培先生说过，“若无德，则虽体魄智力发达，适足助其为恶”。随着学校教育的普及，教育质量的不断提高，人们的文化素质有了很大的提升，但是人们的道德素质却没有同步跟上，德育面临着前所未有的挑战和机遇。习近平总书记指出，“要修德，加强道德修养，注重道德实践。德者，本也。道德之于个人、之于社会，都具有基础性意义，做人做事第一位的是崇德修身。国无德不兴，人无德不立”。“传道”是教师职责中第一位的。高校教育要回归教育教学本位。正确的教育理念即立德是树人的前提和基础。

要通过全面实施素质教育切实做到立德树人。教育是民族振兴社会进步的基石。习近平总书记指出，“我们的用人标准是德才兼备、以德为先，因为德是首要、是方向，一个人只有明大德、守公德、严私德，其才方能用得其所”。高校教育要服务于全面实施素质教育，全面贯彻党的教育方针，全面提高教育质量，培养德智体美全面发展的社会主义建设者和接班人的任务，在教育实践过程中努力把学生培育成德才兼备全面发展的人。在教育的全过程中要把道德品质、道德人格的培养放在首位，使学生具有丰富的文化知识、健康的身心素质、良好的审美情趣的同时，成为有丰富的知识，正确的世界观、人生观、价值观、荣辱观及高尚道德情操的全面发展的社会主义建设者和接班人，这应该是更重要的教育任务。高校落实立德树人根本任务要着力提高教育质量，深化教育改革，在教育工作中要把增强学生社会责任感、创新精神、实践能力贯彻到教育的全过程中。考察人才的培养质量不能只看学生的考试成绩，更要看学生是否具备服务国家服务人民的社会责任感、创新精神、实践能力。高校教育要努力培养受教育者成为优秀的社会主义建设者和接班人。

要通过加强师德师风建设切实落实立德树人。百年大计，教育为本，教育大计，教师为本。立德先立师，树人先正己，培养造就一支学高身正的教师队伍，是立德树人成败的关键。习近平总书记在全国高校思想政治工作会议上强调，“教师是人类灵魂的工程师，承担着神圣使命。传道者自己首先要明道、信道。要加强师德师风建设，坚持教书和育人相统一，坚持言传和身教相统一，坚持潜心问道和关注社会相统一，坚持学术自由和学术规范相统一，引导广大教师以德立身、以德立学、以德施教”。邓小平同志曾经指出，“一个学校能不能为社会主义建设培养合格的人才，培养德智体全面发展、有社会主义觉悟的有文化的劳动者，关键在教师”。可见，高校立德树人，教师是主体，教师对学生的影响最直接、最长远。高校教育要落实立德树人目标，最为核心的是培养“德才兼备，以德为先”的有优秀道德品质的师资队伍。教师要精于“授业”“解惑”，更要以“传道”为责任和使命。

要培养追求道德品质不断完善的人才，切实落实立德树人。爱是教育的灵魂，没有爱就没有教育。教育是一门“仁而爱人”的事业。爱因斯坦说，“用专业知识教育人是不够的，通过专业教育，他可以成为一个有用的机器，但是不能成为一个和谐发展的人”。高校德育教育工作的重要责任与使命在于引导被教育者成为一个内在有道和谐发展的人、一个追求道德品质不断完善的人、一个有仁爱心性品质的人。不断自觉培育和践行社会主义核心价值观，即富强、民主、文明、和谐，自由、平等、公正、法治，爱国、敬业、诚信、友善，使这些价值观的道德要求内化成为学子的生命品格。因为有这种道德品质的人才能服务于社会。随着个体的成长，人终将步入社会公共生活及各种职业岗位中，人有德性品质才有可能对他人负责、对社会负责；离开了这种仁爱心性品质，人就会对他人与社会冷漠或做出危及他人与社会利益道德败坏的事。教育工作的根本宗旨是为社会主义现代化建设服务、为人民服务。面对现实德育的挑战，教育当主动地不失机遇地切实落实立德树人，努力为社会的繁荣昌盛培养更多德才兼备的合格人才①。

（二）处理好教书育人的关系

1. 教书育人与育人教书

顾名思义，教书即传授知识，育人即培育人才，包括对学生的道德教育、习惯养成教育、心理教育、个性培养，总之是关于教学生如何做人的教育。

(1) 教书育人的词义辨析

语言是思维的外现，语言的次序彰显了意识的轻重主次，中国语言尤其如此。“教书育人”本身无可厚非，问题出在两者的排列顺序和主次轻重上。教书在前必以传授知识为主，育人为后定为培育人才为辅。肯定有人不以为然，认为：“教书育人二者是组合平行概念，是同等地位同等重要，平起平坐不分伯仲，不存在重教书轻育人的问题！”或更有甚者曰：“即便是重教书轻育人又何错之有？学校当然以传授知识为主育人为辅，多少年来不都是这么教过来的吗！”然而，诸如古代儒家提倡“君君、臣臣、父父、子子”的语言顺序的排列就表明“君”为上、“臣”为次、“父”再次、“子”为下这样一种思想意识，如果反过来，肯定通不过。君臣无礼，父子无序，罪莫大焉。

(2)“育人”比“教书”更重要

教育的本质是培养德、智、体、美全面发展的有创新精神和实践能力的人而非单纯传授书本知识。这一教育目的决定了“育人”中的诸多内容较之“教书”中的知识更重要。

第一，方法比知识更重要。知识本身是重要的，但知识本身是把双刃剑，既可以开拓视野，增长见识，但也可能束缚思维，禁锢想象。相比之下传授和培养求知的能力和方法，掌握生存与生活的基本技能，鉴别知识的优劣与善用知识，以及掌握相互交流知识的方法则显得更为重

① 王志萍. 高校立身之本在于立德树人 [N]. 陕西日报，2017-05-19 (5).

要。只有这样，才能使学生不断获得新的知识并做知识的主人而不做知识的奴隶。第二，思想比知识更重要。培根说过，“知识就是力量”。但实际上，知识只有付诸实践，才能成为力量。实际上，思想决定创造，思想决定意识，思想决定生活方式，思想决定成就。第三，智慧比知识更重要。教育作为开发人的智慧和人的生命价值的事业，知识在其中是手段。人要求真，把握各种事物的规律，从而征服世界，需要的不仅仅是知识，更重要的是智慧。第四，人性比知识更重要。人性是共同相处、共同生活、共谋发展的基础，共同生存是人性的体现。一个充满人性的人，共同生存能力就较强；一个缺乏人性的人，共同生存能力就较弱。全面发展的人才首先应当是充满人性的人，应具备伦理、道德、良知、诚信、正义感、责任感等基本品性的人。教育要让学生越来越远离兽性，充满人性。第五，创新比知识更重要。中国有五千余年的文化，现在却落后于发达国家，原因是我国传统教育观念是灌输知识，而不是培养人的学习能力和创造性思维能力。一个人是否具有创造力，是一流人才和三流人才的分水岭。而创新精神和能力不是天生的，主要靠教育。第六，想象、梦想、激情和正确的人生目标比知识更重要。爱因斯坦说过：“想象力比知识更重要，因为知识是有限的，而想象力概括着世界的一切，推动着进步，并且是知识进步的源泉。”人类没有想象，就不可能进步。我们要教育学生异想天开，善待学生的大胆想象。知识是追求梦想的产物，人类有了追求，才有了知识；知识是追求的手段，目的是追求实现。学生有了追求、理想和梦想，才有发展。知识在没有激情的人那里不能增值，也不能更新自己。因而只有知识、没有激情的人，跟图书馆和书柜差不多。学生只有有了激情，有理想有目标，才会爆发生命力，主动积极努力学习，获取更多的知识。

(3)“育人教书”与“教书育人”的理念比较

“育人教书”抑或“教书育人”，从哲学与价值论来看，它反映了一种有关人类发展与培育未来一代的关乎个体成长、种族延续和社会文化传承依据性的价值取向与判断，是负有教育责任的不同人类群体其哲学的、教育学的、心理学的、社会学的、文化学的和生物学的诸意识在教育活动中的趋向性和取舍性的价值反映。“教书育人”代表了一种以传承知识、文化和技能为教育主导，过分注重知识及其相关体系在个体生存、成长和社会实践活动中所具有的重要价值和作用。持有并夸大书本知识作用这一价值取向，这是在特定时期、特定情景下表现出来的一种狭隘局限的教育和知识理念。现实教育活动中持有这一价值观者更多地表现为过分地强调整个知识体系中“是什么（what)”的浅层知识部分，而对“如何（how）和为什么（why)”深层和方法论知识则更多地予以忽视，表现为教育者传教士般地将书本知识机械地全盘灌输。而“育人教书”的理念虽然也重视知识，但更强调人的内在的、品质的、观念的、思维的、个性的、情感的、意志的、能力的、习惯的、方式方法的培养与人的全面协调发展，重视人的优秀道德品质的形成、正确思维方式的掌握、良好行为习惯的习得和优秀心理品质在个体成长与社会生活中所具有的重要价值和作用，强调人的内在的、持久稳定的、可持续发展的、具有核心竞争作用的、以不变应万变的品质与素质在人生成长过程中的重要作用①。

(4)“育人教书”与“教书育人”的实践考察

从实践来看，中国教育改革长期以来一直是在“教书育人”这个大框架内和逻辑前提下进行的。首先，把丰富的人性简化为单一的认知本性。教师只是传授知识的工具，学生只是接受知识的容器。“知识被看成人的唯一规定性和人之本质”，学生在学校、班级中的地位与身份、学生发展水平、生存境遇，等等，都是由知识的学习情况决定的。至于求知的方法、人性、理想、智慧、创新、梦想和激情等甚至比知识更重要的内容则在所不问。其次，把教育活动简化为知识的传授与学习活动。教师只是把要考试的书教好，学生只是把要考试的书读好。除此之外对学生作为一个人而存在的其他方面的培养，被边缘化甚至被排除在教育范围之外。第三，把学生限制在知识世界中而远离了生活世界。在现行教育评价制度，特别是中考和高考制度的引导下，教师、学生、家

① 孙庆民.“教书育人”抑或“育人教书”——不只是词序的颠倒［J].教育发展研究，2005（6）：83.

长普遍关注的是作为知识学习结果的分数[①]，而不是通过对知识的真正掌握而提升人的素质和能力。比如德育只关注道德知识的学习而不是道德智慧的养成与道德实践能力的提高；历史教育也只是为了让学生掌握历史事实和知识，而不是为了更好地理解正在发生着的现实等[②]。

2. 如何处理好教学型教师与科研的关系

随着市场经济的发展，素质教育呼唤着教育教学改革，“教学型教师”亦被提上了教育教学工作的议事日程，究竟大学教师应不应该提倡“教学型教师”？当前倡导者有之，反对者也不乏已见，笔者认为，对大学“教学型教师”的理解可从四个“点”来认识：①教学型教师的立足点在于解决教育工作中的实际问题；②教学型教师的着眼点在于理论与实践相结合；③教学型教师的切入点在于以行动研究为主；④教学型教师的生长点在于分层管理、分类推进。具体分述如下：

首先，教学型教师的立足点在于解决教育工作中的实际问题。英国学者唐尼和凯利合著的《教育的理论与实践——引论》一书中明确提到，教育理论必须以教育实践提出的问题为出发点，并以其作为理论的最终目标。“它必须牢牢地植根于学校和课堂，必须和教师的各个方面有直接的、切实的联系。”“如做不到这点，作为一种实践活动的教育研究从总体上说就不可能是名副其实的教育研究。”实践证明，在科学的理论和方法的指导下进行教学研究与改革，是帮助广大教师积极投身于教育教学改革第一线，主动参与教育科学研究，不断提高教学水平的一个重要途径，是全面提高教育质量的强大推动力。当今在应试教育向素质教育转轨的时期，要解决好素质教育这个庞大复杂的系统工程，如果没有教育科研的介入，那么实施素质教育就会陷入盲然的地步，其后果也是不堪设想的。

更须指出的是，在教育科学研究的活动中，有人把这种多变的、复杂的综合因素参与其间，而且常常就是直接以人的思想、行为、态度为

① 叶文梓．教育制度改革的时代命题：让个人站立起来［J］．教育发展研究，2005（12）：39．

② 黄海波．应从“教书育人”走向“育人教书”［J］．学术论坛，2006（11）：185．

对象，尤其是像情感信息这种整合的、流动的因素，这些不可重复的教育情景，使教育实践者不断面临着这样或那样的教育实际问题，需要教育实际工作者必须创造地加以解决。在科研理论上，这就是通过教育科研解决教育实践的问题。

其次，教学型教师的着眼点在于理论与实践相结合。理论与实践互相依存，本身具有共生性。脱离现实的好理论是不存在的。与理论脱节的行为就像一只老鼠在一个新的迷宫中胡奔乱跑。好的理论是寻找花最小能量、最小的风险去达到目标之途径的一种力量。理论不是理想的思辨，也不是“常识”，因为事实本身就不能说明自己，它要一个经验上可证明的架构来说明其意义。可见，中小学教育科研的观点和理论都需要运用科学的方法在实践中去检验、证明，而方法本身又必须是与理论相统一的，它们都需要在实践的运用中得到验证、补充和发展。理论为经验性研究提供方向，以产生新的知识，以及作为理性的行为指导。理论经由方法的研究获得改善，若从研究发现的观点而言，当理论运用于个人行动时，那么理论就要变成实际了。从某种意义上说，理论、方法研究、实践三者相互依存、相互影响、相互制约、相互作用，是一种共生关系。

再次，教学型教师的切入点在于以行动研究为主。行动研究作为一种研究方法和途径，起源于美国。所谓行动研究其特点是在自然条件下进行实践，并对实践进行不断的反思，通过计划、实施、观察、反思四个步骤进行，前两步是实践阶段，与正常的工作任务相一致，后两步是反思阶段，对实践的结果进行观测，看任务完成得如何，然后寻找得失原因，制订出对策，以便指导下一阶段的实践，这种方法的优点是使日常工作、改革、科研同步运作，教师又可以自行操作。我国学者普遍认为“行动”主要是指实际工作者的实践活动，“研究”则主要指受过专门训练的科学工作者的探索活动，属于两种不同性质的活动。长期以来，由于人们认识上的这种片面性，把两者截然对立起来，导致“行动”和“研究”处于分离状态，科学理论工作者凭假设搞研究，其研究结果因不符合实际而不能满足社会的需要；实际工作者光凭热情，得不到理论工作者的帮助，未能进行卓有成效的行动。现实教育人们，要解决问题就得进行科学研究，而且这种研究不能仅靠科学理论工作者去做，还要有实际工作者的密切合作。国外社会心理学家勒温指出“没有无行动的研究，也没有无研究的行动”，强调了认识和改进社会实践。专家和实际工作者必须针对实际问题而进行合作研究，尽管人们对行动研究的实施步骤有不同的看法，但是我们必须把握行动研究的三个基本要领：一是要以科学理论为指导，行动研究不是在经验基础上解决问题，而是建立在科学理论的基础之上。二是要运用科学理论对教育实践进行诊断，从而发现问题。三是以一定科学理论为基础制订出科学解决问题的方案，并加以实施，同时也应看到，行动研究对事物研究的因果关系的认识水平较低，只有坚持以行动研究为主。以调查研究为基础，选定某些重要课题作严格的实验研究，三者互补才能充分发挥其更优的整体功能。

最后，教学型教师的生长点在于分层管理、分类推进。我国教学型大学的教师直接从事教育实践，有丰富的教育经验和联系实际进行调查研究、组织教育实验的便利。从总体上看，队伍强大、力量雄厚是发展教育科学事业和推动教改的基础力量，但他们受到时间、精力和客观环境的限制，吸收外界研究信息的渠道少、理论基础较为薄弱，尽管他们意识到科研兴教，但不知如何进行有效的研究并迫切需要有针对性的理论指导和帮助。由于我国地域辽阔和经济发展不平衡，各地教育状况差异很大，再加上各地文化背景的差异，各地区教育的特点和面临的实际问题各不相同。因此，不仅需要有全国性的总体上的研究，还要有各地方针对自身特点的研究；不仅要有组织、有计划的集体性研究，而且要有自发的、多层次、全方位的个体性研究。

因此，在教学型教师管理体制方面，不应整齐划一，而应分层管理、分类推进，如建立“小机构，大网络”的科研体制，把强有力的专业科研组织与广泛的群众性研究紧密结合成网络体系，既要发挥专业理论和研究方法上的优势，又要充分发挥广大教师丰富的实践经验和强大的研究基础的优势，使教育科研得以在普及的基础上不断提高，又得以在提高的指导下不断普及。

在运行机制上，形成常规管理、行政调控、科学研究三要素有机结合、三层次协调发展、滚动前进的运行机制。因为，常规管理、行政调控（常规管理与行政调控本不是并列的概念，笔者指的行政调控是一个特定的概念）和科学研究是实施素质教育的三要素，是一个有机整体，但它们又处在不同的层面上。笔者认为：常规管理是基础，行政调控是中介，科学研究是先导。所谓滚动发展就是要形成“科学研究→行政调控→常规管理→科学研究”的循环。即，科学研究的认识成果，要通过行政调控这个中介转化为常规，在常规管理实践中发现新的问题进行科学研究，以此循环往复，呈阶梯状递进式地向前滚动发展。

上述四个“点”的分析说明，实施“科研兴校”战略，不仅是必要的，而且是可能的。因此，要真正落实素质教育，提高教育质量不能光靠教学内容的“加”、“减”法式的改革，而解决问题的根本在于走内涵发展为主的教育改革之路，即依靠“科研兴校”。

（三）处理好教学科研与社会服务的关系

1. 大学的起源与功能

世界上的大学起源于何时何地，各家说法不一，追溯到古代，我国汉朝的太学可称为大学。但教育界一般公认的大学产生于中世纪的欧洲，如意大利的波洛尼亚大学、法国的巴黎大学、英国的牛津大学等，最先是由教师和学生行会组建的。其目的是维护学者的利益，能够独立地开展教学活动。当时的教学内容很单一，主要设有神学、文学、法学、医学四科，为贵族培养牧师、律师、医生等接班人。在黑暗的中世纪，神权高于一切、控制一切，因而大学成为神权的附庸。中世纪文艺复兴运动冲破了反动、愚昧的神权统治，大学里的人文主义教育兴起。18 世纪 60 年代兴起的资产阶级工业革命，推动了社会经济的发展、人民生活水平的提高，引起了大学对自然科学、专业知识的高度重视，并开始了以培养专门技术人才为主的实科教育、专业教育，大学传授知识的功能进一步加强。19 世纪末，大学增加了一个功能，即从事科学研究的功能。20 世纪初，大学又增强了为社会服务的功能①。

① 杨德广．关于现代大学的性质和功能之浅见［J］．青岛化工学院学报（社会科学版），2000（4）：1.

2．教学、科研与社会服务三者辩证统一

培养人才、发展科学和直接为社会服务是当代高校三大职能已成为共识，而三大职能的直接完成者就是高校教师。在知识经济的今天，教师如何把教学、科研和社会服务协调起来并使它们得到充分的发挥，是发掘高校教师潜力的关键所在。早在20世纪60年代，克拉克·科尔就在《大学的功用》中指出了知识在社会发展中的重要性，“知识是社会的核心。越来越多的人和越来越多的机构从来没有像现在这样需要，甚至需求知识。大学作为知识的生产者、批发商和零售商，不可避免地要为社会提供服务”，“大学不仅是美国教育的中心，而且是美国生活的中心。它是新思想的源泉、倡导者、推动者和交流中心”。国外知名城市的经济社会发展都与当地的大学密切相关。从19世纪世界一流的欧洲大学，如牛津大学、剑桥大学的发展，到20世纪以美国哈佛大学、耶鲁大学为代表的北美大学的兴盛，都显示出大学对于社会、经济、科技发展的重要作用。

教育、科研与社会服务是普遍认同的大学的主要功能，也是大学对城市发展的三大作用。教学是传播知识的过程，也是通过教学相长激发新的科研灵感的过程。科学研究的本质和目标是知识的理解和科技的创新。社会服务将大学创造出来的知识广泛传播和应用到社会发展实践。大学能够对知识进行认知、加工、传播和应用，为知识经济的发展提供更好的发展动力①。通过这三项基本功能，大学为城市培养出大量具有创新精神的人才，提供先进的科学技术，引领时代发展的风尚，为提升城市竞争力提供强有力的支撑。

(1) 教学是中心，是基础

韩愈说：“师者，所以传道、授业、解惑也。”一语道破了教师的作用。教学是教师工作的中心，是科研和社会服务的基础。就现代社会而论，每一个较大规模的现代社会，无论它的政治、经济或宗教制度是什么类型的，都需要建立一个机构来传递深奥的知识，分析、批判现存的

---

① 闵维方．知识经济时代大学的社会服务功能——以北京大学为例［J］．国家教育行政学院学报，2006 (9)：17.

知识，并探索新的学问领域。换言之，凡是需要人们进行理智分析、鉴别、阐述或关注的地方，那里就会有大学。大学首先是作为学术组织、教育机构而存在的，它的首要的职能便是教学，传递高深学问，培养社会高级专门人才，而这些功能都是通过教师来完成的。教师与其他社会职业的根本区别在于以教学方式进行高素质人才培养，教师的科研和服务社会活动都是在教学基础上发展和衍生出来的。因此，教学在教师工作中应居于基础和中心地位。无论是小学、中学还是大学，也无论哪一层次、哪种类型的学校的教师，教育人、培养人始终是他们首要的根本的任务。如果不注重为社会培养各种层次、适应各方面需要的专门人才，而去追求其他，那么教师就失去了原有存在的价值和意义，也就不能称之为教师。

教学在一定程度上推动了科研发展，教师通过教学实践能使自己对基本理论更加融会贯通。在对问题做更多、更细致、更深入思考的过程中有可能产生创造性火花，也可能为以后的创造性工作提供宽厚的理论基础。此外，对教学模式的探索过程实际也是科研过程。

(2) 科研是关键

在高等教育过程中，所用的教材内容必须时时更新，才能跟上时代的步伐，而科研是获得新知识的最直接、最有效的途径。教师只有通过科研，才能不断地了解当代科技发展的方向、最新动态、发展趋势和本专业的发展方向与最新成果，进而不断地完善、充实教学内容，才能真正把教学工作搞好，也才能培养出时代需要的、具有较强的适应能力的科技人才。所以高等学校教师，不仅应具有科研意识、科研能力、科研成果，而且应将其应用于教学。只有这样，科研与教学的关系才能真正统一起来，才能表现出相辅相成、互相促进的关系。

科学研究使教师为社会服务成为可能。高校教师不仅可以为社会提供各种咨询服务，对大企业、跨国公司提供技术服务，而且可能为国家防务和科学技术发展提供技术支持。在现代的一些国家，教师的科学研究对于满足国家在工业、农业和国防等方面的需求已发挥了巨大的作用。

(3) 社会服务是重要环节

知识经济时代的到来实际上是带来一场知识价值的革命，它确立了知识在社会经济中的核心地位，而这势必将与知识直接相关的高校教师也带入经济运行过程当中，使其直接参与经济活动。这一结果表现为高校教师的社会服务工作越来越突出，越来越重要。

高校教师通过接受社会委托培养，培训专门人才，进行技术指导，开发科技产品，开展技术工艺革新等社会服务，甚至还可以直接运用自身优势创办知识产业而获得经济效益，这既有利于改善教师的教学条件，也有利于改善科研条件。因此，高校教师社会服务既促进了人才培养、科学研究，又在一定程度上解决了自身的经费不足；既有利于社会经济发展，也有利于高校教师的自身发展①。

3．如何做到三者的统一

教书育人是根本，学校是培养人的地方，学校的一切活动都要围绕人的发展，而教学是培养人的最重要的载体，因此，教书育人是根本。教书育人包括教师的教和学生的学，学生在学习中成长，教师也应在教书中进步，这就是教学相长。教学相长源于我国古代的教育名著《学记》，作者为孟子的学生乐正克，写于距今 2 000 多年以前。《学记》写道："学然后知不足，教然后而知困。知不足能自反也，知困能自强也。"意思是：学习过后才知道自己的学识不够，教人之后才发现自己的学识不通达。知道不够，然后才能反省，努力向学。知道有困难不通达，然后才能自我勉励，发奋图强。所以说：教与学是相辅相成、互相促进的。教学相长意义深厚，其中一个"相"字准确地揭示了教与学、教师与学生在教学实践中的互连、互动、互促的关系。而我们今天经常使用的师生互动概念则主要是来自杜威实用主义教育理论，对于此前很久我们老祖宗关于教与学的原创式智慧表达却忘记了。而教学相长中一个"长"字又解释了教学双方互动交往的方向和积极结果，是教学水平的提高和学习质量的提高，是对教师和学生各自原有实践的超越，是教育意义之所在②。

---

① 闫学玲，赵恒章．高校教学、科研和社会服务之间的关系及其协调［J］．辽宁教育行政学院学报，2006（8）：9．

② 王长纯．教学相长：中国教师发展的核心话语（提纲）［J］．中小学教师培训，2006（8）：3．

大学的教学、科研和社会服务相辅相成，即教学出题目、科研出成果、成果反哺教学和服务社会，从而形成良性循环。其关键在于高校的管理者应建立一整套合理、公正、有效、便于操作的利益均衡机制，以此来协调、规范高校教师从教学、科研和社会服务活动中获得利益，进而影响高校教师合理地分配精力和时间来进行教学、科研和社会服务，防止工作重心发生偏移而失调。

对科研工作质与量的评判较为简单，论文可以通过篇数还是一般期刊抑或是核心期刊，是一级学报还是被SCI收录，甚至是通过该期刊的影响因子去评判；对于项目，可以通过项目来源和经费多少来评判，成果也可以通过鉴定的级别来定，这些都容易量化。而教学工作则不同，因教学工作具有一定的模糊性，导致对教学评判的尺度也带有模糊性，在涉及教学方面统计时，除了有关教学工作中课时量方面尚能计量外，其他方面则不仅无法计量，而且空洞、抽象。在这样的情形下，高校教师为了种种需要，很容易把工作重心放在科研上，所以，还需高校管理者进一步加强对教学评价指标体系的探讨，力求指标体系客观化、具体化，以至量化，尽量减少主观人为因素的影响。同时，要充分考虑到教学与科研之间的相互平衡，使对教学与科研的评价统一起来，实现评价的综合化、一体化，为突出教学工作的中心地位，至少要保证教师投入相同的时间和精力从教学中“得到的”不能少于科研。

对于某些科研水平高、科研设备好的教学研究型大学，为了使教学和科研并重但又不使教学被冲击，减少教学和科研冲突，满足大学科研的需要，可适当允许一部分非教学人员（纯粹的科研人员）进入高校，这样可以防止由于科研使教师投放在学生身上的精力太少导致教学质量下滑。克拉克·科尔（Clark Kerr）曾把专门从事研究的人员、专门从事教学的人员、既搞科研又搞教学的人员的比例定为1∶2∶4。当然，不同的高校根据自己的实际情况可做适当的调整。以不影响教学、科研为前提，高校应支持、鼓励教师积极开展社会服务工作，在教师搞创收初期（困难期），学校可以在资金、设备、人员和用房等方面给予适当的照顾，帮助教师起好步。一旦成功，应有有效措施防止服务过热，盲目创收，以免影响正常的教学、科研工作。同时，应指导教师社会服务的项目尽量与自己从事的教学、科研任务结合起来，且应以发挥自身优势为原则，做到经济效益与教学、科研相互促进。在创收过程中，高校不要因给创收教师定指标、压任务而影响正常的教学、科研秩序。

当然，仅仅靠良好的机制、完备的组织、有效的措施是不行的，教师还必须具有高度的职业道德水平和责任心作支撑，因为教书育人是软尺度。教师只有忠于自己的职业道德，忠于教师的天职，忠于自己的良心，才能正确处理好教学、科研和社会服务之间的关系，并把它落到实处①。

三、大学生身心发展阶段特点

根据心理学家的研究，大学生身心发展阶段特点主要分为三个阶段：适应阶段——正确定位克服心理落差；进展阶段——由被动学习变主动追求；社会心理适应阶段——适应社会要求，注重培养健全的社会人格。而从教育学者的角度出发，大学生的发展主要经历"要我发展"、"我要发展"、"我在发展"、"我能发展"四个阶段。本书的研究认为大学生学业发展取决于大学生身心发展阶段的特点，大学生发展是指学生在大学这一特殊的时空范围不仅要完成大学阶段特定的发展任务，以达到大学毕业的基本课业标准，更重要的是要在有限的时空范围内形成能够使自己在毕业之后的人生历程中仍然可以获得全面、可持续发展的能力②。因此，我们在研究大学生学业发展时既要考虑到身心发展的特点，又要兼顾到他们在大学学习生活的主要任务，在分析大学生发展的现实主观条件及发展的主观性的基础上结合外部环境因素，将大学生学业发展大致分为以下四个时期：

（一）第一阶段：心理适应期

初入大学，学生对从中学生到大学生的心理角色转换感到无所适从。大学生要具有较强的生活自理性、学习自觉性以及班级管理的自主性，

① 闫学玲，赵恒章．高校教学、科研和社会服务之间的关系及其协调［J］．辽宁教育行政学院学报，2006（8）：10.

② 肖楠．大学生发展及其动态过程的四阶段论［J］．当代教育论坛，2014（2）：46-47.

而以往的学习环境更多的是一种强制性管理学习，许多学生都缺乏相应的自律性，一下子感到难以适应，从而引发新生的心理落差。心理落差如果处置不当，可能产生气馁、焦虑、抑郁、回避、依赖、自卑、无奈、无助、自弃、怨恨、嫉妒等心理障碍与行为问题，对学生的发展产生不良影响甚至形成主要的阻碍①。这一时期所产生的心理落差主要为以下三种类型：

真实落差，即现实的自我地位的反差。如学习排名与原先高中成绩的不同，人际交往的不密切而产生的失落等由现实情景产生的心理体验。

假想落差，即心理构想的反差是一种自我贬低的心理倾向。自我定位比实际的地位要低，在实力相等的竞争环境中常常发生这种心理反差现象。有些同学在高中阶段在某些方面拥有绝对的优势，长期具有一种强烈的优越感，没有“风险意识”。当到了大学，他们原有的优越感丧失，而优势地位不再或不稳的“风险”不期而至，同往日的优越感相比，有一种强烈的失落感。这种心理落差是由于缺乏竞争意识形成的。

预期落差，即往日的理想与“未来现实”的反差。这种落差是由于过高的焦虑水平形成的。由于这种落差是由高焦虑水平引发的，又可以称之为“落差焦虑”。新生在步入大学之前，对比高中紧张学习的压力下，往往对大学生活充满的美好的憧憬与幻想，认为步入大学就能成人成才，完成了人生理想。而进入大学后，要面向社会竞争，他们始知大学毕业生找工作特别是要找到称心的工作远非易事。

在这一阶段主要对学生进行自我角色定位的引导工作。引导学生认识各自的长处和不足，明确大学学习和自我发展要求。因此，在给予大学生发展主动权的前提下，适当的发展干预是通过外力的作用使仍处于发展迷茫中的大学生得以顺利地进入发展进程之中。通常说来，大学生发展干预可以是“明确的”，如高校为学生发展提供适合其发展的学术支持和教学方法等；又可以是“含蓄的”，如大学精神、校园文化、教师的人格魅力等隐性元素对大学生发展所起到的润物无声的发展干预作

① 丁立平. 大学生发展阶段心理特点分析及对策研究［J］. 煤炭高等教育，2002 (3)：28.

用；大学生发展干预既应该包括“计划型的发展干预方式”，即为满足大学生特定发展需要而形成的具有前瞻性、目的性且组织结构严密的以项目为依托的发展干预，又应该包括“应答型的发展干预方式”，旨在解决由校园内或社会中出现的某些现象所可能引发的关于大学生发展的问题，是对关注度高的问题在大学生发展指导层面中的及时反应①。

（二）第二阶段：心理磨合期

所谓教育，是教育者的教育活动与受教育者的自我教育活动彼此统一的过程。只有能够促进受教育者自我教育的教育才是真正的教育。就大学生发展而言，它是外在的发展干预和大学生内在的发展自觉共同作用的结果，但是只有大学生自觉、主动地发展才是实现其可持续发展的根本路径。同时，只有在大学生不断地自我认识、自我发现，真正从观念和意识层面期待自我发展、明确发展方向时，他们才能够更加积极主动地参与相应的发展实践，从而形成必要的发展能力，实现自我发展。

这一阶段，大学生逐渐适应大学生活，确立目标，将重心慢慢转移到学习上，在学习中呈现一种被动跟进的状态，学习上尽量争取跟上课程教学的进度，逐渐适应教学方式、方法，最关心的是课程考试的成绩。这一时期要注意指导学生学习的方法，对学习中的困难要予以密切关注，通过各种有效的途径和方法使他们克服困难。对于基础较差的学生来说，这是最困难的时期，一旦落下来将会严重影响其后续发展。如何使学生克服学习中的各种困难，摆脱完全被动的处境是这一阶段的主要矛盾。教育者要注意辅导学生克服学习过程中的各种心理障碍，要引导学生进行主动的思想品德修养，加强教育引导。当然，品德教育与修养是一个长期的过程②。

（三）第三阶段：心理稳定

自主发展意识是大学生自觉发展的首要环节，是大学生进取心产生

① 肖楠．大学生发展及其动态过程的四阶段论［J］．当代教育论坛，2014（2）：47．

② 丁立平．大学生发展阶段心理特点分析及对策研究［J］．煤炭高等教育，2002（3）：29．

的基础。有学者从学生的学业发展角度指出，学生的学习参与和投入是学生发展的主要决定因素，而且参与和投入的程度与其学业成就的高低直接相关，明确阐明了主动参与在推动大学生发展中的重要作用。

这一时期大学生完全适应了大学生活，由被动学习转变为主动学习，进入主动扩展、深化升华的阶段。在自主发展意识与发展进取心的推动下，大学生更加主动参与发展实践活动，从而在向自己提出并不断修正发展目标、明确发展任务、控制发展行为的过程中有效地促进自身发展能力的形成和提升。在顺利完成教学计划规定的课程之外，学习主动性增强，有了主动钻研专业发展的兴趣，并围绕发展方向主动拓展学习范畴。在主动学习和自觉拓宽相关知识的基础上进一步向深度探究，在某些领域能进行创造性的学习甚至有独到的见解；专业发展信心更足，自我效能感明显增强，在专业学习和学术上进入较高层次。在思想上价值观念已构成较稳定的体系，注重品德的自我修养，政治上认识亦较成熟，盲从与被动大大减少，人格特征较为稳定，个性表现更为突出。

心理稳定阶段是大学生发展的主要阶段和主体部分。在这一阶段，尽管学生在其心理上会有各种各样的表现，但最主要的还是集中在对学习的态度、知识的价值观与认可度、学习的自我效能感、学习的动机水平与成就感以及对学习成就或失败的归因的性质上。

（四）第四阶段：心理变动期

大学生在大学学习阶段不但要在规定的时空内完成特定的学业发展任务，同时还要着眼于毕业后的终身可持续发展。只有大学生真正形成了必要的发展能力才能够在离开校园、走入社会和职场之后仍然可以直接推进自身的持续发展。

在临近毕业，即将踏入社会时，大学生都会主动或被动地将自己与社会（行业、岗位）进行紧密的实际联系、心理的社会适应——建立准社会心理角色，其学术水平基本确定，他们特别注重社会、行业、岗位需要的专业知识和能力。部分发展不良或在层次发展上出现“断层”的学生其思想和价值观往往会产生理想与现实的各种矛盾，产生所谓的“毕业综合征”，出现严重焦虑、抑郁等心理障碍，个别的甚至会出现行为变态。

因此，在这一时期，大学生应尽快培养自身可以持续不断地完善道德品行的能力，获取、运用、创新知识的能力，提升个体与自然、社会和谐相处的能力，是大学生能够与时代、与社会同步发展的一切本领和力量。我们认为国际通用人格模式 Big Five（“五大”）最适用作为评价指标的人格模式：具有社会适应能力的意向和性格表现（外倾性——Extraversion）；有爱心和同情心，尊重他人，不以自我为中心（宜人性—— Agreeableness）；责任心强，要求人格特质与人品的统一（责任感—— Conscientiousness）；用理性调控非理性，制于理而不受制于情（情绪性—— Emotionality 或 Neuroticism）；不断获得新知和探索未知，创造性地面对社会（开放性——Intellect）。

实际上，大学生在步入校园之初就要以“五大”作为健全人格培养的标准，在整个大学期间以此来约束自己。大学生在毕业前做一个回顾与总结，查漏补缺，进一步完善自我，实现自身的可持续发展。

第二节　中华民族多元一体与中华文化的一体多元

一、中华民族多元一体

中国作为统一多民族国家的长期延续，极大地促进了各民族之间的经济、政治和文化交流，增进了各民族对中央政权的向心力和对中华文化的认同感，增强了中华民族的凝聚力、生命力和创造力，促进了中华文明的统一性和多样性。在漫长的历史进程中，各民族形成和发展的情况虽然各不相同，但各族人民密切交往、相互依存、交流融合、休戚与共，形成了中华民族多元一体的格局。“交往交流交融”现象贯穿于中国历史各个时期，是包括社会主义时期在内的整个中华民族关系史的重要的规律性现象。“交往交流交融”的关键是“交融”。离开“交融”，提倡“交往交流”没有太多意义，“交融”是指民族间共同点、一致性增强，同时又保有自己的文化特色、特点，“交融”更多表现为一个过程。交融不是汉化，不是对少数民族历史和文化的否定，而是使各个民族的文化、优点为所有民族共有、共赏、共享。在交融过程中，少数民族的优点、长处不应被忽略，而应得到更有力的弘扬。这些年在我们的文艺舞台上，少数民族的歌曲、舞蹈、习俗所占的地位和分量越来越重，也越来越好看。这不是民族文化关门的结果，而是开门交融、积极吸取其他民族文化长处的结果。我们的民族文化政策今后的取向，应当是尊重差异、包容多样、促进交融。

二、“两个共同”、“两个结合”与“两个关键”

我国各民族的人口分布呈现大散居、小聚居、交错杂居的特点。民族自治地方占国土面积的64%，西部和边疆绝大部分地区都是少数民族聚居区。多年来，国家把支持少数民族和民族地区加快经济社会发展作为国家发展建设的重要内容，不断出台政策、措施，以支持少数民族和民族地区发展，开创了我国各民族共同团结奋斗、共同繁荣发展的新局面。

新形势下，我们的民族工作也面临着一些新的阶段性特征，面临的挑战更多了、要求更高了。坚持有中国特色的解决民族问题的正确道路，需要从实际出发，不断开拓创新。对民族区域自治制度，要坚持统一和自治相结合、民族因素和区域因素相结合，抓住自治地方发展经济、改善民生这个关键；对各项具体政策，要区别情况、准确把握、积极完善、稳妥实施。人心是最大的政治，只要顶层设计缜密了、政策统筹到位了、工作部署稳妥了，就能不断增进各族人民的福祉。

“做好民族工作关键在党、关键在人。”① 一是“办好中国的事情，关键在党”。不断加强党的领导，锻造一支政治上强、能力上强、作风上强的高素质干部队伍，我们就一定能不断开创各民族和睦相处、和衷共济、和谐发展的新境界。习近平总书记多次强调“我们要有一个坚强的基层政权”。基层党组织是党执政大厦的地基，基层党员、干部是这个地基中的钢筋。二是“为治之要，莫先于用人”。中华人民共和国成立初期，民族地区情况那么复杂困难，党派去的干部也不多，有的一个县十几个人，为什么能迅速打开局面？就在于我们有正确的政策，有忠实贯彻执行这些政策的干部。今天做好民族工作，同样要靠好干部。在民族地区条件艰苦、形势复杂、任务繁重的情况下，只有做到对大是大

① 郝时远．坚定不移走中国特色解决民族问题的正确道路——学习中央民族工作会议精神的几点体会［J］．民族研究，2014（6）：11．

非特别清醒、维护民族团结的行动特别坚定、热爱各族群众的感情特别真诚，才能担当起党和人民赋予的重任。

三、“三个离不开”

民族团结，是我国处理民族问题的根本原则，也是民族政策的核心内容。在中国这样一个多民族国家，只有实现了民族团结，才能维护国家统一、实现国家长治久安、促进社会安定和谐、改善各族人民生活。多年来，我国各族人民牢固树立“汉族离不开少数民族，少数民族离不开汉族，各少数民族之间也相互离不开”的思想观念。几千年来，中华民族始终追求团结统一，形成了你中有我、我中有你、谁也离不开谁的多元一体格局。“加强中华民族大团结，长远和根本的是增强文化认同，建设各民族共有精神家园，积极培养中华民族共同体意识。”习近平总书记在中央民族工作会议上的重要讲话，着眼于中华文明源远流长的发展史、中华民族始终追求团结统一的奋斗史，深刻指出加强中华民族大团结、构筑各民族共有精神家园的方向和路径，为我们做好民族工作注入了思想能量、提供了重要遵循。

民族团结是我国各族人民的生命线。历史深刻表明，中华各民族只有把自己的命运同整个中华民族的命运紧紧连接在一起，才有前途，才有希望。这就是为什么习近平总书记一再强调要加强民族团结、筑牢思想基础的根本所在。做民族工作，说到底是做人的工作；民族团结，说到底是人与人的团结。筑牢中华民族共同体的思想基础，既要着手做好民族团结各项具体工作、不断创新载体和方法，又要着眼构筑各民族共有精神家园，不断增强中华民族的凝聚力和向心力。解决民族问题，不能只见物不见人，不仅要解决好物质方面的问题，也要解决好精神方面的问题。一把钥匙开一把锁，我们在继续用好发展这把钥匙的同时，必须把思想教育这把钥匙用得更好。人心相聚，根本的在于价值相通，认同相一。而文化认同则是最深层次的认同，是民族团结之根、民族和睦之魂。文化认同问题解决了，对伟大祖国、对中华民族、对中国特色社会主义道路的认同就会巩固。中华文化是各民族文化的集大成，各族人民在千百年的历史进程中，更是形成了以爱国主义为核心的民族精神、一脉相承的价值追求。这种同宗同源的文化和价值渊源，是加强文化认同的丰厚土壤。不断深化各民族对中华文化的认同，不断使各民族人心归聚、精神相依，无论遇到什么样的困难和风险，我们都会像石榴籽那样紧紧抱在一起，手足相亲、守望相助①。

四、“四个认同”与“四个重点”

历史和现实都表明：国家统一、民族团结，则政通人和、百业兴旺；国家分裂、民族纷争，则丧权辱国、人民遭殃。各族人民在交往、交流、交融中增强了对伟大祖国的认同、对中华民族的认同、对中华民族文化的认同、对中国特色社会主义道路的认同②。明确“四个认同”的内涵和精神实质。对祖国的认同，就是要深刻认识到，我们伟大的祖国自古以来就是一个统一的多民族国家，各民族共同捍卫了祖国的统一，维护祖国统一是各族人民的根本利益所在。各民族只有把自己的命运同祖国的命运紧密地联系在一起，才能走向繁荣和发展。对中华民族的认同，就是要深刻认识到，中华民族是我国56个民族相互依存、共同发展凝聚而成的。每一个民族都是中华民族的组成部分，都是中华民族大家庭的一员，都和这个大家庭血肉相连、休戚与共。我国各族人民从长期的历史经验中深刻懂得“国破则家亡，国兴则家昌”，只有中华民族繁荣昌盛、国家兴旺发达，各族的权利、各族的发展才能得到保证。对中华文化的认同，就是要深刻认识到，我们伟大的祖国是世界上历史悠久的文明古国，在历史发展的长河中，智慧、勤劳、勇敢的中华民族创造了千古流芳的中华文化，各民族都为创造和发展中华文化做出了贡献。正是古老而灿烂的中华文化，陶冶了中华民族的高尚情操，培育了中华民族的精神，是中华民族的灵魂。对中国特色社会主义道路的认同，就是要深刻认识到，坚持社会主义道路，是中国共产党人的坚定信念，是中国历史发展的必然趋势，也是中国各族人民的必然选择。只有社会主义才能救中国，才能发展中国，这已成为各族人民的必然共识。

---

① 筑牢中华民族共同体的思想基础——二论学习贯彻习近平中央民族工作会议重要讲话精神［N］. 人民日报，2014-10-10（1）.

② 坚持中国特色解决民族问题的正确道路——一论学习贯彻习近平中央民族工作会议重要讲话精神［N］. 人民日报，2014-10-09（1）.

为了维护祖国的统一，我们必须同极少数分裂主义分子进行坚决的斗争。在中国的近代史上，民族分裂活动从来都是外国侵略势力策动的，民族分裂主义分子从来都是外国侵略势力割取我国边疆领土的内应力量。

民族地区的发展千头万绪，不能眉毛胡子一把抓，尤须抓住重点、解决突出问题。具体而言，就是要紧扣民生抓发展，重点抓好就业和教育；发挥资源优势，重点抓好惠及当地和保护生态；搞好扶贫开发，重点抓好特困地区和特困群体脱贫；加强边疆建设，重点抓好基础设施和对外开放。抓好了这些重点工作，就能把政策动力和内生潜力有机结合起来，形成加快发展的强大合力①。

五、“五个维护”与“五个坚持”

一是五个维护：维护社会主义民主、维护社会主义法制、维护人民群众的根本利益、维护祖国统一、维护民族团结。二是五个坚持：道路决定命运，道路改变命运。“做好民族工作要坚定不移走中国特色解决民族问题的正确道路”，习近平总书记在中央民族工作会议上的重要讲话，站在全局和战略的高度，系统阐述了民族工作的方向和道路等重大问题，明确了我国民族工作的大政方针，是做好新形势下民族工作的纲领性文献②。坚持中国特色解决民族问题的正确道路，在政治方向上，坚持在中国共产党领导下，走中国特色社会主义道路；在制度设计上，坚持和完善民族区域自治制度；在工作主题上，坚持各民族共同团结奋斗、共同繁荣发展；在精神纽带上，坚持打牢中华民族共同体的思想基础；在民族关系上，坚持各民族一律平等，巩固和发展平等团结互助和谐的社会主义民族关系。实践证明，中国特色解决民族问题的道路是正确的，它创造了处理民族问题的崭新模式，具有鲜明的中国风格和优越性③。

---

① 加快民族地区奔向全面小康的步伐——三论学习贯彻习近平中央民族工作会议重要讲话精神［N］．人民日报，2014-10-11（1）．

② 坚持中国特色解决民族问题的正确道路——一论学习贯彻习近平中央民族工作会议重要讲话精神［N］．人民日报，2014-10-09（1）．

③ 坚持中国特色解决民族问题的正确道路——一论学习贯彻习近平中央民族工作会议重要讲话精神［N］．人民日报，2014-10-09（1）．

六、民族地区“六大特征”

多民族是我国的一大特色，也是我国发展的一大有利因素。中华人民共和国成立以来，少数民族和民族地区得到了很大发展。但也应看到，一些民族地区群众困难多，困难群众多，同全国一道实现全面建成小康社会目标难度较大。现实告诉我们，发展是解决民族地区各种问题的总钥匙，只有加快发展、实现跨越式发展，才能确保民族地区如期全面建成小康社会。

民族地区是我国的资源富集区、水系源头区、生态屏障区、文化特色区、边疆地区、贫困地区，集这么多的“区”于一身，既表明了民族地区的独特优势和特色，也充分说明了加快民族地区发展的复杂性和艰巨性。这就要求我们实事求是、因地制宜，既坚持一定标准，又防止好高骛远，多做打基础、谋长远、见实效的事情，不断增强民族地区的发展后劲①。

在加快民族地区发展的过程中，要更加注重改善民生，多办一些顺民意、惠民生的实事，多解决一些各族群众牵肠挂肚的问题，从而让各族人民切实享受到发展成果。在城镇化进程快速推进、各民族跨区域大流动活跃的背景下，对少数民族流动人口，不能采取“关门主义”、放任自流等态度，要更加注重保障各民族合法权益，做好城市民族工作，从而让城市更好接纳少数民族群众，让少数民族群众更好融入城市。

第三节　教育、民族关系与和谐理论

和谐是对立事物之间在一定的条件下具体、动态、相对、辩证的统一，是不同事物之间相同相成、相辅相成、相反相成、互助合作、互利互惠、互促互补、共同发展的关系②。这是辩证唯物主义和谐观的基本观点。和谐是事物存在和发展的最佳状态，也是人类所向往的一种美好

① 加快民族地区奔向全面小康的步伐——三论学习贯彻习近平中央民族工作会议重要讲话精神［N］. 人民日报，2014-10-11（1）.

② 龚思怡. 基于“人本理念”的高水平研究型大学青年教师教学发展研究［J］. 西北工业大学学报（社会科学版），2016（6）：108.

的社会生活状态。

一、和谐概念的阐释

和谐是在人类思想发展史上蕴含着非常丰富的和谐思想资源。在中国的传统文化中，“和而不同”、事物的对立统一，指具有差异性的不同事物的结合、统一共存。人们应遵循事物发展客观规律，追求人与自然的和谐。和谐社会是指一种美好的社会状态和一种美好的社会理想，即“形成全体人们各尽其能、各得其所而又和谐相处的社会”。

“和谐”是一种不散的内在精神和显著特征。早在甲骨文和金文中就已经出现了“和”字，在古代典籍中，“和”又被应用到天、地、人、事、物之间，无所不在。特别是以孔子为代表的儒家“天人合一”、“和而不同”的思想，以老子为代表的道论，庄子的“不同而和”思想，等等，使以和谐为特征的文化精神生生不息。“和”在古汉语中，作为动词，表示协调不同的人、事、物并使之均衡。如《尚书·尧典》：“百姓昭明，协和万邦。”作为形容词，“和”则表示事物存在的良好状态，如《广韵》：“和，顺也，谐也，不坚不柔也。”“和”作为古代哲学范畴，又被认为是天地万物存在和发展的根本规律，如“中和位育”思想：“中也者，天下之大本也；和也者，天下之达道也。致中和，天地位焉，万物育焉。”“和”的本质则在于统一多种因素的差异，使不同事物之间协和一体。如《论语·子路》说：“君子和而不同，小人同而不和。”意思是说各自具有与众不同独特个性的君子聚集在一起，达到一种平衡，相互和谐共处；小人聚集在一起，表面上相互附和，但却不具有随和善良的品格而不能达到平衡，相互争斗而不能和谐共处。“和而不同”就是要求充分尊重创造性、差异性，善于处理各种错综复杂的矛盾，广泛参考借鉴不同意见，兼收并蓄，博采众长，达到理想的状态。相异中求统一，统一中求发展。《管子》指出：“畜之以道，则民和；养之以德，则民合。和合故能习。”认为畜养道德，人民就和合，和合便能和谐，和谐所以团聚，和谐团聚，就不会受到伤害①。和谐而又不千篇一律，

① 蔡方鹿. 中华和合文化研究及其时代意义 [J]. 社会科学研究，1997 (6)：68.

不同而又不相互冲突。和谐以共生共长，不同以相辅相成。只有以和谐、中和为本，才能均衡天下，才能和乐人民，才能使国家强盛、人民富裕。和而不同是社会事物和社会关系发展的一条重要规律，也是人们处世行事应该遵循的准则，是人类文明进步的重要动力。

“和谐”的内容包括人自身、人与人、人与自然之间的全面和谐。“和以处众”、“和气生财”、“和衷共济”、“心平气和”等古训讲的都是人和。“天人合一”则是“天”、“地”、“人”三者和谐的最佳状态。《周易》指出：“乾道变化，各正性命，保合太和，乃利贞。首出庶物，万物咸宁。”意为天体按照自己的运行规律运动变化，公正无私地对待各种事物的生命，保持着完满的和谐，这一切都是以有利万物的正常生长为前提的。天道超然于万物之上，保证大自然的和谐和万国的安宁①。汉儒董仲舒强调“天人之际，合而为一”，明确提出了人与自然和谐相处的思想，而且包含着人应该遵循自然规律，不能违背天的旨意，人与天、与地即与大自然的万类万物要和谐等内涵。到宋代，“天人合一”思想进一步发展，达到了最高境界。“儒者则因明致诚，因诚致明，故天人合一，致学而可以成圣，得天而未始遗人。”② 其中明确提出了天人合一的概念，表达出穷尽天地之理，通晓万物变化，个体与整体宇宙合二为一，才能够达到天地和谐的最高境界。“各得其和以生，各得其美以成”，人类发展只有合理地利用自然界，与自然界保持和谐，才能维持和发展人类所创造的文明，才能与自然界共生共荣、协调发展③。

在西方文化中，毕达哥拉斯认为，“整个天就是一个和谐”。赫拉克利特认为，和谐产生于对立的东西。文艺复兴后许多思想家都把“和谐”视为重要的哲学范畴④。马克思真正把握了“和谐”的理念，提倡社会和谐。“和谐”最初是从审美的角度被提出来的，认为“和谐”是事物之间最佳的结合，是事物各要素之间的均衡与协调。如古希腊哲学家毕达哥拉斯把和谐作为自己哲学的根本范畴，曾提出著名的哲学格

---

① 李君如. 社会主义和谐社会论［M］. 北京：人民出版社，2005：3.

② 李君如. 社会主义和谐社会论［M］. 北京：人民出版社，2005：2.

③ 李君如. 社会主义和谐社会论［M］. 北京：人民出版社，2005：11.

④ 高邦仁. 和谐之美［J］. 互联网周刊，2010（23）：47.

言："什么是最美的——和谐。"关于"和谐"美的因素，古希腊哲学家赫拉克利特认为差异与对立是造成和谐的原因，他的"对立和谐观"强调对立的事物产生和谐。德国哲学家莱布尼茨提出了"预定和谐"的命题。德国古典哲学大师黑格尔批判了莱布尼茨的"预定和谐说"，充分肯定了赫拉克利特的"对立和谐观"，提出了和谐的辩证法思想，认为包含差异与对立于自身之内的同一，即"本质的统一"、"具体的同一"是和谐产生的原因。从苏格拉底开始，"和谐"被引入社会各领域。如柏拉图阐述了"公正即和谐"的观点，提出"理想国"构想。19世纪的法国经济学家巴斯夏在《和谐经济论》中，提出"一切正当的利益彼此和谐"，"经济学派以利益的自然和谐为出发点，以自由为归宿"，建立一种彼此协调而又自由竞争的社会经济体系。特别是空想社会主义者在关于未来社会构建模式中，把和谐社会作为了一个共同的价值追求。傅立叶把他的理想社会制度叫作"和谐制度"，欧文把他在美国的共产主义实验称作"新和谐公社"，魏特林在《和谐与自由的保证》中指出："全体的和谐不妨碍个人的自由，个人的自由也不破坏全体的和谐，这才是和谐、自由与共享社会制度的真谛。"① 由于当时的社会历史条件限制，空想社会主义者所设计的和谐社会——权利平等、自由发展、保障社会福利等主张，如同空中楼阁，无法变为现实。

人是自然界的一部分，自然界是人类生存和发展的前提。马克思指出："我们连同我们的血、肉和头脑都是属于自然界和存在于自然界之中的。""人靠自然界来生活。这就是说，自然界是人为了不致死亡而必须与之不断交往的人的身体。所谓人的肉体生活和精神生活同自然界相联系，也就等于说自然界同自身相联系，因为人是自然界的一部分。"②"人本身是自然界的产物，是在他们的环境中并且和这个环境一起发展起来的。"③ 人类社会的发展进步，离不开养育它的自然环境。实现人与自然的和谐相处，必须以尊重自然为前提。针对人类统治自然的自信心

① 李君如．社会主义和谐社会论［M］．北京：人民出版社，2005：25．

② 马克思恩格斯全集：第42卷［M］．北京：人民出版社，1979：95．

③ 马克思恩格斯全集：第20卷［M］．北京：人民出版社，1979：39．

极度膨胀的现象，恩格斯曾警醒过当时的人们，这句话对当今的人类来说仍然具有警示作用："我们不要过分陶醉于我们对自然的胜利。对于每一次这样的胜利自然界都报复了我们。""每一次胜利，起初确实取得了我们预期的结果，但是往后和再往后却发生完全不同的、出乎预料的影响，常常把最初的结果又取消了。"① 因此，人类社会在发展的过程中，必须善待自然环境，妥善处理人与自然的关系。马克思主义的"人与自然"的和谐观具有两个特点：一是认为人来源于自然，对自然有依赖性，同时突出了人的主体性和能动性；二是强调人与自然的和谐发展是人类社会发展的根本，人类只有在认识自然、尊重自然、尊重规律的基础上才能实现人与自然的和谐相处，才能实现人类的根本利益，这实际上是现代可持续发展观的先声②。

中国共产党自成立之日起就把实现共产主义作为自己的最高纲领和理想，并且在不同的历史时期领导人民为着实现不同阶段的目标而奋斗。面对新世纪、新形势、新任务、新挑战，在十六届四中全会上提出构建社会主义和谐社会的目标，这是我们党长期形成的关于社会全面、协调发展和共同进步思想的集中体现，其实质是对人类社会发展进程中人与自然、人与社会、人与人关系所作出的一次观念上、理论上的继承与创新，描绘了在新的历史时期构建和谐社会的美好蓝图。

倡导和而不同的理念就是在于尊重世界丰富性、多样性的前提下博采众长，求得不同民族、不同文化、不同宗教、不同社会制度的协调，促进人类文明的共同发展。"不同"是事物存在和发展的特点，而"和"是多种因素的并存与互补，是一种有差异的统一，而不是简单的同一。"和"的价值就是要通过协调"不同"，达到新的和谐统一，使各个不同事物都能得到新的发展。

二、民族和谐的基本内涵

我国是一个多民族国家，民族关系的和谐既是建设社会主义和谐社

---

① 马克思恩格斯选集：第4卷［M］. 北京：人民出版社，1995：383.

② 吴俊杰，等. 中国构建和谐社会问题报告［M］. 北京：中国发展出版社，2005：364.

会的重要内容，又是它的必要前提[①]。在我国社会主义民族关系基本特征中加入“和谐”的要素，使我国社会主义民族关系的内容更加完整。“平等、团结、互助”概括了我国社会主义民族关系的基本内容，将“和谐”作为一个独立的要素提出则使这种民族关系有了一种有序的结构性要求。“和谐”以承认差异、多样性为前提，讲究相互关系的合理调处，讲究不同个体之间、局部与整体之间的利益调试。“和谐”要素的提出，是对我国各民族文化、利益多元性的承认和尊重，也是对在共同利益和目标基础上各民族和睦、协调、合作等统一性的强调。因此，和谐不是对平等、团结、互助的取代，也不是对它们的重复，而是对这些要素的补充完善和综合反映，是促进民族平等、团结、互助的重要因素[②]。和谐是指事物自身或事物与事物之间协调、均衡、有序的存在和发展的最佳状态。民族和谐是指民族共同体内部及民族共同体与外部不同要素之间处于一种相互依存、相互协调、相互促进的理想状态[③]。

“民族关系”与“民族关系问题”是两个既有着区别又密切联系的概念，在很多情况下甚至难分难解。就“民族关系”与“民族关系问题”单个概念而言，在学术上也还存在讨论与争鸣。《辞海》中对“民族关系”词条的解释：“民族与民族之间在政治、经济、文化和社会生活交往中形成的关系。世界上主要存在两种民族关系：一种是压迫与被压迫、统治与被统治的关系；另一种是平等联合的关系。在中国，各民族之间已逐步形成平等、团结、互助的社会主义民族关系。”此外众多学者也对“民族关系”作出了不同的解释。学者翁独健在《民族关系研究中的几个问题》一文中提出：“中国各民族的关系从本质上看，在漫长的历史进程中，经过政治、经济、文化诸方面愈来愈密切的接触，形成

---

① 金炳镐，陈丽明．民族关系本质特征——民族关系理论研究之三［J］．黑龙江民族丛刊，2008（3）：5.

② 金炳镐．民族理论与民族政策概论［M］．修订本．北京：中央民族大学出版社，2006：147.

③ 陈丽明，金浩．民族关系特征：民族和谐社会建设的理论指导——纪念中国共产党建党90周年民族理论系列论文之四［J］．黑龙江民族丛刊，2011（2）：14-15.

一股强大的内聚力，尽管历史上各民族间有友好往来，也有兵戎相见，历史上曾不断出现过统一或分裂的局面，但各民族间还是互相吸收、互相依存、共同缔造和发展了统一多民族的伟大祖国，促进了中国的发展，这才是历史上民族关系的主流。”学者金炳镐在《民族理论通论》中也提出：“民族关系是一种社会关系，是民族发展中相关民族之间的相互交往、联系和作用、影响的关系。它是双向的、动态的，本质上是涉及民族这个社会人们共同体的地位和待遇，民族这个社会利益群体的权利和利益，民族及其成员的民族意识和感情的特殊社会关系。”① 随后学者徐黎丽又进一步提出：“民族关系是指民族内部、民族之间、多民族及跨国（跨地区）民族在政治、经济、文化等方面所表现出来的和平、战争或和平与矛盾并存的交往关系。”②综上所述，笔者认为民族关系就是存在于不同民族国家之间、多民族国家内部不同民族之间，以及民族内部不同族群之间的一种社会关系，在其生存与发展过程中这种社会关系包含政治、经济、文化、社会、生态等方面的相互交流而产生的各种关系。

从中国少数民族的发展历史进程来看，民族关系既有和平的一面也有战争的一面，但长期以来则表现的是全局的和平与局部的矛盾共存的一面。因此民族关系问题就是指在各个民族交往的过程中产生的矛盾，即表现为不和谐的一个方面，它既包括战争又包括和平与矛盾共存的状态③。战争状态下的民族关系问题其性质最为严重，其不仅极大地破坏生产力与生产关系的发展，而且更会威胁到各个民族的生存与发展。而在历史与现实中最常见的是处于和平与矛盾共存状态中的民族关系，在人类发展史上，民族关系在绝大多数时间里表现出的都是这种状态。

通过上述简略的介绍可以看出，“民族关系”与“民族关系问题”确实是两个联系紧密的概念。两个概念在内涵和外延上互有交叉与重合，“民族关系”说到底主要就是不同族群、不同民族之间的交往和联系；

---

① 金炳镐. 民族理论通论 [M]. 北京：中央民族大学出版社，1994.

② 徐黎丽. 再论民族关系含义 [J]. 甘肃社会科学，2001 (3)：43.

③ 张艳. 宁夏民族关系和谐发展研究 [D]. 天津：南开大学，2014：18.

而"民族关系问题"，主要事关民族生存与发展的过程中所表现出的矛盾或不和谐的一面。

民族关系和谐发展一般表现为不同民族国家之间、多民族国家内部不同民族之间、民族内部不同族群之间在政治、经济、文化、社会和生态五个层面全面、共同、协调、可持续发展的关系。政治层面的民族关系常常是各个层面关系的最为集中的体现；经济层面上的民族关系是各民族之间在资源配置和经济利益分配方面的关系，体现着民族共同体的根本利益；文化层面上的民族关系体现的是不同民族之间在文化交往的过程中，文化的接受与渗透或文化的排斥或奴役；社会层面上的民族关系则是体现各个民族在社会生活的交往互动过程中所形成的关系；生态层面上的民族关系则是各个民族在处理自身的生存发展中与自然环境和社会环境的关系。民族与民族之间政治地位和政治权利的不平等、经济利益和经济发展的不均衡、文化相互排斥社会交往中的冲突以及与自然和社会关系的不协调都不利于民族的和谐发展。因此，促进民族关系和谐发展就需要在坚持民族平等的基础上，维护各民族正当的利益和合法的权利，保证各民族有平等的发展权利和发展地位、同等的发展利益和发展机遇，促进民族文化的相互交流和相互包容，和而不同、互惠互利，增进民族之间的感情、理解和相互合作，实现民族关系和谐友善的发展①。

三、教育与和谐社会的构建

百年大计，教育为本。教育与和谐社会的构建有着密切联系，它是和谐社会建设的"助推器"、"平衡器"和"孵化器"。因此，构建和谐社会离不开教育和谐，只有和谐的教育才能使得社会通过人的素质提高变得更加和衷共济、和睦相处、和谐有序。教育和谐，既是构建和谐社会的应有之义，也是其基础和保障。教育是社会系统重要的组成部分，教育和谐才能有和谐的教育，也才能培养出构建和谐社会的人才，最终实现和谐社会，因为社会的和谐主要是人的和谐。

教育对构建和谐社会的作用，主要是人的作用。首先，教育为社会

① 张艳．宁夏民族关系和谐发展研究［D］．天津：南开大学，2014：20.

培养的人基本上是知书达理的人，这是构建和谐社会的基础。教育之所以能够使人成为人，就是使人成为人格健全、有知识、懂技术的社会所需要的人才。这种人才也是构建和谐社会的基本“和谐人”。其次，教育和谐影响着社会不同层面和全体社会人的和谐。在现代社会中，没有经过正规学校教育的人已经很少，人们在教育机构中接受着和谐教育，这种和谐教育会通过受教育者有意无意地扩展到整个社会，影响着几乎全部的社会人，这是社会和谐的关键。第三，教育为治政培养建设者和接班人是社会长久和谐的保证。教育培养的治政接班人是未来社会的治政者，社会的治政者是社会和谐的主导，他们关系到一个国家、一个民族、一个地区乃至一个村落的和谐。

教育对提升社会人和谐素质的作用。社会人和谐素质与中央提出的建设和谐社会要求是一致的，应该是“民主法制、公平公正、诚信友爱、充满活力、安定有序、人与自然和谐相处”。教育提升社会人和谐素质的作用具体表现在：帮助社会人建立和谐社会人的人格；帮助社会人健全心理素质；帮助社会人提高业务素质；帮助社会人正确对待名利；帮助社会人创新进步。教育本身是知识技能的传授，知识技能是社会人的创新基础，有了这个基础才可能在未来的社会实践中有所发明，有所创造，有所前进。

教育推动社会发展的作用。教育推动社会的发展主要表现在人才作用上，而人才作用最终体现在社会的政治文明、精神文明和物质文明上。具体表现在：教育推动了政治文明。教育为治政培养接班人，培养的人才符合不符合政治需求是关键。任何教育都离不开政治，都必须为政治服务，但教育以其独有的潜性政治教育内涵，培养治政人才，从而推动社会政治文明、进步。教育推动了物质文明。教育提高了人们的素质，也提高了人们物质文明的内涵。可以说，教育帮助人们实现了物质文明，而物质文明对教育的发展又起着决定性作用。教育推动了精神文明。教育是精神文明的成员，同时又是精神文明的推动者。教育推动了社会的精神文明，社会的精神文明又显现出教育水平的高低。

四、五大发展理念下和谐教育的价值追求

和谐教育价值活动的追求，应定位于满足人的需要和经济社会发展

的需要。遵循五大发展理念要求，和谐教育的价值追求应当涵盖以下基本方面。

以人为本。党的十八届五中全会指出，必须坚持以人民为中心的发展思想，把增进人民福祉、促进人的全面发展作为发展的出发点和落脚点。教育是培养人的社会实践活动，满足个体身心发展的需要是教育的目的。这就要求教育要坚持以学生为主体，以学生为中心，充分发挥学生的主动性，把促进学生成长成才作为教育工作的出发点和落脚点。关心每个学生，促进每个学生主动地、生动活泼地发展。应尊重教育规律和学生身心发展规律，为每个学生提供适合的教育，让教育去发现人的价值，发挥人的潜能，发展人的个性。

立德为先。北宋著名理学家张载提出“要为天地立心，为生民立命，为往圣继绝学，为万世开太平”。实际上，我们今天的教育也要承载这样的使命，就是要为社会重建精神价值，为民众确立生命意义，为先圣继承优秀传统文化，为万世开拓太平之基业，为中国特色社会主义事业培养合格建设者和可靠接班人。

创新为源。习近平总书记指出：“创新的事业呼唤创新的人才。”培养创新的人才，核心在于创新能力培养，这就要求改变传统的教育教学，从教育理念、教育方法、培养模式、教育手段、评价标准、育人环境等方面，实施全方位、系统性的改革与创新，加快构建体系开放、结构科学、机制灵活、渠道互通、选择多样的人才培养体制机制，培养大批创新人才。

公平为基。社会公平是小康社会的“晴雨表”，教育公平是社会公平的“测温计”，客观反映出小康社会的实现程度。教育公平的基本要求是保障公民依法享有受教育的权利，关键是机会公平，根本措施是合理配置资源，促进教育均衡和协调发展。

适需为实。教育特别是高等教育和职业教育首先要考虑经济社会发展对人才的需求情况，做到与行业产业发展相融合，与用人单位需求相衔接，与充分就业和市场需求相适应，使人才结构与就业结构、产业结构相匹配。主动适应国家和区域经济社会发展需要，确保学有所教、教有所能、能有所用。

开放为要。开放是国家繁荣发展的必由之路，也是现代化教育的基本特征。教育开放是指资源、知识、技术、信息、人才、资本等教育要素的自由流动与共享。一方面是对外开放，加强国际交流与合作，开展多层次、宽领域的教育交流与合作，提高我国教育国际化水平；适应国家经济社会对外开放的要求，培养大批具有国际视野、通晓国际规则、能够参与国际事务与国际竞争的国际化人才。另一方面是对内开放，就是促进教育市场、教育资源和教育治理的开放，面向有意愿举办教育、接受教育、监督教育和献身教育的有志之士开放①。

① 赵为粮．五大发展理念下教育发展与改革［N］．学习时报，2016-01-11（8）．

第四章　民族院校人才培养模式问题探讨

第一节　国内外人才培养模式概述

一、国外人才培养模式概述

（一）欧洲中世纪大学的人才培养模式

欧洲中世纪大学是具有现代意义的高等教育的起源。中世纪后期，西欧教育领域发生了一件重大事件，这就是中世纪大学的诞生。12 世纪的欧洲，随着封建制度的确立与生产力的发展，封建王权稳固，社会趋于稳定，农业缓步上升，手工业和商业进一步发展，这为大学的产生提供了物质基础。由逃亡农奴（自由民）重建的城市兴起了，经过战争，新兴的城市得到了自治权，一些富裕的市民成为最初的富者——新兴资产阶级。这样大学的创办便有了社会基础。东西方贸易往来和十字军东征，传入了大量的东方的文化和教育，充实了大学的学习内容。世俗政权与教皇之间的斗争，使大学有了立足之地。经院内部蕴含着怀疑信仰而崇尚理性的新思潮。在种种因素的影响之下，中世纪大学应运而生。在这其中工商业的发展、城市的兴起、十字军东征、经院哲学的出现、著名学者的讲学，等等，都在不同程度上产生了重要的推动作用。中世纪大学首先出现在工商业和城市发展较快的意大利的一些城市。1137 年，意大利南部创立了萨莱诺大学。这里因靠近地中海，风景宜人，是治病疗养的胜地，又因得到古希腊医学家希波克拉特的医学著作，所以这里办起了医学院。1158 年，又在意大利的北部创立了波隆那大学。这里地处欧亚交通要冲，商旅不绝，商务纠纷、诉讼案件较多，需要研究民法，所以这所大学以研究法学为主。中世纪大学最初产生于12世纪，大学的前身有两种，一种是面对所有人的教育中心或研究所，另一种是原有的主教学校。这些最早的中世纪大学，具有如下一些明显的特点：其一，大学是师生联合创办的，并且首先是学生倡议创办的。它实际上是来自各方的学者自由联合的研究中心，不是教会和市政当局设立的。其二，它有很大的自主权。初期的大学可自选校长，自己制定学习制度和生活制度，市政当局无权干涉。校内还设有自己的特别法庭，大学教授有裁判权。其三，流动教学。当遇到某城市当局干涉大学事务时，师生们在抗议之下，便可搬迁到另一所城市或别的国家去，重新建立大学。其四，课程内容不确定，以实际需要为主。其五，重视理解能力的培养，开创了辩论的风气。教学方法比较灵活。中世纪大学是人类知识的传播中心，是教育和职业培训的机构，以培养学者和职业人士为主，既为政府和教会培训职员和神职人员，也为社会其他行业培养专职人员，如医生、法官、律师等。中世纪大学的管理体制有两大类。一类是学校的一切权力都掌握在学生手中。不论是教授的选聘、学费的数额，还是学期的时限和授课时数，均由学生决定。因而，这类大学被称为“学生大学”。另一类是由教师掌管学校的事务，因而被称为“先生大学”。但是，不论是“学生大学”，还是“先生大学”，执掌校务的并不是学生和教师个人，而是由他们组成的团体①。中世纪大学的组织，一般分为四个学院，即文学院、法学院、医学院和神学院。其中，神学院地位最高；文学院为预科性质，讲授“自由七艺”。修业年限一般为5～7年。受教会控制的中世纪大学，尽管宗教气氛浓厚，繁琐哲学盛行，阻碍了学术思想的自由发展，但它毕竟对当时欧洲文化的普及起了推进作用。恩格斯在《自然辩证法》中指出：中世纪“因为有了大学，所以一般教育，即使还很坏，却普及得多了”。中世纪大学促进了市民阶层对知识教育的重视，推动了国内外的文化交流，打破了封建闭塞愚昧的

① 刘国钦．高校应用型人才培养的理论与实践［M］．北京：人民出版社，2007：141-142．

状态。在一定意义上说，它体现了新兴资产阶级同封建统治者的斗争，为文艺复兴运动准备了条件。中世纪大学创建之初，教学内容和课程并不确定，通常是由各大学教授自定的。随着大学的发展，课程才逐步趋于统一和稳定。中世纪大学教育从根本上讲是人文主义的，它们都会把人文素质的培养放在首要的位置，以培养有教养的人为目的。在课程设置上，偏重普通教育课程和博雅课程，轻视科学课程、实用课程和技术培训。以讲解和辩论为主的中世纪大学，教学通常按以下程序进行：先由教师向学生讲解教科书的梗概和主要思想，简要叙述与课文有关的知识；再由学生诵读原文，复述课文的内容梗概；最后，教师解答学生的问题。然而，中世纪大学实质上是一种行会组织，固定之后保守而缺乏创新，甚至产生排他性。由于脱离社会实际，缺乏创新，人才培养不再能满足社会发展和进步的需要，到17、18世纪，欧洲古典大学开始衰落。

（二）欧美国家的人才培养模式

自15世纪开始，法国社会进入了一个新的发展时期，资本主义开始萌芽。随后法国经济得到快速发展，因而急需各方面人才，尤其是从事修路、建桥、采矿、冶金、纺织等行业的实用型技术人才。面对大量新的社会需求，传统大学已经无法适应这种工业时代的急剧变化，在这种情况下，巴黎桥梁道路学校和巴黎矿业学校相继开办。而这种新型专门学校的开办便标志着法国近代工程技术教育的开端，也是应用型技术人才培养的开端。

从1766年开始，德国也相继开办了各种专门学院和高等工业学校。这些新开办的专门学院的主要目标是为各地培养各种实用型技术人员和管理人员，与传统大学有很大的不同之处。学校的课程设置十分强调应用和实用。20世纪初，专门学院逐渐发展成为多科技术学校和工科大学，开展基本人文教育和特殊技术教育，主要为国家和私有企业培养专业应用型技术人才。1810年，著名教育家洪堡在德国创办了柏林大学。这是一所新型大学，实行教学与科研相结合的现代大学教育制度，开创了高等教育研究型人才培养模式。洪堡认为大学兼有双重任务，一是对科学的探求，一是个性与道德的修养。他说的科学是指纯科学，即哲学。而修养是人作为社会人应具有的素质，是个性全面发展的结果，它与专门的能力和技艺无关。根据纯科学的要求，大学的基本组织原则有二：寂寞和自由。大学全部的外在组织即以这两点为依据。洪堡还提出了新大学的三条基本办学原则，即学术自由原则、教学与研究统一原则、科学统一原则。按照学术自由的原则，大学除在管理方面比以前有更大的自主权外，教学和研究也遵循自由的原则。教授们可以自由地讲授他们想讲授的科目及内容，从事自己愿意的课题研究；而学生们则有听课的自由，有选修他们感兴趣的课程的自由。学校鼓励教师从事科学研究，促使他们成为既担任教学任务又从事科学研究的教师；学生的学习不再以博览群书和熟读百家为主，而是把重点放在独立钻研和进行独创性探索方面，凡是缺乏创造性思维和能力的学生，都不能成为合格的学生。按照教学与科研结合的原则，师生双方通过共同的教学和科研活动培养严谨的治学精神，掌握科学的研究方法，促进了研究型人才的培养，使求学者具备未来科学研究者应有的知识、素质和能力。德国的研究生培养完全是科研型的培养方式，研究生既是学生，又是导师的科研助手，其培养过程主要是通过独立完成科目论文或部分承担导师的科研任务实现的，其科研成果的基本特征在于它的创新性。德国研究型人才的培养不仅提升了本国高等教育人才培养的层次和质量，也直接影响到英、法、美等国的研究生教育和研究型人才的培养，特别是在注重人才的创新意识和创造能力的培养方面更为突出①。

美国南北战争结束后，国内工农业迅速发展，对人才的需求极其迫切。1862 年著名的《莫雷尔法案》颁布后，各州纷纷开办了赠地学院，根据该法规定，赠地学院实施农业和技术教育；教学重视理论联系实际，增加实用知识技能教育，特别要针对工农业发展的需要培养应用型技术人才。赠地学院的开办，不仅促进了美国公共高等教育制度的形成，更重要的是提出了高等教育必须服务于社会经济这一新的办学理念，增加了高等教育服务社会的新职能②。美国的教育水平在世界处于

① 刘国钦．高校应用型人才培养的理论与实践［M］．北京：人民出版社，2007：144.

② 刘国钦．高校应用型人才培养的理论与实践［M］．北京：人民出版社，2007：145.

前列，它既直接受德国影响，又在德国基础上进行创新，因而具有明显的美国特色。19世纪末创办的约翰·霍普金斯大学是美国第一所以德国大学为样板的研究型大学，它的创办标志着美国现代大学时代的开始。约翰·霍普金斯大学是全美第一所研究型大学，其目标为："鼓励研究以及独立学者的进步，使得他们可以通过自己精湛的学识推动他们所追求的科学以及所生活的社会前进。"约翰·霍普金斯大学的创始人希望抛弃美式学院的陈规旧制，打造一所专注于扩展知识、研究生教育和鼓励研究的新式研究型大学。仿照威廉·洪堡等人所倡导的以柏林洪堡大学为代表的德国大学模式，约翰·霍普金斯大学是美国第一所以讨论班方式授课、第一所分专业录取本科生的大学，其理念和模式都对后来的美国大学产生了巨大的影响并被其他大学纷纷效仿。作为一所注重研究的学校，约翰·霍普金斯大学对培养学生的分析和理解能力十分重视。不像众多的美国研究型大学，约翰·霍普金斯大学在本科三年级阶段就要求学生选择课题，从事研究工作。无论文、商、理、工科学生都被强烈鼓励参加科研项目，并较早地接触、了解和掌握前沿学科的最新动态。约翰·霍普金斯大学的本科生有许多机会参与重要的课题研究。约80%的本科生在校四年期间从事过至少一项独立研究，并且很多时候是与该领域的顶尖研究者合作。同时为了确保学生有机会参与不同学科的研究项目，约翰·霍普金斯大学采取了两条有力的措施。一条是把各学科的班级控制在不超过50名学生的范围之内，为师生的交流和老师指导学生提供足够的便利。在师生人数比例1∶6的情况下，约翰·霍普金斯大学有足够的一流教授在课堂上和实验室里与学生一起探讨问题，一起寻求真理。与其他注重抽象性理论研究的大学不同，约翰·霍普金斯大学的研究侧重于应用性研究。在约翰·霍普金斯大学的各个学科领域，教授和学者们都无一例外地强调知识的实用价值。心理学、人类学和文化研究的教授们借助各自的学科知识，告诉学生们这些知识对认识自己、互相沟通、促进了解的重要作用；工程学、医学、计算机科学的教授们则在他们各自相关的学科领域，向学生们传授掌握技术知识的实际本领，帮助他们到竞争激烈的社会里去拼搏；国际问题和经济问题专家们通过现实世界中的种种实例，让学生们明白，世界上的许多争端和矛盾可以假借政治学家和经济学家的智慧和经验得到妥善的解决。由于理论知识和实际运用相结合，学生们在约翰·霍普金斯大学学到的东西相当实在，真正达到了经世致用的目的。基于这一原因，约翰·霍普金斯大学对自己颁发给学生的学位证书感到极为自豪，认为约翰·霍普金斯大学的学位证书含金量很高，标志着学生在掌握实际本领上取得了相当程度的成绩。而一代又一代约翰·霍普金斯大学的毕业生，则以他们在约翰·霍普金斯大学学到的知识、受到的训练和养成的习惯作为起点，在各自的新岗位上发挥才能，成为美国各个重要领域里的杰出人物。

总的来说，科学技术的飞速发展、经济全球化、产业结构的新变化，对教育结构及人才培养规格相应地提出了新的需求，即多规格和多层次的要求。尽管世界发达国家的政治制度、经济发展和文化传统各不相同，甚至存在很大的差别，但其在人才培养等方面的使命基本上是相同的。发达国家的大学人才培养模式大抵包括人文型、科学型、技术型以及混合型四种模式，但在具体操作上，不同的国家、不同的大学又在专业设置模式、课程体系构造形态、培养途径及知识发展方式、教学运行机制、教学组织形式与淘汰模式等层面上各有不同，这些不同因素具体体现在人才培养目标、课程体系、教学计划等方面，因而又产生了许多不同的具体模式。

二、国内人才培养模式概述

国外学者对人才培养模式的研究主要针对有关大学教育教学的一系列问题。国外学者认为与人才培养模式息息相关的是社会对人才的素质需求，不同时代需要不同的人才，要求人才具备的素质结构也就各不相同，因而几乎各国都呈现出多样化和多层次化的人才培养模式。面对一个科学技术飞速发展、知识不断创新、知识经济已成为世界主导经济的新时代，面对一个更加开放的、多姿多彩的国际环境，我国的高等教育的人才培养也在逐步地发展。

（一）中华人民共和国成立前的高等教育人才培养模式

回顾中国高等教育现代化的历史，不难发现其发展模式的转换大致可分为三个时期：

第一个时期是1862年—1894年。甲午战争以前，中国近代高等教育处于酝酿时期。19世纪60年代开始，出现了一批培养外语人才和军事技术人才的专门学校。它们不同于传统封建教育机构，不是培养作为各级封建官吏的“治才”，而是培养通晓各国语言和技术的人才[①]。最典型的代表即是1862年成立的京师同文馆和1867年创办的福建船政学堂。1894年前后，我国共创办了30所左右的此类学堂。这些学堂毫无例外地都是在外来因素的诱发下创办的。所谓外来因素的诱发，包含两层意思：其一，它们是清政府在外力胁迫下应急反应的产物，是为了培养应对西方殖民主义者侵略所急需的人才而开办的；其二，这些学堂都标榜以西方为榜样，然而，在具体的学习目标上，却并不明确，笼而统之地把西方称为“泰西”。通过对时人留下的大量文献分析，所谓“泰西”，包括了英、法、德、美等国。可见，在当时人们的心目中，“西方”是一种泛称，还没有具体而明确的模仿对象。

第二个时期是1895年—1911年。19世纪末20世纪初，是中国近代高等教育发展的重要时期。1895年、1896年、1897年和1898年分别成立的天津中西学堂、上海南洋公学、浙江求是书院和京师大学堂一般被认为是中国近代大学的雏形。20世纪初，清政府颁布了第一部包括高等教育在内的具有近代意义的全国性学制——癸卯学制。直到辛亥革命前的10多年时间里，中国高等教育的发展，无论是理论层面、制度层面还是实践层面，都弥漫着一种浓厚的“以日为师”的氛围。1889年清政府正式创办了京师大学堂，也就是北京大学的前身。

京师大学堂代表了中国近代大学轻道重器的指导思想。1903年清政府颁布了《钦定学堂章程》规定大学以“造就通才”为培养目标。这是中国近代高等教育最早的通才教育思想及人才培养模式。

第三个时期是1912年—1927年。1912年的辛亥革命推翻了清王朝，结束了2 000多年的封建帝制，为中国近代高等教育的发展提供了一个宽松的环境。1912年至1927年的十几年间，可以说是中国高等教

① 田正平，张彬．模式的转换与传统的调适——关于中国高等教育现代化的两点思考［J］．高等教育研究，2001（3）：95．

育人才培养模式的多元化时期。民国初年在蔡元培主持下所进行的教育改革形成的新学制壬子癸丑学制，对清末颁布的癸卯学制中有关高等教育的内容做了相应的改革。其间，教育部还陆续公布了《大学令》、《大学规程》、《专门学校令》、《公立、私立专门学校规程》和《高等师范学校规程》等一系列有关高等教育的法规法令。众所周知，作为民国初年教育改革的总设计师，蔡元培非常关心高等教育，《大学令》就是由他亲手制定的。他多次谈到，《大学令》中许多内容是“仿德国制”，“仿德国大学制”。从一定意义上可以说，借鉴德国高等教育是蔡元培多年的夙愿。但是，从实践的层面考察，蔡元培的理想并未实现。摆脱日本单一模式束缚的努力没有取得明显的效果。大学设评议会、教授会的条文列入了《大学令》，但在当时的高等学校中并未实行。20 世纪初，以严复、蔡元培等为代表的一批著名教育家，主张大力改革中国的高等教育。严复提出“鼓民力，开民智，新民德”，从而将国人的教育目标由少数转向全体国民，学习西方，提高国民的教育水平和道德品质。蔡元培提出了国民教育、实利教育、公民道德教育、世界观教育和美感教育的“五育并举”的教育方针，以及文理渗透、兼容并蓄的全面发展思想和通才培养思想。张伯苓等人提出“通识为本，专识为末”的通识教育思想，所有这些主张对于推动中国的高等教育的发展起到了重要的作用。到 1917 年蔡元培出任北京大学校长之后，他以德国高等教育为模板对北京大学进行深入改造的同时，另一所国立大学——在南京高等师范学校基础上发展而来的东南大学迅速崛起。在留美归国教育博士郭秉文主持下的东南大学以美国大学为榜样，延揽一批留美学生到校任教，集基础研究与应用研究为一体，从管理体制、系科设置、课程内容以至经费筹措等，全面学习、借鉴美国高等教育。至 20 年代中期，浙江大学和东南大学声誉日隆，影响日广，成为与北京大学南北呼应、交相辉映的中国高等教育的又一重镇①。这是因为，高等教育作为人类所创造的知识文化的重要传播场所，作为高级专门人才的培养基地，有其自身发

① 田正平，张彬. 模式的转换与传统的调适——关于中国高等教育现代化的两点思考 [J]. 高等教育研究，2001 (3)：95-96.

展的内在规律。高等教育的发展，既要受处于不同经济发展阶段、不同政治文化背景的各个国家和地区的具体情况所制约，也要受高等教育本身发展规律的制约。一个世纪以来，中国高等教育发展模式的转换就是在如何正确认识和处理这一对矛盾的过程中艰难进行的。不能强调本国情形的特殊性而拒绝遵循高等教育发展的一般规律，也不能标榜追赶世界潮流而置本国国情于不顾，我们应回顾和总结这段历史并深刻汲取经验与教训。

（二）中华人民共和国成立后的高等教育人才培养模式

中华人民共和国建立后，国家面临的主要任务是巩固新政权和进行大规模的经济建设，这便需要大批的专业人才①。1950 年召开的第一次全国高等教育会议提出的《关于实施高等学校课程改革的决定》指出，高等学校应培养适合国家经济、政治、国防和文化建设当前与长远需要的人才，在系统的理论知识的基础上，实行适当的专门化。根据会议精神，政务院颁布了《高等学校暂行规程》。规程中明确规定，“适应国家建设的需要，进行教学工作，培养通晓基本理论与实际运用的专门人才”是中华人民共和国高等学校的重要任务。中华人民共和国成立初期我国的高等教育主要是照搬苏联的专业教育模式。在培养目标上，参照苏联的“各种专门家和工程师”的培养目标；在专业设置上，强调按国民经济计划对口培养专门人才，以“专才教育”思想制定专业培养目标，各校普遍按专业人才设置专业，文理医科一般按一级、二级学科设专业，工科则分得较细，不少专业是按工艺、装备、产品、行业设立的，专业面很窄；在教学方面加强基础知识和基本技能的学习，强调严格训练和系统掌握知识；在培养方式上，实行填鸭式讲授和仓储式记忆。这种教育思想和教学方法对于普遍保证学生的质量具有一定的积极意义，使学生基础知识较扎实。然而其弊端亦很明显，主要有两个方面：一方面是过分强调共性和统一性而忽视甚至扼杀了学生的个性、主动性和特长性，使得学生缺乏勇于创新的灵性与能力；另一方面是由于

① 卢立菊，付启元．1990 年代以来关于五十年代高校院系调整研究综述［J］．南京社会科学，2003（12）：65．

专业划分过细，人才培养专业口径过窄，知识结构单一，培养规格统一，所培养的人才的社会适应性差，发展后劲弱，综合素质低。实践表明，这样培养的学生具有一定的知识但缺乏智慧，善于模仿但缺乏创造①。

改革开放以来，高等院校恢复了高考招生，我国高等教育紧紧围绕现代化建设不断转变思想观念，调整人才培养目标，优化教学模式和专业课程设置，逐步由人才培养模式单一化向人才培养模式多元化转变，人才培养模式呈现出鲜明的特征。首先，在专业设置上通识化、综合化。当前我国高等学校的专业设置大都朝文理结合、理工结合、多学科综合方向发展，以适应科学高度综合化和社会发展要求的多样化的趋势，使得培养的人才具有知识面广博、基础扎实、专业口径宽、适应性强的特点。其次，在教育思想上，确立"人本位"的教育观念。教育的根本目标是培养全面发展的人，要注重学生智力的发展，也要重视其品行和心智的培养，使之成为完整的人。在整个教育活动中，以学生为本才是高等教育和人才培养的出发点和归宿。再次，加强课程设置的建设，建立有利于学生创新精神、实践能力、自主探究、素质全面的课程体系。因为人才培养模式的关键因素是课程。当前我国高等院校的课程建设的特点有：一是基础课程得到提炼，知识点被突出，课时适当压缩使课程显现出结构化、简约化的特征；二是专业课起点提高，内容精练，反映当代科技与学科发展前沿；三是通识课程得到重视，增加选修课，促进文理渗透与学科交融，拓宽学生的知识视野；四是学生自我设计的自主发展使人格得到尊重，有利于形成适合个体的知识和能力结构；五是在理论课与实践课的比重方面，强调培养学生解决实际问题的能力，实践性课程的比重逐步增加；六是通过增加科技实践活动，激发学生的参与意识和创新意识，有效地培养学生的社会活动能力、应用知识能力、创新能力以及相应的社会责任意识②。最后，促进教学模式的多样化。在能力素质和创造素质型人才培养教学方面进行了大量的实

① 刘国钦. 高校应用型人才培养的理论与实践［M］. 北京：人民出版社，2007：146-148.

② 刘国钦. 高校应用型人才培养的理论与实践［M］. 北京：人民出版社，2007：150.

践探索，形成了具有一定特色的教学模式：一是部分重点大学实行主辅修制、双学位制，让学有余力的学生拓宽专业面，一专多能，成长为全才、奇才和创新创业型人才。二是学校积极鼓励学生组织社团，让学生开展各种各样的专业、时政问题讨论，在宽松的多元学术文化氛围里吸收营养，兼收并蓄，健康成长。三是组织学生结合毕业论文和毕业实习，开展科技发明创新活动。这方面既有全国性的，也有学校性的，通过各种途径和方法营造创造风尚，培养创造才能。四是采取多种形式的培养制度方式，如学分制、弹性学期制、双专业和双学位制、插班生制、辅修制、本硕连读制和硕博连读制，等等，以达到出好人才、快出人才、出创新人才的目的。五是进行跨学科课程交叉模式教学，以促进复合型、通用型与创新创业型人才成长。六是部分有条件的高等学校采取各种方式，或与企业联合，或是自办产业，形成产学研一条龙的培养方式①。

第二节　国内外人才培养模式的主要类型

进入新世纪后，经济全球化的浪潮席卷地球的每一个角落，把所有的民族无论大小，也无论发达与否，都推到了一个新的起跑线上。这就要求大学培养出来的人才不仅能够适应经济全球化的环境，还要在经济全球化的环境中寻求自我发展，这就必然会推动人才培养模式多元化、多种类的变革。

一、“纵向型人才”培养模式

“纵向型人才”又称专才。所谓“专才”是指精通某一学科或某项技艺的专门人才，在某一个领域具有较多的专业知识、较熟练的专业技能的人才，并且有较高造诣的、有成就的人才。“专才”的专业方向较为集中，只在某一个领域或某一个领域的某个方向具有专门知识和技能，其知识面和职业适用面相对有限，但其掌握的知识有较高的深度。专才

① 刘国钦．高校应用型人才培养的理论与实践［M］．北京：人民出版社，2007：151．

教育最早出现在欧洲的中世纪。在欧洲中世纪大学实行分科教学，共分四科，其中文科被视为基础学科，以“七艺”为教育内容，用那些被世代证明为永恒真理的古典学科对学生进行通识教育，并在此基础上再通过法学、神学、医学三科的分科教学来分别培养律师、牧师和医生，这三科已具有专门人才的属性①。资产阶级革命运动的萌芽对传统的高等教育提出一系列的新的要求和挑战，这便要求人才培养要适应资本主义大机器生产的要求，为社会提供专门的人才。之后科学革命到来，学科分化，这为专才教育的实施提供了可能。这一变化首先在美国实现。19世纪中叶，南北战争以北方的胜利彻底结束了美国的封建制，从此美国全面走上了资本主义大工业发展的历程。在实用主义和功利主义哲学的影响下，美国在19世纪50年代创办了许多以专业教育为主要任务的新型学院，如多种技术学院、工学院等。1862年，美国政府颁布了《莫雷尔法》，允许各州以政府赠予的土地开办“为本州农业和工业发展服务”的农业大学，这一决定彻底改变了传统大学脱离社会、穷究学术的单一化、封闭的办学格局，使高等教育向着多样化、市场化和专业化方向发展。高等学校的任务不光要培养有修养的公民，而且要面向社会、面向职业，培养促进经济社会发展的专业人才②。“随着世界经济的飞速发展，一些发达国家的高等教育开始走向大众化，各国花费大量的教育投资发展高等教育，为各行各业培养输送专门人才。各大学纷纷增设新的专业，而原来的专业则被分割得更细，重点实施专才教育。专才教育给予学生的基础知识主要是为其专业需要而设置的，基本能力也是为专业服务的，基础知识和基本能力与专业之间具有较紧密的联系。20世纪在一些西方国家，专才教育都得到了较快的发展，成为高等教育的主流。专才教育是培养专门人才的教育，其目的是通过系统地讲授某一学科专门知识，培养掌握一定专业知识，同时具备一定专门技能的人才。专才教育的特点在于：一是专才教育主要是通过分科进行，培养的人才短期

① 陈洪玲，于丽芳. 高校扩招后人才培养模式的理论与实践［M］. 北京：北京师范大学出版社，2011：13.

② 陈洪玲，于丽芳. 高校扩招后人才培养模式的理论与实践［M］. 北京：北京师范大学出版社，2011：13.

内具有不可替代性；二是教学内容与社会生产和生活紧密联系，偏重应用；三是比较注重学生实际工作能力的培养，学生能较快地适应社会的需要；四是在专业划分过细的情况下，片面强调职业教育，会造成学生知识面不宽，使学生在实践中运用范围狭窄，其知识和技能的积累充分体现出‘隔行如隔山’的感觉，并影响其后期发展。”①

二、通才教育人才培养模式

通才教育是一种“通识教育”，也有学者把它解释为“普通教育”、“一般教育”等。通识教育本身源于19世纪，当时有不少欧美学者有感于现代大学的学术分科太过专门、知识被严重割裂，于是创造出通识教育，目的是培养学生能独立思考且对不同的学科有所认识，以至能将不同的知识融会贯通，最终目的是培养出完全、完整的人。自从20世纪，通识教育已广泛成为欧美大学的必修科目②。“通才教育源于亚里士多德提出的自由教育思想。亚里士多德主张自由教育是自由人应受的教育，它的目的在于发展人的理性、心智，以探究真理，而不是为了谋生和从事某种职业做准备。在当时的时代背景下，他精辟地指出：人的最值得选取的生活是在免于为生计劳碌的闲暇中自由地进行纯理论的沉思，沉思事物的本质及其发展的起因和终极目的。沉思的生活是最高尚、最值得追求的。这就是自由教育最初的本质要求，是亚里士多德追求的一种教育理想。它的存在有两个哲学基础：一是理性对于人的重要性的学说，二是知识对于人的心智重要性的学说。这种教育之所以被称为自由教育，一方面是因为它的提出是以等级观念作为基础的，即以自由人作为教育的对象；但另一方面从教育哲学的角度，它是把教育当作人的心智的解放过程，并把人的本性作为决定教育价值观的最高尺度。毕业于牛津大学的红衣主教纽曼是19世纪公认的、最有权威的教育思想家和神学家，通过剖析纽曼的名著《大学的理想》可以看出，他的最大贡献是

① 陈洪玲，于丽芳．高校扩招后人才培养模式的理论与实践［M］．北京：北京师范大学出版社，2011：13.

② 李文涛．通识教育理念下高校教师人文素养的培育［J］．大学教育，2012(5)：91-92.

积极、系统地倡导自由教育，继承和发展了亚里士多德的自由教育思想。纽曼和一切坚守理性主义和古典人文主义传统的教育思想家一样，认为大学传授的不应该是实用知识，而是以文理科知识为主的自由教育。他深刻地指出：大学教育，对于学生来说，就是自由教育，以正确的推理来培养人的理性，使之接近真理，这主要是因为大学是训练和培养人的智慧的机构，大学讲授的知识不应该是具体事实的获得或实际操作技能的发展，而是一种状态或理性（心灵）的训练。纽曼的《大学的理想》及其所倡导的以古典人文学科教育为主要内容和以注重理性的开发为主要内涵的自由教育理想，在当时及其以后都对世界教育的发展产生了广泛而深远的影响。"① 通识教育已是世界各大学普遍接受的国际化议题，因而引起了中国教育界的充分重视。通识教育实际上是素质教育最有效的实现方式。"实际通识教育也是一种博雅教育，注重理智的培养和情操的陶冶，它具有四个明显特征：第一，知识的基础性和经典性。通识教育非常重视基本理论、基本知识、基本技能和基本方法的训练，重视培养学解决各种复杂问题的能力。第二，内容的综合性和广泛性。通识教育的教学内容相当丰富，不仅涵盖了整个学科领域，而且充分体现了学科之间的相互交叉、渗透和综合。第三，教育形式的多样性和灵活性。通识教育的目标可以通过各种不同的途径来实现，如设置通博类型的课程、开设综合学科讲座、举办专题讨论会等。第四，过分通博，学科的深入发展受到影响，经典性的知识与实际生活相脱节。现在人们一般所说的'通才'，可以从两个意义上理解：一是历史上哲学意义的'通才'，指在一定历史时期其知识面有可能覆盖当时人类已经积累下来的所有知识的主要部分或大部分，他们的才智有可能在许多相异或相关的学科和专业，甚至在两个完全不同的领域里有所造诣和建树。这只是一种多才多艺、百科全书式的'通才'，古希腊的亚里士多德、文艺复兴时期的达·芬奇便属此类。这种通才毕竟有限，是一种理想的模式，在科学发展的今天，事实上是不可能存在的。二是高等学校学术

① 陈洪玲，于丽芳. 高校扩招后人才培养模式的理论与实践［M］. 北京：北京师范大学出版社，2011：12.

上的‘通才’，亦称‘横向型人才’，指发展较全面、知识面较广、活动领域较宽的人才。”①

三、通识教育与专才教育相结合的人才培养模式

梅贻琦先生早在60多年前就对通识教育与专才教育相结合的模式进行过精辟的论述，他在《大学一解》中指出：“今人言教者，动称通与专之二原则。故一则曰大学生应有通识，又应有专识，再则曰大学卒业之人应为一通才，亦应为一专家，故在大学期间之准备，应为通专并重。此论固甚是，然有不尽妥者，亦有未易行者。窃以为大学期内，通专虽应兼顾，而重心所寄，应在通而不在专。通识，一般生活之准备也，专识，特种事业之准备也，通识之用，不止润身而已，亦所以自通于人也，信如此论，则通识为本，而专识为末，社会所需要者，通才为大，而专家次之，以无通才为基础之专家临民，其结果不为新民，而为扰民。此通专并重未为恰当之说也。”②到20世纪90年代，科学技术飞速发展，光子技术、通信技术、计算机技术以及生物技术影响了人类生活的方方面面。产业结构和劳动内涵都发生了巨大变化。众多的科学问题都需要较专较深的知识和技术，然而一些复杂的社会问题又必须有多个学科、多方面的专家学者进行综合交流与协作。这使人们的合作观念进一步加强。这种科学与技术的发展，对人才的培养模式与知识结构提出了新要求。现代教育所培养出的人才不仅要具备某类专门知识，还应具备更为宽广的知识背景。由此看来，专才教育已经不能适应现代科技和社会的发展。“某一专门的知识和技术可以使人成为有用的机器，但不能使这些人成为真正意义上的现代高级的专门人才。现代高级专门人才应该是一种复合型人才，应该是在各个方面都有一定能力，在某一个具体的方面要能出类拔萃的人。专家指出，复合型人才应不仅在专业技能方面有突出的经验，还具备较高的相关其他的技能。由于专才教育的不足，因而现代教育都主张拓宽知识面，在更高层次上将通才教育与专

---

①　陈洪玲，于丽芳．高校扩招后人才培养模式的理论与实践［M］．北京：北京师范大学出版社，2011：12.

②　王冀生．通识为本　专才为末［J］．教育发展研究，2002（3）：59.

才教育结合起来。这种结合主要体现在科学知识与人文知识的整合上，并依此确定科学的教学内容和合理的课程体系；加强文理渗透，在科学教育中加强人文性，并提高人文教育的科学性；大量开设一些学科前沿课程、边缘学科和交叉学科的课程，为学生提供一个广阔的知识视野。”①

四、产学研合作的教育人才培养模式

产学研合作又称产学研结合，所谓产学研合作是指企业、科研院所和高等学校之间的合作，通常指以企业为技术需求方，与以科研院所或高等学校为技术供给方之间的合作，其实质是促进技术创新所需的各种生产要素的有效组合。随着高校功能从人才培育、科学研究到社会服务的延伸，高等教育、科技、经济一体化的趋势越来越强。尤其是在知识经济社会中，大学将被推向社会发展的中心，成为经济社会发展的重要动力。产学研合作在高新技术飞速发展的当今世界，成为推动经济和整个社会发展的一种最强劲的动力。19 世纪，在传统教育思想指导下的欧美高等教育被封闭在校园围墙内，游离于社会之外，不关注社会的要求，独立性很强。可是，随着社会的发展，经济和科学技术使欧美国家的社会生活发生了很大变化，对高等教育也提出了新的要求，而在传统教育思想指导下的教育与社会脱离、理论与实践脱离的弊端逐渐显现。针对这种情况，美国哲学家、教育家约翰·杜威提出了实用主义教育思想：第一，教育必须适应现实需要，不仅要与社会生产相结合，还必须与社会生活相联系；第二，教育应该注重实用的知识和技能的传授；第三，应使受教育者为将来进入社会做好准备；第四，教育与生产相结合应该与受教育者的实际需求结合起来。合作教育便是这种思想理论指导下发展的结果。实施产学研合作教育的第一人是美国俄亥俄州辛辛那提大学教授赫尔曼·施奈德。他于 1905 年提出了一项后来被称为“合作教育”的“工读课程计划”，并于 1906 年在辛辛那提大学实施，取得了较好的成效。此后，产学研合作教育在北美中学和高等学校中流行，

① 陈洪玲，于丽芳．高校扩招后人才培养模式的理论与实践［M］．北京：北京师范大学出版社，2011：14．

20世纪60年代以后得到迅速发展，并在世界范围内产生较大影响。如英国的“三明治”教学、日本的“产学协同”教学模式等①。国内外产学研合作的形式包括：高校和企业自主联合科技攻关与人才培养；共建研究中心、研究所和实验室；建立科技园区，实施科学研究与成果孵化；建立基金会，设立产学研合作专项基金；吸纳企业公司和社会资金成立学校董事会，建立高校高科技企业；高校与地区实行全方位合作等。其中，大学科技园作为教学、科研与产业相结合的重要基地，成为高校技术创新的基地、高新技术企业孵化的基地、创新创业人才培育的基地和高新技术产业辐射催化的基地。

第三节 我国民族院校人才培养模式概述

一、民族院校人才培养模式的概念、特点与类型

（一）民族院校人才培养模式的概念

《现代汉语词典》中将“模式”解释为：某种事物的标准形式或使可以照着做的标准样式。《辞海》的解释为：“模式”亦可以译为“范型”，一般指可以作为范本、模本、变本的式样。简单地理解模式其实就是解决某一类问题的方法论。把解决某类问题的方法总结归纳成理论就是模式。模式是一种指导，在一个良好的指导下完成任务，有助于作出一个优良的设计方案，达到事半功倍的效果，而且会得到解决问题的最佳办法。在认知心理学中，模式指信息加工的过程或事物的有组织的结构。在社会学中，模式是研究自然现象或社会现象的理论图式和解释方案，同时也是一种思想体系和思维方式②。“事实上，模式应是理论和实践的结合，是理论的具体化，是经验的抽象概括。在实践经验基础上经概括、归纳、综合而提出模式，经实践验证后上升为理论；在有关理论指导下，经过类比、演绎、分析而提出不同模式，进而在实践中加以应

① 陈洪玲，于丽芳. 高校扩招后人才培养模式的理论与实践［M］. 北京：北京师范大学出版社，2011：15.

② 夏征农. 辞海［Z］. 上海：上海辞书出版社，1999.

用，使其发挥指导实践的功能。而培养模式有时指专业设置，有时指教学方式，有时单指课程体系，有时兼而有之，有时又是教学模式的同义词。然而真正的人才培养模式不等同于教学模式，它是介于办学模式之下和教学模式之上的一个概念。它既要反映一定的教育思想、教育理念，是理论的具体化；同时又具有可操作性，是标准样式，具有一定的示范性和可操作性。"①

所谓民族院校人才培养模式，是指民族院校根据国家和民族地区的需求，依据国家和民族地区人才培养的目标和质量标准，在特定的教育思想和教育理论的指导下，为实现培养目标而形成的培养过程的诸要素构成的结构框架与运行制度。民族院校人才培养模式的一般包括五个方面：教育理念、培养目标、培养过程、培养制度、培养评价。

1．教育理念

人才培养模式是在一定的教育理念指导下形成的，也就是说，教育理念的存在和指导，是人才培养活动的前提，是人才培养活动的灵魂，贯穿于人才培养活动的始终，它是人才培养模式的构成的第一要素。所谓教育理念是人们对于教育领域内的各个运行要素（如教育制度、人才培养目标、人才培养方式）、制度和现象的理解、看法、观点和价值选择的总称。教育理念是隐藏于行为、制度和想象背后的看法、观念以及价值追求。由于教育理念的影响，每一个教育主体都采取不同教育行为和人才培养方式，教育理念是教育制度、人才培养模式所表现出来的价值取向，是教育活动实施的思想根基。教育理念规定着人才培养活动的性质和发展方向，人才培养要以现实需求、教育思想、教育理念为支撑，渗透在培养模式的各要素中，从而对培养模式的建构起指导作用。

2．培养目标

目标在哲学范畴中是指主体根据自身需要，借助于观念、理念、意识等中介形式，在行为活动之前预先设定的行为目的或结果。人的每一项活动都有一个自觉的目标来支配。人才培养目标是人们在活动前，对

① 宋遂周．我国民族院校人才培养模式研究［D］．北京：中央民族大学，2010：29．

人才培养活动结果的一种预见和构想。人才培养目标应该是人才培养的标准和要求，一般包括人才的根本特征、培养方向、培养规格、业务培养要求等内容，是人才培养模式构建的核心，对人才培养活动具有调控和导向作用，它是人才培养模式中的决定因素，是对人才培养的质的规定，即培养什么样人的问题，它同时也是专业设置、课程设置和选择教学制度的前提和依据。人才培养目标在一定程度上规定了人才培养活动的预期结果，为整个人才培养活动确定发展方向。它是教育理念的具体化，如果没有人才培养目标对其进行的具体化，教育理念也只能是空谈。

3．培养过程

培养过程是指为实现培养目标，在特定的时期或时间内根据培养对象的特点，运用教材、教学方法、实验实践设施等中介手段，进行人才培养的全方位活动的过程。教育理念贯彻的中间环节就是培养过程，培养过程是培养目标实现的过程，培养过程是为实现一定的人才培养目标而进行的一系列的人才培养活动。培养过程决定着人才培养目标的实现，决定着人才培养活动的成功与否，决定着培养过程的优劣[①]。具体说来，培养过程包括培养方案、培养措施两个方面。培养方案是指为实现人才培养目标的要求而制定的一系列静态的培养措施和培养计划，它是人才培养活动的一系列的规划，是人才培养模式实践化的形式。而培养措施是指在人才培养过程中为实现人才培养目标，按照一定的人才培养方案的要求，所采取的一系列途径、方法、手段的总称，它是人才培养方案的具体落实，是人才培养过程的重要有机组成部分。

4．培养制度

制度一般指要求大家共同遵守的办事规程或行动准则，也指在一定历史条件下形成的法令、礼俗等规范或一定的规格。制度也称为建制，从社会科学的角度讲，制度泛指以规则或者运作的模式，规范个体行动的一种社会结构。培养制度是使得人才培养行为稳定存在并受到尊重的一种行为模式，培养制度还是人才培养活动得以延续的根本所在。人才

① 姜士伟．浅析人才培养模式的概念、内涵及构成［J］．山东省青年管理干部学院学报，2008（2）：79.

培养活动之所以能够延续，其根本原因就是拥有相关的制度，培养制度使人才培养活动能够制度化、规范化，只有规范化和制度化了人才培养活动，人才培养模式才能够得以形成和发展。培养制度是人才培养得以实施的重要保障和最基本的前提，培养制度也是培养模式中的一项重要且最为活跃的内容。

5. 培养评价

评价一般是指评估价值，确定或者修订价值，通常指通过详细的研究和评估，确定对象的意义、价值或者状态。评价是一个非常复杂的过程，它本质上是一个判断的处理过程。培养评价是依据一定的原则建立的与培养目标、培养方案、培养过程、培养策略相适应的评价方法与标准，以保障培养目标的落实、完成。培养评价用来衡量和评判人才培养活动环节，培养评价是决定人才培养模式成败的中心环节。正是因为有了人才培养评价的存在，才能够衡量和判断人才培养活动是否成功；正是因为有了人才培养评价的存在，才能够通过人才培养评价来有效地监控人才培养活动过程，及时纠正偏差，从而保证人才培养活动能够按既定方案进行。与此同时，还可以通过人才培养评价来发现人才培养活动中的不足，及时完善和优化人才培养方案和行为①(见图 4-1)。

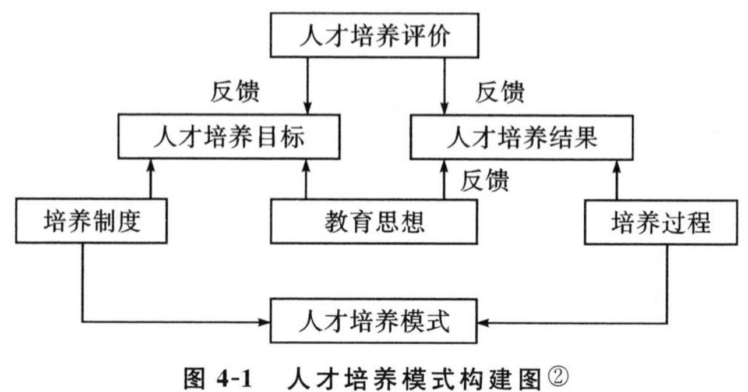

图 4-1　人才培养模式构建图②

---

① 姜士伟. 浅析人才培养模式的概念、内涵及构成［J］. 山东省青年管理干部学院学报，2008（2）：80.

② 宋遂周. 我国民族院校人才培养模式研究［D］. 北京：中央民族大学，2010：35.

（二）民族院校人才培养模式的特点

我国拥有56个民族，在中华民族的历史长河中，56个民族形成了各自独特的、异彩纷呈的文化。56个民族的发展受到不同的经济、政治、文化、宗教背景的制约，这最终决定了高等教育针对不同地区的少数民族要运用不同的人才培养模式。因而我国民族院校人才培养模式有别于普通高等院校的独特特征：

1. 政治性与动态性

民族本科院校的服务对象是我国少数民族和民族地区。在制定教育发展规划、实施人才培养的过程中，应该以是否服务于少数民族和民族地区为制定标准，并以此来衡量教育活动的实际效果。国家民委专门以文件的形式规定了民委所属的民族本科院校中，中央民族大学必须招收70%的少数民族学生，其他民族院校少数民族学生比例不得低于65%。在学生就业工作上，民族本科院校培养的毕业生中，有相当一部分的少数民族毕业生毕业后回到了民族地区，为我国民族地区经济振兴、文化发展和现代化事业的建设贡献力量，他们中的大多数人成为民族地区各条战线上的骨干力量。动态性是指民族本科院校人才培养模式要随社会的变革和发展不断地进行调整和补充。民族本科院校人才培养模式的动态性是由经济和科技发展的速度和人才市场需求而决定的。在一定时期内民族本科院校人才培养模式是相对稳定的。多年来，高等民族本科院校坚持为民族地区经济社会发展服务，促进各民族平等、团结、繁荣、进步，坚持培养各民族高素质建设人才。通过多次的院校、学科专业调整，为民族地区培养了大批“回得去、留得住、用得上”的干部和专业性人才，为维护祖国统一、民族团结、边疆稳定做出了巨大的贡献。

2. 多样性与现代性

由于民族本科院校所处的地域不同、专业多样，学生来源和课程各异，民族本科院校人才培养模式呈现多样性的特点。我国高等教育逐渐进入大众化阶段，而高等教育大众化以多样化为基本前提，多样化的高等教育必须要有多样性的人才培养模式来配合，以此适应社会各个行业对于人才多层次、多类型、多规格的需求。为实现民族本科院校的发展，就必须根据民族地区不同的发展状况，提出不同的任务、要求，采用不同的人才培养模式。现今，民族高校在学校办学定位上有教学研究型、教学型两种；在人才培养目标上有复合创新型、复合应用型及应用型三种；在办学层次上，有中专、大学预科、大专、本科、硕士研究生和博士研究生六个层次；在学科专业的设置方面有文理综合、偏文、偏理、偏工四种类型；在课程设置和教学方式方面更是根据学校定位、培养目标、专业特点、学生基础等灵活多样①。民族院校人才培养模式的现代性在民族地区和国家的现代化进程中起着至关重要的作用。传统性是保持少数民族特色的重要因素，没有传统性的文化，少数民族学生将会失去精神依托；同样，没有人才培养的现代性就不可能有民族和国家的现代性，少数民族学生将不知“往何处去”。国家的现代化往往开始于物质和技术层面，但最终完成则是国民的深层心理、观念的转化，是在继承传统基础上的现代化②。

3. 系统性与实践性

民族本科院校人才培养具有高等教育的一般规律和民族高等教育的特殊规律，它是高等教育的重要组成部分。民族本科院校人才培养模式由众多要素组成，包括培养目标、培养内容、培养制度、培养方式等诸多因素相互影响、交叉渗透，共同影响着人才培养模式的组织样式和运行方式。首先，人才培养目标约束整个培养模式，不同的培养目标需要不同的模式与之相适应。其次，人才培养内容是实现培养目标的重要途径。第三，人才培养制度与培养目标紧密相连，人才培养活动科学有序地展开需要进行相应的制度设计。第四，人才培养方式根据不同的目标、内容与制度规范，采取与之相应的教育教学的方式、方法，通过一些教育教学的实践活动来实现人才的培养目标。民族高等教育的人才培养模式是理论研究与实践探索的结晶，具有坚实的实践基础。目前，在我国民族本科院校中大部分学校是培养高素质应用型、复合型人才。由

① 何冬兰，李磊，冯玺．民族本科院校人才培养模式的形成、特征及其构建[J]．高校社科动态，2008 (2)：40.

② 何冬兰，李磊，冯玺．民族本科院校人才培养模式的形成、特征及其构建[J]．高校社科动态，2008 (2)：41.

于民族本科院校存在着发展历史、资源、定位，以及目标与管理等方面的不同，其人才培养模式也各有不同。但有一个共同点就是注重培养学生具有良好的人格、扎实的理论基础、较强的实践能力、创业能力、创新能力、组织管理和人际协调能力，从而更好地适应经济社会发展与市场对于各种人才的需求①。

（三）民族院校人才培养模式的类型

当今，我国大学按类型分类可分为研究型大学、教学研究型大学、教学型大学等类型。不同类型的院校在人才培养类型、科技贡献、服务社会等方面都会有所不同（见表 4-1）。

表 4-1　不同类型各高校人才培养、科技贡献和服务社会对比表②

<table>
<tr><th colspan="2">类型</th><th>人才培养类型</th><th>科技贡献</th><th>服务社会</th></tr>
<tr><td colspan="2">研究型大学</td><td>通识型、精英型、创新型人才（研究生教育为主）</td><td>技术创新研究和基础理论原创性研究为主</td><td>培养精英人才和高素质技术创新人才、技术创新贡献和理论原创</td></tr>
<tr><td colspan="2">教学研究型</td><td>复合型、应用型、高级技能型的人才（研究生教育占较大比重）</td><td>技术的应用研究和技术创新研究为主</td><td>培养高级技术应用和技术创新人才、技术应用和技术创新贡献</td></tr>
<tr><td rowspan="2">教学型</td><td>技术应用教学型（一般本科高校）</td><td>应用型高级专门人才（本科教育和一定的研究生教育）</td><td>应用研究为主</td><td>培养生产、服务和管理的各类应用型人才、具有一定的科技贡献</td></tr>
<tr><td>技能教学型高校（高职高专）</td><td>技能型、高技能人才</td><td>技术和技能的应用</td><td>培养在第一线从事生产、服务和管理的各类技能型人才</td></tr>
</table>

现阶段我国民族院校的人才培养模式主要包括复合型人才、应用型人才、创新型人才、多样化人才等类型。20 世纪八九十年代，我国经济社会不断发展，各领域对复合型人才的需求日益迫切，在这样的环境下

① 何冬兰，李磊，冯玺．民族本科院校人才培养模式的形成、特征及其构建[J]．高校社科动态，2008（2）：42．

② 宋遂周．我国民族院校人才培养模式研究［D］．北京：中央民族大学，2010：32．

复合型人才培养模式便应运而生。这种复合型人才大都博学多才，能够灵活地运用社会科学知识和自然科学知识解决实际问题。复合型人才拥有创新意识和能力，具有较强的逻辑思维、动手能力，社交能力相对较强。它的优势在于它的适度，既不会因为专一而过窄，也不会因为“通识”而过宽，既有扎实的基础知识，又有专业才能，适应能力及创造潜能极强。

在中国向世界制造业大国前进的过程中，人们认识到了培养应用型人才的重要性和必要性。各类高素质的应用型人才成为从“中国制造”向“中国创造”发展的一大难题，同时也成为制约民族地区经济社会发展的关键因素，为此我国绝大部分民族院校也将应用型人才培养模式作为了人才培养终极目标。应用型人才的培养加强了对学生综合素质的培养，加强课外实践的过程，调整课程设置，建立与教学实践相互的机制，加强实验教学，提升学生独立思考、分析、解决问题的能力。

创新人才是指具有创新意识、创造性思维、创新能力的人才，其中最为关键的是具有创造性思维。创新性人才培养模式是以获取知识为基础，以开发智能为手段，以发展创新能力为核心，以提高综合素质为目标的大学人才培养“范型”[①]。创新人才培养模式强调强化基础，着力培养创新意识和创新能力，加强实践，全面并深入地开发学生的潜在的创造力，把培养学生创造思维作为核心，突出创造性思维，注重个性发展，让学生的优势和特长得到充分发展，以此来进一步开发学生的创造潜能，重视启发诱导的作用，激发学生主动思考和分析问题的积极性，重视非智力因素，培养学生良好的心理素质。

多样化的人才培养模式既是当今民族地区经济社会发展的最为现实的要求，也是学生个性发展、培养创新人才的迫切需要。民族院校的学生65%来自不同少数民族，他们所处的环境、生活背景、文化背景之间存在较大差异，学习水平也各不相同，兴趣爱好各异。民族院校坚持多样化的人才培养模式也是保护民族文化多样性的一项重要措施。

---

① 陈厚丰，谢再根．论大学生创造性人才培养模式的构建与实施［J］．江苏高教，1999（4）：45．

人才培养模式多样化，是国家和民族地区的现实要求，也是高等教育大众化的必然趋势，多样化的人才培养模式更能体现民族地区学生个体的差异和具体要求。多样化的人才培养模式也利于实施因材施教，促进民族地区学生的个性发展①。

二、民族院校人才培养的原则与制度

（一）民族院校人才培养的原则

1. 适度原则

国内外任何一所大学都不可能拥有所有的学科，也不可能让所有学科都保持一流水平，因而也就不可能培养出各种类型的人才。相对于民族高等院校来说，要坚持适度的原则，做到有所为，有所不为，充分发掘和利用民族地区所特有的办学资源。在学科建设和人才培养等目标上坚持适度原则，集中优势资源，明晰民族地区的特殊要求，在人才知识结构和能力体系等方面有所突破，形成具有民族特色的品牌。民族院校人才培养要与民族地区实际紧密相连，根据国家和民族地区的需求，办出既有自己的特色，又不脱离地区和民族实际的符合社会发展潮流的人才培养模式。

2. 导向原则

我国的民族院校大体分为两类：一是教学型大学，一是教学研究型大学。一般来说，研究型大学主要培养的是学术型研究人才，使之从“规律”转化到“原理”；教学研究型大学主要培养的是设计型技术人才，使之从“原理”转化到“方案”；教学研究型大学主要培养的是应用型技能人才，使之从“方案”转化到“产品”。因此，教学研究型大学的人才培养应该知识面较宽，应变能力较强，综合素质过硬，并具有一定的复合知识，具有开拓精神和研究潜力的新型的以技术应用为主的高级专门人才。教学型高等学校培养的是面向基层、趋向于生产第一线的应用型人才。由此看出，我国民族院校应根据经济社会发展对人才的不同需要，以市场需求为导向，明确办学定位、发展目标、办学性质以

---

① 宋遂周．我国民族院校人才培养模式研究［D］．北京：中央民族大学，2010：37．

及服务方向，确定人才培养的目标、规格，着力打造一批有知识、有能力、有素质的，面向民族地区的高水平的知行合一的应用型人才。

3．“通识”原则

虽然各个高校的人才培养模式都有所区别，但不同高校间的人才素质的基本结构大体相同，这就必须要正确处理好能力教育、通才教育和专业教育三者的关系。现阶段我国民族院校应以通识教育为基础，着力夯实学生的基础知识，深入培养学生的综合能力，为学生的进一步发展奠定坚实的基础；民族院校还应以能力培养为己任，使产学研三者结合，提高学生利用知识、利用技术解决生产、服务、管理等方面问题的实际应用能力。

4．以人为本原则

民族院校的学生65％来自不同的民族、不同的省、自治区、直辖市，因此生源的地域和文化背景各不相同，学生的入学分数相差较大，民族院校应采取以人为本的原则，尊重民族差异，因材施教，科学管理，开展分级教学、分层教学等教学方式，使民族地区学生迅速适应民族院校的培养方式，符合培养要求。

（二）民族院校人才培养的制度

人才培养制度主要指与高校教育、教学过程和活动相关的制度、规则，人才培养模式决定了人才培养制度，两者之间有着较为密切的关系。人才培养理念、培养目标的实现过程就是人才培养过程，而这主要依靠人才培养制度的实施来实现。

1．学科设置

办学方向、科学技术的发展趋势和人才培养的需求已经成为现代高等院校学科建设的基本依据。高等院校发展中具有战略性的基础建设便是学科建设，民族院校的学科建设在很大程度上反映着民族学校的办学特点和办学水平。实现民族院校大发展的必经之路就是要加强学科建设，没有良好的学科建设就不可能建成有影响的大学，没有良好的学科建设就不可能产生一流的学术成果，没有良好的学科建设也不可能培养出高水平的人才。民族院校应该以民族特色为立校之本，重视为少数民族地区和少数民族人民服务，根据社会的发展需要，拓展办学思路，为经济社会的发展积极地贡献一份力量。六所委属民族院校的学科设置见表 4-2：

表 4-2　六所委属民族院校的学科设置

民族院校	院系数	专业数	博士点	硕士点	特色专业
中央民族大学	23	64	5	26	民族学、中国少数民族语言文学等
中南民族大学	21	79	1	19	民族学等
西南民族大学	23	85	1	17	民族学、中国少数民族经济等
西北民族大学	28	71	1	13	中国少数民族语言文学等
北方民族大学	24	71	0	6	少数民族史、计算数学等
大连民族大学	19	52	—	—	网络工程、日语、工业设计等

数据来源：根据六所委属民族院校官网资料整理，其中，博士点和硕士点仅统计一级学科博士学位授权点和一级学科硕士学位授权点。

随着社会政治经济的不断发展，要求民族院校的学科建设要适应社会发展的总需求，要对原有的学科进行适时、适当的调整，要根据当前社会需要创设并重点建设好一批实用型、应用技术型学科。在保证适应社会发展需要的前提下，民族院校专业结构的调整和改造还应遵循以下几个原则：一是社会适应原则，即专业的调整和设置应适应和促进民族地区的经济建设、社会发展和科技进步；二是市场需求原则，即专业的调整和设置，应当既能保证为基础研究培养必要的专业人才，又能使数量和质量与人才市场的需求变化相适应；三是质量保障原则，即专业的设置应具备一定的师资、经费和设备条件，以保证人的培养质量；四是规模效益原则，专业的设置应有稳定的人才市场需求，并能形成一定的办学规模①。

2．学分制

学分制是以选课为核心，以教师指导为辅助，通过绩点和学分，衡量学生学习质量的综合教学管理制度，学分制也是教育模式的一种。

学分的定义是由美国卡内基教学促进基金会提出的，并得到了广泛

① 宋遂周．我国民族院校人才培养模式研究［D］．北京：中央民族大学，2010：55.

的认可。用学分来衡量学生学习的量便是学分制，又称学分累计制。它以学分为计算学生学习量的单位，认为学生如果想要获得某个学术性的学位，如学士学位、硕士学位或博士学位，必须达到某个最低限度的学分量。这个学分量代表着学生所修习的课程量。简而言之，“学分”是计算学生学习成绩的一种单位。学分是学生在课堂或实验室从事学术工作的总量，学分不包括学生与教师或同学进行的课外讨论与交流，也不包括准备考试，以及从事其他与课程有关但与课程教学无直接联系的学术工作的量。目前，我国的民族院校中多数已实行了学分制，这是民族院校人才培养的主要形式。以中央民族大学为例，其对本科生的具体学分比例做了如下要求（见表 4-3）：

表 4-3　中央民族大学具体学分比例要求①

<table>
<tr><th>学制</th><th colspan="2">专业类别</th><th>总学分</th><th>必修课比例约（%）</th><th>选修课比例约（%）</th><th>其他教学环节（学分）</th></tr>
<tr><td>四年制</td><td colspan="2">文史哲经管法教类</td><td>147</td><td>70</td><td>30</td><td>14</td></tr>
<tr><td>学制</td><td colspan="2">专业类别</td><td>总学分</td><td>必修课比例约（%）</td><td>选修课比例约（%）</td><td>其他教学环节（学分）</td></tr>
<tr><td>四年制</td><td colspan="2">理工医类</td><td>152</td><td>70</td><td>30</td><td>14</td></tr>
<tr><td rowspan="6"></td><td rowspan="3">艺术类（文学）</td><td>美术</td><td>145</td><td>80</td><td>20</td><td>14</td></tr>
<tr><td>音乐</td><td>145</td><td>80</td><td>20</td><td>14</td></tr>
<tr><td>舞蹈</td><td>145</td><td>80</td><td>20</td><td>14</td></tr>
<tr><td>教育学</td><td>体育</td><td>145</td><td>80</td><td>20</td><td>14</td></tr>
<tr><td rowspan="2">双学位班</td><td>文史哲经管法教类</td><td>203</td><td>70</td><td>30</td><td>20</td></tr>
<tr><td>理工医类</td><td>212</td><td>70</td><td>30</td><td>20</td></tr>
<tr><td rowspan="2">五年制</td><td colspan="2">文史哲经管法教类</td><td>192</td><td>70</td><td>30</td><td>14</td></tr>
<tr><td colspan="2">理工医类</td><td>194</td><td>70</td><td>30</td><td>14</td></tr>
</table>

除了中央民族大学外，中南民族大学、西南民族大学、北方民族大学等大部分民族院校也实行了学分制教学，加大学生选课自主权，提高

① 宋遂周．我国民族院校人才培养模式研究［D］．北京：中央民族大学，2010：58．

学生学习的积极性，这一系列举措都凸显了学分制的优越性。

3．“平台＋模块”

现阶段我国民族院校的主要任务是优化课程体系，积极探索“平台＋模块”的培养制度，逐步加大选修课和实践环节比例，赋予学生更多的自主选择权，着力提高民族院校学生的实践能力和继续学习能力，努力提升民族院校学生的综合素质。中南民族大学为加强学生综合能力的培养，全校统一设置了综合教育基础课程；设置大类学科基础课程；精心设置专业课程，传授最核心、现代、前沿的专业知识；完善教学实践体系，改革教学实践内容，改进教学实践方法，以培养学生的创新精神和创业能力。中南民族大学的课程体系设置采用“平台＋模块”的结构形式，整个课程体系包括综合教育平台、学科基础平台、专业平台、实践平台四个平台。每个平台下面设置若干模块，每个模块中又包括若干课程群，课程按性质分为必修课和选修课，原则上选修课学分不少于总学分的30%。

表 4-4　中南民族大学 2009 年培养方案各平台构成结构表①

平台/学分	性质	学分
通识教育平台/50.5	通识必修	40.5
	通识选修	10
学科基础平台/41～46	学科基础必修	27～30
	学科基础选修	14～16
专业平台/48～53	专业必修	26～29
	专业选修	22～24
实践平台/30.5～35.5	实践必修	25.5～30.5
	实践选修	5
其中	必修	118.5～129.5（70%）
	选修	51.5～55.5（30%）
总计	170～185	

① 宋遂周．我国民族院校人才培养模式研究［D］．北京：中央民族大学，2010：59．

表 4-5　中南民族大学学科基础平台模块分类表①

模块名称	修习专业
法政类模块	法学、政治与行政学、思想政治教育、社会学、社会工作
人文类模块	汉语言文学、对外汉语、英误、日语、新闻学、广播电视新闻学、广告学、历史学、民族学、美术学、艺术设计、动画、教育学
理学类模块	数学与应用数学、信息与计算科学、统计学、光信息科学与技术、应用化学、材料化学、化学生物学、生物技术、环境科学、药学、应用心理学
工学类模块	计算机科学与技术、软件工程、网络工程、自动化、电子信息工程、通信工程、生物医学工程、化学工程与工艺、生物工程、环境工程、药物制剂
经管类模块	经济学、国际经济与贸易、金融学、金融工程、保险学、信息管理与信息系统、工商管理、市场营销、会计学、财务管理、人才资源管理、旅游管理、电子商务、行政管理、公共事业管理、劳动与社会保障

4. 分级、分层因材施教

由于我国少数民族学生的文化水平和心理特点有较大差异，所以民族院校在针对少数民族学生教育时坚持因材施教的教育思想，并探索出一套分级、分层次因材施教的新型教育体系。以大连民族大学为例，“首先，大连民族大学的大学英语采用网络环境下‘2＋2＋2’大学英语教学新模式，即每周的学时安排为：2 学时大班语言输入教学、2 学时小班语言输出训练、2 学时大学英语实践课程，使学生听、说、读、写、译协调发展。其次，针对多数民族学生语言基础薄弱，且发展不平衡等特点，双语授课采取了多层次渗透式双语教学模式。第三，计算机分级教学。为了能使具有不同基础的学生掌握并应用好计算机这一通用工具，学校开出三个等级的课程，确保无基础的学生能学会计算机基础知识，并熟练应用；有一定基础的学生通过进一步学习达到国家二级水

① 宋遂周. 我国民族院校人才培养模式研究 [D]. 北京：中央民族大学，2010：61.

平；对计算机基础较好、有浓厚兴趣的学生开设高级课程。最后，高等数学分级教学。高等数学是大连民族大学多数专业的公共基础课程，针对学生入学成绩的不同，大连民族大学采取了许多有效措施。一是分级教学因材施教，二是设立二次考试制度，三是鼓励成绩好的同学参加各级数学竞赛，由专职教师辅导，成效显著”①。由此可见，大连民族大学公共基础课程分级、分层教学取得了良好的效果，值得我国各个民族高等院校借鉴。

三、民族院校人才培养模式的特殊性与重要性

（一）民族院校人才培养模式的特殊性

我国民族院校的特色体现在方方面面，治学方略、办学理念各不相同，各个民族院校都拥有自己科学的、先进的教学管理制度和运行机制，但也同样面对着教育模式、人才特点、课程体系、教学方法等方面亟待改革的一些问题。具体来说，我国民族院校的人才培养大都具有一定的特殊性：培养对象特殊、教育理念特殊、办学模式特殊、管理体制特殊。

1. 培养对象特殊

民族学院的生源以少数民族学生为主，这是民族学院不同于普通高校的最显著特点，也是民族院校在众多高校中能够立足的基础。

表 4-6　民族院校 2002 年底在校生数②

高校	在校生数	少数民族学生数	少数民族学生比例（%）
中央民族大学	7 788	4 911	63
中南民族大学	11 422	6 439	56
西北民族大学	8 091	5 335	66
西北第二民族学院	5 697	4 181	73

① 宋遂周. 我国民族院校人才培养模式研究［D］. 北京：中央民族大学，2010：61-62.

② 张京泽，王丽萍，覃鹏. 关于民族院校贫困生的资助措施及思考［J］. 民族教育研究，2004（5）：19.

续表

高校	在校生数	少数民族学生数	少数民族学生比例（%）
大连民族学院	5 864	3 785	65
西南民族大学	9 846	5 291	54
广西民族学院	6 500	4 875	75
云南民族大学	5 000	3 500	70
湖北民族学院	7 983	2 190	27

在表 4-6 所列的 9 所民族院校中，少数民族学生比例平均为 61%，少数民族学生是民族院校中的主要群体。我国各个民族院校也坚持为少数民族和民族地区服务的宗旨，逐年增加在民族地区和西部省区的招生人数。也注意到应从边疆民族地区的实际情况出发，在招生方式上，采取降分录取的招生政策，最大限度地保证更多少数民族学生拥有接受现代高等教育的机会。但是由于历史、地理等方面的原因，民族地区的发展相对落后，因而少数民族教育发展的速度也较为缓慢，少数民族地区教育经费偏少，基础教育的经费投入不足，教育普及率较低，教学质量和师资力量较差，教学方法落后，加之各个民族之间在语言、文字、习俗、文化、个性等方面存在着众多差异，使得少数民族学生无法平等地参加高等教育入学考试。大部分少数民族的考生一般都是按政策规定降分录取，这种先天不足，决定了少数民族学生进校时分数大都较低。

2. 教育理念特殊

民族院校主要面向少数民族和民族地区，重点关注少数民族人才培养和民族问题研究，为国家的民族团结、为少数民族和民族地区发展服务。中国共产党在创办民族院校之初就明确民族院校的培养目标是以培养少数民族普通政治干部为主，以培养民族地区迫切需要的专业干部为辅。自此直到 20 世纪 60 年代形成以本科教育为主的多学科的民族高等学校。我国的民族院校大都经历了以培养普通政治干部为主、迫切需要的专业技术人才为辅，到培养政治干部和技术人才并重的战略转变。可以说，民族工作的重要组成部分就是民族院校的人才培养，民族地区的发展决定了民族院校是少数民族和民族地区的人才培养基地，决定了民族院校必须坚持以培养少数民族人才为中心，紧密结合少数民族地区和民族地区经济社会发展的需要。

3. 办学模式特殊

现阶段我国民族院校已经形成了多形式、多层次的办学模式：既有本科、专科和预科教育，又有研究生教育；既有普通高等教育，又有干训、函授、自学考试等成人教育；既有学历教育，又有非学历教育。已经形成了多形式、多层次的办学模式。此外还设立了预科教育的教育模式，民族预科是指少数民族学生在进入大学之前先进行一到两年的预科学习，再升入普通本专科。民族班和民族预科班的学生在高考中可以享受一定的优惠政策①。国家民委所属民族院校专门开设了人口较少民族预科班，执行特别优惠的招生录取政策，为人口较少民族培养人才。民族院校中有采用“双语教学”的。“双语教学”是指使用少数民族语言文字进行相关专业课程教学，同时也使用汉语进行相关专业课程教学②。

4. 管理体制特殊

我国对民族院校的管理实行双重指导，积极探索“共建机制”。双重指导是指民族院校在教学业务上一方面接受国家教育主管部门的指导，同时还接受本地区教育主管部门的指导和评估。除此之外，国家民族事务委员会直属院校的相关教学业务，也受民委教育主管部门的指导。其他各民族院校均受省级教育主管部门和民族事务主管部门的领导。许多民族院校都实施“共建机制”，如 2002 年，国家民委、教育部、北京市人民政府签署了《关于重点共建中央民族大学的协议》。2005 年，国家民委和云南省政府签署协议，共建云南民族大学。2009 年，内蒙古自治区人民政府与国家民委签署协议共建内蒙古民族大学。

（二）民族院校人才培养模式的重要性

民族院校是党和国家为培养少数民族干部和各类人才而有目的、有

① 许鑫. 十年，民族教育谱新篇——国家民委教育科技司负责人专访 [J]. 中国民族，2012 (8)：50.

② 宋遂周. 我国民族院校人才培养模式研究 [D]. 北京：中央民族大学，2010：42.

计划建立的高等学校，其主要任务是为各民族、为国家培养优秀人才。民族院校的人才培养模式直接关系到民族院校所培养的人才能否适应经济建设和社会发展的实际需要，民族院校所培养的人才对推动民族地区的经济建设、社会发展，维护民族地区团结与国家统一，促进各民族共同进步、共同繁荣发展等方面发挥着不可替代的作用。胡锦涛同志曾指出，人才是加快少数民族和民族地区经济社会发展的关键性因素。少数民族干部和人才是少数民族中的优秀分子，他们有着天然的优势，他们熟悉本民族的语言、传统和风俗习惯，熟悉当地政治、经济、文化的特点，因而少数民族干部和人才是民族地区经济、政治、社会发展的中坚力量。

民族院校人才培养模式直接影响着民族地区人才培养的效率。这里的效率是指民族院校人才模式发挥育人成效与育人时间之间的比率。目前，加快民族地区和少数民族经济社会发展已成为民族地区工作的重中之重，这便要求更多的少数民族干部和人才能更快地脱颖而出。民族院校人才培养模式直接影响着民族地区人才培养的效益。效应是民族院校培养一定数量、一定规格的人才所需的投入和成本，反映民族院校在人才培养上的投入和产出之间的比较。由于民族地区教育和民族教育的发展起步晚、积累少、教育环境较差，因而需要更大的投入。而科学有效的民族院校人才培养模式能够降低育人成本，使有限的投入获得更多的产出，提高人才培养的效益。民族院校人才培养模式更多的是强调民族院校人才培养的质量，包括民族院校所培养人才的综合素养和其复合型应用能力。人才培养的效果是衡量民族院校人才培养模式是否科学的重要指标。因此，民族院校人才培养模式关乎民族地区人才培养大计，并影响民族地区的发展进步乃至我国多民族社会的和谐发展。

第四节　民族院校人才培养模式的定位

所谓学校定位，即一所学校办学方向、角色定位、特色所在的办学理想和价值追求。高等学校定位的含义应是指学校向社会提供劳务的品种、数量和质量。劳务的概念主要体现在三个方面：人才培养、科学研究和社会服务。每所高校承担的任务、服务功能的类型和范围不同，其定位也不同。

一、高等学校定位分类

（一）一般高等学校定位分类

分类原则对高等学校定位有着直接影响，因此，我们要在弄清高校的不同分类原则的基础上了解高校的不同定位分类。

第一种，按管理主体的不同，高等学校可以分为委属高等院校和地方高等院校。1998 年，教育体制改革开始，随着高校管理体制的调整，我国形成了中央和省级政府两级管理的新体制。少数关系国家发展全局的高校以及行业特殊性较强的高校继续由国务院委托教育部、工信部和其他少数部门管理外，多数高校由地方管理或以地方管理为主①。

第二种，按照国家和地方政府所认定的办学水平，可分为“985 工程”大学、“211 工程”大学等国家重点建设的大学和一般大学，这样定位学校，有利于将有限的教育资源用于重点支持一部分高等学校，以促进其发展。“211 工程”建设项目于 1995 年开始实施，最初先重点建设了 2 所高等学校，要将这 2 所高校的教学、人才培养以及科研的整体水平接近并逐步达到国际先进水平。随后，某些学科达到世界水平的高校也建设起来。1998 年，为了建设若干所世界一流大学和一批国际知名的高水平研究型大学，我国政府实施了高等教育建设工程，即“985 工程”，共有 39 所高校。并且，我国为改善 25 所高校的基础设施条件提供了一定的财政支持，突出它们的示范作用，提高人才培养质量。这 25 所高校是公共服务体系的重要组成部分，拥有重点学科，对社会主义建设起着重要作用。

第三种，按照办学主体来分类。我国的高等学校不同于基础教育学校，高校不仅可以由国家承办，还可以由社会力量承办，如民营、公有民办。人才培养模式也因承办主体的不同而有所差异。

第四种，按学科结构进行分类。20 世纪 50 年代后，我国的高等院

① 刘海峰，李木洲．教育部直属高校应分布至所有省区［J］．高等教育研究，2012（12）：17-25.

校不再是单一的大学组织形式，而是通过院系的调整，将高等院校分为以下几类：综合性大学、多科性大学、单科性大学。

第五种，按高等院校行业进行分类。我国的高校涉及多种行业，包括农业大学、军事院校、交通大学、政法大学和医药大学等。为了培养出不断适应社会主义市场经济需要的，在相关领域具有相应技能的高水平人才，300多个重点学科得到建设，这些重点学科涉及经济、社会、科学、国防等方面。

第六种，按人才培养目标来分类。人才培养目标指的是培养什么样的人。学校可以有以下定位：精英型高等院校、大众型高等院校和精英—大众并存型高等院校。一般研究型高校的主要教育任务是培养精英型人才，即研究型人才，培养出达到国际和国家水平的研究型的创新性人才；大众型高校的主要教育任务是为社会培养应用型、复合型和高级技能型的专门人才；精英—大众并存型的高校的教育任务兼具以上两种类型的任务，主要培养通识人才。我们也可以将高校分为研究型高等院校、教学研究型高等院校、研究教学型高等院校、教学型高等院校和应用型高等院校。研究型大学主要是培养服务于社会、服务于国家的复合型和创新型人才，主要研究技术的创新和基础理论。教学研究型大学与研究教学型大学是由教学型大学向研究型大学过渡的形式，只是前者教学的比重偏大，后者研究的比重偏大，它们主要是培养高素质的应用型、复合型人才。教学型大学主要是从应用的角度来进行研究，培养某一职业领域的技术应用型人才。

（二）民族院校办学类型划分与定位

目前，我国共有35所民族院校，从管理主体来划分，隶属于国家民族事务委员会的中央高校有6所，分别是中央民族大学、中南民族大学、西南民族大学、西北民族大学、大连民族大学、北方民族大学。地方院校29所，从办学层次来划分，其中普通本科院校有河北民族师范学院、内蒙古民族大学、呼和浩特民族学院、湖北民族学院、右江民族医学院、广西民族师范学院、广西民族大学、广西民族大学相思湖学院、四川民族学院、兴义民族师范学院、黔南民族师范学院、贵州民族大学、贵州民族大学人文科技学院、贵州医科大学神奇民族医药学院、云南民族大学、西藏民族大学、甘肃民族师范学院、青海民族大学；普通专科有黑龙江民族职业学院、湖南民族职业学院、湘西民族职业技术学院、黔南民族医学高等专科学校、黔东南民族职业技术学院、黔南民族职业技术学院、黔西南民族职业技术学院、黔南民族幼儿师范高等专科学校、宁夏民族职业技术学院、内蒙古民族幼儿师范高等专科学校、辽宁民族师范高等专科学校。从办学类型来划分，有普通院校和职业院校之分，如黑龙江民族职业学院、湖南民族职业学院等。从办学投资主体来划分，有公办和民办之分，如广西民族大学相思湖学院、贵州民族大学人文科技学院、贵州医科大学神奇民族医药学院属于民办学院。

1. 管理主体不同

以上民族院校可以分为两大类：第一类，归中央管理的委属民族院校，包括中央民族大学、中南民族大学、西南民族大学、西北民族大学、大连民族大学、北方民族大学；第二类，归地方管理的民族院校，包括青海民族大学、西藏民族大学、贵州民族大学、云南民族大学、广西民族大学、湖北民族学院、内蒙古民族大学、四川民族学院和呼和浩特民族学院。

2. 服务范围不同

以上民族院校大致分为两类：一类是服务于全国的民族院校，即6所部属民族院校，为民族地区服务、为少数民族服务，培养少数民族干部和专门人才；另一类是服务于地方的民族学院，如西藏民族大学为西藏地区服务，云南民族大学主要是为云南地区服务，等等。

3. 人才培养模式不同

以上民族学院可以分为研究型大学、教学研究型大学、研究教学型大学和教学型大学。中央民族大学逐步在向研究型大学靠拢；中南民族大学是教学研究型大学，并希望成为研究型大学；其余的民族院校大多数为教学研究型或教学型院校。

根据人才培养模式中目标的不同，我国民族院校培养模式还可以分为以下四种：复合型人才、应用型人才、创新性人才以及多样化人才。(1) 国家委属的大部分民族院校采用的是复合型人才培养模式来培养本科生。在人才培养的过程中，以学生的需要和特点为出发点，以学科交叉、开放培养为基础，学生可以学到多学科的知识，具备合理的知识、能力与素质结构，成为具有较强社会适应能力、基础扎实、知识面广的复合型人才。(2) 云南大学、大连民族大学、西北民族大学和北方民族大学等采用的是应用型人才培养模式，该模式将产学紧密联系在一起，加大实践教学和实验教学的比重，学生不仅可以学习理论知识，还可以培养思考、分析和解决问题的能力，提升综合素质，同时培养具备创新能力和实践能力的应用型人才。(3) 中央民族大学和西南民族大学等采用了创新型人才培养模式，在教学活动中加强实践教学进行创新能力的培养，并鼓励学生积极参加创新实践活动，学生不仅学习了知识，还提高了创新意识、发展了创新能力。(4) 民族院校不同于一般院校，它主要是以少数民族学生为主，学生因家庭背景、生活环境、文化传统的不同而各具差异，因此很多民族院校采用了多样化的人才培养模式。该模式是以学生的个性发展为基础，因材施教，学生可以按照自己的规划发展自己，从而使民族地区对人才的需求得到满足。

二、民族院校人才培养模式定位的影响因素

高校定位的影响因素主要包括以下四个方面，这四个方面的影响因素并不是各自独立的，而是要相互整合的，将外部条件和自身条件相结合。

首先，高等学校的定位必须考虑到整个社会政治、经济、文化各方面的发展趋势，满足社会对人才的要求。社会是不断进步的，经济是不断发展的，国家与社会对就业人员综合素质的要求也在不断提高。目前，我国正在深化体制改革，产业结构和就业结构会随着社会主义市场经济的完善而有所改变，因此高校定位也应该考虑到社会对人才的多样化要求。

其次，高等学校应该考虑到高等教育改革与发展中的要求。学校的定位具有时代特征，会随着时代的变化而变化。在对高校定位时，不仅要了解自身和其他院校的发展现状，还要关注我国高等教育的改革趋势。

再次，高校的定位也离不开其自身的办学水平以及学校内部各要素。高等学校的定位必须从学校的实际出发，考虑自身的办学条件、教学水平、师资队伍、管理模式和科研资源等，对自己学校进行科学的定位，

具有一定的前瞻性，但不能期望一步到位。

影响高等学校人才培养模式定位的最关键因素是其目标的定位，高等学校目标的定位包括人才培养目标的定位、办学目标的定位、办学层次的定位、办学类型的定位以及办学特色的定位。第一，人才培养目标的定位，即将学生培养成什么样的人，人才培养目标因不同类型、不同学科、不同专业等而有所不同，有的高校要培养复合型、应用型人才，有的高校要培养创新型研究人才，这些类型的人才的知识、能力和素质的偏重点有所不同，因此学校的人才培养模式也不同。第二，办学目标的定位，办学目标具有全局性和方向性，与学校的生存与发展密切相关，它是对学校的发展趋势和方向的创新思考与科学预见。第三，办学层次的定位，办学层次指的是学校在人才培养和学术贡献方面所处的层次。例如：有的大学的办学层次是本科和研究生教育，有的院校是专科教育。不同办学层次的高校之间并不是相对独立的，而是相互配合的。办学层次低的高校不仅向社会输送合格的毕业生，满足社会需求，还向办学层次高的学校提供生源。第四，办学类型的定位，因为办学类型的不同，各高校各方面都有所差异，特别是为社会提供服务的方式。社会不仅需要进行科学研究的人才，也需要从事生产、管理等方面的应用型人才，不同类型的高校需要不同的人才培养模式。第五，办学特色的定位，每所学校的学科特色、人才的定位、管理的方式都有着自己独特的经验与方法，它有利于为学校提供形成社会地位的基础，吸引生源。

最后，学校办学是为了满足广大人民的教育需求，它不仅关系到学生，还关系到家庭、社区和相关联的社会公众。因此，高等学校在定位时还要考虑到社会公众对大学的要求和期望。社会公众对大学合理的要求和期望，可以为高等学校的定位进行激励并促进其创新。

三、民族院校人才培养模式定位的价值取向

对于大多数高等学校来说，它们的主要任务是培养人才，促进科技的发展，从而服务于社会。那么对于人才的培养，高校需要思考两个方面的问题，即培养什么样的人和怎样培养人，也就是人才培养模式的问题。人才培养模式定位的价值取向表现在以下几个方面：

1. 以国家的需要为前提，明确学校定位

从宏观层面来看，不同类型的高校在定位时，应该以满足国家对人才的需求为出发点，确立学校的整体发展目标与方向；从微观层面来看，各个高校的自身条件不同，具有各自的教学方法、管理方式，应明确自己的发展目标、办学层次、培养目标以及服务方向，人才培养模式必须符合自身的实际情况。

2. 以社会的需求为导向，明确培养模式

各个高校在构建各自的人才培养模式时必须适应市场需求。一般情况下，研究型高校培养研究型人才，教学研究型高校培养复合型人才，教学型高校培养技能型人才。不同类型高校所培养人才的能力指向不同，但都能满足社会某一方面的需求。

3. 以通识教育为基础，加强能力培养

各个高校的人才培养模式各有特点，在教学过程中，应该给予学生全面的教育和训练，传授基础知识，训练学生的个人品质，促进学生的可持续发展。如今高分低能的现象依旧存在，高校应该培养学生的能力，让学生将知识应用到实际的生产、生活之中。

4. 以知识应用为基础，提高创新能力

一方面，客观上，社会要求高等学校培养出的人应当是有能力、知识面广的、基础扎实的高素质人才。另一方面，科技在当今社会占据了极其重要的地位，综合国力的提升、经济的发展和社会的进步离不开科技创新，高校更应该培养出具备较强创新能力的人才以满足社会需求。

四、不同类型民族院校人才培养模式的构建

（一）研究型大学

研究型大学是为国家培养高层次人才的基地，它不仅可以为国家培养出服务于社会、经济、政治、科技等各个领域的精英人才，还可以培养人才进行原创性的研究，促进知识和技术的创新。总而言之，研究型大学为国家培养了大量的精英人才，取得了大量的科研成果，对国家的各方面都有着重大影响。

本科教育在培养高素质通识型、创新型的研究人才、精英人才上是

远远不够的，还必须以研究生的课程作为补充。应在通识教育的基础上加强基础理论知识的学习，再在基础扎实的前提下进行专业课的学习，使学生知识广泛、专业精深、综合能力强。

在课程设置上，强调本科教育的基础性地位，有机结合研究生教育；在人才培养目标上，培养出具有宽厚基础知识、自主研究能力和实践能力强的复合型人才。要在通识教育的基础上进行宽口径的专业教育。

（二）教学研究型大学

教学研究型大学是教学型大学向研究型大学的过渡阶段。在这种类型的大学中，本科教育所占比重较大，但是也培养博士研究生和硕士研究生，学科门类具有综合性。其培养目标是培养出具有研究潜力的复合型、应用型高级人才。

各高校应找准教育的人才培养定位，办学过程中应该以本科教育为重点，把学生培养成为能适应社会的高素质复合型、应用型人才，并根据各自的办学定位、发展目标、办学性质和服务方向，形成自己独特的办学风格。

在人才培养模式的构建中，教学研究型大学要培养出满足社会需要的具有实践能力、适应能力、创新能力的高素质人才，同时，还要加强通识教育，为学生的发展做铺垫，注重学生的个性发展。

（三）教学型大学

教学型大学量大面广，是培养高级应用型人才的重要基地。

我国的大部分高等院校只注重学生的专业培养，使得学生知识面狭窄，不能很好地适应社会。各高校在研讨之后认为，应该按“基础扎实，知识面宽，应用能力强，素质高，有较强的创新精神”的要求，培养德才兼备的复合型、应用型人才。同时，高校不应只注重专业知识的学习，还要加强通识教育，为学生的可持续发展铺路。

第五章　大类招生与大专业平台人才培养模式

大类招生实行的是“通才教育”，是与按专业招生的人才培养模式相对的。为了适应针对我国以高校教育发展的实际情况而进行的教学改革，不少学校选择了大类招生的人才培养模式。它并不是简单地将相近的专业合并，而是高等院校深化改革和发展的一次尝试，涉及人才培养模式、课程体系、教学方式方法等方面的改革，有利于提高人才培养质量。

个别部属民族院校也采取了大类招生人才培养模式。2007 年，中央民族大学实行了大类招生，包括以下几类：工商管理类、公共管理类、生物科学类、环境科学类、电气信息类等，对学生前两年实行通识化教育。后两年，学生可以根据自己的兴趣、市场的需要选择专业。中南民族大学也采取了大类招生的人才培养模式，2011 年度，中南民族大学有 29 个专业按照 10 个大类招生，其中，包括电气信息类、公共管理类、工商管理类、政治学类、环境科学类、数学类、经济学类、社会学类、新闻传播学类、化学类。10 个专业大类中，分别包含了 2 个到 5 个不等的专业。按大类录取的考生进校时不分专业，在同一公共基础课平台和专业基础课平台进行培养。经过 3 个学期的学习后，学生可根据各大类专业分流的相关要求，结合自己的发展方向选择具体专业。

第一节　大类招生人才培养模式概述

一、大类招生的含义

我国教育部颁发的普通高等学校本科专业目录规定，我国的本科教育是由13个学科门类组成，即哲学、经济学、法学、教育学、文学、历史学、理学、工学、农学、医学、管理学、军事学和艺术学。其中每一个学科门类下都设有一级学科，每一级学科下又设有若干个专业。大类招生培养模式，是指在高校招生时改变按照专业招生的做法，而是按学科或者院系招生，学生在低年级时在学科的范围内学习基础课程。随后，高年级时学生可以根据自己对相关专业的了解，依据自己的兴趣选择自己喜欢的专业，从而实现专业分流。

如今，大类招生培养包括四类：一是按院系大类招生培养，不分专业。高等院校较多采用这种方式。这一模式在一般“211工程”高校中实施最为普遍，即在同一学院中，不分学科和专业，只按院系大类填报志愿。二是将一级学科作为大类进行招生培养，学生在进校时按法学、管理学、哲学、理学、工学、医学、农学、艺术学等13个门类招生①。三是跨学科但是专业相近的大类招生培养。四是既不分院系也不分专业，对新生进行通识教育，即新生在进入学校以后不分专业，统一进入一个学院进行通识教育，不分文理学习基础课程，学生到大二时再分专业。例如：2005年，复旦大学招收的3 700名学生全部进入4个学院学习，不分专业，混合重组进行教学。五是特殊的“基地班”模式，大一新生要先接受文理基础教育，之后再分专业学习，实行通识教育，如清华大学的“人文科学实验班”、北京大学的“元培计划实验班”、北京科技大学的“理科试验班”、湖南大学的“李达实验班”、浙江大学的“工科试验班”、中南大学的“临床医学教改班”等。这几种方式的大类招生培养模式虽有所差别，但都有一个共同点，就是大一新生先不分专业，而是经过一段时间的学习后，在充分了解各专业之后，依据自己的兴趣爱好来选择自己想学的专业。大类招生培养有利于优化基础课的大平台，有利于充分利用学习的各学科专业的资源，有利于提高学生的综合素质，有利于提高人才培养的质量，有利于提高办学效益。

① 李斌，罗赣虹．高校大类招生：精英教育的一种推进模式［J］．大学教育科学，2012（5）：11-16.

二、大类招生的背景及发展

在过去，我国高等院校的人才培养模式受到计划经济的影响，各个院校即使办学类型不同、办学层次不同，它们的培养方案、教学计划、培养人才的规格却完全一致。这已经不能适应我国社会主义市场经济的发展，社会要求高校培养出基础知识扎实、专业知识精通、社会适应能力高的复合型人才。

对高校而言，人才培养模式大致有两种：一种是“专才”模式，专业划分细，学校有针对性地培养精通某一知识领域的人才；另一种是“通才”模式，这种模式培养出的人才具有较强的适应性，能更好地随社会人才结构的变化来转移工作领域。目前，我国强调素质教育，培养单一的专门人才已经不能满足市场经济发展的需要，高校必须提高学生的适应能力和创新能力，按照“加强基础，提高能力，因材施教，培养特色”的思路，构建按“大类招生培养”的新的培养模式。

为了探索21世纪中国综合性研究型大学本科人才培养的新模式，北京大学在创建世界一流大学过程中，实施了一项以蔡元培先生的名字命名的计划，该本科教育改革计划要求“加强基础，淡化专业，因材施教，分类培养”，培养出适应21世纪时代发展需要、具有国际竞争能力的高素质创造性人才①。北京大学元培计划管理委员会于2001年9月成立，招收了80名本科新生，成立了元培计划实验班，这是大类招生模式中的一种。在下一年，大类招生走到前台，北京大学的13个院系按院系招生，3个专业按学科大类招生。同年，清华大学在经济与管理学院也试行了按工商管理类统一招生、按学院进行大类培养的人才培养模式。如今，按大类招生已经成为各院校重要的招生录取方式之一。

我国的一些民族院校也采取了按类招生的人才培养模式。2007年，中央民族大学的工商管理类、公共管理类、生物科学类、环境科学类、电气信息类等专业均实行按类招生，前期课程实行通识化教育。中南民族大学的29个专业按10个大类招生，这10个大类包括电气信息类、公

① 陈海利．地方性普通高校基于学科大类招生人才培养模式改革研究［J］．价值工程，2010（16）：209．

共管理类、工商管理类、政治学类、环境科学类、数学类、经济学类、社会学类、新闻传播学类、化学类。按大类录取的考生经过三个学期的学习之后，可在各个大类包含的专业中根据自己的兴趣与实际能力进行挑选，进入相应的专业学习。

虽然大类招生已成为绝大多数高校的招生趋势，但是并不是所有高校、所有专业都适合，要以学校和其专业的特征为依据。目前，在中国专业招生和大类招生并存，虽然越来越多的高校选择了大类招生，但是一些高校在实施大类招生政策后遇到问题，又回归为专业招生。以中国人民大学为例，该校的财政金融学院将原金融学大类招生改成分专业招生，工商管理类中的管理学科改为按专业招生。

三、大类招生的现实需求

（一）人才市场变化的需要

人才市场也与商品市场一样会出现供求不平衡的情况，人才不同于一般的商品，因此，人才市场对培养出来的人才有多样化的需求，并且具有严格的标准。由于社会主义市场经济的发展，人才不再被统一分配，而是与用人单位进行双向选择。社会对各类人才的需求影响因素包括职业、实践、产业结构等。因此，高校所培养的人才必须满足社会的需要，才能得到认可。

（二）专业设置的需要

由于经济危机、行业结构变化、大学生招生规模扩大等原因，我国的大学生面临严峻的就业形势，高校的专业设置必须具有前瞻性。大类招生的人才培养模式重视人的全面发展，以素质为本位，培养学生的综合职业素质，将人的发展与社会发展紧密联系在一起，能更好地适应因市场经济发展的不确定性带来的人才需求的不确定性，满足社会的需求，增加学生在人才市场的竞争力。

（三）人才培养模式转变的需要

教学工作的关键是人才的培养方向。随着社会主义市场经济的发展，传统的单一的专门人才的培养模式已经不利于培养学生的适应能力和创新能力。高校必须对新的人才培养模式进行探索，以培养出具有较强适应性的通才，大类招生的人才培养模式是一个较好的探索。

四、实施大类招生模式的条件

并非所有的高校都适合大类招生的人才培养模式，这些高校必须满足一些条件，否则，就算采取了大类招生的人才培养模式，也不利于学校人才的培养。综合比较来看，在实施大类招生人才培养模式时要具备以下几个条件：

（一）相对齐全的学科

大类招生的人才培养模式是宽专业口径的人才培养模式，旨在将学生培养成通才。实施大类招生的院校必须具备较齐全的学科，课程体系要有较高质量，要建立起有效的基础平台，从而培养出具有较强适应能力的创新性通才。

（二）相配套的培养方案

从表面上看，大类招生改变了专业招生形式，实际上还转变了学校整个的教学理念和人才培养模式。人才培养模式主要解决的是培养什么样的人和怎样培养的问题，它的主要内容包括目标、计划、实施和评价，其中必不可少的要素包括培养目标、课程体系、培养途径、教学运行机制、质量评价与淘汰方式，它们都通过培养方案体现出来。因此，实施大类招生要有与其制度性条件相配套的教学计划和培养方案。

（三）优秀的师资队伍

优秀的教师队伍是实施大类招生的实行性条件，大类招生人才培养模式对师资队伍提出了较高的要求。首先，促进学生的自主性是大类招生人才培养模式的重要特征，各个学科的教师为了保持自己对学生的吸引力并让学生满意，必须不断更新课程，重视教学质量，接受学生的评价。其次，大类招生的人才培养模式即跨学科的培养模式要求教师必须具有极强的适应能力，能进行教师间的横向交流。最后，教师必须加强同社会的联系，提高对市场需求的敏感性，引导学生适应市场需求。

（四）高效的管理队伍

按大类招生有利于学校不断更新管理模式，并随着社会的变化而有所改变。学校的管理以及相应的管理队伍直接影响着该模式的实施。实行大类招生的高校的教育管理人员要具备一定的管理能力和专业知识，在进行管理时必须遵循教育规律，积极投身于高等教育改革的事业中。促进高校管理队伍的建设必须具备现代化、信息化、灵活性等特点。

采用大类招生培养模式的高校必须同时具备以上四个条件。具有相对齐全的学科会使得大类招生培养模式落到实处，而不是流于形式；相配套的培养方案，使得该模式具有可操作性；优秀的师资队伍和高效的管理队伍，可以为该模式提供保障。

第二节　大类招生培养模式的优劣和要求

一、大类招生培养模式的优势

（一）有利于培养高素质的复合型人才

从学校的培养目标来看，按大类招生的人才培养模式更着重于培养学生的创新能力、独立思考问题的能力，培养学生具备交叉学科的综合知识以及自主学习的能力①，让毕业生能够适应就业结构、产业结构的调整。从学生自身来看，在进入大学一段时间后，他们能够以自己的兴趣来选择专业方向，明确自己的目标，实现个性化发展。

（二）有利于规避人才培养的盲目性，按需培养人才

社会对各类人才的需求是动态发展的，但是我国本科学制一般是4年，入学时的热门专业可能在毕业前就成为冷门，“财经热”就是这种情况。大类招生有利于按需培养人才，学生要通过1—2年的大类培养，进行基础课程的学习，每个大类都包含了若干专业和专业方向，让学生和家长能够更准确、更及时地了解社会发展对各类人才的需求动态和市场就业信息，避免高考填报志愿的盲目性。

（三）有利于高校内部的资源整合

按大类招生的人才培养模式能有效地整合教学资源，合理配置教学

① 张扬，孙志良. 高校按大类招生人才培养模式的SWOT分析［J］. 煤炭高等教育，2011（6）：57-59.

设备和师资，避免教学资源分散、利用效率低等问题。它能充分调动学生、教师的积极性，从而提高学校的办学水平，促进学校进一步发展，凸显自己的教育品牌。

（四）有利于提高生源的质量

如今，许多考生都会选择一些好就业的热门专业，但由于报考人数多，录取分数线高，使得一些学生就此落榜；而有一些专业，由于人们对它的熟悉程度低，即使是国家急需的，也遭受冷落，极少有学生填报。学生对热门专业趋之若鹜，冷门专业却无人问津，使得各种专业的生源不均衡。按大类招生，学生选择面更宽，选择时机也相应后延，在一定程度上可以有效地抑制这一矛盾，从而在某种程度上提高生源的质量。

二、大类招生培养模式的劣势

（一）容易造成专业发展失衡，影响办学效益

大类招生很容易出现专业发展不协调的状况，若完全依照学生的志愿来进行分流，部分专业的学生人数过多，而有些专业的人数极少。学校在进行专业分流时，实际上是不能预知各个专业的就读人数的。选择人数较多的专业可能会遇到师资、管理、实验设备等不能得到满足的情况，那么，高校就不能保障人才培养质量；而选择人数很少的专业可能会因为师资、实验设备闲置而影响学校的办学效益。另外值得我们注意的是，大类招生人才培养模式容易造成应用型学科选择的人数多，而研究型学科选择的人数少，使得有限的教育资源不能发挥最大效用。

（二）易弱化专业教育

实施按大类招生人才培养模式，新生必须用1～2年的时间接受基础教育，虽然该模式拓宽了专业口径、增强了学生的适应性，但学生学习专业课的时间缩短，又会导致专业教育的弱化。

（三）并非所有学生的需求都能得到满足

在实际工作中，学校通常不会完全按照学生的选择结果，而取消某个无人选择的专业。因此，一小部分学生便不能按照自己的意愿学习自

己喜欢的专业。理论上，学校应该让学生完全根据自己的意愿选择专业。但是专业在一定时期内有冷有热，学生一般都是选择热门专业，学校受到教师、设备等条件的限制，不可能完全依照学生志愿进行分流。因此，学校会限制热门专业的条件，从学生的志愿、成绩进行综合考虑，以公正、公开、公平的原则来确定学生学习的专业。学校为了专业协调，并不能让所有学生都按照自身意愿分流，很可能是根据学生成绩来分流。

三、大类招生培养模式的要求

（一）教育资源要充足

实行按大类招生人才培养模式需要比较齐全的教学设施、完备的师资力量、相对齐全的学科、科学合理的课程体系等，因此学校必须有充足的教育资源，否则该模式很难实施。

（二）课程与课程体系、教学方法与教学手段要合理

一些高校在实行大类招生的人才培养模式后，并没有对课程设置、教材内容等进行改革，如：缺少跨学科专业课程、教材更新慢；课程并没有真正将学科间、专业间的知识合理地融合在一起，而只是简单地叠加；教学方法、手段落后，与学生缺乏互动，甚至扼杀了学生的自主学习的能动性。

（三）相配套的教学管理制度要完善

按大类招生人才培养模式需要各部门通力协作，但是在实际中，一些高校的管理水平不高，管理方式落后，教学、管理、后勤服务等部门大多各自为政，管理制度极不完善。这使得学校的资源无法得到有效的整合，不利于该模式实现学校人才培养目标。

（四）少数特殊专业不适合大类招生

师范类、医学类等专业与其他专业不同，其专业性比较强。师范类、医学类等专业要求学生更早地学习专业课程，不太适合大类招生人才培养模式。而且，师范类的学生在就业政策上比较特殊，很多地方的师范生招生数和录取名册都要求在教育主管部门备案。按大类招生由于在入

学时无法确定其师范生的身份，有可能在其就业时就会遇到困难①。

第三节　大类招生人才培养模式的探索

一、大类招生人才培养模式的原则

大类招生人才培养模式的应用，首先是在我国的一些重点高校，随后越来越多的高校采取这一人才培养模式。要顺利推行大类招生人才培养模式必须遵循以下几个原则：

（一）量力而行

北京大学教务部部长关海廷认为，实施大类招生的一个基本要求是拥有相对齐全的学科和高质量的基础课和通识课。我国民族院校在实施大类招生人才培养模式时，必须以自身的实际为基础，量力而行。

（二）有所为，有所不为

并不是所有的专业都可以进行大类招生，第一种是特殊专业，如艺体类专业，它的专业性很强，具有一些特殊要求，并不适合大类招生。第二种是学校的弱势专业，由于教学条件不完善、师资紧缺、课程资源短缺，并不适合大类招生，否则学生享受不到丰富的教学资源。因此，我国民族院校在实施大类招生培养模式在分类招生上必须做到有所为，有所不为。

（三）整体优化

大类招生人才培养模式有利于民族院校充分利用其校内的多学科优势，实现多专业的组合，缓解知识分离的现状。专业是由不同的课程组合起来的，课程是其中最基本的元素，大类招生中的基础课程不能简单叠加原有课程，实行“大拼盘”，而是应该遵循整体优化原则，在建立课程体系时，必须考虑到学生的知识、能力和素质结构。

---

① 张扬，孙志良．高校按大类招生人才培养模式的SWOT分析［J］．煤炭高等教育，2011（6）：58.

二、大类招生人才培养模式的关注点

大类招生的人才培养模式是一个系统工程，它不仅仅关系到招生模式的转变，还关系到教育理念、培养方案、教学运行等各个方面的转变。民族院校在实施大类招生人才培养模式时应注意：

（一）专业框架的构建要科学，招生口径的设置要合理

大类招生培养模式的关键环节是专业框架的构建及招生口径的设置。民族院校在明确了自身的人才培养模式定位后，要科学建构专业框架，合理调整专业。招生口径的设置对人才培养方案、课程体系的设计有着直接的影响，它应该以学校的教学资源和教学工作等实际情况为基础。招生口径的整合，可以是按一级学科、二级学科、大文大理，还可以按相关学科专业，要在深入分析校内学科专业情况的基础上慎重设置①。

（二）改革人才培养方案与课程体系

大类招生的人才培养方案要将通识教育与专业教育、共性发展与个性发展有机地结合起来，以厚基础、宽口径的培养要求为出发点，构建“平台＋模块”的课程结构体系，注重培养学生的综合素质、创新能力和实践能力，全面提高学生的知识、能力、素质。在教学中，教师仅仅起着引导作用，让学生自主学习，调动起学生学习的积极性。人才培养方案的核心内容是课程体系，要建立起“平台＋模块”的体系，推进教学内容的更新与整合。“平台课程”要体现宽口径、厚基础，要达到人才培养的基本规格和全面发展；“模块课程”重视个性，对不同专业方向人才进行分流培养。该模式的课程结构应打通学科基础课程、精减专业课程、增加选修课比重。

（三）完善教学管理运行机制

专业招生培养模式是定式的，而按大类招生人才培养模式是不定式、宽口径的，教学管理运行机制必须要作出适当的调整。以往刚性制度下的教学管理方式已经不能适应该人才培养模式，因此必须使教学管理方

① 陈士夫，王瑛. 关于地方高校大类招生培养模式的思考［J］. 中国大学教学，2008（1）：64-65.

式更加灵活。

三、大类招生人才培养模式的人才培养方案优化

（一）制订人才培养方案的基本原则

1. 育人为本、德育为先

坚持将教书和育人紧密联系在一起，学生不仅要学习科学文化知识，还要接受理想信念教育、爱国主义教育、公民道德教育。育人教育中不仅要提高学生的专业素质、实践能力等，还要提高学生的思想品德，加强学校教育和自我教育的有机结合，为社会主义事业提供全面发展的人才。

2. 夯实基础、强化能力

夯实基础是专业大类培养阶段的主要任务，为实现“厚基础”的培养目标，应让学生学习通识类教育课程，该类课程占总学分的30%左右。为实现“强能力、高素质”的培养目标，教育教学的全过程都应培养学生的能力，这些能力包括学习能力、实践能力、创新能力、就业与创业能力。高年级阶段的主要任务是对学生专业知识、专业理论和专业技能的培养。

3. 弘扬个性、因材施教

从弘扬学生个性的层面来看，学校应该促进学生个性的发展，学生可以根据自己的兴趣爱好自主选择专业大类、自主选择专业方向、自主选择自己感兴趣的选修课程。从群体层面来看，人才培养方案中的教学活动和教学环节必须与学生的群体特征相适应，充分了解学生的思想背景、能力、需求等各方面的情况，因材施教，循序渐进地培养学生。

4. 协调发展、平衡培养

协调性和平衡性原则主要体现在教学活动、教学环节的设置和安排上。从横向上看，要注意平衡不同的专业大类、不同的专业、不同的专业方向，学分制条件下的人才培养方案要求学生修满165～170学分；从纵向上看，要注意学年间或学期间的平衡与协调，一般要求学生每学期修满20学分①。

---

① 许春英，高志强：基于大类招生培养模式的人才培养方案优化设计［J］．当代教育论坛，2010（11）：60.

5．突出实践教学环节

培养学生的实践能力、应用能力、创新能力和综合职业能力的重要途径是实践教学环节，实践环节体现在两个方面：一是理论教学与实践教学的学时分配比例；二是安排实践教学环节，包括教学实习、生产实习、综合实习、毕业实习等。

（二）课程体系的内容①

1．公共基础平台课程

公共基础平台课程在整个平台中占30％，主要是传授基本知识、基本理论，具有通识性。它的对象是全体学生，一般包括以下四个方面的必修课：思想政治教育、科学素质教育、人文素质教育、身心健康教育。

2．专业大类平台课程

专业大类平台课程在整个平台中占10％，是通识课程的一部分，它是以某一专业大类或一级学科的人才培养需要为基础的，它包括了学生必须掌握的与专业大类相关的基本知识、基本理论和基本技能。

3．专业基础平台课程

专业基础平台课程在整个平台中占15％，是某类专业的专业基础知识课程，由专业基础理论课、专业基础实验课两部分组成，学生从大二上学期开始学习，它与上面提到的两个平台课程是学生应该掌握的基础理论知识和技能。

4．专业主干平台课程

专业主干平台课程在整个平台中占10％，是与某一专业密切相关的课程，一般由专业理论课、专业技术课、专业实验课三大类组成，传授给学生与日后职业生涯有着密切联系的相关理论知识和技能。

5．专业选修平台课程

专业选修平台课程在整个平台中占15％，是指向某个或某类专业的选修课程，可强化学生的专业理论知识和技能。

6．公共选修平台课程

---

① 许春英，高志强：基于大类招生培养模式的人才培养方案优化设计［J］．当代教育论坛，2010（11）：60.

公共选修平台课程在整个平台中占20%，是包括全体学生的课程，学生可以根据自己的兴趣爱好选择课程，开阔眼界，实现个性化发展和全面发展。

7. 实践教学环节

实践教学环节在整个平台中占20%，其指向的是某一专业，它的形式多样，如教学实习、综合实习、生产实习、毕业实习等。

（三）合理设置课程结构的要求

第一，科学设定“大类招生培养”的课程目标。课程目标的设置要将传授知识、培养能力与提高素质融合在一起。明确每门课程在体系结构中的性质、主次以及课程内容的选择、学时的分配和学分的确定。

第二，“大类招生培养”的课程结构必须将通识教育和应用相结合。综合性课程必须在课程设置中凸显出来，学生可以进行学科交叉学习；通用性课程、学科基础课程的设置不仅要加厚基础，还要拓宽专业，扩大学生的知识面，加强学生的适应性和创造力；增加应用性课程，培养学生的实践能力、实际工作能力和创新精神。

第三，“大类招生培养”的课程设置必须要模块化。以课程结构和功能为基础，设立各种课程群，从不同的模块组合去满足学生各种个性化发展的需求。

第四，应该从动态的角度来看待“大类招生培养”课程结构模式。学校应该灵活地、适应性地对多样化教学要求做出动态调整，即时更新课程，将课程结构合理化。

（四）按大类招生及培养应加强的工作

目前，按大类招生的人才培养模式在培养强基础、宽口径的复合型人才方面卓有成效，但是在该模式的运用过程中还有许多工作需要进一步完善。

1. 转变观念，建立健全配套的管理制度

实施大类招生人才培养模式，高校必须建立起一套与该模式相适应的规范灵活的教育管理制度与方法，过去以管理者为主的刚性管理制度不再适用。该模式应该以学生的需求为基础，实行弹性的教学和管理，给与学生自主选择专业、课程和教师的机会。高校实行大类招生人才培养模式必须转变教育观念，根据学校实际情况对学校的管理制度进行改革，并不断进行完善，从而达到培养高素质的复合型人才的目标。

2. 进一步调整专业布局

实施大类招生人才培养模式，应该根据学校自身的教学情况和拥有的教学资源，分析学校的专业特色，建构起专业结构和布局，建设高质量的基础课程和选修课程。同时，大类中的专业应该尽可能地贴合社会的实际需求，并包括高新技术专业和科学发展前沿专业。

3. 妥善做好学生的专业分流工作

在进行专业分流时，绝大部分的学生都会选择热门专业，冷门专业被冷落。但是学校必须协调各个专业，也就不能满足所有学生的志愿。在公开、公平、公正的基础上，学校依据学生的成绩及其他状况进行分流，学生并不能实现真正意义上的自由选择。那么，学校在进行专业分流时要注意以下几点：

(1) 在确定大类专业时，学校必须做好调研工作，避免专业间的失衡，出现过热专业和过冷专业。

(2) 要评估学校各专业所拥有的教育资源，并对学校近几年来各个专业的就业情况进行统计分析，通过计算机分析结果，有效预测各专业的冷热程度。

(3) 在进行专业分流时，学校不仅要向学生说明冷门专业的就业前景，还要向学生阐述盲目选择热门专业的弊端，帮助并鼓励学生按照自己的兴趣爱好和学习需求来有针对性地选择适合自己的专业。

4. 严格教学过程管理，确保教学质量

对不同专业方向的学生有着不同的课程安排，学生不再是以刚入校时的自然班来上课，因此，学校应该对教育教学质量进行评估，了解学生的学习效果，严格考核教师的教学效果，教学质量评估应该涉及教学过程中的方方面面。对于教学，不仅要有常规检查，还得进行抽查，多方位地收集反馈信息，实行有效的监督。

5. 要建立有利于创新的考试评价机制

按大类招生的人才培养模式与按专业招生的人才培养模式不同，学生学习的知识面更广，高校应该以培养创新人才为出发点，结合大类招生专业的性质，改革现有的考试制度，让考试方式更加科学和多样。

第四节 大专业平台人才培养模式的核心

大专业平台人才培养模式，是在人才培养的过程中，与区域经济社会、产业调整和社会发展相结合，打破校内专业、学科、学院的局限性，组建跨学院、跨学科、跨专业的人才培养平台，学生的学习具有自主性，可以依据自己的兴趣爱好和发展需要，选择自己的专业平台①。

大专业人才培养模式的培养目标是，培养出具有扎实的理论基础、较强的实践能力的高素质应用型人才，并加强与企业、社会之间的互动与交流合作，充分利用社会资源，使学校教育资源得到有效发挥。

大专业平台人才培养模式的核心有三：首先，学校应该合理规划专业体系，相关专业所共同具有的课程应该集中在大平台上，调节整合平台的设备、实验室，合理配置师资，并为教师提供相应的培训课程，加深教师间的交流。其次，学校培养的人才要满足社会的需求、企业的需要，因此，学校应该与企业进行合作交流，吸引优秀的产业人才进入平台为学生开展与产业发展相适应的课程，与学生进行互动，让学生了解书本以外的知识和信息。最后，学校的发展应该以把握好国家的形势和教育政策为基础，明确大专业平台的人才培养目标和方向。

大专业平台人才培养模式与区域经济、社会需求紧密联系。它打破了校内学院、学科、专业的限制，依据产业调整和社会发展，转变培养理念，确定培养目标，改善课程体系，创新管理体制，完善评估方式。

一、转变培养理念

（一）市场经济为学校发展带来契机

中国目前不再实行计划经济体制，社会主义市场经济体制正在逐步完善，这对我国的高等教育具有极大的影响。企业对于我国市场经济的

① 周激流，等．以大专业平台整合资源 建立三方互动育人机制［J］．中国高等教育，2011（12）：8.

发展和国家现代化建设具有极大的影响力，企业等各利益相关者不仅可以为高等教育提供物质资源和财政来源，还可以对高等教育提出自己的看法和需求。政府依旧为高等教育筹措资金，并为我国的高等教育的总体方向和目标提供政策指导。高校的发展必须与国家的整体状况相适应，促进高等教育的大众化，改革原有的不适应时代要求的教学理念、教学方法和管理制度，与政府和企业进行多方面的交流来提高学校办学质量。市场经济为民族院校的继续发展提供了一定的办学空间与良好的办学环境。

（二）重构人才培养理念是实现学生社会价值的关键

近年来，大学毕业生因高校的扩招和经济危机等原因，面临着严峻的就业形势，这种状况受到社会的广泛关注。大学生在部分岗位上甚至不如中专生适应能力强，因之广受用人单位诟病。除去持续扩招和金融危机带来的就业压力外，毕业生实践动手能力差，也是造成大学生就业难的主要原因。

目前，社会需要大量理论基础与实践技能较强的应用型人才。可目前高校的教学观念培养的学生很难适应社会的现实需求。我们应该重构人才培养理念，着力培养产业发展急需的各类应用型专门人才。

高等教育步入大众化发展阶段，然而多数高校在课程体系的建设、教材的更新、师资力量的壮大以及实训与培训都没有随趋势而转变，仍采用精英化的大学人才培养模式，实行专才型人才培养模式，过分强调厚实的理论基础和过分强化专业细分。传统专才型人才培养模式培养的学生知识面窄、综合素质低、适应能力不强和创造能力不足等弊端日渐显现。在这一困境中，地方新建本科院校，既不具备重点大学以培养精英人才为主要目标的条件，也没有职业技术院校的长期培养技能型人才的优势，尤其需要在大学教育“大众化”转型中，及时改革人才培养理念，调整、创新人才培养模式，以应对时代提出的新挑战①。也就是说，必须建立一种宽专业口径、重实践能力的人才培养新模式。

① 陈琳，等．新建本科院校基于能力导向的课程体系研究——以会计学专业为例［J］．西南民族大学学报（人文社会科学版），2014（5）．

二、确定培养目标

（一）人才培养目标的内涵

人才培养目标是构建人才培养体系的指针与方向。培养目标始终都贯穿于整个培养过程中，是人们对培养结果的期望，是培养过程的出发点和归宿。要确定其定位与内涵，才能确定培养目标①。

国家的教育目标是国家对高等教育的期望，具有社会性；企业、家庭等社会群体对教育的期望具有一定的功利性，如企业需要人才营利和发展；个人的期望是通过高等教育学习知识、完善个人，同时还要满足自身职业发展的需要、赚取工资，社会性与功利性都具备。我国本科人才培养目标的定位并不是一成不变的，需要根据国家、社会、时代的发展而有所调整。

学校人才培养目标，是培养具有良好的科学和人文素养、系统的基础理论知识和过硬的专业实践能力以及突出的创造精神和创业能力的高素质应用型人才。

（二）人才培养目标的实现途径

实现培养高素质的应用型人才的培养目标的有效途径之一，就是采用大专业平台人才培养模式。通过不断拓展平台上的通识教育课程，增加选修课程的比例，强调中国传统文化教育，开展丰富的校园文化活动，培养学生良好的科学和人文素养；通过行业和重点企业共建平台理事会，引入行业专家和教育专家论证制度，重新构建高素质应用型人才培养课程体系，培养学生系统的基础理论知识；通过大专业平台与行业重点企业共建实习实训基地以及强化实践教学环节，培养学生过硬的专业实践能力；通过设立专项经费资助大学生创新性实验及科创项目，建设开放实验室和创新工作室，实施“学生发展与素质提升工程”，鼓励学生参与社会实践活动，培养学生突出的创新精神与创业能力。

---

① 李志义．研究型大学如何构建本科人才培养新体系［J］．中国高等教育，2008（13）：34．

三、更新课程体系

（一）更新课程体系的原则

更新课程体系是大专业平台建设的突破口。课程体系决定着人才的知识结构、能力结构。大专业平台人才培养模式是将政府、学校和企业紧密联系在一起，通过三方合作优化教育资源，在学院之间、学科之间、专业之间进行交叉和渗透。

课程体系的更新必须具有科学性。在更新课程体系的教学过程中，必须遵循教育规律，结合学校自身的实际情况，尊重学生的个性特征，以国家的教育政策和教育目标等为指导，以社会的人才需求为导向，来设置课程的目标和内容，建立科学的课程体系。

课程体系的更新必须具备综合性。随着经济全球化的发展，学科与学科之间的界限越来越不分明，以组织行为学为例，它涉及心理学、人类学、物理学、生物学和数学等学科。学科逐步走向综合，一些实际问题必须综合几种学科来合作解决。传统的人才培养模式过于专注于学生专业的学习，使得学生并不能迅速适应不断变化的社会需求，无法进入另一个领域工作。而大专业平台培养模式，让学生获得学习交叉学科的机会，获得更广的知识面和较强的实践能力、创新能力，成为复合型人才。

课程体系的更新必须具备多样化。每一个学生都有着自己的个性特征，因家庭背景、文化、地域等方面的不同而有所不同，学生的兴趣爱好、学习水平都有所差异。因此，在课程更新时要引入多元文化的理念，将课程模块化，实现课程的多样化。

（二）更新课程体系的探索

课程水平影响着学校教育质量，对人才培养效果起着直接作用。课程的创新与探索，有利于促进学生的社会适应力、促进职业发展等。

更新课程体系，要依据实际情况调整学校的培养目标。传统的课程是以理论知识和学生的专业性为主，使得学生无法快速适应不断变化的社会需求，在人才市场中缺乏竞争力。大专业平台培养模式必须确定培养高素质复合型人才的培养目标。大专业平台培养模式的目标，不仅仅要培养学生的基础知识和专业知识，还要重视学生自身的个性特征以及综合能力、实践能力和创造能力的培养。

在更新课程体系的过程中，要明确各类课程所占比例。传统的课程体系是以专业课的课堂学习为主，学生的理论基础、实践能力都未能得到较好的培养，同时，学生缺乏个性，缺少选择自己喜爱的领域进行学习的机会。因此，大平台专业中的课程体系应该防止以上弊端，以学生打牢基础、精通专业、加强实践能力、增强就业竞争力为出发点。

更新课程体系，应拓宽学生的知识结构，丰富课程内容。大专业平台培养模式的课程应该加强学生基础理论知识和人文学科知识的学习，及时更新相关知识，扩宽学生的知识面，引入符合信息时代的课程。同时，课程内容还应增加一些案例的研究和学习，聘请相关人士通过讲座的形式向学生传授经验。更新的课程，应该丰富学生的知识面，提高学生运用理论知识解决实际问题的能力。

四、创新保障体系

（一）建立灵活多样的运行机制

大专业平台的人才培养模式是以跨学院、跨学科、跨专业为基础的，单一一个学院并不能进行有效的管理，充分发挥教育资源的有效性。因此，必须结合实际探索出适合该模式的管理体制和方法。

并非所有的大专业平台的情况都相同，所以在大专业平台的实际运行中，出现了三种运行模式：一是整合各联合申报单位组建实验班，重构人才培养方案、课程体系，公开招聘教师，公开选择学生，让大专业平台构想在实验班这个实体上运行，实际上为下一步真正从行政机构层面整合资源，创建“大学院制”打好基础；二是针对某一产业，各联合申报单位优势互补而又彼此相对独立的模式；三是主要整合一个学院内的资源来对接产业发展需求的运行模式。学校顶层设计，各平台根据自身特点和情况创新发展，形成灵活多样的运行机制。

（二）建立“双师型”师资队伍

打造“双师型”的师资队伍，要以社会需求和产业发展为导向。学校可以与相关政府部门的管理者、企业的管理者进行合作交流，探讨学校大平台人才培养模式的定位。同时，可以邀请一些优秀的企业负责人、技术精英和教师一起探讨学校大专业平台的课程设置。学校可以让经过考核和认证的企业技术人员成为学校教师，以培养学生最新的实践技能，增强学生的竞争力。同时，学校的教师还可以去合作企业兼职来获取实践经验。

（三）校、政、企共建实验室

"3＋X"的理论、实践无缝衔接的培养机制大大增加了实训时间和强度，需要实训条件的支撑，政府的财政投入并不能保证该培养机制的运行。学校必须积极与政府、企业合作，综合利用各方资源，实现良好的交流与互动。

学校、政府与企业的有效沟通，可以加大企业参与学校人才培养的力度，加强学生对产业最新信息、知识和实践技能的了解。学校可以向企业和政府了解社会需求趋势，培养出能贴近企业、贴近社会的人才。

五、改革评估方式

（一）注重项目评估，引进退出机制

学校应注重对大专业平台建设项目的建设与评估，以专家诊断、调研学习、加强合作等方式在申报立项和建设、管理过程中实施。在建设周期内，按大专业平台建设实际进展情况分年度、分额度投入经费。学校对大专业平台建设项目实行年审制，未达到要求且限期内未予整改者，将取消立项，并停止划拨建设经费和取消联合申报单位下一轮同类项目的申报资格。在大专业平台建设期满后，对各建设项目进行评审验收。

（二）创新学生评价，构建立体考评体系

学校在大专业平台上构建了全方位、综合性考核评价体系：在课程学习评价方面，主要以案例分析、项目设计、调研综述、作品创作、策划方案等方式综合考核学生理论知识的应用能力；在专业实践评价方面，从实践计划的编写、实践过程考核、实践报告撰写、实践结果汇报答辩等各个环节，考核学生职业素质和专业能力；在学位论文质量评价方面，选题必须来自实际，必须围绕实习和项目实践，学位论文重点是

对所完成的作品、项目的理论分析和报告，评阅、答辩专家要求1/2以上来自企业。该评价体系侧重于对实践能力和应用能力的考核。

第五节　大专业平台人才培养模式的特点

大专业平台人才培养模式的特点有三：与社会需求、产业发展紧密相连；以多重角色的教学，切实实现教育的“面向行”；构建“政产学研”的有机链，有效对接产业发展。通过组建跨学院、跨学科、跨专业的人才培养平台，建立政府、企业、学校三方沟通的互动育人机制。

一、将产业发展需求贯穿人才培养的全过程

学校采用的教学模式是“从实践中来，到实践中去”，学校与企业、政府合作建设大平台人才培养模式，以社会发展需求为导向，企业直接参与到学生的培养当中。大专业平台的人才培养模式的某些部分与传统的培养模式有相似之处，学校教师向学生提供基础理论知识、专业基础知识以及专业课程讲解，但是，该模式的特点就在于企业会加入学生的学习、课堂中来。学生可以到合作企业参加社会实践活动，了解企业的生产链、管理、经营等方面的信息；合作企业也可以帮助学校完善课程内容，如由企业提供符合条件的最新的与实际联系紧密的案例等，让学生将知识消化，运用到实际当中；可以聘请获得认可的企业技术人员、管理人员等来学校授课，让学生获得实践能力与技巧，并到合作企业实习；学生的毕业论文的选题可以由企业根据行业发展现状和学生的发展规划提供。在课程学习中，采取项目导向、案例分析、团队协作等理论与实践紧密融合的教学方式，由“双师型”教师授课，侧重培养学生的理论应用、分析与解决实际问题的能力以及团队协作精神；在生产实习和专业实习中，学生进驻企业，在企业导师的指导下，深度参与实际项目，完成要求的项目设计，写出实习总结；毕业设计虽然是在四年级完成，但实际上贯穿学习全过程，学生在双导师协同指导下，从实践项目中确定选题，以课程学习为支撑，以项目为载体，以实习为依托，以能力培养为核心，以市场认可为标准，最终完成毕业设计的调研、选题的选取、实习、答辩的全部内容，获得项目的策划、设计创作与营销等方

面的经验和能力。同时在学习期间，可穿插市场调研、项目综述等实践活动，将职业素养与职业道德培养贯穿全过程，彰显学生创新精神、市场意识以及综合能力。

二、相关者多重角色，实现教育的“面向性”

教师、学生、行政事业单位的领导和专家、企业的高端人才在大专业平台人才培养模式中具有多重角色，这些多重角色的融合，有利于学生创新能力和实践能力的提升。第一，教师既是在大专业平台上进行教学的专业教师，承担着“传道、授业、解惑”的教师传统职责，也是平台创业园区和科研园区的骨干。大专业平台是跨学院、跨学科、跨专业平台，教师可以运用自身的专业特长参与合作企业的研究项目中，促进产学研模式的发展。第二，学生不仅是传授知识的对象，还是合作企业的参与者。学生不仅在课堂上学习相应的课程，还可以到合作企业参加实践活动或者实习，了解相关专业的工作流程，提升职业素养。第三，行政事业单位领导或者专家既是政策制定者和执行者，同时也是平台中的教师，担负行业发展谋篇布局的职责，所以他们对行业发展现状和未来需求具有学校教师所不具备的前瞻性，在平台的专业设置与调整和课程体系重构等方面，有着不可替代的作用。另外，他们在把握政策导向和理解政策内涵等方面，扮演着不可替代的角色。第四，企业高端人才既是产业中的专家，也是合作学校的教师。他们熟悉产业发展的状况和最新前沿知识，是平台真正实现开放办学的关键。他们加入平台担任教师，可以在平台建设初期和校内教师一起共同组成一支“双师结构”的师资队伍，为“双师型”师资队伍的真正实现奠定基础。

三、构建“政产学研”有机链，有效对接产业发展

大专业平台人才培养模式最大的特色就是将政府、产业、学校和研究有机地联系在一起。

从学校的视角来看，学生可以获得针对性的实习，将学到的知识应用到实际当中，了解专业领域的最新信息；教师不仅可以到合作企业兼职学习实践性的技能知识，还能与企业共同参与研究项目，获得研究成果；学校可以通过与政府、企业的交流与合作，优化学校教育资源，了

解人才市场的需求，并可以与企业共建实验基地，获得一定的资金来源。

从企业的视角来看，企业可以直接从合作高校吸纳优秀的人才，引入新鲜的血液，减少新员工的职前培训的环节，节省成本。

该有机链中，政府不仅可以清楚把握国家经济、社会等各方面的规划，为大专业平台培养模式提供政策、物质上的支持，还可以为学校、企业提供多方面的监督和保障，促进学校与企业的长期互信合作，实现学校和企业的双赢。与政府的密切联系，能够促使学校社会职能的有效发挥，为国家更好地服务。高校应该主动地服务社会。高校在与政府、企业的合作中，可以发挥创造性，创新课程体系、教学方法、实习培训等，促进高等教育改革，推动社会发展。

第六章　委属民族院校人才培养模式的实践

委属民族院校是指国家民族事务委员会直属高等学校。创办民族院校是我国民族工作的一大创举，是党的民族政策的重要体现，根据《国务院关于进一步调整国务院部门（单位）所属学校管理体制和布局结构的决定》(国发〔1999〕26 号)，国家民委继续管理其所属六所高校：中央民族大学、中南民族大学、西南民族大学、西北民族大学、北方民族大学、大连民族学院。长期以来，在党中央、国务院的亲切关怀下，在各级组织和有关部门的大力支持下，民族院校为少数民族地区的改革与发展，为维护我国的民族团结和国家统一做出了重要贡献。

第一节　六所委属民族院校的基本情况①

一、成立时间和起源

（一）中央民族大学

学校前身是 1941 年 9 月中国共产党在延安创办的民族学院，是中国少数民族教育的最高学府，不少中国少数民族高级人才学成于此，1969 年迁至湖北潜江，后迁回北京。中央民族大学于 1978 年被批准为国家重点大学，1999 年、2004 年先后进入“211 工程”和“985 工程”国家重点建设大学行列。

---

① 根据委属六所民族院校官网整理。

（二）中南民族大学

学校前身为中南民族学院，创建于1951年11月29日，中南军政委员会遵照政务院颁布的《培养少数民族干部试行方案》，委托中原大学筹办中央民族学院中南分院。2002年3月学校更名为中南民族大学。

（三）西南民族大学

学校前身为西南民族学院，创建于1950年7月，并于1951年6月1日正式成立，2003年4月更名为西南民族大学。西南民族大学是在周恩来、邓小平、王维舟等老一辈无产阶级革命家的关怀下建立起来的，是新中国最早建立的民族院校之一。

（四）西北民族大学

该校是新中国成立后创建的第一所民族高等院校，学校前身是西北人民革命大学兰州分校第三部。从1950年2月起，在“革大三部”的基础上开始筹建；同年8月，西北民族学院正式成立，老一辈无产阶级革命家汪锋任院长。2003年4月，经教育部和国家民委批准，更名为西北民族大学。

（五）北方民族大学

北方民族大学是我国唯一一所建立在少数民族自治区的部属综合性民族高校，学校始建于1984年，原名西北第二民族学院。2006年2月，教育部批准在其基础上筹建北方民族大学，筹建期限为两年。2008年5月，北方民族大学正式挂牌成立。

（六）大连民族大学

该校是国家唯一设在东北和沿海开放地区、以工科和应用学科为主要特色的综合性民族高等学校。学校1984年立项筹建，1993年招生办学，1997年正式建校，2006年实现国家民委、辽宁省政府和大连市政府三方联合共建。

新中国成立初期，民族院校的主要宗旨是为国家培养少数民族干部，随着经济社会的发展，到20世纪90年代中期，民族院校逐步调整人才培养目标，转向培养实用型、应用型人才，宗旨是为少数民族与少数民族地区服务，培养适应经济社会发展需要的少数民族人才。

二、校址和区位分布

中央民族大学位于知名高校林立的北京市海淀区。1941 年办学之初建校于延安，1969 年迁至湖北潜江，后迁回北京。

中南民族大学坐落于湖北武汉南湖之滨。

西南民族大学坐落于有天府之国、芙蓉之都美誉的锦绣成都，与闻名中外的武侯祠相邻。

西北民族大学位于西北重镇甘肃省兰州市。

北方民族大学坐落在“塞上江南”——宁夏回族自治区首府银川市。

大连民族大学位于黄海之滨的大连市。

图 6-1 明确标示了六所民族院校的分布情况，分别处于我国东南、中南、西南、西北、北方等地区，并为该区域乃至全国的少数民族和少数民族地区服务。

图 6-1　六所民族院校的分布情况

三、招生情况

（一）中央民族大学

学校面向全国31个省、自治区、直辖市和台港澳地区招生，截至2016年11月，学校有全日制在校生15 841人，其中本科生11 270人，硕士、博士研究生4 386人，少数民族预科生185人（本校）；本科生（含预科生）中，少数民族学生比例为50%。学校是“中国政府奖学金”留学生接收学校，有来自50多个国家的672名留学生在校学习。建校以来，学校为国家输送了10万余名各民族毕业生。其中有知名专家学者近千名，少数民族省部级领导干部近百名，地厅级领导干部近千名，县处级领导干部万余名，他们在不同的岗位上为国家的民族团结与发展事业做出了突出的贡献。

（二）中南民族大学

截至2016年10月，学校招有56个民族的全日制博士、硕士、本科、预科等各类学生26 890余人，面向全国31个省（直辖市、自治区）招生，在湖北、河南、内蒙古、新疆、广西、西藏、云南、宁夏、山西、湖南、江西、海南等20个省（自治区）进入第一批招生，新生第一志愿录取率超过96%，少数民族学生比例近60%。办学60多年来，学校已累计培养了12万余名各民族干部和专业技术人才。他们遍布祖国的四面八方，为维护民族团结与稳定，促进少数民族和民族地区的经济与社会发展做出了积极的贡献。

（三）西南民族大学

截至2017年3月，有56个民族的在校全日制学生3万余人。建校66年来，一批又一批各族学子从学校踏入社会建功立业。在16万名各族各类毕业生中，涌现出新中国第一个藏族博士、羌族博士，涌现出新中国自己培养的第一批藏族将军，涌现出不少国内外著名的专家学者和大批各级领导干部，为民族地区的解放、政权建设、边疆巩固、民族团结、经济发展和社会进步做出了突出贡献。

（四）西北民族大学

截至2017年4月，现有55个民族全日制在校生26 000余人。建校

60 多年来，为国家培养了各级各类人才 16 万余人。

（五）北方民族大学

学校面向全国 31 个省、直辖市、自治区招生，截至 2017 年 3 月，学校招有 56 个民族的硕士生、本科生、预科生 2 万余人，少数民族学生比例为 60%。办学 30 多年来，学校为少数民族和民族地区经济社会发展培养了 4 万余名优秀人才，他们深谙民族文化传统，熟悉民族风俗民情，在民族地区安心工作，已经成为各民族“共同团结奋斗，共同繁荣发展”的践行者，少数民族和民族地区经济社会发展的建设者，民族优秀文化的弘扬和传播者，民族团结、祖国统一的捍卫者。他们为民族地区经济建设、社会发展、民族和谐贡献着自己的青春和智慧，为民族团结进步事业做出了积极贡献。

（六）大连民族大学

截至 2017 年 6 月，学校面向全国 31 个省、自治区、直辖市及港澳台地区招生，56 个民族学生齐聚校园，少数民族学生占 60%以上，来自少数民族、民族地区和西部地区的学生占 80%以上。建校以来，学校培养本科毕业生 3 万多人，就业率连续 17 年保持在 90%以上。

第二节 六所委属民族院校的师资、学科、科研情况①

一、师资队伍建设

（一）中央民族大学

学校现有教职工 2 065 人，其中专任教师 1 106 人，专任教师中教授、副教授 663 人，占专任教师总数的 60%。他们当中有戴庆厦、王尧、张公瑾、牟钟鉴、胡振华、施正一、刘秉江、马跃、靡若如、李魁正、杨圣敏、金炳镐、薛达元等知名专家学者，还有不断涌现的诸多中青年新秀，已渐成学界翘楚。另外，学校还常年聘有 60 多名外籍专家任教。学校目前双聘院士 1 人，长江学者 1 人，“新世纪百千万人才工程”

① 根据委属六所民族院校官网整理。

国家级人选 10 人，国家教学名师 2 人，北京市教学名师 14 人，教育部“新世纪优秀人才支持计划”人选 55 人，国家民委突出贡献专家 10 人，学科带头人、学术带头人 122 人，享受国务院政府特殊津贴专家 120 人。

（二）中南民族大学

学校现有教职工 2 000 余人，其中专任教师 1 300 余人。教师中，有正、副教授 767 人，博士、硕士生导师 427 人，有“新世纪百千万人才工程”国家级人选 3 人，享受国务院政府特殊津贴专家 29 人，省部级专家 34 人，拥有博士、硕士研究生学位教师比例达到 89%，形成了一支数量充足、结构优化、素质较高、发展良好的师资队伍。

（三）西南民族大学

学校现有教职工 1 900 余人，其中专任教师 1 400 余人，副高以上职称 680 余人，博士生导师、硕士生导师 300 余人。有 47 人先后享受国务院颁发的政府特殊津贴，25 人为国家民委或四川省突出贡献专家，66 人为四川省学术（技术）带头人及后备人选，8 人为教育部“新世纪优秀人才支持计划”人选。

（四）西北民族大学

学校现有教职工 1 900 余人，其中专任教师 1 200 余人，正高级专业技术人员 260 余人，副高级专业技术人员 440 余人，博士生导师 24 人，硕士生导师 340 多人，全国优秀教师 2 人，全国教育系统先进工作者 1 人，国家民委突出贡献专家 7 人，享受国务院政府特殊津贴专家 23 人，“甘肃省跨世纪学科带头人”14 人。

（五）北方民族大学

学校现有教职工 1 075 人，其中专任教师 758 人。专任教师中有教授 104 人，副教授 228 人，有硕士以上学位者 442 人，其中博士 65 人。学校教师中有“新世纪百千万人才工程”国家级人选 1 人，享受国务院政府特殊津贴专家 4 人，全国优秀教师 2 人，全国高校优秀思想政治理论课教师 1 人，全国“百千万知识产权人才工程”百名高层次人才 1 人，国家民委突出贡献专家 4 人，自治区有突出贡献专业技术优秀人才 1 人，享受自治区政府特殊津贴专家 3 人，自治区优秀教师 3 人，自治区高等学校教学名师 5 人，自治区“九一〇”奖章获得者 3 人，自治区青年科技奖获得者 1 人，自治区“新世纪 313 人才工程”人选 9 人。

（六）大连民族大学

学校现有教职工 1 305 人，其中专任教师 793 人，有博士学位的教师占 35%，有硕士以上学位的教师占 87%，有高级专业技术职务的教师占 51%。教师中有双聘中国工程院院士 2 人，全国优秀教师 2 人，全国高校专业教学指导委员会委员 3 人，国家民委突出贡献专家 4 人，享受国务院政府特殊津贴专家 6 人，教育部“新世纪优秀人才支持计划”2 人，辽宁省“十百千高端人才引进工程”百层次 1 人，辽宁省“百千万人才工程”百层次 4 人、千层次 12 人，辽宁省教学名师 8 人，辽宁省教学团队 7 个，辽宁省专业带头人 4 人，辽宁省普通高等学校优秀青年骨干教师 10 人，学校特聘教授 11 人，学科、学术、教学带头人 42 人，博士、硕士研究生导师 92 人。

二、学科建设

（一）中央民族大学

学校现有 23 个学院，有覆盖 10 个学科门类的 60 个本科专业、5 个一级学科博士学位授权点、25 个一级学科硕士学位授权点，2 个国家级重点学科：民族学和中国少数民族语言文学；9 个省部级重点学科：民族学、中国少数民族语言文学、专门史、马克思主义民族理论与政策、中国少数民族艺术、中国少数民族经济、宗教学、生态学、语言学及应用语言学；2 个国家文科基础学科人才培养和科学研究基地：历史学和中国少数民族语言文学；1 个教育部人文社会科学重点研究基地：中国少数民族研究中心；3 个国家“985 工程”哲学社会科学创新基地：中国当代民族问题战略研究哲学社会科学创新基地、中国少数民族语言文化教育与边疆史地研究哲学社会科学创新基地、中国民族地区社会经济与公共管理研究哲学社会科学创新基地。

（二）中南民族大学

学校开设了 10 大学科门类的 79 个本科专业；拥有民族学一级学科博士学位授权点和 7 个二级学科博士点；拥有 19 个学术型一级学科硕士

授权点，80个学术型二级学科硕士授权点，8个硕士专业（10个专业领域）学位授权点。授权学科覆盖了除军事学之外的其他全部12个学科门类，包括哲学、法学、文学、历史学、经济学、管理学、教育学、工学、理学、医学、农学、艺术。学校现有23门国家、省级精品课程，5个国家级特色专业建设点，1个湖北省高校优势学科，2个湖北省高校特色学科，14个省部级重点学科，7个省级品牌专业，11个国家级、省级实验教学示范中心，27个省部级科研机构（实验室、基地、中心），实验教学仪器设备总值约2.2亿元。2008年学校成为“推荐优秀应届本科毕业生免试攻读硕士学位”授予权单位。学校设有少数民族经济、女书、土家族、应用化学、等离子体、生物医学工程等48个研究所(中心)。

（三）西南民族大学

学校下设23个教学单位；有本科专业78个，硕士学位授权点100个，专业学位硕士点10个，博士学位授权点7个，博士、硕士学位授权一级学科18个，博士后流动站1个；是全国“卓越法律人才培养基地”和“中央部属高校大学生校外实践教育基地”；获全国高校毕业生就业典型经验50强高校。有1个一级学科省级重点学科，10个二级学科省级重点学科，1个二级学科省级重点（培育）学科，6个国家级特色专业，10个省级本科特色专业，15个双学位专业，5个省级本科人才培养基地，11个省（部）级重点实验室，2个省级实验教学示范中心。

（四）西北民族大学

学校现设有26个教学单位，学科涵盖哲学、经济学、法学、教育学、文学、历史学、理学、工学、农学、医学、管理学、艺术学12个学科门类。现有70个本科专业；1个博士学位授权点：中国少数民族语言文学；1个博士后科研流动站；13个一级学科硕士学位授权点：民族学、社会学、马克思主义理论、教育学、中国语言文学、中国史、计算机科学与技术、软件工程、畜牧学、兽医学、管理科学与工程、音乐与舞蹈学、美术学；40个二级学科硕士学位授权点；4个专业学位硕士点：法律硕士、艺术硕士、社会工作硕士、工程硕士。西北民族大学截至2012年，有3个省部级人文社会科学研究基地、1个国家级实验教学示范中心、3个省级实验教学示范中心、2个省级工程技术研究中心、1个兰州军区新型军事人才培养基地，1个甘肃省科普教育基地、1个国家民委双语人才培训基地。

（五）北方民族大学

学校现有18个教学院（部、中心），有经济学、法学、文学、历史学、理学、工学、管理学、艺术学、教育学、医学10大学科门类的63个本科专业，其中音乐舞蹈学院和设计艺术学院的专业为该校特色专业，按本科提前批录取。学校拥有6个一级学科硕士点，28个二级学科硕士点，1个工程硕士专业学位硕士点，4个国家级特色专业，2个国家民委重点学科，10个自治区级重点学科，5个国家民委重点实验室，1个国家级实验教学示范中心，7个省部级实验教学示范中心。目前北方民族大学正在积极申办宁夏地区唯一一个公共管理硕士MPA专业学位授权点，工商管理一级学科硕士学位授权点（包含5个二级学科硕士点），以及二级学科金融学硕士学位授权点。

（六）大连民族大学

学校设有经济管理学院、机电信息工程学院、生命科学学院、外国语言文化学院、计算机科学与工程学院、设计学院、土木建筑工程学院、文法学院、理学院、国际商学院、信息与通信工程学院、环境与资源学院、物理与材料工程学院、预科部、思想政治理论课教学科研部、国际文化交流学院、东北少数民族研究院、体育教学研究部18个教学科研单位，本科专业50个，涵盖工、理、经、管、文、法六大学科门类。学校始终把提高本科教育质量放在中心地位，建成国家级特色专业建设点6个，拥有省部级重点学科6个，国家民委、教育部重点实验室等省部级以上重点实验室5个。

六所民族院校学科状况分别是：中央民族大学本科专业60个，其中国家重点学科3个，省部级重点学科9个；中南民族大学本科专业79个，无国家重点学科，省部级重点学科14个；西南民族大学本科专业78个，其中国家重点学科3个，省部级重点学科11个；西北民族大学本科专业 70 个，无国家重点学科，省部级重点学科 5 个；北方民族大学本科专业 63 个，无国家重点学科，省部级重点学科 7 个；大连民族大学本科专业 50 个，无国家重点学科，省部级重点学科 6 个。

如图 6-2 所示，六所民族院校研究生授权点依次为：中央民族大学硕士学位授权点有 137 个，其中硕士学位一级授权点有 25 个，博士学位授权点有 41 个，其中博士学位一级授权点有 5 个；中南民族大学硕士学位授权点有 121 个，其中硕士学位一级授权点有 19 个，博士学位授权点有 8 个，其中博士学位一级授权点有 1 个；西南民族大学硕士学位授权点有 100 个，其中硕士学位一级授权点有 15 个，博士学位授权点有 7 个，其中博士学位一级授权点有 1 个；西北民族大学硕士学位授权点有 72 个，其中硕士学位一级授权点有 13 个，博士学位授权点有 3 个，无博士学位一级授权点；北方民族大学硕士学位授权点有 35 个，其中硕士学位一级授权点有 6 个，无博士学位授权点、博士学位一级授权点；大连民族大学硕士学位授权点有 2 个，无硕士学位一级授权点、博士学位授权点、博士学位一级授权点。

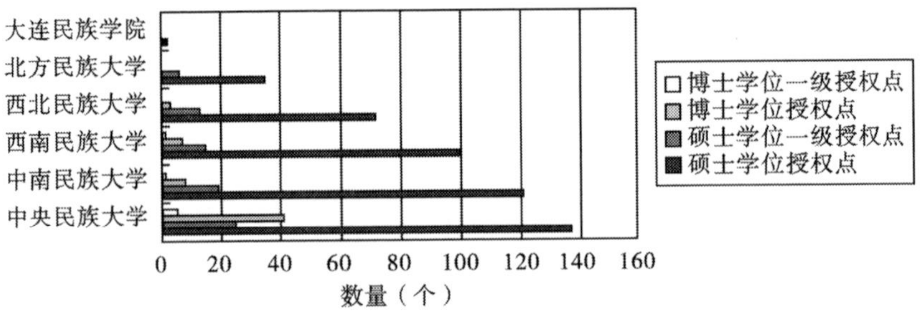

图 6-2　六所委属民族院校研究生授权点对比

三、科研水平

（一）中央民族大学

“十五”发展规划实施以来，学校共承担和完成省部级以上科研项目 252 项，社会横向课题 138 项，自主科研立项 625 项，出版学术专著 1 067 余部，发表学术论文 4 866 篇，获省部级以上奖励 155 项。建成教育部人文社会科学重点研究基地 1 个。围绕国家和民族地区发展的重大战略需求，确定了一批对凝练学科方向、提高学科水平具有重要支撑作用的原创性研究项目，取得了一批高水平的研究成果。

（二）中南民族大学

2011年至2013年，学校共获授权专利62项，承担各级各类项目1 880余项，其中国家级项目205项，省部级项目346项，获科技成果奖励169项，出版著作173部，在核心期刊以上发表论文2 000余篇。

（三）西南民族大学

2000年以来，学校承担国家级项目180余项，省（部）级项目700余项，发表学术论文万余篇，出版学术著作及教材800余部，获省部级科研成果奖300余项。特别是在畜牧兽医理论与技术、民族经济、民族旅游、民族文化研究和少数民族语言文字信息处理等领域的研究成果，在国内外学术界产生了较大影响。

（四）西北民族大学

2000年以来，学校承担重点科研项目418项，其中“863”项目2项，国家自然科学基金项目6项，国家社会科学基金项目24项，教育部哲学社会科学研究重大课题子项目3项，国务院其他部门的科研项目90多项，地方政府科研项目91项；出版专著300余部，发表论文4 000多篇，被SCI、EI、CSSCI等收录280篇。科研成果获得国家级奖励34项，省部级奖励190项；获发明专利授权15项，获实用新型专利授权1项。

（五）北方民族大学

学校在努力提高教学质量的同时，致力于科研水平的不断提高。特别是在英藏黑水城文献整理与研究、贺兰山与大麦地岩画研究、粉体材料和特种陶瓷研究、少数民族史学研究方面形成了一定的特色和优势，研究成果已达到国内先进水平，并引起了国内外学术界的高度关注。

（六）大连民族大学

2008年以来，学校主持国家重点基础研究发展计划（含子课题）项目3项，国家科技支撑计划项目2项，自然科学基金项目61项，社会科学基金项目10项；省部级科研项目378项，累计科研经费1.5亿元，86项科研成果获得省级以上政府奖励。教师在国内外各类专业杂志上发表学术论文1 800余篇，其中97篇被SCI、EI、ISTP等收录；出版专著和教材140部。

第三节 人才培养模式个案的实践探索

一、中南民族大学人才培养模式的历史沿革

初建时期的中南民族学院的办学方针是以短期培训干部为主，面向中南民族地区，为发展民族地区各项建设事业而培训干部、输送人才。这时的基础课程是马列主义、毛泽东思想理论，民族问题与民族政策，并根据实际需要来增减具体课程。在教学组织方面，学校设立了班部，全面负责学员的学习、思想工作和生活管理等。其一，教学主要以课堂授课为主，复习讨论与课外活动为辅，并伴有有计划地组织参观，充分运用了理性教育和感性教育相结合的教学方式。其二，教材是按不同班次来编印讲授提纲，不仅减少了学员记笔记的困难，还有助于学员掌握课程的中心并进行课后复习。其三，根据学员情况的不同，采用多种方式来对其进行分别辅导。随后，中南民族学院进行了教育革命，不断探索。学院认为应该将教学、生产劳动和科学研究结合起来，如中文、历史两系采取“一、三、八”制（即全年一个月休假，三个月劳动，八个月学习）。这一结合，不仅有利于改进教学、推动科研，还有利于师生了解群众、认识社会、丰富生活和培养能力。在教学方法方面，备课采用“干部、教师、同学”三结合的形式，围绕课堂教学抓好“备课、讲课、自学、辩论、总结、考查”六个环节。教学计划规定本科各系四年的总课时应保证在2 800—3 000课时，分类课程安排的课时比例是：政治课至少占授课总课时的25%，专业基础课最多占总课时的60%，公共课占总课时的15%，生产劳动也作为一门课程。同时，学院还在不断探索教材、教学方法的改进和师资队伍的建设。由于“文化大革命”，学院受到严重干扰，学院被强令撤销。

1980年，经国务院批准，同意恢复并重建中南民族学院，设置政治、语文、历史等专业，并附设干训部和预科。此时的中南民族学院是以本科教育为主，不仅化学系和物理系开始招生，还筹办了经济管理系、外语系和计算机软件专业，重点扶持理科专业。随后，学院开始加

快专业改造，到1993年，学院由最初的4个长线专业猛增到文、理、财经、政法、管理、外语等门类齐全的专业，本科专业有24个。

为了转向培养应用型人才，1994年学校提出了“加强基础，淡化专业，扩大知识面，加强外语和计算机教学”的教学原则和思路。学校认为应该培养知识面较宽的通才，在修订教学计划时遵循了这一思路。如财经系提出了“大会计”、“大金融”的思路，即将“会计”和“金融”两个专业在课程设置上相互交叉，不过分强调专业界限。两个专业的专业课有20门是相同的，其中大部分是专业基础课，课程分量极大，重基础。金融专业独立开设的专业课仅有8门，会计专业独立开设的专业课仅有13门。这一思路体现出的是大类招生。同时，学院为提高学生综合能力、基础知识的应用能力，加强了实践教学环节。

2001年，学院对学分制进行了改革，推行弹性学制。2002年，中南民族学院正式更名为中南民族大学。学校全面修订了专业教学计划和教学大纲，对课程进行了结构性调整：压缩各专业教学总学时，培养学生良好的自学习惯和独立获取知识的能力。2003年确定了实践教学计划和实践教学大纲，实践教学主要包括实验教学、教学实习、毕业论文（设计）和教学实践活动四个方面。随后，学院不断完善学分制、修订教学大纲、推进实践教学等。

二、中南民族大学现阶段的人才培养模式

（一）人才培养的目标和定位

中南民族大学的办学定位包括两个方面：其一，是服务面向的定位，面向少数民族和民族地区办学，为少数民族和民族地区发展服务；其二，是学校类型的定位，从现阶段的教学研究型大学向高水平的研究型大学转变。

（二）人才培养的方案与途径

1. 大类招生培养模式

该校的大类招生包括电气信息类、公共管理类、工商管理类、政治学类、环境科学类、数学类、经济学类、社会学类、新闻传播学类、化学类。以该校经济学类招生为例：大一新生进入学校后，前三个学期学

习经济学类的基础课程，包括学科基础课、公共必修课、公选课；到第四个学期，学生在了解了各专业的基础上，依据自己的兴趣，实行专业分流，进行专业必修课和专业选修课的学习。2011 年，该校有 29 个专业按照 10 个大类招生，包括电气信息类、公共管理类、工商管理类、政治学类、环境科学类、数学类、经济学类、社会学类、新闻传播学类、化学类。10 个专业大类分别包含了 2 个到 5 个不等的专业。该校学生工作管理方面，在新生刚进入学校的 2 个月，由选出的大三学生担任班助，负责新生的各项活动的通知与组织。同时还采用了以辅导员管理为主的管理体制，在每个年级分配一名辅导员，负责全面管理学生教学以外的各项工作。在辅导员管理的基础上，该校还辅以班主任制，即在每个班配备一名班主任，班主任可以是学院授课教师，也可以是学工系统教师。

2. 培养制度

中南民族大学正在不断完善学分制、主辅修制和双学位制。2001 年，学校开始了学分制改革，实行弹性学分制，即以教学计划规定的学习年限为参考，实行弹性学制，学生提前修满学分可以提前毕业、提前就业、提前考研。实行间修制，允许学生分阶段完成学业；把创新教育列入学分制方案，设立创新学分，等等。2009 年，该校开始规划与南湖周边十校联合的双学位制。主辅修制、双学位制、推免生制为学有余力的学生拓宽知识面、增强社会适应能力提供了良好平台。

3. 课程体系

人才培养模式的主体部分是课程体系和教学内容，是专业目标的具体实现方式，合格的课程体系为人才培养提供了重要保障。目前，该校已构建起了较为合理科学的本科学分制人才培养方案（见表 6-1）。

表 6-1　中南民族大学 2009 年本科学生培养方案学分构成①

平台/学分	性质	学分
通识教育平台/50.5	通识必修	40.5
	通识选修	10

① 中南民族大学校史编纂委员会. 中南民族大学校史（1951—2011）[M]. 武汉：湖北人民出版社，2011：259.

续表

平台/学分	性质	学分
学科基础平台/41—46	学科基础必修	27—30
	学科基础选修	14—16
专业平台/48—53	专业必修	26—29
	专业选修	22—24
实践平台/30.5—35.5	实践必修	25.5—30.5
	实践选修	5
其中	必修	118.5—129.5 (70%)
	选修	51.5—55.5 (30%)
总计	170—185	

课程体系设置的结构形式是“平台＋模块＋群”。由该表我们可以看出，整个课程体系由通识教育平台、学科基础平台、专业平台、实践平台四个平台构成；每个平台由若干模块组成，模块中包括了若干课程群。按性质分，课程可分为必修和选修两类。通识教育课包括通识必修课和通识选修课，即外语、思想政治理论课、计算机、体育；每个学院以自身专业人才培养的需要为依据，设置学科基础课、专业课和实践教学环节。课程结构中最基础的部分是通识教育平台，注重学生的素质教育，具有综合性。从学生的角度来看，它促进了学生的全面发展；从课程体系的角度来看，不同的学科之间相互交叉、相互渗透；从学校的角度来看，学校不仅可以充分利用优势资源，还可以呈现民族特色。学科基础平台是以通识教育平台为基础，对学生进行宽口径的专业教育，不仅具有公共性，还具有学术性，学生可以学习基础理论知识。专业平台包括专业必修课模块和专业选修课模块，有利于学生专业知识的学习与能力的锻炼。实践平台包括实践学分、社会实践、课程设计、教学实习、毕业实习、毕业论文（设计）、创新实践活动等，有利于培养学生的实践能力和创新能力。

三、中南民族大学人才培养模式存在的问题

从专业和课程设置来看，第一，该校人文社科类学科专业所占比重

较大，自然科学所占比重较少；第二，传统学科所占比重大，新兴、应用型学科所占比重极小；第三，缺乏学科前沿的学科专业，高科技专业不足。

从培养制度来看，该校学分制还不够完善，弹性学分、辅修制、双学位制都有待健全。

从实践平台来看，由于该校的办学设施条件有限，还不能很好地满足学生实验、实习等方面的需求。同时，实践课程在整个课程体系中所占的比重偏小，内容偏离实际，实践环节设置的不合理，严重制约着学生实践能力的发展。

从特色建设来看，该校除了民族学院的专业外，其他专业和非民族学院的学科、专业并没有什么区别，缺乏特色。该校必须重视民族学生与其他高校学生相比的特色在哪里、竞争力在哪里。

第七章　民族院校教学质量学生满意度研究

近年来对我国民族院校本科教学质量的评价日益受到重视，但现阶段的评定更多地集中在民族院校的基础设施建设和教师的学术成就等方面。虽然这些因素对民族院校本科教学的质量层级影响显著，但还不够完全，有必要了解教学的终端——学生群体对于教学的满意度状况。民族院校的教学质量评价必须聚焦学校的主要利益相关者：学生，必须将学生的"满意度"纳入教学质量评价体系。

学生满意度是指学生在享受学校提供的各种教育服务的过程中，所产生的愉快或是失望的心理感受，是对学校教育服务的综合评价。本章将学生的满意度分为七个层次，通过七级量表进行细化，明确学生对民族院校教学质量的具体评价等级。

第一节　理论基础

一、顾客满意度理论

顾客满意度（Customer Satisfaction Index，CSI）是指顾客对组织以及组织提供的产品或服务的满意程度，是衡量顾客满意程度的量化指标，是衡量一个组织服务质量的重要标志①。

顾客满意度测评是指通过对影响顾客满意的各种因素进行分类分析，发现影响顾客满意度的因素、顾客满意度与顾客行为之间的潜在关系，从而发

① 韩玉志. 现代大学管理：以美国大学学生满意度调查为例［M］. 杭州：浙江大学出版社，2008：28.

现问题所在，调整战略，以达到提升组织竞争优势的一种研究方法①。

顾客满意度指数测评模型不仅可以发现并确定关于顾客满意程度的影响因素，还可以了解顾客满意程度与其影响因素之间的相互作用。宏观国民经济系统运行质量的好坏可以从顾客满意度指数测评模型的测评结果中体现出来，不少国家和地区根据自身实际情况建立起了自己的顾客满意指数模型，其中运用最为广泛的是 1994 年美国建立的全国性顾客满意度指数模型（American Customer Satisfaction Index，ACSI）。“该模型共有 6 个结构变量，顾客满意度是最终所求的目标变量，预期质量、感知质量和感知价值是顾客满意度的原因变量，顾客抱怨和顾客忠诚则是顾客满意度的结果变量。”②

高等教育不属于纯公共产品，高等院校提供教育服务，如教育教学活动、校园管理等，必须承担一定的成本，如管理成本、获取教育资源的成本、教职工工资成本等。学生要想进入高等院校学习，促进自身的全面发展，必须缴纳一定的学杂费。由此，我们可以将高等院校看作提供教育的服务者，把学生看作接受教育的顾客。学生作为顾客，是高等院校赖以生存的根本；高等院校作为服务者，在对教育进行评估时，还应考虑到服务质量，要把学生的需求放在首位。因此，顾客满意度理论在教育领域也具有一定的参考价值。

高校顾客满意度测量的顾客可以是学生，也可以是用人单位、家长或社会，但高校教学服务的直接顾客是学生。因此，本研究将高等教育顾客满意度的研究范围具体为学生，主要探讨学生满意度③。

二、利益相关者理论

1984 年，弗里曼出版《战略管理：利益相关者管理的分析方法》一书，明确提出利益相关者管理理论。利益相关者理论的一个观点是，各

---

① 韩玉志．现代大学管理：以美国大学学生满意度调查为例［M］．杭州：浙江大学出版社，2008：28．

② 刘宇．顾客满意度测评［M］．北京：社会科学文献出版社，2003：85．

③ 王艳杰．高校教学服务学生满意度调查研究——以 H 大学本科生为例［D］．石家庄：河北大学，2011：14．

个利益相关者的投入和参与直接影响相关组织的发展，组织所追求的是利益相关者的整体利益，而非仅仅个别主体的利益。利益相关者管理是一种管理活动，它的目的是平衡各个利益相关者的利益要求，执行主体是企业管理者。

各种资源的供给直接影响着高校的发展，物质资源必不可少，其中最基本、最直接的就是办学经费。约翰·布鲁贝克曾经在提到高校办学经费时说："即使最富裕的国家也不可能提供高等教育需要的全部经费，除非社会愿意重新分配目前用于国防、空间探索、公共卫生和社会福利计划方面的国家资源。"一般来说，高校是不可能从国家那里得到充足办学经费的，必须通过其他的方式来获取各种办学资源。这些多渠道的经费来源势必影响高等学校的办学活动和高校办学使命的实现。因此，大学自然成为各利益相关者的连接体①。

高等院校的办学，不仅需要利益相关者提供的物质资源，还需要利益相关者提供的精神资源。各级政府为高校制定相关的政策，使得高校得以按照一系列规章制度有计划、有目的、有条理地从事办学活动；各科研机构、企事业单位为大学提供各种专业学科的新知识，使得高校能够丰富充实自身的知识储备；企业为高校提供最优的经营理念和管理技能，使得高校能够在管理过程中提高效率；学校领导者的领导方式、教师的教学方法、学生的学习效果以及领导、教师和学生之间的交流，有利于各高校自身校园文化的建设，有利于提高社会形象，吸引更多的生源和师资。以上种种无形的精神资源通过各利益相关者提供给高校，最终转化成高校的软实力，从而提高高校的核心竞争力。

第二节　服务质量评估模型

一、KANO 模型

KANO 模型是由东京理工大学教授狩野纪昭和他的同事们结合既有

① 魏海玲. 论大学治理的现代性和后现代性 [J]. 高等教育研究，2005 (3): 79-81.

研究结果设计出的一种用于观测顾客需求的图表。

严格来讲，KANO模型利用的是定性分析方法，目的是通过对顾客的不同层次需求进行分类处理，帮助企业寻找提高顾客满意度的切入点，识别影响顾客满意度的关键因素，通常在满意度评价工作的前期作为辅助研究模型，如图7.1：

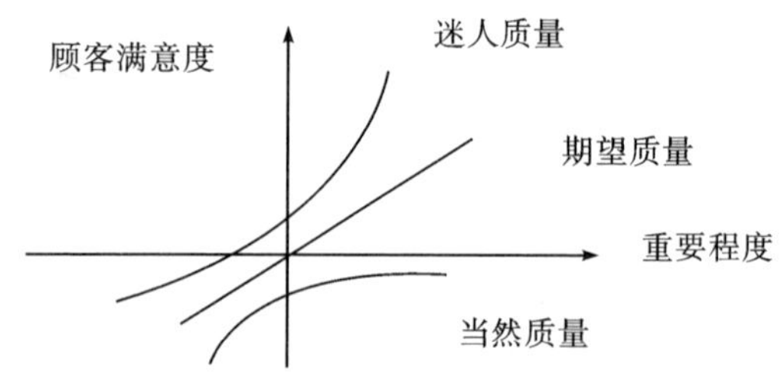

图7-1　卡诺顾客满意度模型

资料来源：马万民，张美文．高等教育服务过程的顾客满意度模型［J］．统计与决策，2006（5）：150-151．

第一，当然质量，是指服务应当具备的质量，即高等教育教学服务的第一层次社会效果。

第二，期望质量，是指学生对服务有具体要求的质量特性，即高等教育教学服务应达到的第二层次社会效果。学生对于这类质量特性的期望以及学校提供的这类质量特性的状况是比较容易衡量和评价的，期望质量及其实现程度是学生满意度评价的关键。

第三，迷人质量，是指服务所具有的超越学生期望的质量特性，指的是高等教育教学服务所达到的三层次的社会效果①。

卡诺模型不仅是顾客满意度指数测评方法的理论基石，而且它可以以定性的方式较快得出顾客满意度测评结果。

二、SERVQUAL模型

（一）服务质量差距分析模型

1983年，PZB小组开始合作，共同在服务营销领域进行相关研究。

① 马万民，张美文．高等教育服务过程的顾客满意度模型［J］．统计与决策，2006（5）：150-151．

1985 年，他们三人合作发表了题为《服务质量的一个概念性模型及其在未来研究中的应用》一文，提出了服务质量差距分析模型（简称 SERVQUAL 模型），证明顾客感知质量受组织内部四个差距的影响。这一模型的提出，第一次阐明了服务质量是如何产生的，为 PZB 小组日后的研究奠定了基础①。

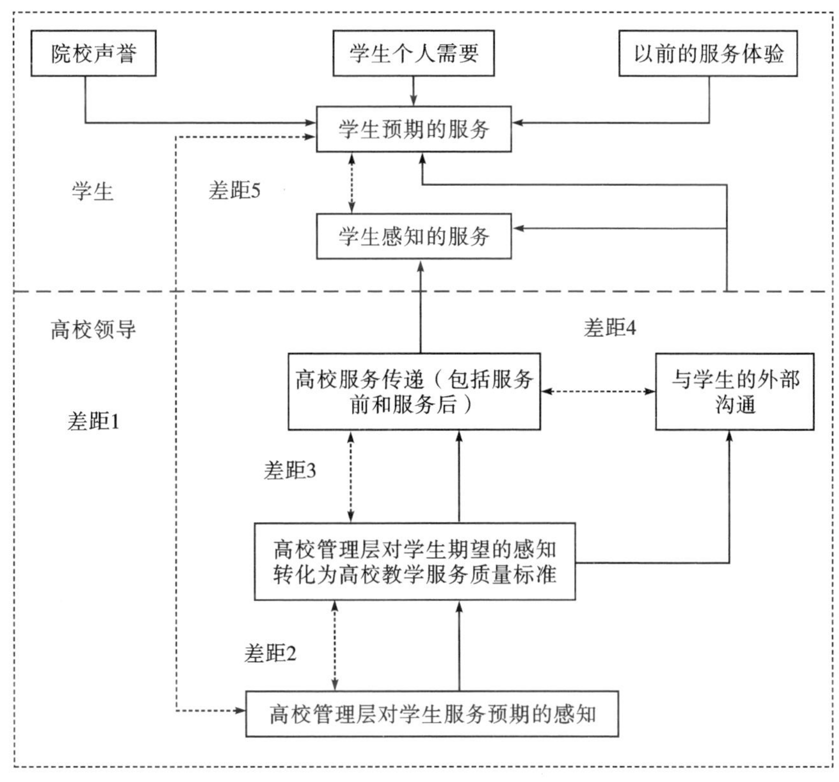

图 7-2　高校服务质量差距分析模型

资料来源：洪彩真．高等教育服务质量与学生满意度研究——以福州、厦门、泉州高职院校为例［D］．厦门：厦门大学，2007：100.

服务质量差距分析模型指出：对高校而言，学生实际感知到的服务

① VALARIE A Z, LEITHAML L B, & PARASURAMAN A. Communication and Control Processes in the Delivery of Service Quality [J]. Journal of Marketing, 1988 (52): 35-48.

质量与学生对服务质量的预期之间的差异是由高校一系列活动造成的。从高校管理者根据自己对学生期望的理解确定高校的服务标准至教职工根据这些标准为学生提供必要的服务，其中任何一个环节的差距，最终都势必会影响学生感知的服务质量。据此，高校管理者可以发现产生服务质量感知偏差的原因，在图 7-2 中，存在着五种服务质量的差距。

差距 1：认识差距：高校管理层对学生服务期望的感知差距；

差距 2：制定标准差距：高校管理层将对学生期望的感知转化为高校服务质量标准的差距；

差距 3：服务绩效差距：高校的服务质量标准与高校服务传递之间的差距；

差距 4：传递差距：高校服务传递与学生外部沟通之间的差距；

差距 5：期望与感知差距：学生对高校服务质量感知与期望之间的差距①。

（二）服务质量的评价方法与步骤

在提出了“期望—感知”差异理论的基础上，PZB 小组对评价服务质量做了进一步的研究，提出了“期望—感知”(perceptions minus expectations) 评估框架，具体的评价过程分为两步：第一步，进行问卷调查，由顾客打分；第二步，计算服务质量的分数。评价服务质量实际上就是对所得到的分数进行计算。顾客的实际感受与期望往往不同，因此，对同一个问题的打分就会存在差异，这一差异就是在这个问题上服务质量的分数，用公式表示为：

$$SQ = \sum_{j=1}^{k} w_j (P_j - E_j)$$

其中，SQ 为总体满意度；k 为产品或服务特性的数目；w_j 为特性 j 对 SQ 的权重；P_j 为与特性 j 相关的实际认知值；E_j 为与特性 j 相关的期望值。

服务质量（SQ）＝实际感知（P）－服务期望（E）

① ［美］瓦拉瑞尔·A. 泽丝曼尔，玛丽·乔·比特纳. 服务营销［M］. 张金成，白长虹，译. 北京：机械工业出版社，2004：22.

学生对高校服务质量的感受取决于预期的服务（E）和感受到的服务（P）之间的差距比较。当 $P<E$ 时，即学校所提供的服务质量低于学生满意的服务质量，这是不可接受的服务质量；当 $P=E$ 时，服务质量是满意的；当 $P>E$ 时，即表示学校所提供的服务质量超过了学生满意的服务质量，会极大地增加学生对学校的好感。

第三节　研究设计与样本数据筛选

一、研究设计

（一）研究对象

本研究范围设定为我国民族高等教育领域，研究对象确定为中南民族大学在校本科生。

（二）研究假设

通过理论分析，本研究支持服务质量是顾客满意度的前因的论点，即顾客所感受到的服务质量越好，满意度就会提升，服务质量对顾客满意度存在影响作用。本研究的目的是探讨样本学生特征对民族院校教学质量满意度的内在影响，即自变量性别、专业、入学时间（年级）和学习成绩对民族院校教学质量学生满意度的影响效果。本研究认为单个自变量上的差异性导致学生满意度的变化，这将直接影响民族院校教学的最终效果，即教学质量的高低，本研究尝试通过独立样本 T 检验和多个独立样本的非参数假设检验来探讨其内在相关性。即性别、专业、入学时间（年级）和学习成绩上的差异性将导致民族院校教学质量满意度的差异性，故提出以下假设，见表 7-1：

表 7-1　研究假设

研究假设	
假设 1	H_{01}：不同性别的本科学生对学校教学服务质量满意度的评价差异显著
假设 2	H_{02}：不同专业类别的本科学生对学校教学服务质量满意度的评价差异显著
假设 3	H_{03}：不同年级的本科学生对学校教学服务质量满意度的评价差异显著
假设 4	H_{04}：学习成绩不同的本科学生对学校教学服务质量满意度的评价差异显著

二、研究样本与数据获取

（一）研究样本与抽样方法

本次问卷调查以中南民族大学的在校本科生为研究样本。首先采取预调研，在校园内发放20份问卷，针对预调研结果，对问卷进行修订，减少作答者的负担，同时增强问卷的针对性。在此基础上，采取随机抽样的方法，在中南民族大学随机选取的100名在校本科生中进行问卷调查。

（二）数据提取说明与问卷信度效度分析

1．民族院校样本学生特征的研究指标与所需数据说明

借鉴以往的研究文献，本研究重点从学生个体特征层面出发，同时考虑学生家庭环境层面对结果的潜在影响，因此对学生个体特征和家庭环境两个方面来设计研究指标，提取数据。个体特征主要包括性别、专业类型、年纪、学习成绩层面。上述指标所需要的数据主要通过问卷的第一部分获得。

2．民族院校学生满意度测评的研究指标与所需数据说明

民族院校学生满意度测评的研究指标主要包括专业培养目标、专业培养特色、各学期学时分配、专业培养方案、整体课程结构安排、专业课程学期分布、选修课课程种类、所学课程适用性、学校实践教学财政投入、实践教学教师、任课教师执行教学基本规章制度、任课教师课堂教学态度、任课教师个人品德、任课教师学科专业知识、任课教师教学方法、教室硬件设施、图书馆硬件设施、自习室座位数量、自习室环境、教学实验设备、实习基地硬件设施、体育教学硬件设施、考风考纪、学校学风、辅导员工作、图书馆工作人员、学校教学管理制度和学校管理者的满意程度等。上述指标所需数据主要通过问卷的第二部分获得。

3．民族院校学生满意度测评维度权重指标与所需数据说明

民族院校学生对学校教学服务质量测评的维度权重指标主要包括人才培养模式、教学课程、实践教学、任课教师状况、教学基建设施和教学管理。上述6个指标所需数据主要通过问卷的第三部分获得。

4. 问卷信度效度分析

随机抽样调查所用的问卷共发放 100 份，回收问卷 98 份，得到有效问卷 96 份，提出 4 224 个数据。利用从“任课教师学科专业知识”、“教室硬件设施”等关键题项获取的数据进行信度分析，得到 AlPha 系数为 0.946，非常接近 1，因此认为问卷信度较高。同时运用因子分析法进行结构效度分析，得到 KMO 值为 0.769，认为问卷具有结构效度。

三、调查样本的数据特征

表 7-2 列出了调查样本中学生的总体特征，表 7.3—表 7.6 分布列出了调查样本的性别、专业类别、入学时间、学习成绩的分布情况。从表中可见，在抽样学生中，男生占调查总体的 54.2%，女生占调查总体的 45.8%；专业为“社会科学类”的学生占调查总体的 72.9%，专业为“自然科学类”的学生占调查总体的 27.1%；2009 级学生占调查总体的 21.9%，2010 级学生占调查总体的 36.5%，2011 级学生占调查总体的 30.2%，2012 级学生占调查总体的 11.5%；学习成绩为“优秀”的学生占调查总体的 10.4%，学习成绩为“良好”的学生占调查总体的 32.3%，学习成绩为“中等”的学生占调查总体的 41.7%，学习成绩为“中等以下”的学生占调查总体的 15.6%。

表 7-2　综合统计量

统计量							
		性别	民族	专业类别	入学时间	籍贯	家庭收入水平
N	有效	96	96	96	96	96	96
	缺失	0	0	0	0	0	0

表 7-3　统计量——性别

性别					
		频率	百分比	有效百分比	累积百分比
有效	男	52	54.2	54.2	54.2
	女	44	45.8	45.8	100.0
	合计	96	100.0	100.0	

表 7-4　统计量——专业类别

专业类别					
		频率	百分比	有效百分比	累积百分比
有效	社会科学	70	72.9	72.9	72.9
	自然科学	26	27.1	27.1	100.0
	合计	96	100.0	100.0	

表 7-5　统计量——入学时间

入学时间					
		频率	百分比	有效百分比	累积百分比
有效	2009 年	21	21.9	21.9	21.9
	2010 年	35	36.5	36.5	58.4
	2011 年	29	30.2	30.2	88.6
	2012 年	11	11.4	11.4	100.0
	合计	96	100.0	100.0	

表 7-6　统计量——学习成绩

学习成绩					
		频率	百分比	有效百分比	累积百分比
有效	良好	31	32.3	32.3	32.3
	优秀	10	10.4	10.4	42.7
	中等	40	41.7	41.7	84.4
	中等以下	15	15.6	15.6	100.0
	合计	96	100.0	100.0	

第四节　民族院校教学质量学生满意度的实证分析

一、独立样本 T 检验

（一）研究设计

本研究的目的是探讨样本学生特征对民族院校教学质量满意度的内在影

响，即自变量性别、专业对民族院校教学质量学生满意度的影响效果。本研究认为单个自变量上的差异性导致学生满意度的变化，这将直接影响民族院校教学的最终效果，即教学质量的高低，根据本节自变量性别、专业类别两个自变量的选取，决定采用独立样本 T 检验进行实证分析，探讨性别、专业类型与民族院校教学质量学生满意度各项测评指标的内在相关性。

（二）分组变量“性别”与相关检验变量的 T 检验结果

表 7-7　分组变量“性别”与相关检验变量的 T 检验结果

独立样本检验

<table>
<tr><td colspan="2" rowspan="3"></td><td colspan="2">方差方程的 Levene 检验</td><td colspan="7">均值方程的 T 检验</td></tr>
<tr><td rowspan="2">F</td><td rowspan="2">Sig.</td><td rowspan="2">T</td><td rowspan="2">df</td><td rowspan="2">Sig.（双侧）</td><td rowspan="2">均值差值</td><td rowspan="2">标准误差值</td><td colspan="2">差分的 95% 置信区间</td></tr>
<tr><td>下限</td><td>上限</td></tr>
<tr><td rowspan="2">专业培养目标的满意程度</td><td>假设方差相等</td><td>0.757</td><td>0.387</td><td>−2.493</td><td>94.000</td><td>0.014</td><td>−0.474</td><td>0.190</td><td>−0.851</td><td>−0.096</td></tr>
<tr><td>假设方差不相等</td><td></td><td></td><td>−2.478</td><td>88.867</td><td>0.015</td><td>−0.474</td><td>0.191</td><td>−0.854</td><td>−0.094</td></tr>
<tr><td rowspan="2">专业培养特色的满意程度</td><td>假设方差相等</td><td>2.084</td><td>0.152</td><td>−2.438</td><td>94.000</td><td>0.017</td><td>−0.484</td><td>0.199</td><td>−0.879</td><td>−0.090</td></tr>
<tr><td>假设方差不相等</td><td></td><td></td><td>−2.404</td><td>84.764</td><td>0.018</td><td>−0.484</td><td>0.201</td><td>−0.885</td><td>−0.084</td></tr>
<tr><td rowspan="2">各学期学时分配的满意程度</td><td>假设方差相等</td><td>0.000</td><td>0.988</td><td>−1.583</td><td>94.000</td><td>0.117</td><td>−0.309</td><td>0.195</td><td>−0.698</td><td>0.079</td></tr>
<tr><td>假设方差不相等</td><td></td><td></td><td>−1.586</td><td>92.043</td><td>0.116</td><td>−0.309</td><td>0.195</td><td>−0.697</td><td>0.078</td></tr>
<tr><td rowspan="2">本专业培养方案的满意程度</td><td>假设方差相等</td><td>0.450</td><td>0.504</td><td>−1.871</td><td>94.000</td><td>0.064</td><td>−0.341</td><td>0.182</td><td>−0.703</td><td>0.021</td></tr>
<tr><td>假设方差不相等</td><td></td><td></td><td>−1.860</td><td>88.935</td><td>0.066</td><td>−0.341</td><td>0.183</td><td>−0.705</td><td>0.023</td></tr>
<tr><td rowspan="2">整体课程结构安排的满意程度</td><td>假设方差相等</td><td>0.204</td><td>0.652</td><td>−1.433</td><td>94.000</td><td>0.155</td><td>−0.264</td><td>0.184</td><td>−0.630</td><td>0.102</td></tr>
<tr><td>假设方差不相等</td><td></td><td></td><td>−1.440</td><td>92.849</td><td>0.153</td><td>−0.264</td><td>0.183</td><td>−0.628</td><td>0.100</td></tr>
</table>

续表

		方差方程的 Levene 检验		均值方程的 T 检验						
		F	Sig.	T	df	Sig.（双侧）	均值差值	标准误差值	差分的 95% 置信区间	
									下限	上限
专业课程学期分布的满意程度	假设方差相等	0.466	0.497	−1.935	94.000	0.056	−0.397	0.205	−0.804	0.010
	假设方差不相等			−1.928	89.941	0.057	−0.397	0.206	−0.806	0.012
选修课课程种类的满意程度	假设方差相等	0.872	0.353	−0.127	94.000	0.900	−0.028	0.221	−0.467	0.411
	假设方差不相等			−0.126	88.229	0.900	−0.028	0.223	−0.470	0.414
所学课程适用性的满意程度	假设方差相等	0.246	0.621	−0.772	94.000	0.442	−0.126	0.163	−0.450	0.198
	假设方差不相等			−0.768	89.666	0.444	−0.126	0.164	−0.451	0.200
学校实践教学财政投入的满意程度	假设方差相等	1.145	0.287	−0.881	94.000	0.381	−0.178	0.202	−0.580	0.224
	假设方差不相等			−0.876	89.448	0.383	−0.178	0.203	−0.583	0.226
实践教学教师的满意程度	假设方差相等	0.124	0.725	−2.144	94.000	0.035	−0.420	0.196	−0.808	−0.031
	假设方差不相等			−2.112	84.028	0.038	−0.420	0.199	−0.815	−0.025
任课教师执行教学基本规章制度的满意程度	假设方差相等	0.332	0.566	−2.887	94.000	0.005	−0.524	0.182	−0.885	−0.164
	假设方差不相等			−2.882	90.692	0.005	−0.524	0.182	−0.886	−0.163
任课教师课堂教学态度的满意程度	假设方差相等	2.081	0.152	−1.985	94.000	0.050	−0.374	0.189	−0.748	0.000
	假设方差不相等			−1.966	87.288	0.052	−0.374	0.190	−0.752	0.004

续表

		方差方程的 Levene 检验		均值方程的 T 检验						
		F	Sig.	T	df	Sig.（双侧）	均值差值	标准误差值	差分的 95% 置信区间	
									下限	上限
任课教师个人品德的满意程度	假设方差相等	0.156	0.694	−1.644	94.000	0.103	−0.313	0.190	−0.691	0.065
	假设方差不相等			−1.653	92.939	0.102	−0.313	0.189	−0.689	0.063
任课教师学科专业知识的满意程度	假设方差相等	0.642	0.425	−0.840	94.000	0.403	−0.168	0.200	−0.564	0.229
	假设方差不相等			−0.836	89.031	0.406	−0.168	0.201	−0.567	0.231
任课教师教学方法的满意程度	假设方差相等	0.010	0.921	−0.707	94.000	0.482	−0.145	0.205	−0.553	0.263
	假设方差不相等			−0.702	88.718	0.484	−0.145	0.207	−0.556	0.266
任课教师听取反馈意见的满意程度	假设方差相等	0.001	0.981	−1.645	94.000	0.103	−0.339	0.206	−0.748	0.070
	假设方差不相等			−1.646	91.635	0.103	−0.339	0.206	−0.748	0.070
教室硬件设施的满意程度	假设方差相等	0.681	0.411	−0.430	94.000	0.668	−0.089	0.208	−0.501	0.323
	假设方差不相等			−0.429	90.711	0.669	−0.089	0.208	−0.502	0.324
图书馆硬件设施的满意程度	假设方差相等	1.592	0.210	−0.309	94.000	0.758	−0.059	0.192	−0.441	0.322
	假设方差不相等			−0.305	85.407	0.761	−0.059	0.195	−0.447	0.328
自习室座位数量的满意程度	假设方差相等	5.580	0.020	−1.224	94.000	0.224	−0.255	0.209	−0.669	0.159
	假设方差不相等			−1.199	80.586	0.234	−0.255	0.213	−0.679	0.168

续表

		方差方程的 Levene 检验		均值方程的 T 检验						
		F	Sig.	T	df	Sig.（双侧）	均值差值	标准误差值	差分的 95% 置信区间	
									下限	上限
自习室环境的满意程度	假设方差相等	0.378	0.540	−0.601	94.000	0.549	−0.117	0.195	−0.504	0.270
	假设方差不相等			−0.597	88.713	0.552	−0.117	0.196	−0.507	0.273
教学实验设备的满意程度	假设方差相等	0.947	0.333	0.432	94.000	0.667	0.089	0.206	−0.321	0.499
	假设方差不相等			0.437	93.922	0.663	0.089	0.204	−0.316	0.494
实习基地硬件设施的满意程度	假设方差相等	3.231	0.075	1.105	94.000	0.272	0.191	0.172	−0.152	0.533
	假设方差不相等			1.126	93.671	0.263	0.191	0.169	−0.145	0.527
体育教学硬件设施的满意程度	假设方差相等	0.677	0.413	−0.018	94.000	0.986	−0.003	0.192	−0.386	0.379
	假设方差不相等			−0.018	87.053	0.986	−0.003	0.194	−0.390	0.383
考风考纪的满意程度	假设方差相等	0.091	0.763	1.177	94.000	0.242	0.220	0.187	−0.151	0.592
	假设方差不相等			1.175	90.868	0.243	0.220	0.187	−0.152	0.593
学校学风的满意程度	假设方差相等	2.821	0.096	−1.080	94.000	0.283	−1.612	1.493	−4.576	1.352
	假设方差不相等			−0.994	43.612	0.326	−1.612	1.622	−4.882	1.658
辅导员工作的满意程度	假设方差相等	0.895	0.347	−2.744	94.000	0.007	−0.526	0.192	−0.907	−0.145
	假设方差不相等			−2.770	93.700	0.007	−0.526	0.190	−0.903	−0.149

续表

		方差方程的 Levene 检验		均值方程的 T 检验						
		F	Sig.	T	df	Sig.（双侧）	均值差值	标准误差值	差分的 95% 置信区间	
									下限	上限
图书馆工作人员的满意程度	假设方差相等	1.280	0.261	−2.611	94.000	0.011	−0.510	0.195	−0.899	−0.122
	假设方差不相等			−2.624	92.817	0.010	−0.510	0.195	−0.897	−0.124
学校教学管理制度的满意程度	假设方差相等	0.173	0.678	−2.042	94.000	0.044	−0.378	0.185	−0.745	−0.010
	假设方差不相等			−2.033	89.507	0.045	−0.378	0.186	−0.747	−0.009
学校管理者的满意程度	假设方差相等	0.153	0.696	−1.593	94.000	0.114	−0.292	0.183	−0.656	0.072
	假设方差不相等			−1.577	86.769	0.118	−0.292	0.185	−0.660	0.076

（其中，T 代表统计量，df 代表自由度，p 代表相伴概率）

在表 7-7 中给出的是方差齐性检验与 T 检验的计算结果。

项目为“专业培养目标的满意程度”一栏中，T＝－2.493，df＝94，p＝0.014＜0.05，因此，接受假设 H_{01}，即得出不同性别的学生对专业培养目标的满意程度是存在显著差异的。项目为“专业培养特色的满意程度”一栏中，T＝－2.438，df＝94，p＝0.017＜0.05，因此，接受假设 H_{01}，即得出不同性别的学生对专业培养特色的满意程度是存在显著差异的。项目为“各学期学时分配的满意程度”一栏中，T＝－1.583，df＝94，p＝0.117＞0.05，因此，拒绝假设 H_{01}，即得出不同性别的学生对各学期学时分配的满意程度是不存在显著差异的。项目为“本专业培养方案的满意程度”一栏中，T＝－1.871，df＝94，p＝0.064＞0.05，因此，拒绝假设 H_{01}，即得出不同性别的学生对本专业培养方案的满意程度是不存在显著差异的。项目为“整体课程结构安排的满意程度”一栏中，T＝－1.433，df＝94，p＝0.155＞0.05，因此，拒绝假设 H_{01}，即得出不同性别的学生对整体课程结构安排的满意程度是不存在显著差异的。项目为“专业课程学期分布的满意程度”一栏中，T=－1.935，df=94，p=0.056>0.05，因此，拒绝假设 H_{01}，即得出不同性别的学生对专业课程学期分布的满意程度是不存在显著差异的。项目为“选修课课程种类的满意程度”一栏中，T=－0.127，df=94，p=0.900>0.05，因此，拒绝假设 H_{01}，即得出不同性别的学生对选修课课程种类的满意程度是不存在显著差异的。项目为“所学课程适用性的满意程度”一栏中，T=－0.772，df=94，p=0.442>0.05，因此，拒绝假设 H_{01}，即得出不同性别的学生对所学课程适用性的满意程度是不存在显著差异的。项目为“学校实践教学财政投入的满意程度”一栏中，T=－0.881，df=94，p=0.381>0.05，因此，拒绝假设 H_{01}，即得出不同性别的学生对学校实践教学财政投入的满意程度是不存在显著差异的。项目为“实践教学教师的满意程度”一栏中，T=－2.144，df=94，p=0.035<0.05，因此，接受假设 H_{01}，即得出不同性别的学生对实践教学教师的满意程度是存在显著差异的。项目为“任课教师执行教学基本规章制度的满意程度”一栏中，T=－2.887，df=94，p=0.005<0.05，因此，接受假设 H_{01}，即得出不同性别的学生对任课教师执行教学基本规章制度的满意程度是存在显著差异的。项目为“任课教师课堂教学态度的满意程度”一栏中，T=－1.985，df=94，p=0.050=0.05，因此，接受假设 H_{01}，即得出不同性别的学生对任课教师课堂教学态度的满意程度是存在显著差异的。项目为“任课教师个人品德的满意程度”一栏中，T=－1.644,df=94，p=0.103>0.05，因此，拒绝假设 H_{01}，即得出不同性别的学生对任课教师的个人品德的满意程度是不存在显著差异的。项目为“任课教师学科专业知识的满意程度”一栏中，T=－0.840，df=94，p=0.403>0.05，因此，拒绝假设 H_{01}，即得出不同性别的学生对任课教师学科专业知识的满意程度是不存在显著差异的。项目为“任课教师教学方法的满意程度”一栏中，T=－0.707，df=94，p=0.482>0.05，因此，拒绝假设 H_{01}，即得出不同性别的学生对任课教师教学方法的满意程度是不存在显著差异的。项目为“任课教师听取反馈意见的满意程度”一栏中，T=－1.645，df=94，p=0.103>0.05，因此，拒绝假设 H_{01}，即得出不同性别的学生对任课教师听取反馈意见的满意程度是不存在显著差异的。项目为“教室硬件设施的满意程度”一栏中，T=－0.430，df=94，p=0.668>0.05，因此，拒绝假设 H_{01}，即得出不同性别的学生对教室硬件设施的满意程度是不存在显著差异的。项目为“图书馆硬件设施的满意程度”一栏中，T=－0.309，df=94，p=0.758>0.05，因此，拒绝假设 H_{01}，即得出不同性别的学生对图书馆硬件设施的满意程度是不存在显著差异的。项目为“自习室座位数量的满意程度”一栏中，T=－1.199，df=80.586，p=0.234>0.05，因此，拒绝假设 H_{01}，即得出不同性别的学生对自习室座位数量的满意程度是不存在显著差异的。项目为“自习室环境的满意程度”一栏中，T=－0.601，df=94，p=0.549>0.05，因此，拒绝假设 H_{01}，即得出不同性别的学生对自习室环境的满意程度是不存在显著差异的。项目为“教学实验设备的满意程度”一栏中，T=0.432，df=94，p=0.667>0.05，因此，拒绝假设 H_{01}，即得出不同性别的学生对教学实验设备的满意程度是不存在显著差异的。项目为“实习基地硬件设施的满意程度”一栏中，T=1.105，df=94，p=0.272>0.05，因此，拒绝假设 H_{01}，即得出不同性别的学生对实习基地硬件设施的满意程度是不存在显著差异的。项目为“体育教学硬件设施的满意程度”一栏中，T=－0.018，df=94，p=0.986>0.05，因此，拒绝假设 H_{01}，即得出不同性别的学生对体育教学硬件设施的满意程度是不存在显著差异的。项目为“考风考纪的满意程度”一栏中，T=1.177，df=94，p=0.242>0.05，因此，拒绝假设 H_{01}，即得出不同性别的学生对考风考纪的满意程度是不存在显著差异的。项目为“学校学风的满意程度”一栏中，T=－1.080，df=94，p=0.283>0.05，因此，拒绝假设 H_{01}，即得出不同性别的学生对学校学风的满意程度是不存在显著差异的。项目为“辅导员工作的满意程度”一栏中，T=－2.744，df=94，p=0.007<0.05，因此，接受假设 H_{01}，即得出不同性别的学生对辅导员工作的满意程度是存在显著差异的。项目为“图书馆工作人员的满意程度”一栏中，T=－2.611，df=94，p=0.011<0.05，因此，接受假设 H_{01}，即得出不同性别的学生对图书馆工作人员的满意程度是存在显著差异的。项目为“学校教学管理制度的满意程度”一栏中，T=

-2.042，df$=94$，p$=0.044<0.05$，因此，接受假设 H_{01}，即得出不同性别的学生对学校教学管理制度的满意程度是存在显著差异的。项目为“学校管理者的满意程度”一栏中，T$=-1.593$，df$=94$，p$=0.114>0.05$，因此，拒绝假设 H_{01}，即得出不同性别的学生对学校管理者的满意程度是不存在显著差异的。

（三）分组变量“专业类别”与相关检验变量的 T 检验结果

表 7-8 分组变量“专业类别”与相关检验变量的 T 检验结果

独立样本检验

		方差方程的 Levene 检验		均值方程的 T 检验						
		F	Sig.	T	df	Sig.（双侧）	均值差值	标准误差值	差分的 95% 置信区间	
									下限	上限
专业培养目标的满意程度	假设方差相等	0.166	0.685	0.515	94.000	0.608	0.113	0.220	−0.323	0.549
	假设方差不相等			0.552	51.729	0.583	0.113	0.205	−0.298	0.524
专业培养特色的满意程度	假设方差相等	2.491	0.118	0.292	94.000	0.771	0.067	0.230	−0.389	0.523
	假设方差不相等			0.341	63.127	0.734	0.067	0.197	−0.326	0.460
各学期学时分配的满意程度	假设方差相等	0.050	0.824	−0.193	94.000	0.847	−0.043	0.222	−0.484	0.398
	假设方差不相等			−0.190	43.523	0.850	−0.043	0.225	−0.497	0.412
本专业培养方案的满意程度	假设方差相等	1.530	0.219	0.396	94.000	0.693	0.082	0.208	−0.330	0.495
	假设方差不相等			0.444	57.202	0.659	0.082	0.186	−0.289	0.454
整体课程结构安排的满意程度	假设方差相等	2.952	0.089	−0.850	94.000	0.397	−0.177	0.208	−0.590	0.236
	假设方差不相等			−0.745	35.894	0.461	−0.177	0.237	−0.659	0.305

续表

		方差方程的 Levene 检验		均值方程的 T 检验						
		F	Sig.	T	df	Sig.（双侧）	均值差值	标准误差值	差分的 95% 置信区间	
									下限	上限
专业课程学期分布的满意程度	假设方差相等	1.992	0.161	0.389	94.000	0.698	0.091	0.234	−0.374	0.556
	假设方差不相等			0.335	35.040	0.739	0.091	0.272	−0.461	0.643
选修课课程种类的满意程度	假设方差相等	1.665	0.200	−0.891	94.000	0.375	−0.220	0.247	−0.710	0.270
	假设方差不相等			−0.796	36.951	0.431	−0.220	0.276	−0.779	0.339
所学课程适用性的满意程度	假设方差相等	0.523	0.471	−1.753	94.000	0.083	−0.316	0.181	−0.675	0.042
	假设方差不相等			−1.843	49.579	0.071	−0.316	0.172	−0.661	0.029
学校实践教学财政投入的满意程度	假设方差相等	0.458	0.500	0.260	94.000	0.795	0.059	0.228	−0.393	0.512
	假设方差不相等			0.252	42.262	0.802	0.059	0.235	−0.415	0.534
实践教学教师的满意程度	假设方差相等	0.031	0.862	−1.063	94.000	0.291	−0.237	0.223	−0.681	0.206
	假设方差不相等			−0.984	39.090	0.331	−0.237	0.241	−0.725	0.250
任课教师执行教学基本规章制度的满意程度	假设方差相等	0.348	0.557	0.559	94.000	0.577	0.119	0.212	−0.303	0.540
	假设方差不相等			0.580	48.170	0.565	0.119	0.205	−0.293	0.530
任课教师课堂教学态度的满意程度	假设方差相等	0.367	0.546	0.479	94.000	0.633	0.103	0.215	−0.325	0.531
	假设方差不相等			0.484	45.577	0.631	0.103	0.214	−0.327	0.533

续表

		方差方程的 Levene 检验		均值方程的 T 检验						
		F	Sig.	T	df	Sig.（双侧）	均值差值	标准误差值	差分的 95% 置信区间 下限	差分的 95% 置信区间 上限
任课教师个人品德的满意程度	假设方差相等	0.578	0.449	1.037	94.000	0.303	0.223	0.215	−0.204	0.650
	假设方差不相等			0.983	40.656	0.331	0.223	0.227	−0.235	0.682
任课教师学科专业知识的满意程度	假设方差相等	0.211	0.647	−0.352	94.000	0.725	−0.079	0.225	−0.525	0.367
	假设方差不相等			−0.345	43.034	0.732	−0.079	0.229	−0.542	0.383
任课教师教学方法的满意程度	假设方差相等	0.816	0.369	0.167	94.000	0.868	0.038	0.231	−0.420	0.497
	假设方差不相等			0.159	41.279	0.874	0.038	0.241	−0.449	0.526
任课教师听取反馈意见的满意程度	假设方差相等	1.818	0.181	0.800	94.000	0.426	0.187	0.234	−0.277	0.651
	假设方差不相等			0.757	40.512	0.454	0.187	0.247	−0.312	0.686
教室硬件设施的满意程度	假设方差相等	0.028	0.868	1.622	94.000	0.108	0.373	0.230	−0.084	0.829
	假设方差不相等			1.719	50.440	0.092	0.373	0.217	−0.063	0.808
图书馆硬件设施的满意程度	假设方差相等	2.068	0.154	0.911	94.000	0.365	0.196	0.215	−0.231	0.622
	假设方差不相等			1.027	58.103	0.309	0.196	0.190	−0.186	0.577
自习室座位数量的满意程度	假设方差相等	0.475	0.492	1.597	94.000	0.114	0.371	0.233	−0.090	0.833
	假设方差不相等			1.630	46.617	0.110	0.371	0.228	−0.087	0.830

续表

		方差方程的Levene检验		均值方程的T检验						
		F	Sig.	T	df	Sig.（双侧）	均值差值	标准误差值	差分的95%置信区间	
									下限	上限
自习室环境的满意程度	假设方差相等	0.435	0.511	0.943	94.000	0.348	0.205	0.218	−0.227	0.638
	假设方差不相等			0.896	40.808	0.376	0.205	0.229	−0.258	0.669
教学实验设备的满意程度	假设方差相等	2.912	0.091	−0.929	94.000	0.355	−0.214	0.231	−0.672	0.244
	假设方差不相等			−0.854	38.628	0.398	−0.214	0.251	−0.722	0.293
实习基地硬件设施的满意程度	假设方差相等	5.218	0.025	−0.753	94.000	0.453	−0.146	0.194	−0.531	0.239
	假设方差不相等			−0.665	36.254	0.510	−0.146	0.220	−0.592	0.300
体育教学硬件设施的满意程度	假设方差相等	0.219	0.641	0.500	94.000	0.618	0.108	0.215	−0.320	0.536
	假设方差不相等			0.531	5.681	0.598	0.108	0.203	−0.300	0.515
考风考纪的满意程度	假设方差相等	2.589	0.111	−1.419	94.000	0.159	−0.297	0.209	−0.712	0.119
	假设方差不相等			−1.262	36.701	0.215	−0.297	0.235	−0.773	0.180
学校学风的满意程度	假设方差相等	0.635	0.428	0.634	94.000	0.527	1.066	1.680	−2.271	4.402
	假设方差不相等			1.027	74.094	0.308	1.066	1.037	−1.001	3.133
辅导员工作的满意程度	假设方差相等	2.780	0.099	−0.884	94.000	0.379	−0.197	0.223	−0.639	0.245
	假设方差不相等			−0.821	39.264	0.417	−0.197	0.240	−0.681	0.288

续表

		方差方程的Levene检验		均值方程的T检验						
		F	Sig.	T	df	Sig.（双侧）	均值差值	标准误差值	差分的95%置信区间	
									下限	上限
图书馆工作人员的满意程度	假设方差相等	5.459	0.022	2.038	94.000	0.044	0.453	0.222	0.012	0.894
	假设方差不相等			1.788	35.965	0.082	0.453	0.253	−0.061	0.966
学校教学管理制度的满意程度	假设方差相等	0.049	0.825	1.255	94.000	0.213	0.264	0.210	−0.153	0.681
	假设方差不相等			1.314	49.097	0.195	0.264	0.201	−0.140	0.667
学校管理者的满意程度	假设方差相等	0.308	0.580	0.375	94.000	0.708	0.078	0.208	−0.335	0.491
	假设方差不相等			0.378	45.424	0.707	0.078	0.207	−0.338	0.494

（其中，T代表统计量，df代表自由度，p代表相伴概率）

在表7-8中给出的是方差齐性检验与T检验的计算结果。

项目为“专业培养目标的满意程度”一栏中，T=0.515，df=94，p=0.608>0.05，因此，拒绝假设 H_{02}，即得出不同专业类别的本科学生对专业培养目标的满意程度是不存在显著差异的。项目为“专业培养特色的满意程度”一栏中，T=0.292，df=94，p=0.771>0.05，因此，拒绝假设 H_{02}，即得出不同专业类别的学生对专业培养特色的满意程度是不存在显著差异的。项目为“各学期学时分配的满意程度”一栏中，T=−0.193，df=94，p=0.847>0.05，因此，拒绝假设 H_{02}，即得出不同专业类别的学生对各学期学时分配的满意程度是不存在显著差异的。项目为“本专业培养方案的满意程度”一栏中，T=0.396，df=94，p=0.693>0.05，因此，拒绝假设 H_{02}，即得出不同专业类别的学生对本专业培养方案的满意程度是不存在显著差异的。项目为“整体课程结构安排的满意程度”一栏中，T=−0.850，df=94，p=0.397>0.05，因此，拒绝假设 H_{02}，即得出不同专业类别的学生对整体课程结构安排的满意程度是不存在显著差异的。项目为“专业课程学期分布的满意程度”一栏中，T=0.389，df=94，p=0.698>0.05，因此，拒绝假设 H_{02}，即得出不同专业类别的学生对专业课程学期分布的满意程度是不存在显著差异的。项目为“选修课课程种类的满意程度”一栏中，T=−0.891，df=94，p=0.375>0.05，因此，拒绝假设 H_{02}，即得出不同专业类别的学生对选修课课程种类的满意程度是不存在显著差异的。项目为“所学课程适用性的满意程度”一栏中，T=−1.753，df=94，p=0.083>0.05，因此，拒绝假设 H_{02}，即得出不同专业类别的学生对所学课程适用性的满意程度是不存在显著差异的。项目为“学校实践教学财政投入的满意程度”一栏中，T=0.260，df=94，p=0.795>0.05，因此，拒绝假设 H_{02}，即得出不同专业类别的学生对学校实践教学财政投入的满意程度是不存在显著差异的。项目为“实践教学教师的满意程度”一栏中，T=−1.063，df=94，p=0.291>0.05，因此，拒绝假设 H_{02}，即得出不同专业类别的学生对实践教学教师的满意程度是不存在显著差异的。项目为“任课教师执行教学基本规章制度的满意程度”一栏中，T=0.559，df=94，p=0.577>0.05，因此，拒绝假设 H_{02}，即得出不同专业类别的学生对任课教师执行教学基本规章制度的满意程度是不存在显著差异的。项目为“任课教师课堂教学态度的满意程度”一栏中，T=0.479，df=94，p=0.633>0.05，因此，拒绝假设 H_{02}，即得出不同专业类别的学生对任课教师课堂教学态度的满意程度是不存在显著差异的。项目为“任课教师个人品德的满意程度”一栏中，T=1.037，df=94，p=0.303>0.05，因此，拒绝假设 H_{02}，即得出不同专业类别的学生对任课教师个人品德的满意程度是不存在显著差异的。项目为“任课教师学科专业知识的满意程度”一栏中，T=−0.352，df=94，p=0.725>0.05，因此，拒绝假设 H_{02}，即得出不同专业类别的学生对任课教师学科专业知识的满意程度是不存在显著差异的。项目为“任课教师教学方法的满意程度”一栏中，T=0.167，df=94，p=0.868>0.05，因此，拒绝假设 H_{02}，即得出不同专业类别的学生对任课教师教学方法的满意程度是不存在显著差异的。项目为“任课教师听取反馈意见的满意程度”一栏中，T=0.800，df=94，p=0.426>

0.05，因此，拒绝假设 H_{02}，即得出不同专业类别的学生对任课教师听取反馈意见的满意程度是不存在显著差异的。项目为“教室硬件设施的满意程度”一栏中，T=1.622，df=94，p=0.108>0.05，因此，拒绝假设 H_{02}，即得出不同专业类别的学生对教室硬件设施的满意程度是不存在显著差异的。项目为“图书馆硬件设施的满意程度”一栏中，T=0.911，df=94，p=0.365>0.05，因此，拒绝假设 H_{02}，即得出不同专业类别的学生对图书馆硬件设施的满意程度是不存在显著差异的。项目为“自习室座位数量的满意程度”一栏中，T=1.597，df=94，p=0.114>0.05，因此，拒绝假设 H_{02}，即得出不同专业类别的学生对自习室座位数量的满意程度是不存在显著差异的。项目为“自习室环境的满意程度”一栏中，T=0.943，df=94，p=0.348>0.05，因此，拒绝假设 H_{02}，即得出不同专业类别的学生对自习室环境的满意程度是不存在显著差异的。项目为“教学实验设备的满意程度”一栏中，T=－0.929，df=94，p=0.355>0.05，因此，拒绝假设 H_{02}，即得出不同专业类别的学生对教学实验设备的满意程度是不存在显著差异的。项目为“实习基地硬件设施的满意程度”一栏中，T=－0.665，df=36.254，p=0.510>0.05，因此，拒绝假设 H_{02}，即得出不同专业类别的学生对实习基地硬件设施的满意程度是不存在显著差异的。项目为“体育教学硬件设施的满意程度”一栏中，T=0.500，df=94，p=0.618>0.05，因此，拒绝假设 H_{02}，即得出不同专业类别的学生对体育教学硬件设施的满意程度是不存在显著差异的。项目为“考风考纪的满意程度”一栏中，T=－1.419，df=94，p=0.159>0.05，因此，拒绝假设 H_{02}，即得出不同专业类别的学生对考风考纪的满意程度是不存在显著差异的。项目为“学校学风的满意程度”一栏中，T=0.634，df=94，p=0.527>0.05，因此，拒绝假设 H_{02}，即得出不同专业类别的学生对学校学风的满意程度是不存在显著差异的。项目为“辅导员工作的满意程度”一栏中，T=－0.884，df=94，p=0.379>0.05，因此，拒绝假设 H_{02}，即得出不同民族的学生对辅导员工作的满意程度是不存在显著差异的。项目为“图书馆工作人员的满意程度”一栏中，T=2.038，df=94，p=0.044<0.05，因此，接受假设 H_{02}，即得出不同专业类别的学生对图书

馆工作人员的满意程度是存在显著差异的。项目为“学校教学管理制度的满意程度”一栏中，T＝1.255，df＝94，p＝0.213＞0.05，因此，拒绝假设 H_{02}，即得出不同专业类别的学生对学校教学管理制度的满意程度是不存在显著差异的。项目为“学校管理者的满意程度”一栏中，T＝0.375，df＝94，p＝0.708＞0.05，因此，拒绝假设 H_{02}，即得出不同专业类别的学生对学校管理者的满意程度是不存在显著差异的。

通过独立样本的非参数假设检验，我们发现：

第一，不同性别的学生对实践教学教师的满意程度存在显著差异，相对女生，男生对实践教学教师的满意度较低，因此，任课教学教师在实践教学中，对不同性别的学生应采用不同的教学方法，尤其注意对男生的实践教学指导。

第二，不同性别的学生对任课教师执行教学基本规章制度的满意程度存在显著差异，相对女生，男生对任课教师执行教学基本规章制度的满意度偏低，因此，任课教师应认真执行教学基本规章制度，从而提高在不同性别学生中的满意度。

第三，学生成绩不同的本科生对任课教师课堂教学态度的满意度存在显著差异，相对女生，男生对任课教师课堂教学态度的满意度偏低，因此，任课教师应注意课堂教学态度，在课堂教学过程中，应加强对男生的关注，注意课堂教学过程中对男生的态度。

第四，学生成绩不同的本科生对辅导员工作的满意度存在显著差异，相对女生，男生对辅导员工作的认可程度较低，这其中有性别差异导致的客观感知差异，但辅导员在日常的工作中，应注意针对学生性别的不同，采用不同的工作方法，进而提高学生对自身工作的整体满意度。

第五，学习成绩不同的学生对学校教学管理制度的满意度存在差异，相对女生，男生对学校教学管理制度的满意度偏低。通过相关资料统计，我们发现在学校里，男生平均违反校规校纪的次数要比女生多，由此可能导致男生对学校规章制度的不满。因此，在日后的教学管理中，学校应该以劝导为主，摒弃那种一罚了之的官僚作风，这对学生行为的修正并无太多正面影响，甚至有可能产生一定的负面效果，应加强对学生的心理引导，而不是简单地依照校纪校规进行处罚。

第六，学习成绩不同的学生对图书馆工作人员的满意度存在显著差异，相对社会学科类专业的学生，自然学科类专业的学生对图书馆工作人员的满意度偏低，这其中有专业类别对学生性格的影响，进而导致不同专业的学生待人接物上的差别。但不能否认图书馆工作人员素养的良莠不齐，因此，学校不仅要提升图书馆工作人员的业务素质，还要培养图书馆工作人员的服务意识，特别要加强对负责自然学科类图书楼层的工作人员的服务培训。

二、教学质量满意度测评分析

（一）研究设计

本测评结合前期研究成果，以顾客满意度理论为基础，采用SERVQUAL模型，测算满意度指数，探讨样本学生特征对民族院校教学质量满意度的内在影响，即自变量性别、专业对民族院校教学质量学生满意度的影响效果。本研究认为单个自变量上的差异性导致学生满意度的变化，这将直接影响民族院校教学的最终效果，即教学质量的高低。根据本节自变量入学时间、学习成绩两个自变量的选取，笔者决定采用多个独立样本的非参数假设检验进行实证分析，探讨入学时间、学习成绩与民族院校教学质量学生满意度各项测评指标的内在相关性。

（二）分组变量“入学时间”与相关检验变量的非参数假设检验

表 7-9　分组变量“入学时间”与相关检验变量的非参数假设检验

检验统计量[u]

	专业培养目标的满意程度	专业培养特色的满意程度	各学期学时分配的满意程度	本专业培养方案的满意程度	整体课程结构安排的满意程度	专业课程学期分布的满意程度	选修课课程种类的满意程度
N	96	96	96	96	96	96	96
中值	5	4	4	4	4	4	4
卡方	5.093[a]	1.373[b]	1.847[c]	0.756[d]	1.693[c]	0.722[e]	1.788[b]
df	3	3	3	3	3	3	3
渐近显著性	0.165	0.712	0.605	0.860	0.639	0.868	0.618

续表

	所学课程适用性的满意程度	学校实践教学财政投入的满意程度	实践教学教师的满意程度	任课教师执行教学基本规章制度的满意程度	任课教师课堂教学态度的满意程度	任课教师个人品德的满意程度	任课教师学科专业知识的满意程度
N	96	96	96	96	96	96	96
中值	4	4	5	5	5	5	5
卡方	2.161[b]	0.060[f]	6.544[g]	7.780[h]	1.656[i]	2.831[j]	0.197[k]
df	3	3	3	3	3	3	3
渐近显著性	0.540	0.996	0.088	0.051	0.647	0.418	0.978
	任课教学教师方法的满意程度	任课教师听取反馈意见的满意程度	教室硬件设施的满意程度	图书馆硬件设施的满意程度	自习室座位数量的满意程度	自习室环境的满意程度	教学实验设备的满意程度
N	96	96	96	96	96	96	96
中值	5	5	4	4	4	4	4
卡方	0.327[l]	1.277[f]	2.192[m]	2.601[e]	3.490[n]	1.475[e]	2.256[o]
df	3	3	3	3	3	3	3
渐近显著性	0.955	0.735	0.533	0.457	0.322	0.688	0.521
	实习基地硬件设施的满意程度	体育教学硬件设施的满意程度	考风考纪的满意程度	学校学风的满意程度	辅导员工作的满意程度	图书馆工作人员的满意程度	学校教学管理制度的满意程度
N	96	96	96	96	96	96	96
中值	4	4	5	5	5	5	5
卡方	1.623[p]	1.638[q]	1.543[r]	1.819[h]	14.803[s]	4.011[g]	5.818[r]
df	3	3	3	3	3	3	3
渐近显著性	0.654	0.651	0.672	0.611	0.002	0.260	0.121

续表

	学校管理者的满意程度						
N	96						
中值	5						
卡方	3.600[f]						
df	3						
渐近显著性	0.308						

由表 7-9 可知：

“专业培养目标的满意程度”的中值 Median＝5，卡方值为 5.093[a]，其相伴概率 $p=0.165>0.01$，所以拒绝假设 H_{03}，即认为不同年级的本科生对专业培养目标的满意程度是不存在显著差异的，从而得出入学时间对专业培养目标的满意程度没有显著影响的结论。

“专业培养特色的满意程度”的中值 Median＝4，卡方值为 1.373[b]，其相伴概率 $p=0.712>0.01$，所以拒绝假设 H_{03}，即认为不同年级的本科生对专业培养特色的满意程度是不存在显著差异的，从而得出入学时间对专业培养特色的满意程度没有显著影响的结论。

“各学期学时分配的满意程度”的中值 Median＝4，卡方值为 1.847[c]，其相伴概率 $p=0.605>0.01$，所以拒绝假设 H_{03}，即认为不同年级的本科生对各学期学时分配的满意程度是不存在显著差异的，从而得出入学时间对各学期学时分配的满意程度没有显著影响的结论。

“本专业培养方案的满意程度”的中值 Median＝4，卡方值为 0.756[d]，其相伴概率 $p=0.86>0.01$，所以拒绝假设 H_{03}，即认为不同年级的本科生对本专业培养方案的满意程度是不存在显著差异的，从而得出入学时间对本专业培养方案的满意程度没有显著影响的结论。

“整体课程结构安排的满意程度”的中值 Median＝4，卡方值为 1.693[c]，其相伴概率 $p=0.639>0.01$，所以拒绝假设 H_{03}，即认为不同年级的本科生对整体课程结构安排的满意程度是不存在显著差异的，从而得出入学时间对整体课程结构安排的满意程度没有显著影响的结论。

“专业课程学期分布的满意程度”的中值 Median＝4，卡方值为 0.722[e]，其相伴概率 $p=0.868>0.01$，所以拒绝假设 H_{03}，即认为不同年级的本科生对专业课程学期分布的满意程度是不存在显著差异的，从而得出入学时间对专业课程学期分布的满意程度没有显著影响的结论。

“选修课课程种类的满意程度”的中值 Median＝4，卡方值为 1.788[b]，其相伴概率 $p=0.618>0.01$，所以拒绝假设 H_{03}，即认为不同年级的本科生对选修课课程种类的满意程度是不存在显著差异的，从而得出入学时间对选修课课程种类的满意程度没有显著影响的结论。

“所学课程适用性的满意程度”的中值 Median＝4，卡方值为 2.161[b]，其相伴概率 $p=0.540>0.01$，所以拒绝假设 H_{03}，即认为不同年级的本科生对所学课程适用性的满意程度是不存在显著差异的，从而得出入学时间对所学课程适用性的满意程度没有显著影响的结论。

“学校实践教学财政投入的满意程度”的中值 Median＝4，卡方值为 0.060[f]，其相伴概率 $p=0.996>0.01$，所以拒绝假设 H_{03}，即认为不同年级的本科生对学校实践教学财政投入的满意程度是不存在显著差异的，从而得出入学时间对学校实践教学财政投入满意程度没有显著影响的结论。

“实践教学教师的满意程度”的中值 Median＝5，卡方值为 6.544[g]，其相伴概率 $p=0.088>0.01$，所以拒绝假设 H_{03}，即认为不同年级的本科生对实践教学教师的满意程度是不存在显著差异的，从而得出入学时间对实践教学教师满意程度没有显著影响的结论。

“任课教师执行教学基本规章制度的满意程度”的中值 Median＝5，卡方值为 7.780[h]，其相伴概率 $p=0.051>0.01$，所以拒绝假设 H_{03}，即认为不同年级的本科生对任课教师执行教学基本规章制度的满意程度是不存在显著差异的，从而得出入学时间对任课教师执行教学基本规章制度的满意程度没有显著影响的结论。

“任课教师课堂教学态度的满意程度”的中值 Median＝5，卡方值为 1.656[i]，其相伴概率 $p=0.647>0.01$，所以拒绝假设 H_{03}，即认为不同年级的本科生对任课教师课堂教学态度的满意程度是不存在显著差异的，从而得出入学时间对任课教师课堂教学态度的满意程度没有显著影响的结论。

“任课教师个人品德的满意程度”的中值 Median=5，卡方值为 2.831[j]，其相伴概率 $p=0.418>0.01$，所以拒绝假设 H_{03}，即认为不同年级的本科生对任课教师个人品德的满意程度是不存在显著差异的，从而得出入学时间对任课教师个人品德的满意程度没有显著影响的结论。

“任课教师学科专业知识的满意程度”的中值 Median=5，卡方值为 0.197[k]，其相伴概率 $p=0.978>0.01$，所以拒绝假设 H_{03}，即认为不同年级的本科生对任课教师学科专业知识的满意程度是不存在显著差异的，从而得出入学时间对任课教师学科专业知识的满意程度没有显著影响的结论。

“任课教师教学方法的满意程度”的中值 Median=5，卡方值为 0.327[l]，其相伴概率 $p=0.955>0.01$，所以拒绝假设 H_{03}，即认为不同年级的本科生对任课教师教学方法的满意程度是不存在显著差异的，从而得出入学时间对任课教师教学方法的满意程度没有显著影响的结论。

“任课教师听取反馈意见的满意程度”的中值 Median=5，卡方值为 1.277[f]，其相伴概率 $p=0.735>0.01$，所以拒绝假设 H_{03}，即认为不同年级的本科生对任课教师听取反馈意见的满意程度是不存在显著差异的，从而得出入学时间对任课教师听取反馈意见的满意程度没有显著影响的结论。

“教室硬件设施的满意程度”的中值 Median=4，卡方值为 2.192[m]，其相伴概率 $p=0.533>0.01$，所以拒绝假设 H_{03}，即认为不同年级的本科生对教室硬件设施的满意程度是不存在显著差异的，从而得出入学时间对教室硬件设施的满意程度没有显著影响的结论。

“图书馆硬件设施的满意程度”的中值 Median=5，卡方值为 2.601[e]，其相伴概率 $p=0.457>0.01$，所以拒绝假设 H_{03}，即认为不同年级的本科生对图书馆硬件设施的满意程度是不存在显著差异的，从而得出入学时间对图书馆硬件设施的满意程度没有显著影响的结论。

“自习室座位数量的满意程度”的中值 Median=4，卡方值为 3.490[n]，其相伴概率 $p=0.322>0.01$，所以拒绝假设 H_{03}，即认为不同年级的本科生对自习室座位数量的满意程度是不存在显著差异的，从而得出入学时间对自习室座位数量的满意程度没有显著影响的结论。

“自习室环境的满意程度”的中值 Median=4，卡方值为 1.475[e]，其相伴概率 $p=0.688>0.01$，所以拒绝假设 H_{03}，即认为不同年级的本科生对自习室环境的满意程度是不存在显著差异的，从而得出入学时间对自习室环境的满意程度没有显著影响的结论。

“教学实验设备的满意程度”的中值 Median＝4，卡方值为 2.256[o]，其相伴概率 $p=0.521>0.01$，所以拒绝假设 H_{03}，即认为不同年级的本科生对教学实验设备的满意程度是不存在显著差异的，从而得出入学时间对教学实验设备的满意程度没有显著影响的结论。

“实习基地硬件设施的满意程度”的中值 Median＝4，卡方值为 1.623[p]，其相伴概率 $p=0.654>0.01$，所以拒绝假设 H_{03}，即认为不同年级的本科生对实习基地硬件设施的满意程度是不存在显著差异的，从而得出入学时间对实习基地硬件设施的满意程度没有显著影响的结论。

“体育教学硬件设施的满意程度”的中值 Median＝4，卡方值为 1.638[q]，其相伴概率 $p=0.651>0.01$，所以拒绝假设 H_{03}，即认为不同年级的本科生对体育教学硬件设施的满意程度是不存在显著差异的，从而得出入学时间对体育教学硬件设施的满意程度没有显著影响的结论。

“考风考纪的满意程度”的中值 Median＝5，卡方值为 1.543[r]，其相伴概率 $p=0.672>0.01$，所以拒绝假设 H_{03}，即认为不同年级的本科生对考风考纪的满意程度是不存在显著差异的，从而得出入学时间对考风考纪的满意程度没有显著影响的结论。

“学校学风的满意程度”的中值 Median＝5，卡方值为 1.819[h]，其相伴概率 $p=0.611>0.01$，所以拒绝假设 H_{03}，即认为不同年级的本科生对学校学风的满意程度是不存在显著差异的，从而得出入学时间对学校学风的满意程度没有显著影响的结论。

“辅导员工作的满意程度”的中值 Median＝5，卡方值为 14.803[s]，其相伴概率 $p=0.002<0.01$，所以接受假设 H_{03}，即认为不同年级的本科生对辅导员工作的满意程度是存在显著差异的，从而得出入学时间对辅导员工作的满意程度有显著影响的结论。

“图书馆工作人员的满意程度”的中值 Median＝5，卡方值为 4.011[g]，其相伴概率 $p=0.260>0.01$，所以拒绝假设 H_{03}，即认为不同年级的本科生对图书馆工作人员的满意程度是不存在显著差异的，从而得出入学时间对图书馆工作人员的满意程度没有显著影响的结论。

“学校教学管理制度的满意程度”的中值 Median＝5，卡方值为 5.818[r]，其相伴概率 p＝0.121＞0.01，所以拒绝假设 H_{03}，即认为不同年级的本科生对学校教学管理制度的满意程度是不存在显著差异的，从而得出入学时间对学校教学管理制度的满意程度没有显著影响的结论。

“学校管理者的满意程度”的中值 Median＝5，卡方值为 3.600[t]，其相伴概率 p＝0.308＞0.01，所以拒绝假设 H_{03}，即认为不同年级的本科生对学校管理者的满意程度是不存在显著差异的，从而得出入学时间对学校管理者的满意程度没有显著影响的结论。

（三）分组变量“学习成绩”与相关检验变量的非参数假设检验

表 7-10　分组变量“学习成绩”与相关检验变量的非参数假设检验

检验统计量[u]

	专业培养目标的满意程度	专业培养特色的满意程度	各学期学时分配的满意程度	本专业培养方案的满意程度	整体课程结构安排的满意程度	专业课程学期分布的满意程度	选修课课程种类的满意程度
N	96	96	96	96	96	96	96
中值	5	4	4	4	4	4	4
卡方	1.736[a]	24.723[b]	12.979[c]	19.627[d]	21.158[c]	31.300[e]	21.586[b]
df	3	3	3	3	3	3	3
渐近显著性	0.629	0.000	0.005	0.000	0.000	0.000	0.000
	所学课程适用性的满意程度	学校实践教学财政投入的满意程度	实践教学教师的满意程度	任课教师执行教学基本规章制度的满意程度	任课教师课堂教学态度的满意程度	任课教师个人品德的满意程度	任课教师学科专业知识的满意程度
N	96	96	96	96	96	96	96
中值	4	4	5	5	5	5	5
卡方	23.687[b]	20.481[f]	7.310[g]	11.052[h]	20.424[i]	13.559[j]	19.762[k]
df	3	3	3	3	3	3	3
渐近显著性	0.000	0.000	0.063	0.011	0.000	0.004	0.000

续表

	任课教师教学方法的满意程度	任课教师听取反馈意见的满意程度	教室硬件设施的满意程度	图书馆硬件设施的满意程度	自习室座位数量的满意程度	自习室环境的满意程度	教学实验设备的满意程度
N	96	96	96	96	96	96	96
中值	5	5	4	4	4	4	4
卡方	19.755[l]	20.481[f]	12.363[m]	5.141[e]	8.594[n]	23.392[e]	10.433[o]
df	3	3	3	3	3	3	3
渐近显著性	0.000	0.000	0.006	0.162	0.035	0.000	0.015

	实习基地硬件设施的满意程度	体育教学硬件设施的满意程度	考风考纪的满意程度	学校学风的满意程度	辅导员工作的满意程度	图书馆工作人员的满意程度	学校教学管理制度的满意程度
N	96	96	96	96	96	96	96
中值	4	4	5	5	5	5	5
卡方	7.538[p]	1.688[q]	10.504[r]	20.150[h]	8.042[s]	3.066[g]	10.395[r]
df	3	3	3	3	3	3	3
渐近显著性	0.057	0.640	0.015	0.000	0.045	0.382	0.015

	学校管理者的满意程度						
N	96						
中值	5						
卡方	12.770[t]						
df	3						
渐近显著性	0.005						

由表 7-10 可知：

“专业培养目标的满意程度”的中值 Median＝5，卡方值为 1.736[a]，其相伴概率 $p=0.629>0.01$，所以拒绝假设 H_{04}，即认为学习成绩不同的本科生对专业培养目标的满意程度是不存在显著差异的，从而得出学习成绩对专业培养目标的满意程度没有显著影响的结论。

“专业培养特色的满意程度”的中值 Median＝4，卡方值为 24.723[b]，其相伴概率 $p=0.000<0.01$，所以接受假设 H_{04}，即认为学习成绩不同的本科生对专业培养特色的满意程度是存在显著差异的，从而得出学习成绩对专业培养特色的满意程度有显著影响的结论。

“各学期学时分配的满意程度”的中值 Median＝4，卡方值为 12.979[c]，其相伴概率 $p=0.005<0.01$，所以接受假设 H_{04}，即认为学习成绩不同的本科生对各学期学时分配的满意程度是存在显著差异的，从而得出学习成绩对各学期学时分配的满意程度有显著影响的结论。

“本专业培养方案的满意程度”的中值 Median＝4，卡方值为 19.627[d]，其相伴概率 $p=0.000<0.01$，所以接受假设 H_{04}，即认为学习成绩不同的本科生对本专业培养方案的满意程度是存在显著差异的，从而得出学习成绩对本专业培养方案的满意程度有显著影响的结论。

“整体课程结构安排的满意程度”的中值 Median＝4，卡方值为 21.158[c]，其相伴概率 $p=0.000<0.01$，所以接受假设 H_{04}，即认为学习成绩不同的本科生对整体课程结构安排的满意程度是存在显著差异的，从而得出学习成绩对整体课程结构安排的满意程度有显著影响的结论。

“专业课程学期分布的满意程度”的中值 Median＝4，卡方值为 31.300[e]，其相伴概率 $p=0.000<0.01$，所以接受假设 H_{04}，即认为学习成绩不同的本科生对专业课程学期分布的满意程度是存在显著差异的，从而得出学习成绩对专业课程学期分布的满意程度有显著影响的结论。

“选修课课程种类的满意程度”的中值 Median＝4，卡方值为 21.586[b]，其相伴概率 $p=0.000<0.01$，所以接受假设 H_{04}，即认为学习成绩不同的本科生对选修课课程种类的满意程度是存在显著差异的，从

而得出学习成绩对选修课课程种类的满意程度有显著影响的结论。

“所学课程适用性的满意程度”的中值 Median＝4，卡方值为 23.687[b]，其相伴概率 p＝0.000＜0.01，所以接受假设 H_{04}，即认为学习成绩不同的本科生对所学课程适用性的满意程度是存在显著差异的，从而得出学习成绩对所学课程适用性的满意程度有显著影响的结论。

“学校实践教学财政投入的满意程度”的中值 Median＝4，卡方值为 20.481[f]，其相伴概率 p＝0.000＜0.01，所以接受假设 H_{04}，即认为学习成绩不同的本科生对学校实践教学财政投入的满意程度是存在显著差异的，从而得出学习成绩对学校实践教学财政投入满意程度有显著影响的结论。

“实践教学教师的满意程度”的中值 Median＝5，卡方值为 7.310[g]，其相伴概率 p＝0.063＞0.01，所以拒绝假设 H_{04}，即认为学习成绩不同的本科生对实践教学教师的满意程度是不存在显著差异的，从而得出学习成绩对实践教学教师满意程度没有显著影响的结论。

“任课教师执行教学基本规章制度的满意程度”的中值 Median＝5，卡方值为 11.052[h]，其相伴概率 p＝0.011＞0.01，所以拒绝假设 H_{04}，即认为学习成绩不同的本科生对任课教师执行教学基本规章制度的满意程度是不存在显著差异的，从而得出学习成绩对任课教师执行教学基本规章制度的满意程度没有显著影响的结论。

“任课教师课堂教学态度的满意程度”的中值 Median＝5，卡方值为 20.424[i]，其相伴概率 p＝0.000＜0.01，所以接受假设 H_{04}，即认为学习成绩不同的本科生对任课教师课堂教学态度的满意程度是存在显著差异的，从而得出学习成绩对任课教师课堂教学态度的满意程度有显著影响的结论。

“任课教师个人品德的满意程度”的中值 Median＝5，卡方值为 13.559[j]，其相伴概率 p＝0.004＜0.01，所以接受假设 H_{04}，即认为学习成绩不同的本科生对任课教师个人品德的满意程度是存在显著差异的，从而得出学习成绩对任课教师个人品德的满意程度有显著影响的结论。

“任课教师学科专业知识的满意程度”的中值 Median＝5，卡方值为

19.762[k]，其相伴概率 $p=0.000<0.01$，所以接受假设 H_{04}，即认为学习成绩不同的本科生对任课教师学科专业知识的满意程度是存在显著差异的，从而得出学习成绩对任课教师学科专业知识的满意程度有显著影响的结论。

“任课教师教学方法的满意程度”的中值 Median＝5，卡方值为 19.755[l]，其相伴概率 $p=0.000<0.01$，所以接受假设 H_{04}，即认为学习成绩不同的本科生对任课教师教学方法的满意程度是存在显著差异的，从而得出学习成绩对任课教师教学方法的满意程度有显著影响的结论。

“任课教师听取反馈意见的满意程度”的中值 Median＝5，卡方值为 20.481[f]，其相伴概率 $p=0.000<0.01$，所以接受假设 H_{04}，即认为学习成绩不同的本科生对任课教师听取反馈意见的满意程度是存在显著差异的，从而得出学习成绩对任课教师听取反馈意见的满意程度有显著影响的结论。

“教室硬件设施的满意程度”的中值 Median＝4，卡方值为 12.363[m]，其相伴概率 $p=0.006<0.01$，所以接受假设 H_{04}，即认为学习成绩不同的本科生对教室硬件设施的满意程度是存在显著差异的，从而得出学习成绩对教室硬件设施的满意程度有显著影响的结论。

“图书馆硬件设施的满意程度”的中值 Median＝4，卡方值为 5.141[e]，其相伴概率 $p=0.162>0.01$，所以拒绝假设 H_{04}，即认为学习成绩不同的本科生对图书馆硬件设施的满意程度是不存在显著差异的，从而得出学习成绩对图书馆硬件设施的满意程度没有显著影响的结论。

“自习室座位数量的满意程度”的中值 Median＝4，卡方值为 8.594[n]，其相伴概率 $p=0.035>0.01$，所以拒绝假设 H_{04}，即认为学习成绩不同的本科生对自习室座位数量的满意程度是不存在显著差异的，从而得出学习成绩对自习室座位数量的满意程度没有显著影响的结论。

“自习室环境的满意程度”的中值 Median＝4，卡方值为 23.392[e]，其相伴概率 $p=0.000<0.01$，所以接受假设 H_{04}，即认为学习成绩不同的本科生对自习室环境的满意程度是存在显著差异的，从而得出学习成绩对自习室环境的满意程度有显著影响的结论。

“教学实验设备的满意程度”的中值 Median＝4，卡方值为 10.433[o]，其相伴概率 $p=0.015>0.01$，所以拒绝假设 H_{04}，即认为学习成绩不同的本科生对教学实验设备的满意程度是不存在显著差异的，从而得出学习成绩对教学实验设备的满意程度没有显著影响的结论。

“实习基地硬件设施的满意程度”的中值 Median＝4，卡方值为 7.538[p]，其相伴概率 $p=0.057>0.01$，所以拒绝假设 H_{04}，即认为学习成绩不同的本科生对实习基地硬件设施的满意程度是不存在显著差异的，从而得出学习成绩对实习基地硬件设施的满意程度没有显著影响的结论。

“体育教学硬件设施的满意程度”的中值 Median＝4，卡方值为 1.688[q]，其相伴概率 $p=0.64>0.01$，所以拒绝假设 H_{04}，即认为学习成绩不同的本科生对体育教学硬件设施的满意程度是不存在显著差异的，从而得出学习成绩对体育教学硬件设施的满意程度没有显著影响的结论。

“考风考纪的满意程度”的中值 Median＝5，卡方值为 10.504[r]，其相伴概率 $p=0.015>0.01$，所以拒绝假设 H_{04}，即认为学习成绩不同的本科生对考风考纪的满意程度是不存在显著差异的，从而得出学习成绩对考风考纪的满意程度没有显著影响的结论。

“学校学风的满意程度”的中值 Median＝5，卡方值为 20.150[h]，其相伴概率 $p=0.000<0.01$，所以接受假设 H_{04}，即认为学习成绩不同的本科生对学校学风的满意程度是存在显著差异的，从而得出学习成绩对学校学风的满意程度有显著影响的结论。

“辅导员工作的满意程度”的中值 Median＝5，卡方值为 8.042[s]，其相伴概率 $p=0.045>0.01$，所以拒绝假设 H_{04}，即认为学习成绩不同的本科生对辅导员工作的满意程度是不存在显著差异的，从而得出学习成绩对辅导员工作的满意程度没有显著影响的结论。

“图书馆工作人员的满意程度”的中值 Median＝5，卡方值为 3.066[g]，其相伴概率 $p=0.382>0.01$，所以拒绝假设 H_{04}，即认为学习成绩不同的本科生对图书馆工作人员的满意程度是不存在显著差异的，从而得出学习成绩对图书馆工作人员的满意程度没有显著影响的结论。

“学校教学管理制度的满意程度”的中值 Median＝5，卡方值为 10.395^{r}，其相伴概率 p＝0.015＞0.01，所以拒绝假设 H_{04}，即认为学习成绩不同的本科生对学校教学管理制度的满意程度是不存在显著差异的，从而得出学习成绩对学校教学管理制度的满意程度没有显著影响的结论。

“学校管理者的满意程度”的中值 Median＝5，卡方值为 12.770^{t}，其相伴概率 p＝0.005＜0.01，所以接受假设 H_{04}，即认为学习成绩不同的本科生对学校管理者的满意程度是存在显著差异的，从而得出学习成绩对学校管理者的满意程度有显著影响的结论。

通过多个独立样本的非参数假设检验，我们发现：

第一，不同年级的本科生对辅导员工作的满意度存在显著差异，在校时间越长的学生，对辅导员工作的满意度越低。我们认为，学生在校时间的长短，影响了其对辅导员工作成效的判断，相对新入学的本科生，即将毕业的本科生由于与辅导员的接触更多，出现对辅导员工作不满意的概率也更高。因此，学校辅导员应注意自身业务能力的提升，使得学生对其自身评价不会因为时间的推移和接触的增多而发生过于明显的负面变化。学校辅导员应注意对高年级学生的关心与帮助，他们大多数处于人生的转折期，更容易焦躁不安，但表现更为隐性，不易被察觉，辅导员在日常工作中，应加强对这类群体的引导，从而提高自身工作效果。

第二，学习成绩不同的本科生对各学期学时分配的满意度存在显著差异，学习成绩越差的学生对各学期学时分配的满意度越低。我们认为，学校各学期学时分配是一定的，之所以学习成绩不同的学生会对其满意度不同，主要在于学习成绩反映了学生接受新知识的能力和速度，学习成绩较差的学生相对学习成绩好的学生，理解能力相对较差，在面对同等的课程安排时，可能需要更多的时间来消化所学知识。但学习时间的总量是有限的，导致理解能力较差的学生考试成绩不理想，进而影响了其对学校学时安排的满意度。因此，学校和任课教师应加强对学习成绩较差的学生的指导，学习成绩较好的学生也应该积极帮助学习成绩较差的学生，进而达到整体提升的目标，从而提升学校的综合实力和全体学生的竞争力。

第三，学习成绩不同的本科生对本专业培养方案的满意度存在显著差异，学习成绩越差的学生对本专业培养方案的满意度越低。我们认为，不同学生的理解能力有差异性，对专业培养方案的适应性表现出差异性，加之一系列其他主客观因素的影响，直接导致学习成绩的差异性，而学习成绩的优劣进而可能会影响学生将来的发展，学习成绩较差的学生相对学习成绩较好的学生，意识到在将来的深造、就业等竞争中可能处于不利地位，导致其对目前的培养方案满意度偏低。

第四，学习成绩不同的本科生对整体课程结构安排、专业课程学期分布的满意度存在显著差异，学习成绩越差的学生对整体课程结构安排和专业课程学期分布的满意度越低。我们认为，学习成绩较差的学生对于自身学习成绩不理想的原因归类时，将课程结构安排和专业课学期分布作为重要因素，认为课程结构安排不够合理，专业课程学期分布不均匀，导致其自身学习成绩受到影响，进而对学校课程结构的安排和专业课程学期分布表现出较低的满意度。

第五，学习成绩不同的本科生对所学课程适用性的满意度存在显著差异，学习成绩越差的学生对所学课程适用性的满意度越低。我们认为，这主要是学习成绩的差异，导致学生对所学课程的排斥与反感。学习成绩较差的学生，对所学课程并不能很好地理解，导致其对所学课程实际价值的质疑，认为所学课程并不具有足够的适用性，不适合自己或者不适合未来的发展，将自己学习成绩不理想的原因归结到外在因素上，从而规避自身学习能力不足的问题。同时，也不排除一些学习成绩不理想的学生对所学课程缺乏兴趣进而导致自身学习成绩不好的原因，针对这部分学生，应该因材施教，任课教师应该注意每个学生的特点，帮助学生发现自身的比较优势，从而提高他们的学习积极性。

第六，学习成绩不同的本科生对任课教师学科专业知识、教学方法的满意度存在显著差异，学习成绩越差的学生对任课教师专业知识和教学方法的满意度越低。我们认为，一些学生学习成绩不理想，其中一个原因在于对任课教师教授的专业知识未能有效吸收，因此这部分学生会对任课教师的执教能力产生怀疑，认为是专业教师授课水平不高导致其学习成绩不理想。对于这部分学生，任课教师应该多加留意，注意增加对他们的指导，让他们能更好地理解所学知识，改进自己的教学方法，从而提升自己的教学效果。

第七，学习成绩不同的本科生对学校管理者的满意度存在显著差异，学习成绩越差的学生对学校管理者的满意度越低。我们认为，由于学习成绩的差异性，学习成绩较差的学生多容易被教师和同学孤立，归属感的降低，导致学习成绩较差的学生认为学校管理者未能有效地履行相关职责，从而导致自身被边缘化。因此，学校管理者应强调柔性化管理和提升自身服务意识，对每一位学生应该无差别对待，尤其是与学生直接接触较多的学校管理者，其自身管理水平的高低直接影响学生对学校管理者群体的满意度。

第五节　教学质量满意度测评分析

一、测评公式设计

本研究结合前期研究成果，以顾客满意度理论为理论基础，采用修正的 SERVQUAL 模型，测算满意度指数，运用前人研究的满意度测算公式：

$$I = \sum_{i=1}^{n} I_i d_i$$

其中，I 代表总体满意度，I_i 代表各部分满意度，d_i 代表重要程度或影响面权数。

同时联系问卷编写的实际情况，在本研究中，将满意度的计算公式整理为：

$$I = \sum_{i=1}^{n} w_i \sum_{i=1}^{R} I_i$$

其中，I 代表总体教学满意度，W_i 代表维度权重，I_i 代表各部分满意度。

二、测评结果分析

表 7-11　满意度测评统计

＜3	3－3.5	3.5－4	4－4.5	4.5－5	5－5.5	5.5－6	＞6
0	1	13	28	15	28	10	1
0	1.04%	13.54%	29.17%	15.63%	29.17%	10.42%	1.04%

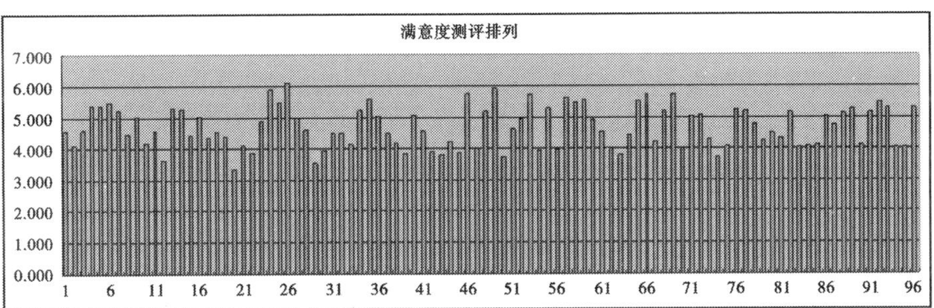

图 7-3　满意度测评统计柱状图分析

根据调查问卷获取的满意度数据，综合各个指标的具体满意度数值，参考各部分权重，通过加权计算获得，调查样本的总体满意度为 4.698。根据既定的 7 级服务量表，我们可以判断出调查学生群体对民族院校教学质量的满意度介于“一般”与“好”之间。这说明调查样本学校的教学质量得到了学生群体的一定认可，但仍然有较大的改进空间。

民族院校作为我国高等教育的一个重要组成部分，其教学质量的优劣将直接影响到我国高等教育的总体教学质量，因此有必要对民族院校的教学质量评估予以充分重视，并根据相关调查提出改进民族院校教学质量，提高其学生满意度的针对性意见。具体可以从以下几个方面着手：

第一，转变理念，给予学生群体更多尊重。民族院校应树立教育服务理念，即“以学生的合理现实需要为出发点”，更好地落实尊重学生、关心学生的育人理念。过去的高等教育管理理念，缺乏对学生的必要尊重与理解，导致学生对其管理活动的反感和抵制，使得本应和谐相处的学生群体与学校管理群体出现了嫌隙，甚至走上了对立，不利于学校教学活动的展开。因此，民族院校的教学管理应吸收过往高等教育管理活动中的经验与教训，转变过往的教育管理理念，将教育服务理念更多地渗透到日常的教学活动中，树立服务意识，尊重学生群体的合理诉求，在课程设置、任课教师的考评、培养方案的选择上，通过面对面的座谈等形式，征求学生群体的相关意见，对学生群体的合理诉求给予必要的考虑。

第二，建立完善的教学质量监控体系。民族院校应该将质量管理理念引入到教学管理中，明确质量评定的标准，与非民族院校的教学质量评估体系有所差别。民族院校应按质量评估体系，并对具体实施情况进行定期检查，对于检查结果进行讨论总结，提出改进措施。为了完善教学质量信息反馈机制，民族院校还可以建立与毕业生相关的跟踪调查制度。

第三，加强师资队伍建设。教师的教学方法、价值观与世界观、道德素质等对学生所感知的教学质量有着十分直接的影响，教师队伍的质量直接关系到教学的最终效果。因此，应加强民族院校的师资队伍建设。民族院校在教师队伍的建设上，要坚持外来人才引进与校内师资培养相结合，双管齐下，加大民族院校人才储备，注重学术梯队建设，优化“老、中、青”教师比例，增加教师数量，降低师生比。对于实践教学教师而言，在实践教学中，对不同性别的学生应采用不同的教学方法，尤其注意对男生的实践教学指导。对于任课教师而言，应认真执行教学基本规章制度，从而提高在不同性别学生中的满意度；注意课堂教学态度，在课堂教学过程中，应加强对男生的关注，注意课堂教学过程中对男生的态度。此外，应注意加强对民族院校教师的再培训，民族院校应制订中长期教师培训计划，加大教师培训力度，分批、分阶段、有目的地让教师进行培训、进修等，提升教师队伍的科研水平与教学能力①。任课教师应该多加留意学习成绩较差学生对于其所授课程的理解效果，注意增加对他们的指导，让他们能更好地理解所学知识，改进自己的教学方法，从而在客观上提升自己的教学效果。

第四，加强民族院校管理人员队伍建设。民族院校管理人员是学生

① 杨旭超，蔺哲．基于学生满意度的高校教学质量研究［J］．山西财经大学学报（高等教育版），2007（12）：39-42.

学习、研究的管理者，其管理水平、服务质量关系到学生生活的方方面面，学生的思想教育能否进行，教育的目标能否实现，都需要以管理作为基础，民族院校管理人员在整个教学培养过程中起着举足轻重的作用。因此，要重视对民族院校管理人员的思想道德教育，使其认识到管理工作的性质和特点的重要性，培养其使命感，端正其工作态度，全身心投入管理工作。要加强对民族院校管理人员的培训，提升民族院校管理人员的工作能力。对于辅导员而言，在日常的工作中，应注意针对学生性别的不同，采用不同的工作方法，进而提高学生对自身工作的整体满意度。对于学校中层管理者而言，在日后的教学管理中，学校应该以劝导为主，摒弃那种一罚了之的官僚作风，这对学生行为的修正并无太多正面影响，甚至有可能产生一定的负面效果，应加强对学生的心理引导，而不是简单地依照校纪校规进行处罚。对于图书馆工作人员而言，在提升业务素质的同时，应加强对自身服务意识的培养，学校应该加强对负责自然学科类图书楼层的工作人员的服务培训。

第八章　民族院校教学质量保障标准研究

第一节　质量保障及教学质量

高等教育质量保障问题受到很多国家和地区人们的高度关注，随着人们对这一问题研究的深入，与之相关的研究理论也不断成熟，研究方法也不断增多，更重要的是形成了高等教育质量保障、教学质量保障等较为完善的体系。这对于高校教学质量和高等教育质量的提升起到了很大的推动作用。民族院校是我国高等教育体系中的一个不容小觑的组成部分，它们的建设、发展从整体上影响着我国高等教育事业的总体水平。民族院校在促进民族地区经济、社会建设以及人力资源开发上起着重要的支撑作用，直接关系到能否为民族地方的经济建设和社会发展提供充足的人才保障。本科教学质量对民族院校整体教育水平有着决定性的影响。目前我国民族院校大多属于教学型大学，以本科教育为主，教学是民族院校培养人才的核心环节。只有教学质量得到保障，才存在培养民族地区发展所需人才的可能，才能谋求自身的更高层次的发展。本科教育是民族院校教学活动的重中之重，对本科教学质量保障的研究，有利于完善我国民族院校现有的教育质量保障体系，对提升民族院校整体教育水平有着积极的促进作用，对民族院校的生存和发展也有着重要的现实意义。

一、质量保障

“质量保障”这一概念来源于全面质量管理（TQM，Total Quality Management），TQM 原是企业界的一种管理思想和实践，是企业质量管理在经历了传统质量管理（以事后检验为主）、统计质量管理（以预防为主）后，所形成的第三个发展阶段（强调质量的持续改进）。管理方法上由于早期着重对生产最后阶段产品的检验，着重成品的质量，即"质量检验"（QI，Quality Inspection），而造成了企业内外部失败成本极大。进而，专家提出在产品生产的过程中纳入质量管理，使质量能得到保障，故称此种质量管理为"质量保障"（QA，Quality Assurance）。高校教育，质量保障是"特定的组织根据一套质量标准体系，按照一定的程序，对高校的教育质量进行的控制以及审核和评估，以保持和提高高校教育质量水平、促进高等教育整体发展"①。根据保障活动所实施的主体的不同，可以分为内部和外部质量保障，前者指在组织内部由组织自己开展保障活动，后者则是由组织外部的主体来开展保障活动。

图 8-1 中正方形表示全部质量管理工作。要开展质量管理，首先应制定质量方针，同时进行质量策划、设计并建立一个科学有效的质量体系。而要建立质量体系，则应设置质量管理组织机构，明确其职责权限，然后开展质量控制活动和内部质量保证活动。质量控制活动是作业技术的活动，而内部质量保证活动则是为了取得企业领导的信任而开展的活动。二者之间用虚 S 形分开，说明这两种活动是很难明显区分开来的，而大小虚圆则是表示方形内的活动和工作都是质量管理。如用实圆就是把它们与质量管理割开了。弧形斜线部分表示外部质量保证活动，它是在合同上或法规中有质量保证要求时才发生的。这种外部质量保证活动的开展，是为了取得需方的信任。而弧形部分覆盖在方形上，则形象地说明了外部质量保证只能建立在企业内部质量管理基础上，也就是说，质量保证体系应建立在质量管理体系基础上。离开质量管理和质量控制，就谈不上质量保证。离开质量管理体系，也就不可能建立质量保证体系。通过质量控制和质量保证活动，发现质量工作中的薄弱环节和存在问题，再采取针对性的质量改进措施，进入新一轮的质量管理 PDCA 循环，以不断获得质量管理的成效。

---

① GREEN D. What is Quality in Higher Education [M]. London: England Open University Press, 1994: 14.

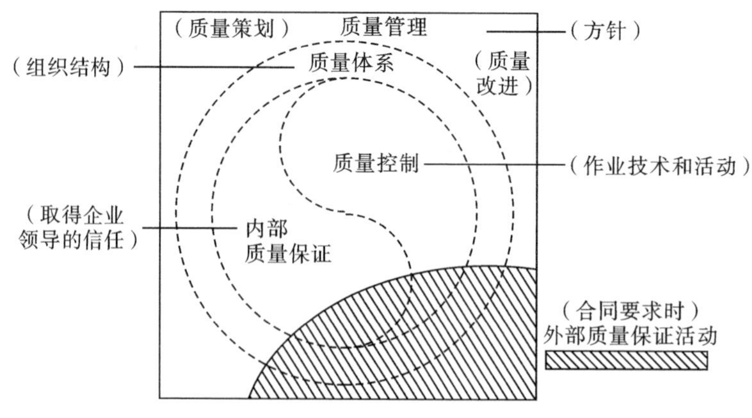

图 8-1　全部质量管理工作

二、质量保障理论基础

（一）全面质量管理理论

全面质量管理原为企业管理中的专用概念，全面质量管理的最初理念是在 20 世纪 20 年代，由美国工程师休哈特提出的，后经戴明、朱兰、克劳斯比等人发展和推广，六七十年代在日本企业界运用并取得了极为显著的业绩。80 年代初，受到日本经济刺激和影响，美国也开始推广普及这一理念，以美国管理大师戴明（E. W. Deming）于 1980 年在美国广播公司所作"如果日本能做到……为什么我们不能"的公开讲演为起点，正式进入全面质量管理时代。全面质量管理的核心思想是组织的一切活动都围绕着质量来进行。它强调，除了对成品的质量管理外，产品市场调研、产品规划、产品开发、产品制造、产品检测和售后服务等都应纳入质量管理，从一般员工到企业的最高决策者均应参加到质量管理过程中。全面质量管理体现的是一种以质量为中心，全员参与全过程、全程控制质量因素、全面运用有效方法、全面提高产品质量、全面提高经济效益的一种质量管理模式。全面质量管理主要是强调一个管理的典范转移，由传统单向度的注重绩效观，转而强调全面的注重质量观。为了贯彻全面质量管理理念，国际标准化组织（ISO，International Organization for Standardization）1987 年颁布了 ISO 9000 系列质量标准，标准的实施要求企业建立一套全面、系统、严格、详尽的质量管理和质量保障制度，以确保企业的机构设置、人员管理和培训、产品质量全程控制等都按照质量管理标准来管理。

（二）全面质量管理理论对高等教育的影响

全面质量管理理论的提出和运用给企业带来了巨大效益，在企业界引起了相当大的反响，进而，也引起了教育界的重视，并被移植和应用到教育领域。20 世纪 80 年代中期以来，西方发达国家的一些高校开始尝试实施全面质量管理，90 年代初，人们大力提倡高校采纳全面质量管理。全面质量管理带来了教育观的转变，强调“学生为本”，将教育视为一种服务，视学生为教育服务的“消费者”，将学生及其家长和社会视为“消费者”或“顾客”，要满足他们的需要；强调学校要像企业那样，也要建立一套质量体系，以持续地提高教育质量；强调从服务的角度看待学校的一切工作，包括对内的和对外的工作，形成服务学生、服务教学第一线的服务链。根据全面质量管理理论，在教育的过程中，教育的“产品”也有相应的标准。英国标准协会（BSI）在为高等教育申请 ISO 9000 国际质量体系认证的指南中，对高等教育领域中的产品所做的定义是：产品是“指每一位学生的能力、知识、理解能力和个人发展不断地得到提高”。而要达到“这种不断地得到提高”的要求，就要求学校必须坚持以追求质量为目标，强调教育质量的持续提高，强调教育的不断增值。全面质量管理作为一种管理的哲学和方法，为保障和提高高等教育质量水平带来了新的启发。一是对高校而言，要让消费者满意。在市场经济条件下，不论是教育服务还是学生产品，只有准确适应目标市场要求，满足其需求，这样的高等教育才可能是高质量的。二是教育质量和教学质量的提高需要全校教职工的共同合作和努力。学生、学校是“产品”，而这一“产品”的质量在形成过程中涉及学校教学、管理的各个方面，每个环节都对质量产生影响，只有全员共同协作，才能最终形成好的“产品”。三是全面质量管理重要概念对教育质量保障的借鉴。全面质量管理有三个重要概念：“质量应当通过预防，而不是质量检查得以实现”；“产品质量是在生产过程中产生的”；“产品的质量受到生产链影响，质量责任可推广到生产领域以外”。将它们推衍到高等教育中则是：教育质量的提升不是通过检查得以实现的，而是应当事先控制好和制约教育质量的各项不利因素；教育质量是在持续的教育过程改进中产生的；教育质量的产生与非直接教育环节也有一定的关系。

三、教学质量

学术界对“教学质量”这一概念的界定并不统一，有三种代表性观点：一是认为教学质量是指教育所提供的成果（即学生所获取的知识、技能和价值观）满足教育目标系统所规定标准的程度；二是认为教学质量是指学生获取的知识、技能及价值观与人类和环境的条件及需要相关的程度；三是认为教学质量是指教学过程中，在一定的时间和条件下，学生的发展变化达到某一标准的程度以及不同的公众对这种发展变化的满意度①。教学的质量，是通过教师的“教”以及为“教”提供各种设施和服务的支撑，来实现学生“学”的质量即教育成果，而“学”的质量高低则由相应的标准予以衡量。教育质量是“教育满足个人和社会需要的程度”②，教育质量是教学质量的上位概念，教育质量的落脚点最终要体现在教学质量上，由此，教学质量应包含两个方面即满足个体发展与社会需求的程度。而要满足两方需求，必然前提是要让学生学有所获、学有所成，获得应具备的知识和技能，这也是教育的目标；学生获得知识和技能才能实现个人的发展，满足社会的需求。因此，结合学界对教学质量的界定及个人的理解，可以说，教学质量是通过教学使学生获取的知识、技能及价值观等达到教育目标系统所规定标准和满足个人及社会需要的程度。《教育大辞典》中“教育质量”的解释为：“教育质量是对教育水平高低和效果优劣的评价”，“最终体现在培养对象的质量上”，“衡量标准是教育目的和各级各类学校的培养目标。前者规定受培养者的一般质量要求，亦是教育的根本质量要求，后者规定受培养者的具体质量要求，衡量人才是否合格的质量规格”。教育质量有宏观与微观之分。从宏观层面看，教育质量即整个教育体系的质量，也可称之为

---

① 白童．“以人为本”的教育理念与高校教学质量监控及保障体系的思考［J］．甘肃政法成人教育学院学报，2007（3）：64-65.

② 黄蓉生，白显良，石雪，等．高等教育发展质量研究［M］．重庆：西南师范大学出版社，2010：4.

“体系质量”。所谓体系质量实质上是指其与系统规模、结构和效益等之间协调的问题。也就是说，它以系统内部各要素之间是否协调一致为标准。什么时候系统各要素之间协调一致，什么时候就表现出较高的体系质量。

第二节　民族院校本科教学质量标准

社会的发展和国家的建设都需要人才，而在社会发展和国家建设中发挥重大作用的主要是本科生人才，本科生人才是推动社会和国家发展的中坚力量。本科教育是大学的立校之本，无论是普通高校还是民族院校，本科教育在其教育教学中始终占据着重要的地位。我国普通高等院校主要承担着科学研究、培养人才、服务社会和传承文化四大职能，其中人才培养又最为重要，只有达成了培养人才的目标，才可能为社会输送合格的人才，服务于社会，才可能为开展高深科学研究输送专业的人才，中国文明才会不断传承和发扬；而人才培养的关键在学校教育，学校教育的重心在教学。因此，教学质量直接决定着人才培养质量，高水平本科教学质量是民族院校培养高素质人才的先决条件。然而，什么样的本科教学质量才是高水平的？衡量民族院校本科教学质量的标准又是什么？要评判质量的高低，必然要求要先有科学合理的标准。因此，笔者比较分析发达国家与我国本科教学质量标准，深入分析民族院校的特殊性，借鉴国外经验结合特殊性，尝试着提出民族院校本科教学质量标准的关键指标。

一、发达国家与我国本科教学质量标准比较分析

（一）发达国家本科教学质量标准

1．美国高等院校本科教学质量鉴定指标

本科教育是高等教育的重要基础部分，本科教育质量既能彰显一所高校的办学实力，也能体现一个国家高等教育的整体水平。在世界范围内，各国对本科教育质量也极为重视，积极开展本科教学质量评估，并不断完善教学质量考核标准体系。美国作为世界发达国家，对于本科教

学质量主要采取院校鉴定和专业鉴定予以保障。无论是院校鉴定还是专业鉴定，体现的都是以保障和改进教学质量为出发点，尽管不同鉴定机构的鉴定指标在内容、形式及表达等方面存在差异，但却有着基本的共同点。它们在本科教学质量的鉴定指标上都有以下几点：鲜明的办学特点，明确的办学宗旨和学生培养目标；与办学目标相匹配的办学资源；有证据表明正在达成办学目标和学生培养目标，毕业生素质达到标准要求；证明具有可持续保证教学质量，良好的可持续发展趋势。同时，采用院校自我评估来调动鉴定对象的积极性，通过院校的自我审视，发现优缺点，促进学校主动地持续加强教学质量保障和改进工作。其次，充分注重鉴定对象的多样性。为适应和服务学校的多样性特征及其多样的办学宗旨和目标，其鉴定指标以学校或专业任务和对目标的理解为基础，承认并尊重学校或专业的自治。美国对高等学校特色化、多样化实行积极的鼓励政策，每所学校也根据自身情况，合理配置资源，充分发挥优势，形成多层次的办学格局和多样化的人才培养模式。最后，鉴定指标充分体现了以学生为本。一方面将学生作为学校的首要服务对象，以学生对学校所提供服务的满意度作为鉴定本科教学质量的重要标准，指标明确提出要满足学生需要，从学生出发，提供适宜的学习环境；另一方面，鉴定指标将学生学业成就作为鉴定的重点。

2. 英国普通高校本科教学质量评估标准

英国不仅是一个经济发达的国家也是一个高等教育发达的国家，国家对于教育质量问题一直都很重视。英国高等教育质量保证由一个中介教育评估机构来实施，这个中介教育评估机构即高等教育质量保证署(QAA)，它受政府委任但又不隶属于政府，由它对英国所有高等学校提供统一的综合质量保证服务。这一机构的教育评估按照基本学术标准(包括资格框架、学科基准声明、专业规格和实施规则）执行，在此重点介绍的是学科基准声明，它与我国现行的普通本科教学工作评估指标最为接近。学科基准声明陈述了学生在学科领域内取得学位标准（共有知识和理解、知识应用、自我反思、迁移技能、数字的应用、与他人合作的素质、自我学习能力和业绩能力、分析和解决问题的技能八个方面的要求），它对学科领域内的毕业生需要掌握的知识和技能，对本学科达成理解程度作了统一规范。英国本科教学质量评估标准，统一而详细，从学科层面出发对院校的教学质量标准进行了明确规定，这有利于学生明确学习目标，系统安排学习规划，从而自主高效地学习；同时基准声明中的标准也体现了对学生的学习成果、知识技能和实践能力的重视。

3. 日本普通高校本科教学质量评价基准

日本是近代高等教育制度后发国家，高等教育在不断发展的同时相应的教育质量保证措施也在不断完善，形成了内部（生源输入和教学科研过程）与外部（保障学校输出结果）相结合的质量评估机制。日本高等教育机构由国立大学和私立大学组成，与之相应的，现行教育质量评价机构有：日本技术者教育认证机构（评价所有高等教育机构），大学评价、学位授予机构（主要评价国立大学），大学基准协会（主要评价私立大学）。在此选取以评价国立大学为主的大学评价、学位授予机构的评价基准为主要介绍对象。其现行评价基准分为基本基准和选择基准两种，基本基准（包括基准内容和主旨说明，类似于我国现行的普通高校本科教学工作水平评估指标体系中的二级指标）有11个，其下又设有若干个下位基准；选择基准共有2个，一般只在大学自我评价时使用，不作为机构内评价指标。11个基本基准分别为：大学的使命、教学内容和方法、教育成果、教育研究组织、教职人员和教辅人员、招生、学生服务、设施和设备、促进教育质量提高和改进的体制、财政及管理。各个基本基准都紧扣大学使命而设置，强调学校对学生的援助和服务，提供各方面的支持，注重评价结果对大学教育质量改进的推动作用。

（二）我国普通本科教学质量标准

根据我国现行的《普通高等学校本科教学工作合格评估指标体系》，该体系用7个一级指标和20个二级指标明确了对高校本科教学质量的基本要求。尽管指标数较多，但根据特征，大体上可将其归纳为三类：条件性指标、过程性指标和成果性指标①。条件性指标是为实现办学目标所需提供的物质基础方面的指标，如教师、教学条件与利用等指标。过

---

① 陈广桐，等. 高等学校教育教学评估［M］. 济南：山东大学出版社，2005：84.

程性指标是为实现办学目标所实施的教学管理、教学活动、教学组织等，如质量管理、学风建设与学生指导、专业与课程建设等指标。成果性指标是指实际取得的成果，与教育目标直接相关，如教学质量指标。普通本科教学工作评估指标体系是对本科教育予以规范和衡量的“国家标准”，具有普适性，体现了当前国家对本科教学质量的基本要求，明确了保障教学质量要达成的目标水平。不论是研究型大学还是教学型大学，不论是国家重点院校还是地方一般院校，全国高校都将依据这一“国标”，按照这一个标准来衡量其教学工作质量。虽然我国高校类型多，本科院校间、不同地区院校间有巨大差异，但却仍需用统一质量标准，这使得高校各自的特色和优势无法凸显，民族院校的特殊性更是难以体现，人才的多样化培养也难以实现。

二、民族院校本科教学质量保障的特殊性

（一）民族院校办学使命与发展趋势的特殊性

1. 民族院校办学使命

民族院校虽然是民族的高等院校，但它也是我国高等院校的一员，因此，在专业设置、办学方针、教育制度、教育管理、教学内容与教学方法等方面都与我国其他普通高等学校具有共性。但是，民族院校在办学使命上有自身的特殊性。一是办学的定位特殊。民族高等院校始创的目的非常明确，就是要为民族地区培养大批人才，以加速民族地区政治、经济、文化教育等各方面的发展，实现全国各民族的共同繁荣，维护民族平等、民族团结和国家统一。民族院校在地理上的分布即可印证这一点：十五所民族院校，其中十三所分布在西部、西北和东北，中部两所（中南民族大学和湖北民族学院）、南部一所，民族院校的分布与我国少数民族人口分布基本相一致，西部地区和北部地区是我国少数民族的主要聚集地，民族院校的这种布局合理地兼顾了我国少数民族大杂居、小聚居的分布格局。正是这种布局使得不同区域的民族院校能够最大限度地吸纳院校所在地域内的少数民族学生。这种地理上的分布充分表明，民族院校肩负着为民族地区培养人才、培养少数民族人才的使命，这些人才不仅是少数民族发展和民族地区经济建设的生力军，也是维护政治稳定和民族团结

的重要力量。二是服务的对象特殊。民族院校的学生大多是少数民族和民族地区的青年，他们大学毕业后大多会回到民族地区，投身民族地区的发展建设中。因此，从一定程度上来讲，民族院校具有教育和民族的双重性。六十多年以来，基于为民族地区服务、为少数民族发展服务的使命，各民族院校为了履行好这一职责，在对毕业生的就业指导上以“从哪里来，到哪里去”为原则，并结合毕业生个人的民族、籍贯、就业意向和所学专业等，指导、鼓励他们回到本民族地区工作。综上所述，我们不难看出，民族院校不论是履行办学战略定位的职责还是满足服务对象的需求，都要始终以为民族服务为中心来履行办学使命。

2. 民族院校发展趋势

长期以来，民族院校承载着特殊的民族使命和教育任务，对于民族院校的建设和发展，教育部和国家民委也一直非常重视和支持。国家“十二五”教育纲要提出“启动实施少数民族高端人才培养计划，继续实施少数民族高层次骨干人才培养计划。积极支持民族地区高等学校和民族院校特色专业建设，培养民族地区留得住、用得上的各类人才”。对于我国民族院校而言，其未来的发展受到民族特性的多方影响。在办学使命上，肩负着培养民族高层次人才的重任。只有大力提高教学质量和教育水平，培养更多的民族高层次人才，才能不负为民族地区培养人才的使命。在招生政策上，基于办学目标的要求，基于民族地区教育落后于非民族地区的现实，基于少数民族学生在教育中处于不公平的劣势，为了提高少数民族整体素质水平和发展民族教育，实现民族的共同发展，在本科招生过程中对民族地区的学生和少数民族学生实施优惠政策。在培养目标上，民族院校始终以培养民族地区发展所需人才为出发点和落脚点，以满足少数民族学生自身发展需要和民族地区发展的人才实际需求为目标。综上，我们可以看到，民族院校在办学使命、招生政策、培养目标上都以为民族服务为根本，民族院校未来的发展也必然要立足、根植于这些特殊性。民族院校在未来的发展上，必定要牢牢把握办学的根本特色与特殊性，在积极顺应时代及高等教育发展规律的同时，主动谋求发展，加强建设，保障教学质量，提高教育水平，办人民满意的高层次民族大学。

（二）民族院校本科招生政策与生源的特殊性

1. 民族院校本科招生政策

目前，我国高校针对少数民族学生所开展的教育形式有三种：一是举办民族班。民族班顾名思义是针对少数民族学生开设的教学班，即普通高等学校利用学校在教学师资、教学资源和教学设备等多方面的优越条件，招收少数民族学生，对其进行特殊教育，从而达成培养少数民族人才的目的。二是设置民族预科。预科即预备本科，它是本科的预备阶段。民族预科教育是高校对于还未达到进入本科阶段学习所要求的知识和能力水平的少数民族学生，进行补习形式的教育，扎实知识基础，它是我国高等教育的特殊层次。三是招生优惠政策。通过在全国高校统一招生中，高校对少数民族学生实行降低分数、放宽录取尺度的政策。在此，笔者重点对民族院校普通本科招生优惠政策予以分析。

民族院校为照顾民族地区学生的入学，在地理分布上极大地覆盖到了我国少数民族聚集地，然而对于少数民族学生来说，民族院校在地理上的优势并不意味着增加了其进入高等学府学习的机会。从 1990 年到 2000 年，我国少数民族人口占总人口的比例从 8.04%上升到 8.41%，但同期高等学校中少数民族学生占在校生总数的比例则由 6.6%下降到 5.71%①。截至 2009 年，“少数民族人口占全国总人口的 8.41%，而高等院校当中少数民族学生的比例只占 6.23%”②。少数民族人数远少于汉族是少数民族大学生比低于其人口比的一个原因，而根本原因则是少数民族学生生活的地区大多经济比较落后，相应的当地的教育质量较差，学生在全国高考中没有足够的竞争力。然而，民族地区经济的落后造成少数民族学生在教育的起点上处于劣势地位，这是客观的诸多因素造成的而非少数民族学生个人所能改变的。因此，为了改变少数民族学生与汉族学生这种不公平教育下的竞争，让少数民族学生能公平地享受

① 罗立祝. 高校招生考试政策研究 [M]. 武汉：华中师范大学出版社，2007：217.

② 国家民委官员. 高校少数民族学生占 6.23% 低于人口比 [EB/OL]. [2009-09-25]. http://edu.people.com.cn/GB/79457/10116649.html.

高等教育，民族院校在本科招生时，一直以来对少数民族学生实行优惠的招生政策，或优先录取，或降分录取或加分录取；同时也适当照顾人口稀少的少数民族，每年都录取一定数量人口稀少的少数民族学生。当前，我国民族院校所实施的优惠招生政策主要是三种：一是同等条件优先录取，即在本科招生录取时，在与汉族考生同等条件下，对于散居在汉族地区的少数民族考生，学校可对其予以优先录取。二是适当加分，即边疆、山区、牧区、少数民族聚居地区的少数民族考生可以享受加分，很多省、自治区和直辖市普遍采取的是降分录取政策。三是单独划线录取，即民族院校对院校所在地区内的少数民族考生单独划线，实现适当照顾。民族院校与其他普通本科院校相比，在招生政策上的特殊性，让民族院校真正承担起了为民族地区办教育、为民族发展育人才的责任。

2. 民族院校生源的特殊性

民族院校学生的特殊性是贯彻落实民族院校办学宗旨的具体体现，是优惠招生政策下的必然结果。学生是民族院校的中心主体，民族院校学生的培养是民族院校教学任务的全部，只有好的教学方式，高的教学质量，才能实现对学生的培养，达成民族院校的办学目标，完成人民及国家赋予的职责。因此，对于民族院校而言，在客观上，制度政策的特殊性是国家及社会赋予的；在主观上，生源的特殊性是要面对的必然现实。笔者认为，民族院校生源的特殊性主要表现在素质、民族和经济三个方面。

一是生源素质差异性。由于民族地区人口分散，交通不便，经济较为落后，教育质量较差，少数民族学生在进入大学之前，在与汉族学生参加全国统一高考时，就处于劣势，两者不在同一公平的起点上。地理、经济及历史等多方面的原因造成了少数民族学生不可能与汉族学生处在同一个层面来享受教育资源。为了让少数民族学生能更公平地享受教育资源，民族院校在招录时对他们给予了优惠。但正是由于民族院校的特殊招生政策，在不同地区的录取线不同，对不同民族的优惠力度不同，造就了民族院校生源素质的差异性。相当一部分学生基础知识薄弱，人际交往能力差，外语水平低。生源在整体上呈现出多种差异：少数民族学生整体上与大多数汉族学生间知识能力差距大；同时在少数民族学生间也存在群体差异，即偏远民族聚居区和经济落后地区的学生文化基础较差，散居区和经济较发达区的少数民族学生整体素质较高。民族院校生源整体上表现出生源素质参差不齐、差异大的特点。

二是生源民族多样性。民族院校主要招少数民族学生，主要面向民族地区招生，因此，民族院校中少数民族学生占比大，是一个由多民族学生组成的大集体。不同的民族有着不同的语言、文化、习俗以及基于环境而形成的民族意识和民族信仰，每个民族都是有别于其他同类群体的人类集团。正是由于不同民族受到所生活地域的地理、风俗、经济等方面的影响，形成了不同的文化传统和心理认知。因此，来自不同地区的民族学生其观念、认知、个性具有较鲜明的民族特点，而生源民族成分差异使得民族心理差异成为必然。民族的多样性形成了多样的民族心理和民族文化认知，而这些多样性都集中的在少数民族学生身上得以体现，而由这些学生组成的学校自然也充满了民族气息，形成了具有民族文化的校园。

三是生源经济贫困性。民族院校中的少数民族学生多来自边远地区、农村以及经济落后地区，这些学生的家庭一般都不富裕且贫困家庭居多，而少数民族学生又是民族院校学生的主体，因此，民族院校的学生中，家庭经济有困难的学生所占的比重较大。而这些家庭经济较为困难的学生，由于背负着压力，必然对在校学习和生活中的各方面开销都会产生顾虑，时间一长这种顾虑变成了时刻伴随他们的一种心理压力。而这种经济上的心理压力，容易将他们的精力过多地牵引到对物质方面的关注上，从而分散学习的精力，影响学习效率。生源经济贫困性，从学生的角度看，是经济困难直接影响了学生学习效率；而从学校的角度看，学生学习效果差从侧面反映出了学校教学质量不高。因此，应该说生源的贫困性与本科教学质量有着间接但不可割裂的关系。针对民族院校生源的贫困性，国家和民族院校都应采取积极资助措施，以最大限度减少民族院校少数民族学生因经济原因造成的心理压力大、学习效率低等问题的出现。

（三）民族院校本科教学与毕业生就业的特殊性

1. 民族院校本科教学的特殊性

民族院校高等教育是我国多民族文化背景下，跨文化高层次教育的产物。民族院校既是我国高等院校的一个构成部分，又与普通高等院校系统具有相对独立性；既与普通院校具有共性，在办学使命、学生来源、课程设置等方面又有其显著的特色，有其独特的个性内涵。民族院校教学质量保障的有效实现，既要遵循高等教育的共性规律，又要注重对民族院校教育教学特性的充分把握。

民族院校的办学使命某种程度上决定其教学任务的设定和落实。民族院校是国家为培养民族地区发展所需人才而专门成立的，因此，为了达成人才培养目标，民族院校在教学任务上必定有别于非民族普通高等院校。国家“十二五”教育规划中对民族院校的教学内容做出了明确要求，“在民族院校和部分民族地区高等学校开设马克思主义民族理论与政策课程”。这也就是说，民族院校学生除学习与其他普通高校学生相同的公共课、基础课和专业课之外，还必修“民族理论与民族政策”的知识，接受民族文化历史和民族平等团结等方面的教育，从而加强多元民族文化交流和民族认同感。民族院校在教学上通过将学科的专业教育与民族教育结合起来，学生既掌握专业知识和技能，又发展民族关系，促进民族团结。这样回到民族地区的民族院校的毕业生才能成为民族工作的模范和社会主义建设的骨干。

学科特色是民族院校特色的主要凝聚点和载体，直接关系到教学特色和人才培养模式特色。民族院校在学科设置上与普通高等学校大体相似，但也有其他院校所不具备的特色。如民族院校设置的民族学、民族文学、民汉语言翻译、民族艺术、民族体育、民族历史、民族经济等，这些学科的发展水平和学科力量往往胜于其他普通高校，并发挥着积极的学科优势效应，推动着民族地区政治、经济、文化和社会的整体发展。具有民族性特色的学科在民族院校已形成了相应的学科文化，对民族院校教育教学的积极影响也日益增强。民族院校的办学使命促使着教学内容和学科特色化，从而强化了民族院校教学上的特殊性。

2. 民族院校本科毕业生就业的特殊性

民族院校高等教育既是党和国家民族工作的重要内容，也是我国高等教育事业的一个重要组成部分。民族院校肩负的重大使命就是为民族地区培养政治、经济、文化、教育等发展所需的高素质人才。民族院校的办学宗旨和其肩负的历史使命必然要求民族院校的招生以面向少数民族学生为主，而民族院校毕业生的就业区域也一贯以少数民族地区为主。民族院校办学几十年来，一直是培养我国少数民族人才的重要基地，指导毕业生回生源地就业也始终是贯穿于民族院校的重要就业指导思想，民族院校本科毕业生就业与其他普通高校相比呈现着特殊性。从就业区域看，受民族院校的性质和其肩负的历史使命的规约，人才培养目标始终定位在民族地区，其服务指向始终是少数民族，因此，民族院校毕业生主要是在民族地区就业。从历史上看，绝大多数在民族院校接受了高等教育的大学生，毕业后都回到了民族地区，扎根于民族地区，他们尽心工作，很多都成了优秀的民族干部，担负起了民族地区发展的重任，成了促进民族地区经济、政治、文化、教育等各方面发展的一支生力军。从就业优势看，一方面，少数民族学生具有地缘优势，他们熟悉了解民族地区的情况，语言沟通流畅，易被当地人民群众接受，他们在参与民族地区的建设中，相对于汉族毕业生而言具有不可替代的优势；另一方面，少数民族学生具有品格优势。当今社会，越来越多的用人单位在选才用才时重点关注求职者的优秀品质，而民族院校中的大部分学生来自远离城市的沿边、沿疆等经济落后地区，经过艰苦生活和求学经历的磨炼，他们形成了勤奋努力、踏实肯干、不畏困难等优秀品质，这些品质正是社会企业和单位所看重的。他们相对更能承受生活的磨炼，民族地区发展需要这样的年轻人。

三、民族院校本科教学质量标准关键指标

（一）民族院校特殊性与本科教学质量关联性分析

正确认识和把握本科教学质量这一概念的内涵是研究本科教学质量保障的理论前提。在学界，很多专家学者从不同视角对本科教学质量这一概念形成了不同观点，但我们在研究某一事物并努力去界定它是什么

时，最终的目的还是通过明确是什么，进一步研究它的现实功能与意义。因此，基于学界对于高校职能达成的共识，从目标的角度出发，研究民族院校本科教学质量保障问题，究其根本仍是要让民族院校能够履行好高校科学研究、培养人才、服务社会和文化传承创新等职能。而组织功能的实现必然要立足于组织本身，基于组织自身的特点，民族院校作为教育组织机构，它自身有着突出的特殊性。因此，研究民族院校本科教学质量绝对不能忽视其特殊性，而是要将其特殊性与本科教学质量紧密联系在一起。

决定民族院校教学的特殊性的最重要的因素是民族院校生源的特殊性，要保障本科教学质量的高水平，究其根本要深刻认识生源的特殊性对教学成效的影响。民族院校的特殊性之间的关系可以用下图（见图 8-2）来表示，即民族院校的办学使命决定了招生政策的特殊性，而优惠招生政策的实施导致了处在不同知识、能力和素质水平的学生被纳入同一学校，这也就导致了民族院校生源的特殊性，生源的特殊性决定了本科教学的特殊性，本科教学质量影响着办学使命的达成，它们之间环环相扣、密切联系、相互影响。其中对本科教学有重大影响作用的就是学校生源，也就是教学的对象。教学应遵循因材施教原则，从一定程度上来说，正是因为民族院校在教学实际中面对的是特殊的生源，决定了其教学各环节和各方面的不同；正是学校生源直接影响了教学的实施，生源与民族院校本科教学有着深刻而密切的联系。因此，对于民族院校本科教学质量保障问题的研究，本研究重在以生源的特殊性为着眼点。

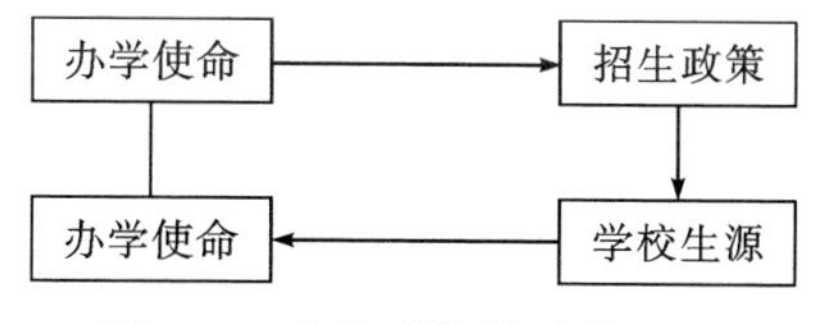

图 8-2　民族院校特殊性关系

（二）民族院校本科教学质量标准关键指标

当前，我国高校本科教学质量保障思想仍带有厚重的精英教育阶段思想的印记，学术成就、学术标准仍是各级各类高校教学质量的主要追求和评判标准，这与日益复杂多样的高等教育体系不相适应，更是与具有诸多特殊性的民族院校发展不相适应。科学合理的质量评价标准是保障教学质量的指向标，是提升民族院校本科教学质量的前提基础。借鉴发达国家本科教学质量标准设定的经验，结合民族院校的特殊性，民族院校本科教学质量标准应突出以下几个指标：

1. 注重共性与个性相统一

当前，我国高等教育呈现出多样化的特征，如多元办学主体、多样教育机构、多种办学形式和教育形式等。因此，以整齐划一的标准来衡量所有大学的教学质量水平就显得极为不科学。西方各国在注重建立和完善质量保障的基础标准的同时，也重视不同类型大学的特色，使得教学质量保障与特色发挥相协调、相融合、互促进。各国的具体标准内容虽然存在差异，但是都具有共性标准即本科教学质量标准和与学校办学目标相适应的个性标准。对于我国而言，共性是指无论什么类型和层次的大学，其本科教学质量标准都要符合教育行政部门颁布的《高等教育法》、《普通高等学校本科教学工作合格评估指标体系》、《学位条例》等相关规定。个性是指大学的本科教学质量标准在符合国家相关法律的基本规定外，同时还具有与自身特征相结合的要求和规定，主要体现在：一是办学理念鲜明，具体体现在学校自身定位合理、办学目标明确，办学思路清晰，要以科学先进的教育观来指导办学，强烈的教学质量意识来实施办学；二是既要有“软件”又要有“硬件”，师资队伍素质高(即师生比合理、师资队伍数量和结构合理、人力投入大)，办学条件优越，办学经费充裕等。共性标准是确保本科教学基本质量和教育水平的基本要求，个性标准是民族院校突出办学特色与优势、提升教学质量和水平的必然要求，具有共性与个性相统一、相协调的本科教学质量标准，才能科学地指导民族院校开展本科教学活动，达成本科教学质量目标。民族院校办学使命特殊，个性突出，本科教学质量标准更应充分注重共性与个性的统一。

2. 强调学校为学生服务

各国本科教学质量标准都强调学校要为学生服务。美国将学生作为学校的首要服务对象，以学生对学校所提供服务的满意度作为鉴定的重要标准，指标明确提出要满足学生需要，提供适宜的学习环境。英国以学科为基准较为全面地陈述了学生在学业领域内取得学位的标准。日本把“学生服务”专门作为一个基本基准来检查和评价各大学学生服务工作的优劣。学生在高校中既是学习的主体同时也是高校服务的主体，本科教学质量形成于本科人才培养的全过程，本科教学紧紧围绕学生而开展。保障本科教学质量要紧紧以为学生服务为原则，抓好“教”的工作，即抓好与教师相关的一切工作，合理配置资源，准备好一切有助于知识输出的工作；做“学”的准备，即以学生为中心，从学生出发最大限度地满足学生需求，让学生处于最佳的知识输入状态；“教”服务于“学”，让“教”能有效实施；“学”承接于“教”，让“学”能高效达成。“教”与“学”紧密协调，为学生服务，最终实现教学相融，必然达成本科教学质量标准，呈现高水平本科教学质量。因此，学校为学生的全方位服务应该作为民族院校本科教学质量的重要标准。

3. 注重学生知识和技能

在美国的本科教学质量鉴定指标中，将学生学业成就作为鉴定的重点。英国本科教学质量评估标准将对学科领域内的毕业生需要掌握的知识和技能以及对本学科达成理解程度作了统一规范。日本普通高校本科教学质量评价基准中的教学内容和方法、教育成果这两个基准及其下设基准都突出强调要达成学生知识能力和素质能力。高校培养的人才最终是要走出学校，走进社会，经受社会和企业的检验，学生只有真正在接受本科教育的过程中获得了与其学科要求相符的知识和技能，并具备将这些知识运用于工作、生活的能力，才能说本科教学质量是让社会满意的、是达标的。发达国家对本科教学质量标准在这点上是达成了共识的，而民族院校面临着在学生中享受优惠招生政策的人数多、学生知识底子薄、综合能力差的现实问题。因此，借鉴发达国家的经验，综合考量民族院校生源的特殊性，学生知识和技能也应该成为我国民族院校本科教学质量标准中的重要指标予以凸显。

第三节　民族院校本科教学质量保障个案分析

一、民族院校本科教学质量概况

（一）少数民族本科生数量情况

近年来，我国高等教育呈现出快速的发展趋势。主要表现在：一方面，我国高等教育在招生政策的调整下，高等教育规模不断扩大；另一方面，随着国家经济、社会各方面的迅猛发展，对高素质人才的需求不断增加，而高校承担着服务社会的职能，要履行好职责，这必然要求高校要不断提高办学水平和扩大办学规模，培养更多人才以满足社会发展的需求。本科生作为高等教育的主要对象，作为国家人才储备的中坚力量，其总体数量也急剧地增加（如图 8-3 所示），截至 2010 年本科生总数已达 1 265 万之多，而这其中少数民族本科生也已经接近 93 万人，占到了全国本科生总体的 7.35%。根据 2010 年第六次全国人口普查统计数据，我国各少数民族总人口数为 11 379.22 万人，占全国总人口数比为 8.49%。由此，不难发现，少数民族本科生总体占比与少数民族人口总体占比分别为 7.35%和 8.49%，两者之间存在着一定的差距。这表明，少数民族本科生人数偏少，还应该增加，民族院校本科教育规模仍有扩大的空间，少数民族教育事业在此基础上有待进一步的发展。

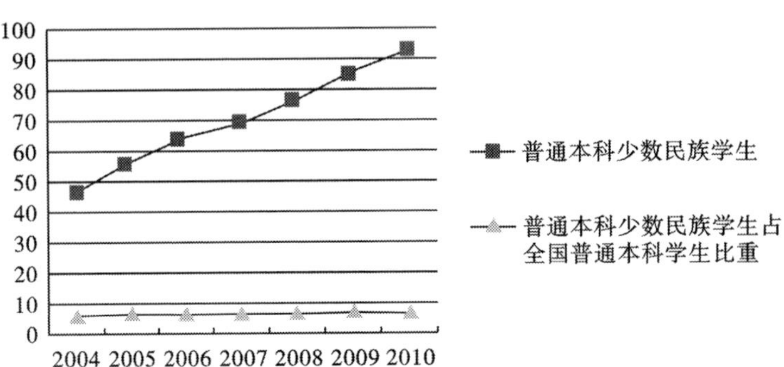

图 8-3　2004—2010 年全国普通本科中少数民族人数及其所占比重（万人，%）

根据教育部发展规划司 2005 年至 2011 年中国教育事业发展统计简况整理。

（二）少数民族本科生质量情况

按照我国本科教学质量评估标准中的质量指标，报考高一级教育层次（如本科生报考研究生）的人数及录取率也是衡量本科教学质量的一个重要标准。在高等教育的各层次中，本科生是最主要的组成部分，他们是经济、社会发展所需的主要人才，更是国家培养高端拔尖人才的资源库。高素质的优秀本科生越多，国家可培养选拔的优秀人才也就最多，同理，本科生质量越差，高素质人才越少，进入硕士研究生阶段的几率也就越小，人数也就越少。换言之，现有招生制度和规模相对保持不变的情况下，硕士研究生人数在很大程度上反映着本科生的质量水平。因此，少数民族本科生的研究生录取率也直观地反映了民族院校的本科教学质量水平。如图 8-4 所示，2005 年—2010 年，全国硕士人数不断增加，其中少数民族硕士人数绝对量也是不断增加，从 2005 年的 0.72 万人增加到 2010 年的 6.45 万人左右，5 年间整体人数增长了近 9 倍。这表明，整体上我国少数民族本科教学的质量在不断提高，民族院校本科教育水平在不断提升，民族教育事业发展也取得了一定的成就。

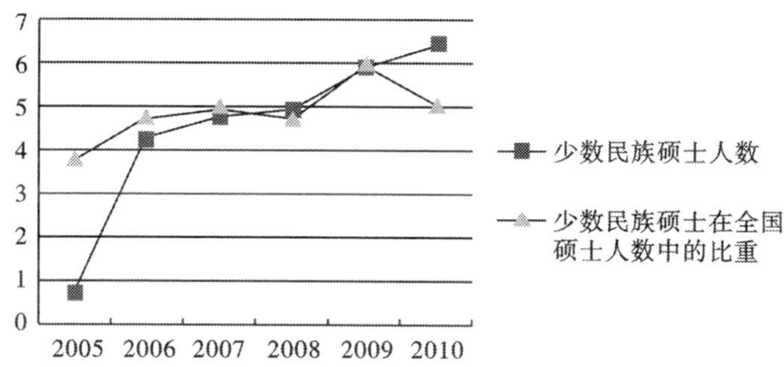

图 8-4　2005—2010 年全国硕士中少数民族人数及比重（万人,%）

根据教育部发展规划司 2006 年至 2011 年中国教育事业发展统计简况整理。

但是，与此同时，从表 8-1 中，我们又不难发现，在 2005 年—2010 年，少数民族硕士占比总低于少数民族本科生占比，且两者间相差两个百分比左右。这表明，在整体上，我国少数民族本科生攻读硕士学位的人数仍然少于汉族学生人数。这一问题的原因从主观角度而言，可能是少数民族本科生相比较于汉族学生而言，更多地在毕业后选择直接就业，放弃了考研。由此，我们可以看到，从整体情况来看，民族院校本科教学质量依然不容乐观，整体教育教学水平还亟待进一步的提升。

表 8-1　少数民族研究生占普通本科生总人数及比重

年份	2005	2006	2007	2008	2009	2010
少数民族本科生占学生总数比重（%）	6.74	6.87	6.75	6.91	7.23	7.35
少数民族硕士占学生总数比重（%）	3.78	4.74	4.96	4.82	5.11	5.04

根据教育部发展规划司中国教育事业 2006 年至 2011 年发展统计简况整理。

二、民族院校本科教学质量保障的个案分析

（一）中南民族大学本科优惠招生政策

中南民族大学是国家民委所属的六所民族类院校之一，毋庸置疑，中南民族大学的普通本科招生政策也必然要凸显对民族教育事业的全力支撑，对少数民族学生的照顾。中南民族大学普通本科招生政策从两个方面较为有效地实现了对少数民族学生在入学时的照顾。一方面，中南民族大学在少数民族学生招生比例上做出明确的规定。在高考招生简章第二章录取规则中对普通本科的录取这样规定："根据教育部、国家民委的有关政策，学校本科招收的少数民族考生约占 65%。"而这规定一直作为中南民族大学普通本科招生章程的录取规则，多年未曾变动。少数民族学生招生比例的确定意味着，并非所有的高考考生都能按高分到低分公平地进行竞争，进入自己心仪的高校。具体来说，少数民族学生和汉族学生同时报考同一民族院校，即便汉族学生的分数要远高于少数民族学生，按照招生录取规则执行，都有可能存在汉族学生落榜的情况。因此，可以说民族院校通过确定少数民族学生的招生比例，可以较好实现增加少数民族学生进入高等学府的机会，这也符合民族院校的办学宗旨。另一方面，对特定区域少数民族考生的照顾。在中南民族大学 2010 年、2011 年的招生章程中都作出了这样的规定："除内蒙古自治区外，专业分配按分数优先原则录取，不设专业分数级差；在内蒙古自治区，专业分配按志愿优先原则录取，不设专业分数级差。"这一招生规则很明显是对内蒙古地区的少数民族学生给予了特别的照顾。在录取时的

专业分配上，自治区外的考生按分数优先原则，而自治区的考生按志愿优先原则，这意味着只要内蒙古自治区的考生第一志愿填报的是中南民族大学的某专业，即便他的分数低于自治区外同样填报这一院校和专业的考生，他可能因享受“志愿优先”的优待而被录取，而自治区外的考生却极有可能因为“分数优先”的竞争而落榜。

（二）办学使命对本科教学质量的要求

民族院校本科教育既是专科教育和预科教育的高层阶段，又是研究生教育的基础阶段，在民族高等教育的整个序列中占据着极其重要的地位。从我国民族院校的整体办学层次和人才培养层次来看，目前还是重在本科教学和培养本科人才，通过本科生的培养实现民族院校的职责和使命，中南民族大学亦是如此。因此，可以说本科教育是中南民族大学生存和发展的支撑，本科教学是其教育活动的中心和重心，本科教学质量关系民族人才的培养，关系民族教育和民族地区经济的发展，本科教学质量对中南民族大学的生存和发展有着决定性的影响。

中南民族大学作为一所国家民委直属的民族高校，从恢复重建伊始就确立了以本科教学为主的办学理念。1995 年 3 月《中南民族学院教育事业“九五”计划和 2010 年发展规划》中提出构建一个适应我国少数民族和民族地区经济和社会发展需要的、面向 21 世纪且具有自己特色和优势的学科专业体系，以本科教育为主①。2002 年学校更名后，明确办学新思路“坚持教学工作的中心地位不动摇，教学基本建设优先发展的原则不动摇，人才培养质量是学校生命线的观念不动摇，本科教学为主，多学科、多层次教育协调发展的目标不动摇”②。2011 年 4 月《中南民族大学教育事业发展十二五规划》提出，以提高教育教学质量为核心任务③。尽管学校处于不同的发展阶段，但本科教育和教学质量始终

① 中南民族大学校史编纂委员会. 中南民族大学校史［M］. 武汉：湖北人民出版社，2011：143.

② 中南民族大学校史编纂委员会. 中南民族大学校史［M］. 武汉：湖北人民出版社，2011：250.

③ 中南民族大学校史编纂委员会. 中南民族大学校史［M］. 武汉：湖北人民出版社，2011：256.

是中南民族大学办学的中心。

为民族地区培养人才和社会主义建设者是中南民族大学的使命所在。现阶段，努力建设特色鲜明、人民更加满意的高水平民族大学是中南民族大学的办学目标，而人民满意的、高水平的大学集中体现在教学质量上，只有提高教学质量，才能培养高素质的人才。然而，人才培养的关键在教育，教育的重点在教学，只有高质量的教学输入才可能有高素质人才输出，办学使命的现实要求中南民族大学必须要有高质量的教学。本科教育是民族院校高等教育的重心，本科教学质量是实现民族教育质量目标的重要环节，对于中南民族大学而言，亦是如此。高水平的教学质量是学校得以持续发展的动力，开展本科教学质量保障工作能进一步促进教学质量的提高，是保障民族教育的重要举措。由此，我们不难看出，中南民族大学办学定位的使然，为培养民族地区人才使命的使然，对本科教学质量提出了严正而特殊的要求，对本科教学质量保障的实施提出了现实的要求。

（三）特殊生源对本科教学质量的影响

1. 部分学生自甘享受优待，学习效果差

民族院校以少数民族学生居多，而很多少数民族学生来自经济不发达的民族地区和偏远山区，因此，这些少数民族学生的家庭经济条件都不优越，甚至很多是举债上学，由此，形成了民族院校贫困生比例较之于其他普通高校高的局面。基于此，国家对贫困生的资助力度也相当大，有相当规模的国家级奖学金和助学金，如 2010 年，教育部发展规划司发布的中国教育事业发展统计简况显示，国家民委所属院校全日制本专科在校生中家庭经济困难学生的比例为 36.86%，其中约有 87.25%的学生得到了国家奖（助）学金的资助；获得国家奖学金和国家励志奖学金的学生中，少数民族学生占 38.48%；获得国家助学金的学生中，少数民族学生占 51.61%。而中南民族大学也已建立并形成以奖（助）学金为导向、勤工助学为主体、国家助学贷款和生源地信用贷款为主要途径，“奖、贷、助、补、减、免、勤”七位一体的学生资助工作体系。整体上，学生大都能以正确的心态接受各种优待。然而，这种对贫困生尤其是对少数民族贫困生大额度、广覆盖的资助力度，却也使得部分学生在享受各种优待的过程中，自甘堕落，虚荣膨胀，盲目求同，生活态度消极，产生对家庭和社会的抱怨情绪；学习动力不强，以致学习成绩不理想，学习效果差。内因决定外因，外因通过内因起作用，无论实施多有效的教学方法，学生自身不努力也难以实现教学质量的提升。

2．学生面临多方压力，学习效率低

中南民族大学作为国家民委所属的高校之一，中南民族大学2013年普通本科及预科招生章程显示，根据教育部、国家民委的有关政策，学校本科招收的少数民族考生约占65%，而这些少数民族学生在进入高校后，很多人都面临着多方压力。一是家庭压力。来自民族地区的学生其家庭收入大多不高，且家中或多或少有兄弟姐妹，客观上造成了一个家庭往往同时供几个孩子上学，家庭负担沉重。因此，很多学生内心背负的家庭压力大。二是环境压力。在学习方法上，少数民族贫困生入校前大多毕业于少数民族地区农村中学，接受的大多是应试教育，进入大学后一时难以转变，难以适应素质教育的要求；在生活上，文化形态以及生活、卫生习惯等与城市生活显得格格不入。在接受城市社会化过程中，新的环境给他们造成了不小的压力。三是心理压力。在步入大学的校门之前，他们在高中也是非常优秀的学生，受到老师和同学们的关注，然而进入大学之后，语言、文化、环境随之发生较大的变化，自己在语言表达、音乐时尚信息、电子产品使用上都很欠缺，自我感觉低人一等，由此导致心理上产生了极大的压力。多方面的压力催生了他们的自卑心理，而这种自卑心理的强化又多半伴随着虚荣心的增长，过于盲目地追求城市生活，将本应用于学习资料和日常饮食消费的钱购买流行产品或进行娱乐消费，以此来追求心理上的平衡。正是因为这些压力，使得很多学生在一定程度上产生心理自卑，分散了学习注意力，减少了对学习的有形和无形投入，直接影响了学习效果，影响了学校本科教学质量整体成效。

（四）办学条件对本科教学质量的制约

1．院校综合实力较弱

民族院校整体实力较弱。一方面，对于民族类院校而言，人文社科类一般是其优势和强势学科，而理工类学科大多起步较晚，因此，教学科研实力不强。另一方面，高等院校是信息化时代，知识的主要发生地与集散地，其学科发展与时代发展和社会需求密切相连，但民族院校的文科类学科因受到民族性的牵制，研究以民族的人文社科为主，研究范围较为狭窄。因此，优势学科的社会需求不足，新兴学科的竞争力不强。除中央民族大学外，我国民族院校整体综合实力不强。中南民族大学作为处于中南地区唯一一所国家民委直属的民族院校，在整个中南地区的综合实力并不突出。

表 8-2　2011 年中国中南地区大学综合实力前 50 名（部分）

中南地区排名	校名	学校类型	全国排名
2	武汉大学	“985 工程”大学	8
3	华中科技大学	“985 工程”大学	9
8	华中师范大学	“211 工程”大学	41
9	武汉理工大学	“211 工程”大学	42
11	华中农业大学	“211 工程”大学	58
15	中国地质大学（武汉）	“211 工程”大学	72
18	中南财经政法大学	“211 工程”大学	90
27	湖北大学		
32	武汉科技大学		
33	长江大学		
39	中南民族大学		
43	三峡大学		
47	武汉工程大学		

数据来源：武书连. 挑大学　选专业——2011 高考志愿填报指南［M］. 北京：中国统计出版社，2011.

根据相关数据统计（见表 8-2），中南民族大学在整个中南地区排名 39，甚至不及二本院校长江大学，落后其 3 个名次；再者，也分别落后于同批次排名 27 的湖北大学、排名 32 的武汉科技大学，更不用说落后于同地区同省份的“211 工程”院校多少。由此，不难看出，学校的综合实力确实有待大力提升。

2. 学科服务功能不足

一个学校的整体定位决定了该校的学科建设定位，而学科建设定位又服务于学校的整体定位。中南民族大学作为一所民族院校，定位于为民族地区经济发展服务，其学科建设也应为之服务。但是，当前学校与民族地区联系不够密切，对民族地区了解不够，学科建设为民族地区经济、社会发展的服务功能不足。一是中南民族大学本科专业结构中，基础性学科多，应用类学科少；文科类多，理工类少。工学、农学、医学等学科门类专业缺乏，而文科、理科类专业比例偏高，占学校专业总数的一半以上；文科专业中语言文学类专业比例偏高，而经济、社会发展亟需的经、法、教、工学类专业明显偏少。这种学科结构难以满足民族地区经济、社会发展需要，不能向民族地区提供实用人才，也难以为民族地区提供技术和应用性成果。二是学科理论多，应用研究少，学校应用性科技成果偏少。中南民族大学是综合性高校，自然科学类学科水平在民族高校中处于前列，但从表 8-3 中，不难看出，中南民族大学近年自然科学类学科获奖数量偏少，而其中能应用于经济建设中的只有两三项。由此可见，中南民族大学学科所体现的为民族地区经济、社会发展的服务功能较弱。

表 8-3　中南民族大学自然科学获奖情况表①

序号	获奖成果名称	奖项名称	获奖等级	获奖日期
1	铝合金仿不锈钢材料	武汉市科学技术奖	二等奖	2004-10-15
2	非有机溶剂液——固体萃取体系研究及应用	湖北省科学技术奖	三等奖	2004-12-1
3	铝合金仿不锈钢材料及技术	湖北省科学技术奖	三等奖	2004-12-1
4	离子通道门控动力学模型及其药物对离子通道作用研究中的应用	湖北省科学自然奖	三等奖	2004-12-31
5	部队农副业基地猪场生产信息管理系统	中国人民解放军科学技术进步奖	三等奖	2006-10-10

① 陈达云. 民族院校学科建设战略研究［M］. 北京：人民出版社，2011：105.

续表

序号	获奖成果名称	奖项名称	获奖等级	获奖日期
6	钴基费——托合成催化剂的基础研究	湖北省科学自然奖	二等奖	2006-12-31
7	野生稻资源研究与重要基因的发掘和利用	湖北省科学自然奖	一等奖	2008-12-15
8	湖北省土家族重要植物药资源鉴定分析方法及开发利用研究	湖北省科技进步奖	二等奖	2010-12-25
9	利用酸性废水和粉煤灰制备聚合氧化硫酸铝铁的新工艺	湖北省科技进步奖	三等奖	2010-12-25
10	含氮超支化聚磷酸酯/环氧树脂复合材料	武汉市科学技术奖	三等奖	2010-12-31

3. 师资队伍亟待优化

教师队伍是本科教学评估指标体系中条件性指标的重要组成部分，是实现教学目标的先决条件，这一队伍的建设状况直接决定着办学目标能否实现。按照教师数量与结构的合理标准要求，民族院校教师队伍也存在一定的问题。2004 年教育部发展规划司中国教育事业发展统计简况显示，我国普通高校整体的少数民族教职工占比和少数民族专任教师占比分别只有 4.66%和 5.01%，均低于少数民族学生占比 6.55%，少数民族学生人数与为之服务的教职工人数比例不协调。中南民族大学地处中部地区，少数民族高素质人才资源并不充裕，学校少数民族教职工占比也均低于学生占比。少数民族学生构成民族院校的主体，是民族院校教育培养的重点，而与其相对应的少数民族教师是影响教学质量的不容忽视的重要因素。少数民族教师是传授知识和服务学生的重要群体，他们了解或熟知少数民族的风俗习惯和文化人情，在教学中，能更好地选择合适有效的教学方法，这对于教学的开展和教学目标的实现有着十分重要的作用，有助于教学质量达到标准要求。若民族院校少数民族教师和职工人数过少，则必然会影响到教学任务的完成，影响整个教学质量。因此，中南民族大学中少数民族教职工与少数民族学生比例的不协调必然会对学校本科教学质量产生影响，学校少数民族教职工和少数民族专任教师的数量有待进一步增加，师生比也亟须调整和优化。

师资队伍水平对一所学校的教学质量水平有着重大的影响。由于受到所处地理区域、经济发展水平、原有专业结构等因素的影响，中南民族大学师资队伍总体实力还不强，与民族类大学的领头者——中央民族大学有着相当大的差距。

表 8-4　中央民族大学和中南民族大学师资比较

类别 / 人数（人） / 学校	教职工	专任教师	副教授职称以上	新世纪百千万人才工程国家级人选	国家民委突出贡献专家	教育部“新世纪优秀人才支持计划”人选	享受国务院政府特殊津贴
中央民族大学	1 991	1 083	628	9	10	46	113
中南民族大学	2 001	1 307	618	3	5	2	29

数据来源：根据中央民族大学、中南民族大学 2012 年公布的师资数据整理。

从表 8-4 中可以看到，虽然在教职工总数和副教授以上职称人数上相差不大，而且中南民族大学的专任教师人数还超过了中央民族大学，但是在影响或者决定一个学校真正实力水平的各项高素质拔尖人才上，中南民族大学全部都远落后于中央民族大学。中南民族大学师资中的国家民委突出贡献专家仅有 5 人，新世纪百千万人才工程国家级人选仅有 3 人，享受国务院政府特殊津贴 29 人，分别只占到中央民族大学相对应人才的 1/2、1/3 和约 1/4；中央民族大学师资中教育部“新世纪优秀人才支持计划”人选更是中南民族大学的 23 倍。由此，我们看到中南民族大学的师资力量亟待提升，而在现实中，师资问题客观上却已成为制约中南民族大学本科教学质量提升的关键因素。

第四节　民族院校本科教学质量保障策略

《国家中长期教育改革和发展规划纲要（2010—2020 年）》明确提出要“支持民族院校加强学科和人才队伍建设，提高办学质量和管理水平”。如何保障民族院校本科教学质量，达成民族教育质量目标要求，完成培养民族地区发展所需的人才这一使命？笔者认为，究其根本，培养人才关键在于提高教学质量，而民族院校的多样特殊性与教学质量息息相关：民族院校的办学使命使得民族院校在招生政策上不同于其他普通本科院校，招生政策的特殊性决定了生源的特殊性。使命不同，招生政策不同，继而生源不同，相互连贯。正是这些特殊性，才决定了民族本科教学质量标准应与其他普通高校相区别，要注重共性与个性相统一，强调学校为学生服务，注重学生知识和技能。提高教学质量满足经济社会发展需要是民族院校生存和发展的重心，而这种需要要求民族院校把提升教学质量水平的措施上升到一个新高度：以保障民族院校本科教学质量为目标，围绕本科教学质量保障标准要求，充分把握民族院校的特殊性，从而来实施和完善保障教学质量的各项措施，来实现确保和进一步提高教学质量，达成民族教育目标，培养少数民族人才，履行为民族发展服务的职责。

一、使命特殊，树立科学的教学质量保障理念

教学实践活动是实现本科教学质量目标的最重要环节，而要落实好这一环节的各项工作需要对整个教学活动进行整体的把握，即从观念、制度和操作三个层面来综合考虑。但观念层面是把握整体的先导，观念层面也是教学理念，它发挥着积极先导作用，指导着制度的建设和操作的执行。科学合理的教学理念下才会有合理完善的制度，才会有高效执行的操作。因此，保障民族院校本科教学质量，首先便是要树立科学的教学理念。然而，由于民族院校是我国普通高等学校的一个组成部分，民族院校在实施本科教学质量保障的过程中依然严格按照我国《普通高等学校本科教学工作合格评估指标体系》中的质量标准予以执行，长久以来，形成了与其他普通高校整齐划一、统一评判的误区。但是，在现实中民族院校本身的多样特殊性是毋庸置疑的。因此，树立科学的教学理念，保障民族院校本科教学质量，既要落实普通本科教学质量的普适性标准要求，又要建立、完善、遵循民族院校本科教学质量的个性标准，注重共性标准与个性要求的相统一。

树立科学的教学理念，保障民族院校本科教学质量，要立足于民族院校的办学主旨，要以民族院校教学对象为出发点和落脚点，要以民族院校生源的特殊性为基础，一切教学活动以满足学生学习和成长发展的需要为中心，一切教学管理活动以促进学生全面自由的发展为原则，一

切教学保障措施以实现为民族地区发展培养所需要的人才为目标，牢牢把握民族性这一根本核心，为民族学生服务，为民族地区服务。树立以学生为中心，充分注重民族院校生源的特殊性的教学理念，让学生逐渐转变成为作为知识探究者，成为教学活动的主角，让教学活动、教学管理活动以及教学保障活动，以生源的特殊性为轴心，共同协调合作，形成本科教育教学的良好环境。

二、生源特殊，开展服务学生的教学对象保障

（一）优化人事管理制度，提高教职工工作效能

高校人事管理工作的效率对教师和职工的心理及工作状态有着直接的影响，而教职工极易将这种心理和工作状态转移到教学和管理活动中，从而对教学和管理产生积极或消极的影响。优化人事管理制度，是提高民族院校本科教学质量与办学效益的强大动力和必然要求。优化人事管理制度，要求民族院校在人事管理活动中要适应民族院校教学、科研工作的特点，要求人员分工协作更加周密和全面，但又不能过于集中统一管理，应根据学校教学、科研、思想教育、行政管理、后勤管理等不同特点，运用现代管理的方法，进行全面的周密规划，处理好分工、协调和综合的关系，建立比较稳定的管理制度。其次，改进用人制度，逐步推行管理人员、教师聘任制，激活教师队伍，全面提高行政管理效率，切实做到优胜劣汰，使人才队伍持续保持活力；用人制度的改进既能增强教师教学和科研工作的自觉性、积极性、主动性和创造性，提高人才的使用率，又能促进教师队伍的自我优化。再者，完善现有的分配制度，进一步完善内部管理分配制度，积极推行校内结构工资制度，将工资与教师教学质量和职工工作业绩相挂钩，强化工资分配的激励功能。对学科带头人、优秀拔尖人才、中青年教师骨干和管理骨干实行特殊津贴，留住人才。最终让科学合理的人事制度充分激发每个教职工的才智，为学生高效服务，为高水平教学质量保驾护航。

（二）给予学生人文关怀，缓解心理压力

少数民族贫困生是民族院校中的一个特殊群体，他们自尊心强但又心理脆弱，他们性格坚强却又些许自卑。因此，对于少数民族贫困生的

帮扶，既要有物质资助更要有人文关怀，帮助他们消除心理障碍，缓解各方压力。无论是一名民族高校的贫困生还是普通高校的大学生，都必然要经历面对困难、迎接困难并最终战胜困难的过程。在这个过程中，很多贫困生若仅靠自身则往往难以逾越心理障碍，这就需要学校积极因势利导，给予人文关怀，引导他们心理健康发展。具体而言，一是通过开通心理咨询热线，畅通排忧解难的渠道。尽可能多地为贫困生提供与外界沟通交流的机会，通过沟通交流来释放他们内心的压抑，让他们走出心理困境，消除心理的敏感和自卑，消除他们与城市文化和城市学生间的隔阂。二是给予他们真正的理解和关心。对于贫困生除了予以物资资助以外，更应关注他们的需要，注重倾听他们的声音。老师应多了解学生的思想，多与他们沟通交流，鼓励同学相互沟通，积极引导同学相互理解，营造良好的班级氛围。三是鼓励学生多参加班级和院校开展的集体活动、社会公益活动，增长见识，提高素质，增强自信。此外，学校要加强校园内和班级内民族知识的宣传，尤其是民族禁忌方面的宣传，营造互相尊重的良好校园文化。

民族高校是一个融合各民族兄弟姐妹的大集体，学校在对贫困生尤其是少数民族贫困生的学习和生活、教育和管理各方面都应宽容、友善，用心关注、理解他们。给予他们最需要的帮助，缓解他们因学业、经济、环境等各方面而产生的压力。帮助他们树立健康良好的心态，引导他们客观理性地认识自我，面对生活，将重心转移到学习中。增强他们学习的内驱力，提高学习效率，从而提升显性教学成效，促进教学质量的提升。

（三）提高学生资助力度和效度，解除经济困难

提高少数民族贫困学生的资助力度，是减少和消除他们因经济负担而对学习产生负面影响的一项有效措施。2010年，教育部发展规划司中国教育事业发展统计简况显示，国家民委所属的六所院校中全日制本专科在校生中家庭经济困难学生的比例为36.86％，而大多民族院校中少数民族学生占到60％以上，这样就意味着这些贫困生中，绝大多数是少数民族学生。因此，学校应进一步完善学生资助体系。增加对贫困学生的资助力度是社会主义市场经济体制下，加速人才培养、确保经济困难

的优秀学生能够继续深造学习的有效措施；这同时也是促进民族教育事业发展，提高少数民族整体素质的重要举措。民族院校要充分利用国家对民族地区的保护与倾斜政策，建立特困生基金，多渠道筹措资金，减少贫困生因为贷不到款而辍学的可能。尽可能保障少数民族贫困生能够最大限度地享受国家的资助，让更多的少数民族学生不为经济所累，解除他们的经济困难，从而专心学业。

资助力度重要而资助效度也同样重要，否则投入再多也难以缓解少数民族学生的经济压力，应采取措施消除经济压力对少数民族学生学习的消极影响，提升少数民族学生的学习成效。实现资助的效度最大化，分阶段实施资助不失为一项有效的措施。具体而言，就是对大一、大二的学生提高资助的比例。由于在民族院校的贫困生中，少数民族学生人数比较多，来自经济落后地区的较多，他们享受优惠招生政策，大多知识基础弱，家庭经济条件差，因此进入大学后面对新的环境，在语言、生活和与人交往等各方面都要适应。加之大学较之于高中本身就是一种转折，必然需要他们投入大量精力来面对新环境，适应新转变。在此境况下，若还背负经济压力，这些同学则极易产生自卑、敏感、沉默等心理问题；再者，大一是他们适应新环境，学习新知识的阶段。很多少数民族学生在进入大学前是高中学校的佼佼者，如果学期末有挂科，更会打击他们学习的积极性，若再受某些客观条件影响，则会给这些学生造成极大的精神打击。而通过分阶段实施资助则能在一定程度上解决这一问题。对大一、大二学生而言，加强适应能力、学习方法等方面的教育，帮助他们更快地适应城市生活，应该是这一阶段的重点。通过对大一、大二学生适当的倾斜资助，先解除他们的经济困境和压力，既让他们没有经济的后顾之忧又能很快地专心投入学习，从而最终取得优秀的成绩。

三、教学特殊，实施培养学生的办学条件保障

（一）合理配置师资，提升综合实力

加强师资队伍建设是提高民族院校本科教学质量以及建设高水平民族大学的根本大计。少数民族学生是民族院校的主体构成，与少数民族

学生相对应的少数民族教职工也是民族院校中的重要构成，他们对教学质量有着特殊而重要的影响。少数民族教师是知识的传授者，少数民族职工是学生的服务者，作为少数民族同胞，他们或多或少地了解或熟知少数民族的风俗习惯和文化人情。基于对民族文化习俗的了解，他们在教学和工作中，能选择更好的方式、方法传递知识和服务学生，更能够与少数民族学生形成亲密的师生情谊，从而有利于教学的实施和教学目标的实现，达成教学质量要求的标准。因此，极有必要积极吸纳一定数量的少数民族教师，实现少数民族教师与汉族教师比例的合理配置，为确保教学质量提供保障。再者，高层次拔尖人才的缺乏是民族院校师资中的一块短板。因此，应通过有计划分步骤地引进高层次、高水平、拔尖的人才，完善教师人才梯队建设，充实教师队伍，提升综合师资力量。同时开展师资培训和考核，也是提高少数民族教师自身素质的有效措施。总而言之，学校在根据当前办学规模合理确定和增加教师队伍总量的同时，更要注重师资的质量，注重师资整体实力的提升。教师是教学的主体，教学主体的素质高、水平高，教学质量才能有保障，才能进一步提升教学质量。

（二）优化专业设置，满足民族人才需求

培养高素质、高水平的创新人才是高校的根本任务，而培养少数民族地区发展所需的高素质、高水平的少数民族创新人才更是民族院校的根本任务。当前，随着我国高等教育事业的不断发展，民族院校规模的扩大，加之民族院校由于起点相对较低，综合实力较弱，学校在建设发展中存在对民族现实问题了解少、对民族地区区情关注少、对实践问题研究少以及与民族地区联系不密切等问题。这些造成了民族院校学科建设和专业设置对民族地区经济社会的服务功能不强，与之相应的，导致了在此对应专业下所培养的少数民族大学生与民族地区经济社会发展所需要人才的不对口。民族院校的宗旨就是为民族区域经济社会发展服务，其培养的人才要能够满足区域发展的需求。所以，较之于其他普通高校，民族院校在人才培养和专业设置上应具有专业性、个性性、综合性的特点。学科建设和专业设置应该密切结合民族地区的发展特点，加强学科建设和优化专业设置，提升其服务民族地区的功能，

培养民族地区发展所需的各级各类人才，实现所培养的人才与民族地区社会发展的需求高度匹配，从而达成民族院校所特有的本科教学质量标准要求。

（三）根据生源差异，开展针对性教学

少数民族学生是民族院校的重要主体、特殊主体。由于民族院校使命和招生政策的使然，民族院校在本科招生过程中，录取分数线不是唯一标准而是以民族身份为标准，少数民族学生可以享受降分或加分被录取，因此，进入民族院校的少数民族学生知识、素质和能力参差不齐。纵然，招生优惠政策的实施是在履行民族院校办学使命的职责，并且解决了少数民族考生由于起点低而难入学的问题，然而，却出现了因降低入学门槛带来生源差异巨大与培养过程同一化之间的矛盾。由于民族院校优惠招生政策的实施，学生生源存在较大的知识层次差异，若对所有学生进行统一的无差别教学，必然存在这样的问题：那些享受优惠招生政策入学的学生因知识基础差，学习跟不上，学习成绩差，毕业后他们在社会上的竞争能力依旧较弱。所以，针对民族院校生源间的差异，在培养环节及方式上，应当摒弃整齐划一的教学模式，开展分层教学、诊断教学和特殊教学。具体而言，一方面，在教学内容上，民族院校可以根据本校自身的教学特色和学科特色，与少数民族学生的具体特点相结合，设置专门的课程和教学计划，以实现培养环节的个性化与共性的统一。另一方面，在教学方式上，一则开展分层教学，根据新生的入学成绩，对核心课程和公共课程进行分班教学与统一考核相结合，对不同知识能力和层次的学生安排与之相匹配的教师，采取相匹配的教学方式；二则开展诊断性教学，针对学生差异较大的教学班级开展诊断性教学，根据对学生尤其是少数民族学生所学习知识的考核所反馈的信息，及时调整教学方式和教学策略；三则开展特殊教学，对于班级中少数民族学生较多且班级氛围不活跃的教学班级开展特殊教学，即多采取讨论课来组织课堂教学，激发学生发言的积极性和学习的主动性，创造机会让所有学生能够不同程度地参与到教学活动中，鼓励来自贫困地区的少数民族学生以及较为内向的学生大胆地发表意见，促进班集体成员的相互了解和融合，帮助他们尽快适应并融入新环境，从而专心学习。

通过在教学内容和教学方式上的设计，针对生源的特殊性来开展教学，这样才能让少数民族学生真正享受到从“入口的公平”到“过程的公平”，使少数民族学生能够真正、充分地在接受高等教育的过程中增长才干，提升能力，最终成为民族地区发展和国家发展所需的优秀人才，达到民族院校本科教学质量要求。

（四）加大教学实践，培养学生综合能力

高等教育是准公共产品，要与市场对接。民族院校可以对少数民族学生实施优惠政策，但我们的整个市场环境是“优胜劣汰”，没有相应的优惠机制。用人单位在招聘时重点关注的是学生的能力而不会在意民族成分。因此，民族院校在培养学生的过程中，应实现学校“入口”优惠和市场“出口”筛选的对接。在实际的教学中，在确保学生掌握扎实的理论知识的同时，更应多开展实践活动。多开展少数民族学生到民族地区的实践教学活动，通过让学生深入实地的实习和锻炼，引导他们把课堂中学的理论知识转化为行动的力量，培养他们的实践能力，真正实现民族院校培养人才为民族地区服务。

在具体的实施上，一则以民族院校为主体来开展教学实践活动。如2010年，中南民族大学实施的“校地共赢直通”工程，通过派遣优秀大三本科学生、硕士研究生前往民族地区跟班实习，实现了理论教学与实践教学的结合。该工程发起人谭必友副教授指出：“现在民族院校服务民族地区的模式过于单一……我们让在校大学生深入民族地区，把最新的知识和理念带到基层去，更好地服务少数民族和民族地区。”① 通过开展这样的项目，学生既能接受实地工作锻炼，提高实践能力，同时民族地区老百姓也能享受到民族院校教育成果的实惠，真正实现少数民族学生培养和少数民族地区发展的双赢。二则开展高层级如以省级或中央为组织主体的实践活动。如2012年，中央共青团主办的“全国少数民族大学生暑期实习”活动，从全国民族院校中组织了八十多名少数民族大学生，到北京的十七家单位参加暑期实习。在学生实习的过程中，通过

① 中南民大启动“校地共赢直通”工程［EB/OL］.［2010-05-21］http://edu.people.com.cn/GB/xiaoyuan/11663682.html.

实习、访问、培训、交流和座谈等方式，使这些少数民族大学生较深入地了解我国的国情、民情、社情，在实践中增长了知识和经验[①]。

民族院校学生的实践工作能力也是反映学校教学质量的一个重要方面。在教学中，既要注重部分学生知识薄弱的特殊情况，引导他们掌握扎实的理论知识，更要注重培养学生知识的转化和运用能力，培养他们的综合能力如沟通交流、组织协调以及掌握工作的基本技能要求如英语、计算机应用能力等。现代社会是一个多元的、快速发展的、不断更新的社会，具备必备的知识、具有学习的能力和实践的能力才能更快融入社会，找到适合自己发展的平台，实现自我的成长与发展。因此，学校应多开展让理论与实际相结合的实践活动，更要鼓励学生积极参与到对民族地区、对社会做贡献的实践工作中，只有这样才能不断地锤炼、培养民族地区所需的优秀人才，确保和落实民族院校本科教学质量要求，切实履行为民族地区服务的使命。

① 少数民族大学生暑期实习成果分享会举行［EB/OL］.［2012-08-25］http://edu.people.com.cn/GB/n/2012/0825/c1053-18831176.html.

第九章　民族院校教学质量发展性评估研究

教学评估从出现至今，经历了一个漫长的历史过程。在国际社会中，美国、英国、日本等国家的教学评估模式和体系都较为完善，对其他国家的教学评估工作起到了借鉴作用。这些国家是通过理论和实践的有效结合，利用理论对实践提供基础，并通过实践让理论更加完善，同时能根据本国的教育制度和现状，建立“因地制宜”的教学评估模式。当前，我国正处于高等教育大众化的背景之下，我国高等教育的教育质量保障、教师的人才队伍培养、学生全面发展的人才培养等问题都是当今政府、社会、学校所普遍关注的。根据国家政策要求，我国的高等院校通过教学评估来促进教学质量的提高、教师教学水平和能力的提升、学生的全面发展。但高等院校本科教学评估的现状仍存在一些问题和不足之处：教学评估偏向于“总结式”的评估模式，虽然能对高等院校的教学质量起到一定的保障作用，但对于促进教师的专业化教学水平收效甚微，也无法达到现有的学生人才培养模式要求。如何对现有教学评估进行改善，同时达到提高办学质量、教师专业化水平，学生全面发展的目的，这是我们亟待解决的问题。因此，从人本管理主义视角出发，以促进教师教学水平的提高、教师专业化素质的发展、教师教学能力的提升为目的，提出一种具有发展必然性的全新评估制度——发展性教师教学评估。

在当前的大环境中，作为我国高等教育的一个重要的组成部分，民族院校与普通高校一样也面临着提升高等教育教学质量的现实要求；与此同时，民族院校普通高校存在着不同之处：民族院校的生源差异较大，生源地招生政策不同所造成的生源水平差异，民族学生和非民族学生之间的个性化差异，民族院校特殊的少数民族性质专业以及学科设定等，都对民族院校的教学工作提出了不同的要求。所以本研究在总结我国普通高等院校本科的发展性教学评估的基础上，抓住普通高校和民族院校的差异性，因地制宜，建立适应民族院校特殊性的评估模式。与此同时，学校自上而下，从教师到学生，都能对教学评估充分认识，理解各自的责任和权利。学校建立合理的学评教、教学督导的评估体系以及奖惩机制，调动教师的教学和课程改革的积极性，从而进一步提高办学质量、完善人才培养计划、促进高校及师生共同发展。发展性教学评估既符合教育本质要求，也是对高校功能的准确定位，更重要的是能从根本上、源头上长远性地保证高校教学质量。

第一节　核心概念和理论基础

一、核心概念

（一）教学评估

评估这一词语源于国外，所相对应的英语单词是 evaluation，评估的含义是对事物的价值作出判断。2007 年的《古今汉语词典》中，评估的定义是“评议估价”。2009 年的《现代汉语词典》中，存在两个含义，其一是评议估价，其二是评价。这里，首先，我们需要针对评价和评估作出区别判断，评估从字面上粗略地来看，就是进行一种估算，一种相对的估算；而评价则更为准确甚至精确。例如对一件商品进行评估，那么所给出的将是一个相对值的区间；但对一件商品进行评价，那么得出的结论甚至会精确到小数点。本研究所提出的教学评估，是一种主观与客观之间的关系，人与人之间的评判是无法用精确的数字来衡量的，这种估算带有主观意识和心理偏差。所以说，我们可以对评估进行定义：是人按照自身的价值观，对人或事物进行的一种相对估算的价值判断过程。

教学评估在“百度百科”里的定义有广义和狭义之分。广义教学评估是指对影响教学活动的所有因素的评估。狭义的教学评估则是根据一定的教学目标和标准，对教师的教进行系统检测，并评定其价值及优缺点，以求改进的过程。它既是教学过程的重要组成部分，也是所有有效教学与成功教学的基础。

本研究所提到的高等院校中的教学评估，指的是学校根据自身的教育教学目标，运用学生评教、教学督导等可行性的有效手段，对教师的教学活动以及相关的影响因素进行描述统计，以达到对教师的教学活动进行指导，并促进其不断发展与完善的目的。

（二）发展性教学评估

发展性教学评估的侧重点就在于"发展"二字。它是一种"依据目标，重视过程，及时反馈，促进发展"的形成性评估。发展性教学评估不应该只是片面地对过去"终结式"评估和将评估结果作为教师奖惩的唯一条件这种模式进行批判和全权否决，而是应该在以上的基础上进行改进和完善。发展性教学评估就如同汽车的保养一般，这里汽车就好比学校，发动机、轮胎等就好比教学过程中的各个因素和环节，保养就好比教学评估。教学评估的作用，不仅仅是为了对教师教学进行评判，而是需要通过教学评估促进评估对象与评估主体能随时开展交流，以达到指导与协商的作用，随时发现问题、提出问题、解决问题。将发展与教学评估辩证统一地结合起来，以教学评估的实践，促进教学更好的良性发展。

综合以上观点，我们不妨认为发展性教学评估就是一种建设性的教学评估，通过高校自我诊断与研究，促进高校的可持续发展，帮助教师挖掘潜能以及树立自信心，最重要也是最根本的便是促进学生全面发展的人才培养。发展性教学评估是以个体的全面发展作为教学评估的基本出发点，从教师来说，是以促进教师的教学水平、教学能力、专业化素质等为落脚点；从学生来说，注重培养全面素质也尊重学生的个性发展；同时，促进教师和学生之间的双向互动——相互合作和相互信任。发展性教学评估可以使教育教学实践获得无限的新动力。

（三）民族院校

民族院校在成立之初，最主要的目的是党和国家解决民族问题，培养少数民族干部和专业人才。随着社会经济的发展，民族院校逐渐与普通高校走上和而不同的路线，在培养现代社会所需要的全面发展的人才同时，也担负着培养少数民族人才、促进少数民族地区发展的重要责任，有着不可替代的地位和作用。我国目前有15所民族院校，其中包括6所国家民委管理的委属院校，以及9所由地方省级人民政府管理的地方民族院校。其中，6所委属民族院校包括中央民族大学、中南民族大学、西北民族大学、西南民族大学、北方民族大学、大连民族大学。作为我国高等教育的重要组成部分，民族院校也面临着提升高等教育教学质量的现实要求。民族院校有其特殊性：民族院校有着独特的多元文化背景，生源地招生批次政策不同造成生源的知识水平有差异，不同少数民族学生之间存在个性化差异，部分少数民族学生存在一定的语言、文字差异，增加了教师教学的难度；民族院校设有与少数民族密切相关的专业等。

民族院校的教学评估工作，与普通高校具有共性，但也有其特殊性。从共性上来说，本文以民族院校为例进行调查研究，仍可以对普通高校的教学评估工作起到借鉴和指导的作用，这是无可厚非的。从特殊性来说，以中南民族大学为例进行调查研究，对于我国的民族院校教学评估工作更具有现实意义。

二、理论基础

（一）泰勒的教育评估思想

泰勒（Ralph Tyler）是美国著名的教育学家、课程论专家以及评估理论专家，曾任教于多所著名的大学。在20世纪30年代，他参加了美国教育课程与评估的“八年研究”，出版了一系列的教学著作，从而建立了一套教育评估的模式。他认为学校教育是一种有目的的社会活动，学校教育必须将教学目的作为教学活动的唯一指标和准则。他所提出的教育评估的行为目的模式，就是将教育目标作为中心思想，把教学评估方案之中的计划目标指向学生的特殊性行为，将行为作为评估的依据，以此来判断教学活动是否达到了教学目标所规定的程度和标准。从两个方面来说，第一，教育目标对于教育活动的开展具有导向作用，同时为教育评估提出现实的依据；第二，教育实践活动是教育评估的对象来源，同时在实践中逐步去完善既定的教育目标。教育目标、教育活动和教育评估是一个密不可分的有机整体。

泰勒的行为目标模式，是一种发展性教育评估。首先，教育目标、教学活动与教学评估进行有效结合，也就是将教学评估作为教学过程中的必不可分的一部分，将建设性教学评估引入教学活动中去，随时发现问题、提出问题、解决问题，使得教学活动的开展在不断的优化和改进中进行。其次，将教学评估之中的计划目标指向学生的特殊性行为，在认同每个学生有其特殊性的前提下，针对不同学生的身心发展条件，制订不同的教学计划，并通过教学评估对此进行核实和监督，使教学活动更加完善，促进学校教学水平的提高、教师专业素质的完善和学生的个性化全面发展。

（二）激励理论——强化理论

强化理论是著名的心理学家斯金纳、赫西、布兰查德等人提出的。它认为控制和预测人的行为不需要了解人的内在状态和心理过程，因此提出了用行为主义的理论来解释人类行为的形成机制，而人类行为过程的基本原理就是强化。强化理论提出，人的行为只是对外部刺激所作出的反映，只要控制行为的后果（奖惩）就可以达到控制和预测人的行为的目的。强化分为积极强化、消极强化、惩罚和消退。积极强化又称正强化，是指对某种行为给予肯定和奖赏，以增加其重复出现的可能性。消极强化也称作负强化，是指当某种不符合要求的行为有了改变时，减少或消除施加于它的某种不愉快的刺激，从而使其改变后的行为再现或增加。惩罚是指当某行为出现后给予某种强制性和威胁性的不利后果，以示对某种不符合要求的行为的否定，从而消除这种行为重复发生的可能性。消退也称衰减，是指撤销对某种行为的积极强化，以终止该行为或降低该行为出现的可能性的方法。强化的程序可分为连续强化和间断强化①。在本研究所涉及的本科发展性教学评估内容中，强化理论提供了理论支撑。对教师教学评估过后，需要以正强化为主，对教师的奖惩进行合理的结合；并因人而异，进行灵活变通；对教学评估过程进行及

① 王世忠，等. 学校管理概论［M］. 武汉：中国地质大学出版社，2004：221-223.

时反馈，让教师及时地了解相关情况并进行改正；最后做到实事求是，恰如其分，以促使教师的教学评估的结果客观、公平。

斯金纳的强化理论，对为发展性教学评估奠定了重要的理论基础。他所提出的正强化也就是积极强化，对于教师完善自我认识有着重要的意义，教师对于学评教和教学督导组成的教学评估模式，要以积极的心态去面对，同时，教学评估工作也要灵活利用评估结果对教师进行合理的正强化和负强化，让教师及时地去了解自身情况，以促进教师弥补自身的缺陷与不足，发挥自身的优势和长处，从而也达到教学评估工作的客观、公平。

第二节　国外本科教学评估及经验借鉴

一、部分发达国家本科教学评估现状

在百余年的教学评估发展历程中，因为历史、政治、经济和文化的大背景有所不同，各国的高等教育制度也各不相同，各国的高校教学评估也有着各自的特色和不同。通过比对发达国家的高等教育教学评估的发展历程与现状，总结教育评估与教育发展之间的辩证关系以及教育发展的规律性，借鉴国外经验，根据我国的特殊国情，因地制宜，取其精华去其糟粕，从而促进我国高等教育教学的可持续发展。

（一）美国的本科教学评估现状

美国作为高等教育教学评估的起源地，美国的本科教学评估制度形式多样，评估文化发达，高校参与评估的自觉性较高。在美国教学评估大部分指的是学生对教师教学的有效性的全面的评价，而且，这一评估方式被绝大多数的美国大学所采纳。

教学评估，就是对教师教学有效性的全面评估，而这一评估应该包括两个方面，第一是学生对教师教学表现的评估，第二是同级别甚至高级别的教师或管理人员对某一教师的备课材料、教学计划、课堂表现等方面进行观察和评价。也就是分为学生评教以及教学督导两个部分。接下来，我们分别从这两个方面来具体说明。

1．学生评教

在美国，不同的学校有着不同的教学评估方针。在西华盛顿大学，教师课堂和教学内容有八个不同的表现形式：小型演讲式课堂、大型演讲式课堂、课堂讨论、教师答疑课、传授技能式课堂、由教授教学的大型课堂、实验课、远程教育式的网上课堂。针对不同的课堂的类型与形式，相应的评估体系表也会有所不同。学生根据优秀、良好、中等、差以及非常差五个维度对教师进行评分，并在给与教师评分的同时回答几个关于自身情况的问题：这堂课是否是你最初想修的课程？这是否是你的专业课？不是的话是什么课程？你所属的年级？这门课你希望能拿到多少分？

加州大学伯克利分校，针对学生评教的过程中的各种因素进行分析，包括综合法、教学结构、教师与学生之间的互动以及教师的教学热情。

综合上述两所大学的学生评教状况，我们不难发现，美国的大学在对教师教学评估上，对基本的定量标准大同小异，但是，与此同时学校还考虑了学生在评分过程中可能会出现的心理偏差等因素。

2．教学督导

美国教学督导发展历程，经过了以教育视察为主要手段的行政监督职能阶段、以教育评价为主要手段的管理控制职能阶段、以教育咨询为主要手段的指导服务职能阶段，最终根据时代的诉求，成为“发展性督导”。它不是一种具体的督导模式，而是在对于现代教师教学督导的现状和特殊性进行总结的基础上所提出的。发展性教学督导一种指导性教师督导，它的最终目的是促进教师教学水平的提升和促进教师专业发展。

（二）英国的本科教学评估现状

自20世纪80年代以来，在政府主导和推动下，英国高等教学评估得到迅速发展，已经形成一个完整的高等教学质量保障体系。

1．教师课堂教学评估

随着教育改革的不断深入，英国政府不断优化教师课堂评价体系，以达到提高教师教学能力和专业化水平的作用。其间有两次卓有成效的改革，即由“奖惩性教师评价制度”到“发展性教师评价制度”的改革和由“发展性教师评价制度”到“绩效管理教师评价制度”的改革①。在英国以教师专业发展为宗旨的课堂教学评价体系中，课堂教学是由教师与学生以及诸多要素组成的双边活动，是学校教学活动最重要也是最基本的组成部分。英国的课堂教学评价的主要目的是期望通过教师的教学活动，使学生学习书本上的知识与技能的同时还应学会如何去思考问题，教师的教学不仅仅是显性的知识传播更应该是隐形的个人能力素质的学习。英国的教师课堂教学评价，包括三个基本理念：第一，鼓励教师积极参与课堂教学评价。在英国，政府充分尊重教师的需求和人格，在任何时候都充分体现教师在评价中的主体地位，通过评价，教师之间能相互学习、取长补短，从而达到自我完善的目的。第二，以促进教师的专业发展为目的。在评价过程和结果绝对公平、公正的前提下，学校根据评价结果，对于优秀的教师给与奖励、晋级，对表现不好的教师也会进行再次评价，以决定是否继续录用。教师的自身发展，包括专业化素质等等，都是一种不断变化的动态模式。因此，教育评价的目的，就是为了提高教师自身的教学能力和教学水平的提高。第三，促进学生的全面发展。英国在进行课堂教学评价的同时，不仅仅重视教师的能力发展，更注重学生的学习。在教学活动之中，教师与学生是相互作用的，教师给与学生的不仅仅是知识的传授，而学生也不仅仅是被动地去接受知识；教师与学生应该是平等的，教师更需要的是培养学生的人格即认知能力、兴趣、价值取向等。

2. 教学督导

英国的督学由皇家督学（中央）和地方督学组成，皇家督学属于公务员性质，且为终身制，其主要工作是审查督导报告，对地方督学进行培训、监督与指导。英国建立教育督导制度的主要目的是加强国家对教育的管理，以促进教育质量的提高。英国的中央和地方教育督导两者之间虽然是上下级关系，然而，在更大程度上，二者是合作的关系，它们共同行使职能，科学、公正地促进英国高校的教育、教学发展。

① 王凯，张文华. 英国教师评价制度改革评鉴 [J]. 外国教育研究，2006 (12).

（三）日本的本科教学评估现状

1. 学生评教

日本将竞争引入大学教师的工作当中。1991 年修订的《大学设置基准》将教师的教学评估分为两个部分，一方面是学生评教，一方面是教师的自我评估。将量化的评估体系纳入教师的教学评估之中，将主观和客观联系起来，促进教师的积极性，从而发展教师的专业能力和教学能力。此后，学生评教在各大学校作为主要的评估项目开展。

日本在对高校的学生评教过程中，重视形成性评估，形式也更加多样化。在每学期开展的评教工作提供学生、教师、职工进行交流的系统，在进行评分总结的同时，提供一个平台，让师生员工能够就教育教学问题进行交流和讨论。同时，日本的评教结果仅仅是用于反映每门课程的教学情况以及课程的改善程度，主要作用是促进教师和学生之间的交流，促进教学工作的改善、教学水平的提高。比如庆应义塾大学湘南藤泽校区早在 1990 年春季的第一次教授会上就专门针对学生评教进行了审议，最终确立了“公布调查结果时不以任何明确的方式展示教师个人姓名和调查结果不直接与教师的人事考核挂钩”的原则①。

2. 教学督导

日本颁布的《关于地方教育行政的组织及运营的法律》中第 19 条提出：在都道府县教委的事务局内，设置指导主事、事务职员、技术职员及其他必要的职员；在市町村教委的事务局内，比照前项的规定，设置必要的职员。指导主事受上司的命令，就学校的课程、学习指导、学生指导及其他有关学校教育的专门事项进行指导；指导主事必须是有教育方面的见识且对上述事项有教养和经验的人，他们只能由大学以外的公立学校的教师担任②。

指导主事具有两大职能：第一，对学校进行指导，提出建议与意见，

① 有本章．大学のカリキュラム改革［M］．町田：玉川大学出版部，2003：192-193.

② 张德伟．日本的教育督导制度与学校评价［J］．哈尔滨工业大学学报（社会科学版），2006（2）．

以对学校的访问为核心要点；第二，从事教委事务局的相关事务，主要是制定、执行政府的行政职能。随着时代的进步，现在的日本教育督导逐步向着指导性教育督导转化，其队伍也正在逐步扩大。

二、国外高等院校教学评估经验借鉴

（一）国外高等院校教学评估基本经验

虽然各国的经济、政治、教育体制有所不同，但是各国在扩大教育规模的同时，更注重确保高等教育质量，从而建立并进一步完善相应的教学评估制度。笔者之所以把不同体制下的高校本科教学评估拿来做比较，是因为各国所开展的教学评估工作具有一个相同的目的，都是为了保障高等教育质量，为了促进教师的全能专业化发展以及学生的全面素质培养。在借鉴国外高等院校教学评估经验时，我们应该取其精华去其糟粕，吸取优秀的经验以充实、完善我国的高等院校本科教学评估工作。

（二）国外高等院校教学评估具体经验比较

表 9-1 呈现了美国、英国以及日本三国的教学评估现状，从学生评教和教学督导两个方面分别进行论述。对于我国来说，应在遵循教育的内在规律性的前提下，去探索本国的高等教育实际情况，再借由各国的高等教育评估的优势，创建具有我国特色的发展性教学评估，以期促进高等教育及教学的可持续性发展。

表 9-1　美国、英国、法国教学评估现状

	学生评教	教学督导
美国	评价内容系统全面；组织实施规范严格；评价结果的公布和使用比较慎重；重视评教的理论研究。	强调教学视导是教育组织系统中的重要环节，不可缺少；教学督导的主要目的是力图改革；教学督导应深入课堂，为教师提供咨询服务。
英国	鼓励教师积极参与课堂教学评价；以教学评估促进教师的专业发展；促进学生的全面发展。	由皇家督学与地方督学组成，两者之间在一定的上下级关系前提下，保持合作。共同促进英国高等教育的发展。
日本	评教内容全面系统；重视形成性学生评教；科学反馈和利用评价结果。	对学校给与指导并提出意见与建议；从事教委事务局内的事务。

第三节　我国教学评估发展的历史沿革

古代我国开创了以封建科举制度为主要标志的古代教育评估制度的先河。但遗憾的是，20 世纪三四十年代，由于中华民族处于危难之中，美国教育家泰勒“八年研究”建立的教育评估理论未被及时介绍到中国来。中华人民共和国成立后，由于各种历史原因，高等教育评估也未能得到重视①。直到 1977 年我国恢复高考制度后，为了迅速地提升高等教育质量，满足高等教育发展的迫切需要，高等教育评估才逐步地得到恢复和发展。教育评价自 20 世纪 80 年代初被介绍到我国以来，得到了广泛的研究和实际应用，推动了我国教育科学的发展和教育事业的进步。我国现代高校教学评估工作发展大体可分为五个阶段：

一、评估工作的恢复与起步阶段（1977 年—1985 年）

（一）评估工作的恢复阶段（1977 年—1983 年）

1977 年，高等学校统一招生考试制度的恢复，对我国高等教育评估研究的发展提出了需求，提供了动力，并为其积累了必要的实践基础和研究素材。在这一阶段高等教育评估的主要工作是引进和介绍了国外的高等教育评估的成果，为我国日后评估理论的研究和实践活动奠定了必要的基础。1983 年，在改革开放后的第一次高等教育工作会议上，与会者首次提出了建立高等教育评估制度和开展高等教育评估理论研究的设想，会后有关方面就开始组织各方面的力量来进行高等教育评估的相关研究。

（二）评估工作起步阶段（1984 年—1985 年）

1984 年 1 月，我国加入了国际教育成就评价协会，同时，建立了中国国际教育成就评价中心，并参加了第二次国际教育成就评价协会的科学研究活动。这一时期全国高等教育行政领导机构也有组织地召开全国

① 刘尧. 中国教育评价发展历史述评 [J]. 北京工业大学学报（社科版），2003 (3)：88-92.

高等教育评估学术研讨会，交流、学习国外高等教育评估理论和经验，研讨高等教育评估实践中所出现的问题。1985 年 11 月，原国家教委发布了《关于开展高等工程教育的评估研究和试点工作的通知》，全面部署高等工程教育评估研究与试点工作。之后，全国性高等工程教育评估委员会和评估小组成立，一些省市开始启动高校办学水平、专业课程的评估试点工作。同年，党中央发布了《中共中央关于教育体制改革的决定》，该决定标志着我国高等教育评估的研究和实践进入了一个全新的阶段。该决定提出“教学管理部门要组织教育界、知识界和用人部门定期对高等学校的办学水平进行评估，对成绩卓越的学校给予荣誉和物质上的重点支持，办得不好的学校要整顿以至停办”。这也是我国政府第一次在文件中，对高等教育评估的研究和实践进行了明确的要求。

二、评估工作试点与探索阶段（1986 年—2001 年）

（一）评估工作研究和试点阶段（1986 年—1993 年）

1986 年 12 月，国家教委召开高等工程教育评估试点工作会议，为整个试点工作的开展打下了基础。1987 年 8 月，由北京大学和美国“与中国教育交流服务中心”联合举办第一次中美教育评估研讨会，走出了高等教育评估国际合作研讨的第一步。此后，高等教育评估研究和试点工作全面展开，初步形成了具有中国特色的高等教育评估理论和方法体系，为高等教育评估工作的正规化开展奠定了理论和方法基础。1990 年,原国家教委会发布了《普通高等学校教育评估暂行规定》(14 号令),这是新中国成立以来，我国第一个关于教育评估的行政法规性的专门文件。该规定明确指出：“国家及其教育管理部门是评估的主体，学校是被评估和监督的对象；教育界、知识界和用人单位是国家及其管理部门组织的对高等学校办学水平进行评估时依靠的社会力量，处于从属地位。学术机构和团体参加教育评估只是一种补充。”这标志着我国教育评估的理论和实践工作更加规范化。1993 年 11 月，中国高等教育评估研究会正式成立，将我国的高等教育评估事业引向全面、深入、健康发展的轨道。

（二）评估工作探索阶段（1994年—2001年）

1994年初，国家教委有计划、有组织地对全国254所普通高等学校的本科教学工作水平进行评估，对各高校提高教学质量、促进教学改革起到了重要的作用。从发展过程来看，高等学校本科教学工作评估相继经历了三种形式：一是1994年开始对新建院校进行教学工作合格评估；二是1998年至2000年，对办学历史较长、水平较高的重点大学进行教学工作优秀评估；三是1999年至2001年，对介于上述两类评估学校之间的高校进行教学工作随机性水平评估。1995年3月颁布的《中华人民共和国教育法》中也规定了“国家实行教育督导制度和学校及其他教育机构教育评估制度”。这意味着我国的教育评估工作走上了全面、健康的发展道路。1998年，《中华人民共和国高等教育法》再一次提出了“高等学校的办学水平、教育质量，接受教育行政部门的监督和由其组织的评估”，对我国建立高等教育评估制度提供了有力的法律保障。

三、评估工作完善与规范化阶段（2002年至今）

（一）评估工作完善阶段（2002年—2009年）

1999年，我国作出高等学校适度超前发展的战略决策，全国高等教育扩大招生。据统计，从1998年到2004年，全国普通高校的在校生由643万人发展到了2000万人，1998年高等教育毛入学率为9.8%，而2004年毛入学率已超过了19%①。2002年，为实现高等教育跨越式发展，解决高等教育进入大众化教育阶段所面临的新课题、新挑战，教育部将原有合格评估、优秀评估和随机性水平评估三种评估方案进行了重新调整，合三为一②，统一使用《普通高等学校本科教学工作水平评估方案》实施评估，普通高等学校本科教学工作水平评估的结论分为优秀、良好、合格和不合格四种。同时，对特殊院校，如医药、艺术类等，增加了补充说明。2003年，教育部在《2003—2007年教育振兴行

① 规模质量结构效益如何协调发展［N］. 中国教育报，2005-04-15（4）.

② 唐景莉，杨晨光. 教学评估：高校教学质量的重要保障［N］. 中国教育报，2004-12-31（4）.

动计划》中明确提出实行五年一轮的普通高等学校教学工作水平评估制度，这一制度的制定，将评估定为经常化、制度化的行为。2004 年 8 月教育部高等教育教学评估中心正式成立，建立了五年一轮的评估制度，标志着中国高等教育的教学评估工作开始走向规范化、科学化、制度化和专业化的发展阶段。

2004 年，教育部进一步修订完善《普通高等学校本科教学工作水平评估方案（试行）》，除保持原有的七个一级指标和一个特色项目外，将评估体系中的二级指标扩展为 19 个，观测点增加为 44 个，涵盖了学校教育方方面面的工作。经过近 4 年对 300 多所高校的评估实践，被评高校和专家反映，现行方案总体框架基本合理、比较科学。2005 年，教育部印发了《关于进一步加强高等学校本科教学工作的若干意见》。2007 年，又印发了《教育部财政部关于实施高等学校本科教学质量与教学改革工程的意见》。这一系列政策的制定标志我国教学评估体系正逐步走向完善，也体现了协调高等学校规模与发展数量的科学发展观。

（二）评估工作规范化阶段（2010 年至今）

2010 年，党和国家在发布的《国家中长期教育改革和发展规划纲要》中明确提出：改革教育质量评价和人才评价制度；改进教育教学评价；根据培养目标和人才理念，建立科学、多样的评价标准；开展由政府、学校、家长及社会各方面参与的教育质量评价活动；做好学生成长记录，完善综合素质评价。

2011 年，教育部印发了《关于普通高等学校本科教育评估工作的意见》，提出建立健全以学校自我评估为基础，以院校评估、专业认证及评估、国际评估和教学基本状态数据常态监测为主要内容，政府、学校、专门机构和社会多元评价相结合，与中国特色现代高等教育体系相适应的教学评估制度。

2012 年初，教育部下发《普通高等学校本科教学工作合格评估实施办法》、《普通高等学校本科教学工作合格评估指标体系》，基本确定新一轮评估方案。2013 年，教育部发布了《关于开展普通高等学校本科教学工作审核评估的通知》。审核评估是在我国高等教育新形势下，在总结已有评估经验，借鉴国外先进评估思想的基础上，提出的新型评估模式，核心是对学校人才培养目标与培养效果的实现状况进行评价，旨在推进人才培养多样化，强调尊重学校办学自主权，体现学校在人才培养质量中的主体地位。各地教育行政部门和有关高等学校要深入研究，充分认识审核评估的意义。通过审核评估加强政府对高等学校的宏观管理和分类指导，引导高等学校合理定位，全面落实人才培养中心地位，健全质量保障体系，办出水平、办出特色，切实提高人才培养质量。

2014 年 9 月在北京召开的“高等教育质量保障：国际经验与中国探索”国际学术研讨会上，教育部一位负责人在会议上提出：“教育部将进一步建立完善高等教育质量分类标准体系，健全高等教育质量评价体系，特别是‘五位一体’的教学评估制度。”教育部评估中心主任吴岩着重阐释了中国特色“五位一体”（自我评估、院校评估、专业认证与评估、国际评估、教学状态常态监测）评估制度的新理念、新标准、新方法，特别是从实践探索中科学总结出“五个度”（培养目标的达成度、社会需求的适应度、师资和条件的支撑度、质量保障运行的有效度、学生和用户的满意度）的质量标准。“五位一体”评估制度所秉持的“以学生发展为本位”“学生和用户满意度”“强化质量保证体系”的理念和标准具有完全“国际实质等效”。

第四节　民族院校本科教学评估现状研究

高等院校本科教学评估在我国已走过了 30 年多年的发展历程，有成绩也有问题，有经验也有弊端。下面以中南民族大学本科教学评估工作为案例，通过对其现状的调查分析，探索民族院校本科发展性教学评估的完善之路。

一、调查设计

（一）调查目的

《少数民族事业“十二五”规划》中指出：“加强民族院校和民族地区高校建设，中央财政支持地方高校发展的专项资金、工程和项目向民族院校和民族地区高校倾斜。推进学科专业调整和课程改革，重点加强应用型学科、特色学科建设。加大民族医药人才、民族文化人才及双语师资等民族地区急需人才的培养力度。继续办好高校少数民族预科班、民族班。继续实施少数民族高层次骨干人才培养计划，并逐步扩大办学规模。”委属的六所民族院校从管理的主体、层次、特殊的政策和财政扶持，都与普通的高等院校有着巨大的差异。而从民族院校的学校特殊性发展以及少数民族学生的个性化人才培养上来考量，从民族院校的大前提来对高等教育本科发展性教学评估进行研究，是具有重要意义的。

（二）调查对象

本研究主题为民族院校本科发展性教学评估研究，现将中南民族大学作为研究对象，并对该校进行抽样调查。中南民族大学是一所直属于国家民族事务委员会的综合性普通高等院校，旨在面向少数民族和民族地区，为党和国家的民族工作服务，对少数民族以及民族地区经济社会发展服务。下面的表格 9-2 将对中南民族大学的办学现状进行详细的列举。

表 9-2　中南民族大学办学现状①

1. 本科专业设置	本科专业 79 个，其中 2013 年新增专业 2 个，覆盖法学、文学、历史学、经济学、管理学、教育学、工学、理学、医学、艺术学十个学科门类。
2. 招生状况	学校共有 56 个民族的全日制博士、硕士、本科、预科等各类学生 26 146 人，其中本科 23 433 人，预科 367 人，硕士研究生 2 218 人，博士研究生 66 人，留学生 62 人，本科生占全日制在校生总数的比例为 89.62%。
3. 师资队伍	学校有教职工 2 042 人，其中专任教师 1 329 人，占教职工总数的 65.08%。教师中，具有高级职称的 613 人，博士、硕士生导师 429 人，有新世纪百千万人才工程国家级人选 3 人，享受国务院政府特殊津贴 29 人，省部级专家 34 人，拥有博士、硕士学位教师比例达到 89.69%，其中拥有博士学位教师的比例达到 39.88%。外聘教师 332 人。

① 资料来源于 2015 年中南民族大学官网.

续表

4. 教学经费的投入	学校本科教学日常运行经费投入 6 546.22 万元，生均 2 793.59 元；共投入本科专项教学经费 8 258.92 万元，其中，本科实验教学经费投入 1 333.08 万元（不含实验设备购置费），生均 568.89 元；本科实习经费投入 750.6 万元（不含实习基地建设费），生均 320.32 元。
5. 教学用房及其应用情况	学校校舍总面积 797 504 平方米，其中教室面积 150 747 平方米，实验室 53 457 平方米，图书馆 28 161 平方米，体育场馆 12 312 平方米，行政用房 17 881 平方米。多媒体教室 321 间。
6. 图书及其应用情况	学校拥有纸质图书 222 万册，生均 85 册，其中当年新增纸质图书 4 万册。订购中外文纸质期刊 3 061 种，其中中文纸质期刊 2 956 种，外文纸质期刊 105 种。拥有数据库 35 个，有电子图书 377 万种；中文电子期刊数据库 5 个，有中文电子期刊 209 136 册；外文电子期刊数据库 14 个，有外文电子期刊 176 085 册。其中，少数民族文献馆藏近 10 万册，少数民族，特别是南方少数民族的文献资料构成了学校的特色馆藏。

（三）调查内容

中南民族大学现有的教学评估体系由三个部分组成，包括评教评学、本科教学工作状态评估以及实践教学质量评估。首先从教学工作状态评估方面来说，它包括教学基本情况、师资与教学条件、教学设备与改革、质量保障体系、学生学习效果、教学督导多个维度。考查学院的整体，虽然涉及师资队伍的建设与教师的发展，但主要也是从宏观上加以考查，侧重考查师资队伍建设的规划、措施与成果，不是针对教师教学能力提升的专项评估。而实践教学质量评估主要考查学院每年开展实践教学的基本情况，它包括三个单项评估，即实验教学评估、实习实践评估以及毕业论文评估，其中实验教学评估涵盖实验课教学的各个环节及相关的管理，实际上也不是专门针对教师教学能力的评估。由于本研究主要是针对教师的发展性教学评估，重点在教师教学能力提升方面和课堂教学环节，抓手是课堂教学评估，所以下文将聚焦于评教之上，通过对中南民族大学评教工作的个案研究，深入探讨民族院校教师发展性教学评估的制度建设，针对学生评教与教学督导评教两方面对教师教学技能与教学水平影响进行分析，力求不断完善体制机制，提高评估效果。

（四）数据采集及处理

本次调查发放调查问卷300份，剔除有明显作答规律和有漏题选项的无效问卷11份，共回收有效问卷289份，问卷有效回收率为96.3%。收回问卷后，将有效数据进行数据采集和收录，采用SPSS 17.0和EXCEL统计软件分析调查结果。

二、研究结果

（一）信度检验

问卷调查完成过后，笔者抽取100份作为样本，进行预备性调查，结果发现内部一致性信度为0.37～0.78，重测信度为0.46～0.89。同时，为了验证问卷调查的真实性，随机对问卷中的测量内容和可靠程度进行了少量的访谈，访谈结果与问卷调查结果的相关在0.67～0.85之间，均达到显著水平，具有较好的信效度。

（二）学生评教的现状

1. 中南民族大学学生评教的发展历程

学生评教工作2005年启动，使用纸质评教表，由教务处师资科负责。

2006年评教工作转由监评中心评估科负责，并于同年开始实行网上评教，2006—2007年，每年评教1次，评教时间均在5月份。其中2007年下半年，进行了一次补评，主要针对上半年无课而仅在下半年开课的教师。上半年开课并有评教结果而下半年也开课的教师，不参加补评。因为除了单个课堂考评外，还要计算教师年度课堂质量考评的结果，教师若错过上半年的课堂考评，则无年度考评结果，影响教师评职称、评优评先工作的开展。

2008年至今，评教工作每学期均开展1次，评教时间分别安排在5月和11月，评教工作覆盖学校全部本科课堂。同时，启动了实验课的考评，对象为独立开设的实验课，非独立实验课不评，评教时仅对理论课部分进行评价。理论课与实验课使用不同的评价指标。

2010 年学校修订了《教师课堂教学质量评估与管理办法》，根据该办法教师要在考评中获得优等级，不仅要达到 90 分（含）以上，而且在教学单位当期全部评教课堂中按分数由高到低，排名要在前 25。具体实施办法为，理论课堂、实验课堂分别排名并计算各自的评教等级。评教结果的反馈一般是在评教之后的下一学期期初，以通知的形式发给各教学单位。2011 年前，大学生职业规划和大学生就业指导课（两课），归入理论课堂排名。2011 年后两课不再归入理论课堂排名，单独计算评教等级，评教结果不再反馈给教学单位而是直接反馈给招生就业处的相关负责人。

2013 年 6 月学校再次修订了评教办法，评教从颁布之日起实施。文件对近年来实践中遇到的一些问题进行规定，如多人授课的问题、公选课评教等，对以前文件未规定但实际采取的做法写入文件①。

上述材料显示，中南民族大学自 2004 年起，通过不断地实践和认识，针对不同的问题不断地进行调整与改革，以期能更好地去开展学评教工作，获得更加客观、公正的评教结果。直到目前，学生评教工作仍面临着一定的争议，如何去调整学生评教的指标体系，促进教师与学生之间的良性交流，达到预期的评估目的，率先从困境中突围，是目前民族院校乃至所有普通高校都面临的问题。

2．学生评教的调查情况

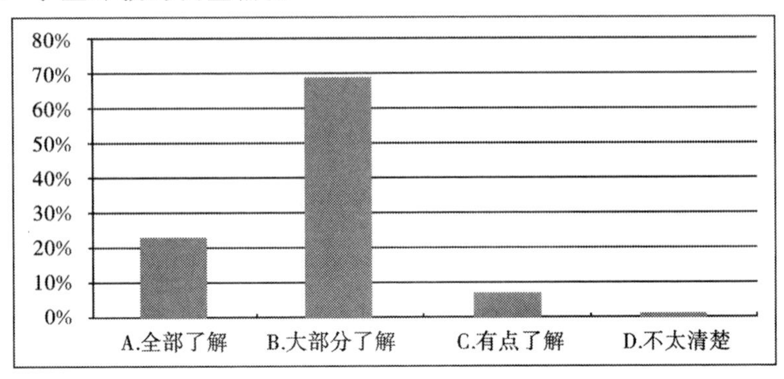

图 9-1　学生对学生评教的了解程度

---

① 以上资料为中南民族大学教学评估中心提供。

如图 9-1 所示，有 22.8%的学生对学生评教全部了解，69.2%的学生了解一部分，6.6%的学生只了解一点，1.4%的学生回答不太清楚。基于此题，在收集问卷的同时还对部分学生进行了访谈，学生对于学校教学评估中的学生评教的环节的了解不够全面，存在很大的盲区，主要在于对于评教的目的、结果以及后续影响，学生都不太了解。这需要学校加大宣传和教育力度，让学生能更加全面地了解学生评教的具体现状和后续发展，这也能让学生更加深刻了解自己的责任和权利，更加客观地去进行对教师教学的评分。

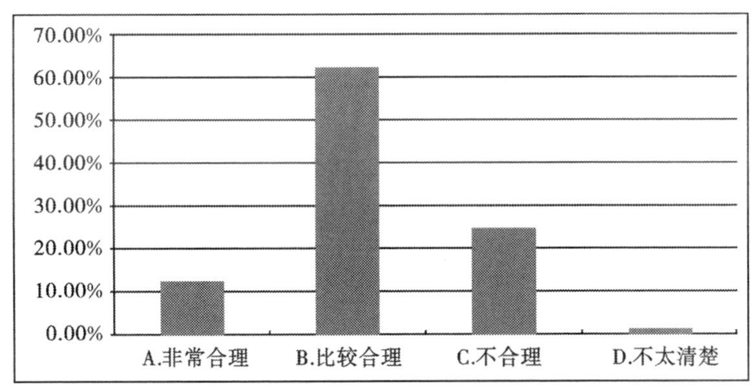

图 9-2　学生对学生评教指标合理度的态度

如图 9-2 所示，学生对学生评教指标合理度的认知，觉得非常合理的占 12.2%，比较合理的占 62.1%，不合理的占 24.7%，不太清楚的占 1%。在进行问卷调查的同时，对个别填写比较合理和不合理的学生进行访谈。总的来说，学生对于学生评教的指标体系的内容没有太多的意见，但大部分都会觉得学生评教的指标过于繁复，有个别的指标内容有过于相似的现象，学生在评教过程中，主观意识和心理偏差成为评教过程中重要的影响因素，在面对复杂繁琐的评估指标表的时候，学生由于不耐烦或者出现随意填写的情况，容易造成评估结果不准确的情况产生。由此可以说明，就学生个人而言，对学校的学生评教指标基本上是认可的，所存在的异议都在于对指标太多上，那么学校是否应该对评教的指标体系进行精简和完善，也是教学评估工作上亟待解决的一个问题。

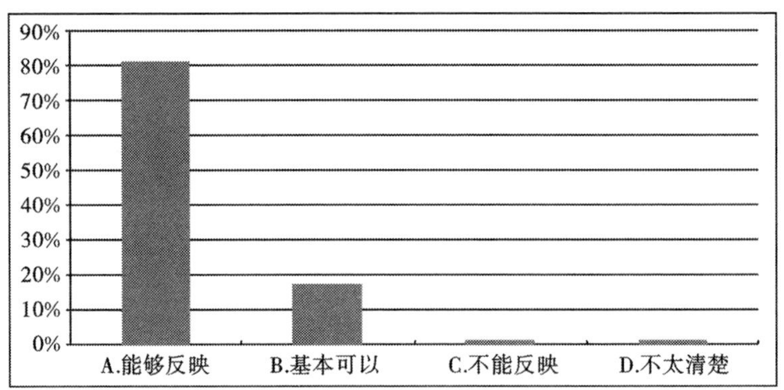

图 9-3　学生对网上评教能否反映教师的教学水平的态度

如图 9-3 所示，80.8%的学生认为网上学生评教评学可以反映出教师的真实教学水平，13.2%的学生认为基本上可以，还有 4.8%的学生认为网上学生评教评学不能反映出教师的教学水平，最后还有 1.2%的学生回答说不太清楚。总的来说，学生对于网上评教评学的态度还是很正面的，基本都认可了这一评估方式。这也反映出，学生对于能以自己为评分者对教师教学进行评分，主观上是认同和乐意的。

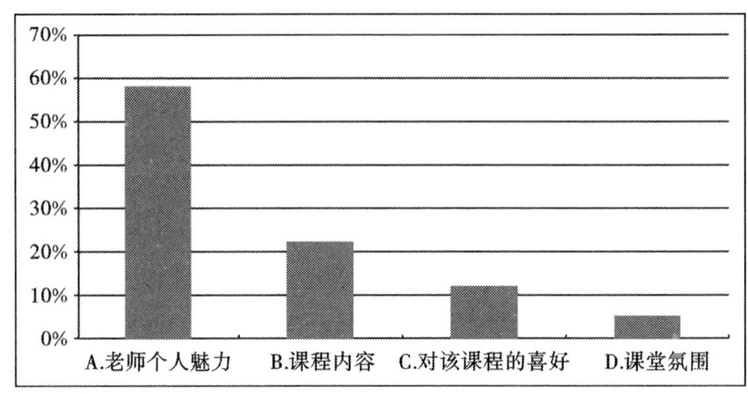

图 9-4　学生网上评教评学的考虑因素

如图 9-4 所示，对于网上学生评教评学，有 58.2%的学生会因为教师的个人魅力给予该课程教师高分，22.7%的学生会因为课程所设置的内容而对该课程充满好感，15.1%的学生会因为个人对该课程的喜好，而成为网上评教评学所考虑的主要因素，最后 4%的学生会因为课堂的氛围而给予高分。我们不难看出，因为学生的心理偏差影响，学生的喜好成为了他们为教师打分的主要考虑的因素，这必将出现不公平的情况。针对这个问题，我们采集问卷的同时，对部分学生进行了访谈，有些同学表示，很多时候对于教师打分确实会有主观因素的影响，由于有些教师上课风格也不讨学生喜欢，例如喜欢在上课点学生起来回答问题的教师、讲课说话有口音的教师、每堂课都会签到检查考勤的教师甚至考试不公布考试范围的教师都会成为学生给予这位教师低分的考量因素。因此，学生因为主观意识和心理偏差给予教师低分，那么教师到底是应该去改变自己迎合学生的“口味”还是维持自己的做法而得到低分，该如何去把握这个天平，是教师需要考量的问题。

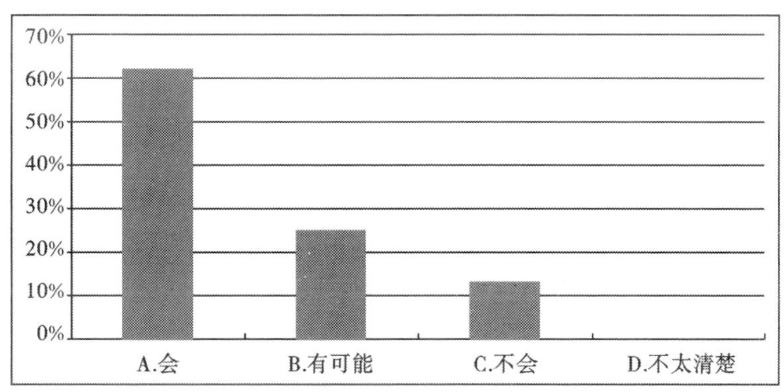

图 9-5　教师的期末评分对学生评教的影响程度

如图 9-5 所示，教师给与学生的期末考试成绩是否会成为学生网上评教评学的考虑因素，有 62.5％的学生会将此列为对教师评分的考虑因素，25.1％的学生持有待考虑的态度，而 13％的学生则认为不会将教师所打的期末评分作为评教评学的考虑因素。综上所述，学生对于教师给与的期末考试成绩是十分在意的，根据访谈，有部分学生特别提到了这个问题，认为有些教师考试之前不公布考试范围，考试的题目也不是平时学习的内容，感觉受到了有意的刁难，所以在给与教师评分的时候就会考虑到这个因素。那么，我们不难想象，教师假如降低考试难度，在考试成绩上打高分，将会更容易获得学生的高分，那么，这样的趋势是不容乐观的。

（三）教学督导的现状

1. 中南民族大学教学督导的开展状况

中南民族大学的教学评估工作中，教学督导是重要的组成部分。所成立的教学督导小组，保证每个学院有1-2名校级督导的前提下，每个专业有1名院级督导。目前中南民族大学已有100多名校院两级督导，形成了全过程、全方位、多层次的监控格局。

中南民族大学的教学督导的任职条件需要满足三个方面：第一，要有深厚的教育知识储备；第二，要有丰富的本科教学和教学管理工作经验；第三，要结合实际，办事公道，敢说真话。其中，校级督导一般是年龄在70岁（含）以下，具有副教授及以上职称，身体健康状况良好的我校在职或离退休教师，并在教学、科研方面有一定声望。二级教学督导则采取自愿报名的方式，副教授级别以上但不限制年龄，以学院为单位进行选拔。

在2007年修订的《中南民族大学课堂评估管理办法》，对于教学的综合评估，教学督导只占了10%。而到2010、2013年修订的《中南民族大学课堂评估管理办法》，将教学督导的比例提高到了30%。教学督导在教学评估工作中所占的比例的增加，象征教学督导工作在教学评估中地位的上升，教学督导越来越受到学校的重视。校院二级督导积极参与学校的各种教学活动，教学督导与评估则是其核心工作。每学期校督导每人听课在40节左右，一周2次以上；院督导要求听课10节以上。在听课对象上，听课与督导主要针对青年教师，有效提升了他们的教学水平；对精品课程、双语教学课程、公共课程等也进行了专项听课。校院二级督导在学校本科教学工作及提升教师教学水平方面发挥着不可替代的作用。

2. 教学督导工作的调查情况

如图9-6所示，学生对于评教评学的方式的选择上，有以下的情况，45.5%的学生认为可以将学生作为评教评学的主体，22.2%的学生则认为应该通过教学督导来对教师进行教学水平评价，32.1%的学生认为可以将两者进行结合，以期获得更佳的效果。学生评教评学和教学督导都有其优势和缺点，学生评教的好处在于，将教学活动的主体学生作为评估的主体，让学生具有发言权，可以正当地反馈自己在受教育的过程中出现的现状和问题，但学生评教的缺点也同样存在，学生评教容易造成因为主观意识和心理偏差所产生的不客观、不公平打分情况；而从教学督导方面来说，教学督导人员能从专业化的层面去考量、监督教师教学的过程，同时能在一定程度上指导教师教学活动，提高教师教学水平和教学能力，而缺点则在于能否合理行使督导的权力，获得应有的督导效果。于是，将学生评教和教学督导进行合理结合可以有效地进行互补，以创造出更好的评估效果。

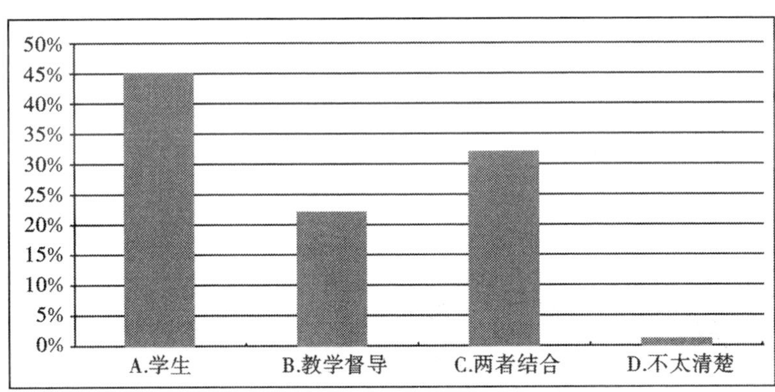

图 9-6　学生对学生评教和教学督导的选择意向

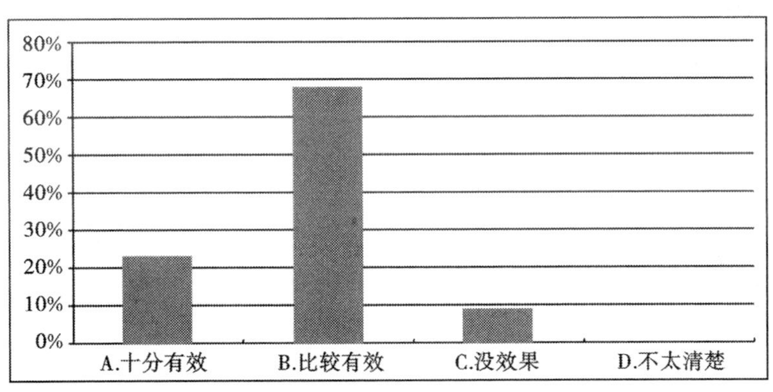

图 9-7　学生认为教学督导对于课堂教学的效果

根据图 9-7 所示，学生对于教学督导对于课堂教学所起到的作用和效果，23.7%的学生认为十分有效，68.2%的学生认为教学督导在一定程度上能起到监督和促进的作用，9％的学生则认为教学督导的设置没什么作用。在对学生的访谈中，学生针对这个问题，具体谈到了对教学督导的认识。很多同学表示，在教学督导来课堂上听课的时候，班上的上课氛围会更安静，教师上课的积极性也将更高，于是教学的效果会明显优于平时的教学课堂。但我们是不是也可以反向思考一下，假如说有教学督导的课堂教学会明显优于平时，那么教学督导的听课次数是否应该适量地增加？同时也增加随机制度，不要给教师有准备的机会，随机地进入课堂听课，也更能真实反映教师的教学水平和教学状况。综上所述，教学督导作为我们教学评估的一个重要组成部分，其作用和效果都是不可忽视的，但应该去把握和安排好教学督导，获得更好的评估效果。

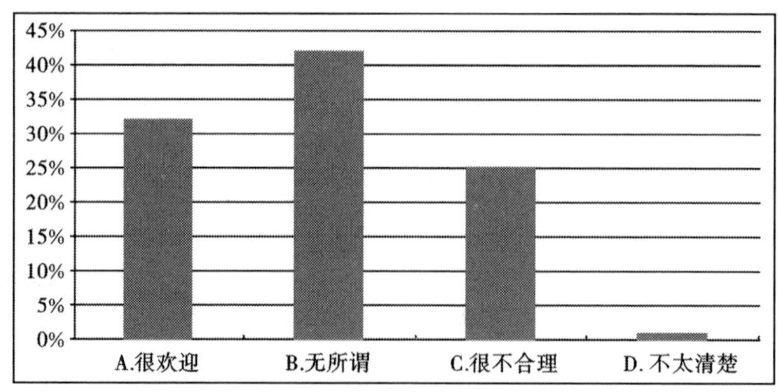

图 9-8　学生对教学督导来听课的态度

根据图 9-8 所示，学生对教学督导来听课的态度情况如下，32.1％的学生很期望教学督导来听课，42.2％的学生则认为无所谓，25.5％的学生则认为教学督导的设置很不合理。教学督导的听课是否能起到实质性的作用影响学生的态度。有一部分学生表示，对于教学督导来听课他们很欢迎，原因是教学督导来到课堂中，上课的氛围会明显更好，学生会更配合教师，上课的积极性和集中度也会增加，那种上课玩手机、睡觉、开小差、讲话的现象会大大减少；但还有些学生也提出，某些学生对于教学督导来听课有些不屑一顾，觉得督导来不来“听课”无所谓。教学督导如何去调整自身、教师、学生三者之间的关系，让三者之间积极配合，教学督导如何发挥其功效，也就是我们接下来要探讨的问题。

（四）2005 年以来课堂教学质量情况统计

表 9-3　2005 年以来课堂教学质量情况统计表（以参评课堂计）①

序号	学期	优秀等级		良好等级		合格等级		总计
		数量	比例	数量	比例	数量	比例	
1	2004-2005-2	169	23.12%	507	69.36%	55	7.52%	731
2	2005-2006-2	304	27.51%	796	72.04%	5	0.45%	1 105
3	2006-2007-2	273	22.34%	864	70.70%	85	6.96%	1 222
	2007-2008-1	75	66.96%	32	28.57%	5	4.46%	112
4	2007-2008-2	954	68.19%	433	30.95%	12	0.86%	1 399
5	2008-2009-1	1 194	84.20%	221	15.59%	3	0.21%	1 418
6	2008-2009-2	1 003	90.77%	101	9.14%	1	0.09%	1 105
7	2009-2010-1	1 439	95.81%	63	4.19%	0	0	1 502
8	2009-2010-2	368	28.24%	930	71.37%	5	0.38%	1 303
9	2010-2011-1	427	27.75%	1 110	72.12%	2	0.13%	1 539
10	2010-2011-2	392	27.09%	1 054	72.84%	1	0.07%	1 447
11	2011-2012-1	453	27.31%	1 206	72.69%	0	0	1 659
12	2011-2012-2	426	28.31%	1 078	71.63%	1	0.07%	1 505
13	2012-2013-1	459	27.97%	1 181	71.97%	1	0.06%	1 641
14	2012-2013-2	466	24.51%	1 413	74.33%	18	0.95%	1 897
15	2013-2014-1	509	23.35%	1 626	74.59%	45	0.21%	2 180
16	2013-2014-2	524	25.56%	1 514	73.85%	11	0.54%	2 049

说明：

1. 因为部分教师在 2006—2007 学年第 2 学期没课，故在 2007—2008 学年第 1 学期这些教师的课堂参与了补评，共计 112 个课堂。

2. 2010 年学校修订了《教师课堂教学质量评估与管理办法》，对评优率作了限制，规定了 25%的上限。因此，2009—2010 学年第一学期之后评优率维持在 25%左右的水平。

根据表 9-3 所示，从 2005 年至 2014 年，学校已组织了近 20 次评教

① 数据来源于 2015 年中南民族大学教学评估中心。

工作，参评课堂达到25 000多节，建立起了教师教学状况的数据库，课堂的优良率均在90％以上，特别是2014年达到了99％以上。在评教工作开展的整个过程中，学校组织专家多次修订与完善管理文件，不断改进评估指标与工作流程。评教工作改革贯彻和体现了“学生为本”的理念，也更好地服务于教师发展，促进了教学质量的提高。学校每年进行的教学评估活动，一方面可以使得学校更全面地对教师教学水平进行把握，有利于科学地制定教师发展规划；另一方面教师也能有针对性地对自身教学问题进行改良，促进自身的不断发展与完善。

当前，民族院校在评教的实践上，遇到了同其他普通院校相同的问题，所以希望能通过不断改革，率先在困境中突围。本研究提出的发展性评估，就是为了促使民族院校乃至普通高等院校在教学评估中，不断去探索原因、提出对策、解决问题，向着发展性教学评估进行转型。当然，要从根本上实现这一目标仍存在一定的困难，这也是本研究的迫切性与现实意义所在。

三、民族院校本科教学评估存在的问题及其原因

（一）学生评教的信度、效度较低

根据上述的调查结果，我们可以看到，由于心理偏差的影响，对学生平易近人的教师将得到高分，而严厉的教师必然得不到学生的认可，很可能前者的教学效果还低于后者；在期末考试中给与学生高分或者降低考试难度的老师也更容易获得学生的高分。如此开放式的评教模式，必然会让学生的评教质量存在不稳定因素。于是，老师为了得到高分而去迎合学生的“口味”，那么在教学上教师的权威性将大打折扣。美国的乔治里茨尔教授说过：学生评教打分是可以的，但也会有“不幸的后果”。教师与学生的认知结构、层次水平都存在差异，在真正的教学过程当中，学生固然拥有话语权，但不应以学生评教作为评价一名老师的最高标准。

中南民族大学以教师的得分的高低进行排序，前10％评为优秀，而后10％将会在评职称中被一票否决。现在许多高校都将学生评教的结果和发放奖金、评选先进个人、评职称进行挂钩，在一定程度上挫伤了教

师的工作积极性。不合理的学生评价结果，不仅不能调动广大教师的教学积极性和创新意识，反而会引起他们极大的反感，甚至打击到他们尝试教改的信心，固守成规甚至为了取得较高的分数而降低考试标准和课程难度，这绝对不符合我们所提倡的发展性教学评估的要求。在现有的基础上，将网上学生评教的环节更加合理化、公平化，是我们所要考虑的一个重要问题。

（二）学生评教的未来发展趋于“两难”

以马克思的矛盾理论来分析，学生评教和教师利益就是矛盾的对立面但又缺一不可。首先，学生评教在目前的教学评估工作中，担当了重要的不可或缺的角色，在一定程度上能反映出当前学校的教学现状和教师教学水平，目前尚无其他方法可以替代。与此同时，学生评教中出现的弊端也确实存在，学生由于个人心理偏差会对评教产生巨大的影响，从而产生不客观、不准确的结果。这需要我们对学生评教工作进行改进，以降低学生心理偏差所产生的影响。

其次，教师对学生评教从心理上存在抵抗和不认同，特别是当学生评教的评分结果与自身的课酬、评优评先以及与评职称挂钩的时候，教师会产生更加强烈的逆反心理。中南民族大学教学评估中心的 H 科长接受访谈的时候表示，在中南民族大学学生评教开展之初，学生评教并没有与课酬、评优评先以及评职称挂钩，那时的学校教师对学生评教的结果不甚在意，甚至有个别老师根本不知道学生评教，这就造成了学生评教对于学校的教学工作并没有起到应有的效果。随着学校将学生评教的评分结果与教师利益挂钩之后，在一定程度上确实能让教师去聆听学生的意见和建议，并针对问题去改善自身的教学方法，提高自身的教学水平，完善自身的教学能力。

综上所述，如何完善学生评教，让学生能正确行使作为教学客体应有的权利与义务，通过学生评教的过程，促进与教师之间的交流和协商，去表达自己对于教师教学的意见和建议，又能让教师在学生评教的过程中，不因学生的主观意识和心理偏差受到不公平、不公正的对待，并积极自发地去接受评教的结果并作出相应的改善，这是一个两难的问题。

（三）教学督导的队伍不够完善

教学督导在一定程度上可以考察教师的课堂教学情况，对学生的课堂表现起到监督作用。一位合格的教学督导在督导过程中不仅可以对教师教学内容进行整体把握，提出可改进的意见与建议，而且又能站在教学管理的层面上，促进教学手段和措施的改进，这是教学督导最为关键性的作用。目前，在中南民族大学，教学督导分为校级督导和二级督导两个层次，校级督导主要是70岁以下的退休教师或职能部门领导，二级督导由学院自主选拔，职称在副教授以上可以自愿报名，由学院审核通过。退休教授有丰富的教学经验，时间也比较充裕，但随着经济社会的发展，新思想、新知识的不断出现和发展，老教授与年轻的教师之间必然会存在一定的思维差异。二级督导由学院自主选拔，学院审核过后就可以开展督导工作了，督导过程中并没有进行“上岗培训”，对教学督导工作的认识意识和督导能力必然会存在不足。

能否纳入一定比例的校外专家、学者或者第三方评估机构的专业评估人员，以完善督导队伍，二级督导的成员是否应该定期进行“上岗培训”以提高督导能力，这都是需要去探讨的问题。

（四）教学督导的发展性意识不强

发展性教学督导是一种建设性的、改进性的评估模式，是将当下终结型的督导模式与形成型的督导模式进行合理结合的模式。目前的教学督导，主要是终结式督导，也就是在教学活动完成以后，进行总结式评估，也就是纠错式的评估。这样的督导模式，是落后的、不科学的，待发现问题时为时已晚。本研究所提倡的发展性教学督导，也就是形成型督导模式，是将教学督导融合于教学的过程之中，随时发现问题、指出问题、改正问题，把问题解决在萌芽之中，让教师在教学过程中能逐步完善教学内容、提高教学水平、提高教学专业化能力与素质。

从教学督导的内容来说，对教师的教学评估不仅应包括以上内容，更应该涉及人才培养的发展性。2005年，国家民委和教育部联合出台的《关于进一步办好民族院校的意见》（民委发〔2005〕240号）基本明确了民族院校的办学定位问题。面对新的形势和任务，民族院校要审时度势，坚持正确的办学方向：坚定地贯彻党的教育方针和民族政策，把握各民族“共同团结奋斗，共同繁荣发展”这个新世纪新阶段民族工作的主题，积极为少数民族和民族地区服务，多渠道加大投入，不断改善办学条件，着力提高办学质量，突出特色，发挥优势，使民族院校的办学水平和综合实力进一步提高，为民族地区的经济社会发展和全面实现小康，为构建社会主义和谐社会和中华民族的伟大复兴培养更多的合格人才。民族院校以培养应用型专业技术人才为主，同时要高度重视培养复合型人才和民族类等特色学科的开发型和创新型人才。教师在教学过程中，应该将人才的全面发展理念纳入其中，教学督导在此理应起到引导和促进的作用。

（五）民族院校办学的特殊性问题

作为高等教育的重要组成部分，民族院校有其独特的民族色彩。民族院校在办学之初，最主要的目的是为了党和国家解决民族问题，培养少数民族干部和专业人才。随着经济社会的发展，民族院校逐渐与普通高校走上和而不同的路线，在培养现代社会所需要的全面发展的人才的同时，也担负着培养少数民族人才、促进少数民族地区发展的重要责任。民族院校的当前现状是，60%左右的学生来自少数民族地区，少数民族学生和汉族学生的混杂，造成了民族院校的许多与普通高校所不同的特殊性。这些特殊性主要表现为：其一，群体的特殊性。由于国家和政府对于少数民族地区和少数民族学生有相关的民族扶持政策，少数民族学生可以享受一定的加分，个别少数民族地区的录取分数线往往会大大低于学校招生的平均水平，但与此同时，针对汉族学生而言，录取分数线要求却会提高很多。民族院校里少数民族学生和汉族学生混班，也就造成了同一个班的学生能力素质差异很大，增加了教师教学的难度。其二，语言的特殊性。据统计，我国55个少数民族所使用的语言约在80种以上，较为常见且受众面较广的主要有藏语、维吾尔语、蒙语等，这些少数民族地区从小将自己的少数民族语言作为母语，相对来说普通话的水平则较为一般，那么，在混班的教学过程中，普通话作为教师的教学统一用语，对于一些普通话水平较差的少数民族学生来说，就比较难跟上教学的进度。针对民族院校教学上的特殊现象，民族院校的教学评估工作应该如何正视民族院校特殊性所带来的问题，如何促使教师去正视少数民族学生和汉族学生之间的差距，调节双方的差异性，使其共同学习、共同进步，是亟待解决的问题。

第五节　民族院校发展性教学评估的对策和建议

一、以评促教，引领教师专业化发展

（一）倡导发展性教学督导

义务教育法、高等教育法、教师法等法律文件中，对教学督导的内容都有所提及，但以目前我国高校中教学督导的现状来看，教学督导的工作开展，仍然遇到了一些有法不依、无法可依的现象。于是，建立健全的教育监督管理机构，加强政府和有关部门的监督职能，是建设和完善高等教育评估体系重要的环节之一。

我国的教学督导长期以来，都是主要发挥其监督教师教育教学的作用，其目标是为了保障我国的教育方针政策能够得到落实，而去指导教师的教学水平发展以及教师全面发展的促进功效反而成了一个辅助功能。这就是我国教育督导所面临的重要问题——重“督”轻“导”。那么想要解决当前的现状，我们就要完善和改变教育督导体制，将教学督导的职能进行重心转移，应该在弱化监督教师的前提下，强化在教育督导过程中，引导、指导教师去提升自身的教学水平，起到促进教师全面发展的终极作用。

（二）完善教学督导制度

完善当前民族院校的教育督导制度，可以从以下四个方面来着手：第一，提倡服务性督导理念。这里的“服务”，指的是在督导者和教师共同参与的教学督导活动中，督导者并不是一个严肃的上级，而是充当可以通过自身的知识水平和实践经验为教师排忧解难，以达到改善教师教学水平，提升教师专业素质的辅导者角色。第二，倡导合作性的督导过程。这里的“合作”，是将督导者和教师放在一个绝对平等的天秤之上，两者之间是完全平等、相互尊重的主体，绝非是自上而下式的监督

和考察，教师作为特殊的需要自主发展的个体，与督导者之间采取积极的认同和内化，从而达到教师自主发展的目的。第三，采取差异化的督导程序。这里所采纳的就是“因材施教”的原则。每个学校、每个专业、每个领域甚至每个教师，都有其教学水平和发展程度上的差异，因此，教学督导在活动的开展过程中，应该按照每个教师的自身发展水平和实际的需要去“因材施教”，从而保障每一位教师的个性化发展。第四，促进补救性强化帮助。教学督导的活动开展，其主要的目的就是帮助和改进教师在教学活动中所存在的不足和问题，从而促进教师的教学水平和专业素质。因此，教学督导在活动过程中，为教师进行“查漏补缺”就成了其能否保障教师最终发展并取得督导实际成效的关键所在。

二、以督促学，提升督导人员自身能力

当下的教学督导队伍，存在着一些不足之处。教学督导的根本目的不是发现和抓住教师的错误和问题，而是期望在教学督导过程中，去帮助教师，以促进教师改进教学现状、提高教学水平。如何完善教学督导队伍是我们必须重视的问题，应以学校或学院为单位，对教学督导人员进行集体培训，传达一些教学督导的理念，传授一些教学督导的手段和方法，以提高教学督导人员的督导能力，使其更好地去执行自己的督导工作，最终促成教师和学生的共同协调发展。

（一）树立以人为本的科学价值观

高等院校的教学督导建设应该树立以人为本的科学发展观，督导成员与教师之间、教师与学生之间都应该坚持以人为本，进行换位思考，在尊重他人的同时，开展自己的工作。教育督导的理念从原有的检查、纠错，转变为改善、鼓励，听取学生对老师的意见与建议，聆听老师对教学工作的需求和烦恼，与教师一起探讨教学活动中存在的问题和原因，总结和推广一些教师的优秀教学经验。

（二）加强督导人员的“五个意识”

教学督导成员应该具有五个意识：学习意识、服务意识、交流意识、创新意识和民族意识。第一，教学督导人员在督导过程中，应该秉持学习的意识。随着经济社会的发展，每个人都需要不断地解放思想，更新

自己老旧的观念，去学习新鲜事物。教学督导人员也应该与教师共同进步，相互学习。同时，队伍内部也应该建立学习机制，定期组织和开展专题讨论，在实践中总结经验。第二，教学督导的最终也是最主要的目的，就是通过督导过程，帮助教师总结教学经验与教训，改进教学工作，提高教学水平和质量。这就是体现了教学督导的一种服务意识。第三，教学督导是学校与教师之间一个非常重要的沟通交流的桥梁，督导人员在听取了学校的目标和建议之后，应该使其在教师的教学中得到体现，使学校的教学工作顺利地开展下去。而对于教师的意见和期望，也可以及时地与学校进行反馈，从而达到沟通交流的目的。第四，教学督导人员应该富有创新意识，不要墨守成规，应根据时代的发展与时俱进。教学督导的作用也就在于传授教师一种观念，也就是教师对学生的教学，不应该单单只是传授书本上的知识，更应该树立全新的人才观念，这里的人才观念包括个性化发展与全面化发展两个方面。第五，民族意识。作为民族院校的教师，在教学活动中，应该更多地考虑到民族学生的需求，平衡民族学生和普通学生之间的差异性，让一些基础较差的学生跟上学习进度，并能宣扬汉族和少数民族是一家的团结友爱的理念以及爱国精神等，在教学督导对于教师的指导中，更应该对此进行监督和引导。

三、以学评教，促进师生共同发展

（一）提高教师对学生评教的认识

教师作为学生评教的主体，是否能够主动配合评教便是学生评教能否顺利开展的一个重要条件之一。只有教师以积极的心态去面对学生评教，并能够虚心吸取学生评教所带来的评价结果，进而改善和发展自己的教学，这才是学生评教应有的最终目的。随着我国经济社会的发展和高等教育改革的不断深入，教育和学校更是被当作一种社会服务行业和一种特殊的商品。而大学生作为高等教育服务这种特殊商品的消费者来说，在接受教育的同时也有权去选择教育服务。所以，在学生评价的过程中，教师理解学生评价和了解学生评教都是十分重要的，也是学生评价能顺利开展的前提。

（二）提高学生对学生评教的认识

学生作为学生评教的主体，对学生评教的态度和参与度决定学生评教所能达到的公正化程度，而学生的评教态度和参与度都是与其对学生评教的认识作为基础的。教学活动是学生和教师之间的一种双边活动，其中学生既是教师的传授者，也是教师教学状况的反馈者。假如教师的教学方法不能激起学生的学习积极性，学生是有理由对教师的教学发表意见的，对教师的教学评价是作为学生的一种权利。与此同时，学生作为学生评教的受益者，也应当承担其相应的责任，尽可能去避免在评教过程中会影响到评教工作的相关因素，例如自己的心理效应、心理偏差，尽量客观、公正、公平地对待每一位教师。让每个学生能深切理解到，自己作为学生评教的主体，给教师打分可能带来的后果，只有让学生能自己理解到这样的一个问题，那么学生在打分过程中，也将会更加积极，也更加公正，学生评教虽然是学生权利的合理利用，但学生也必然需要在评教的过程中承担起自己应有的责任。这就如同教师给与学生低分，有些学生会觉得不公平一样，埋怨出题太难或者认为肯定是平时上课“得罪”了教师，所以教师才会给与低分。那么，学生与教师之间就需要进行一个换位思考，相互去体谅对方，才能更好地去了解对方、理解对方。

教学评估工作是富有专业性的，在学生了解学生评教评学工作的目的以及意义、作用之后，还应当让学生去学习评教评学的相关知识，掌握评教评学的技巧，提高自己的评估能力。例如，在学校开展教学评估相关的理论与实践的教学讲座，在校报或者学校网站上刊登学生评教评学的技巧和小知识等，促进学生对学生评教工作的全面了解，让学生明白整个评教环节的基本情况以及根据评教结果所可能带来的后果和奖惩机制，这样才能调动他们的积极性，才能起到提高自身评估教学能力的作用，也能更好地促进学生评教工作的开展，达到更加公平、更加客观评教的最终目的。

（三）公开评估信息，促进互动协商

发展性教学评估是一种改进式的评估模式，公开评估信息，旨在促进教学评估和主客体之间的交流和协商，接受公众的监督。作为评估主体的学校，理应坦诚相待，通过接受公众的监督，反向促进评估水平的全面提升，这是一个良性循环的过程。

如果仅仅由评估者来决定评估的制定和实践，那么这种评估就会局限在一定的范围之内，而无法达到一个较高的层面，这就要求在激发师生参与教育评估的同时，搭建一个能够让彼此相互沟通和交流的平台，加强信息公开化，以更加优化和完善教育教学评估工作。目前，国内将教育评估实践中的各个环节和内容完全透明化地公开于师生的程度还远远不够，教育评估也远没有与大众舆论的引导相结合，鼓励和促进教育评估观念的传播，促进教育评估的良性发展，尤为必要。

四、以生为本，完善学生评教制度

目前学生评教工作仍存在不少的问题和不足之处，完善学生评教评学制度变得势在必行，下面将从三个方面进行具体的论述。

（一）提倡分层式评分

从学生评教模式上来说，对教师的教学评价可以更多样化，不仅仅是学生评教，还可以自评、同行互评、专家评教等等；同时，允许教师可以申请复议，假如教师对自己所获得的学生评价不满意，可以提出自己的异议并开启复议机制，从而断绝单一的学生评教形式所带来的硬性结果。

表 9-4　学生评教的分层式评分

现有模式	优秀（前 25%）			良好			合格			不合格		
	90 分（含）以上			80（含）以上			60（含）～80 分			60 分以下		
分层式	A+	A	A−	B+	B	B−	C+	C	C−	D+	D	D−

根据表 6-1 所示，对教师的评分进行区间划分，而不是单纯以分数进行排名，应该以达到区间值就算达标为基准。不要以教师间微小的甚至零点几分的差异去判断或评价教师的优劣，特别是有些学校将学生评教的成绩与教师的评先进、评职称乃至工资挂钩，这样都是不合理也不公平的。教师评价的核心是以评价促进教师的发展，评价的最关键的功能并不是为了去证明一个教师的“好”或“坏”，“合格”或“不合格”，而是为了让教师对教学进行改进、反馈、调整。整个学生评价的过程和

结果都应该指向“改进”二字，致力于促进教师本身的发展和提高。

（二）精简与完善学生评教评分指标

从学生的调查问卷中，我们不难发现，当前学生评教的指标体系在一定程度上来说，存在冗繁的现象，为避免学生产生敷衍的心理，那么将指标体系进行精简是十分必要的。与此同时，针对民族院校的特殊性，教师在教学上应该也采取相应的措施和改革。可以对学生评教的指标体系进行相应的调整，如可设置诸如“根据学生实际水平，准确把握课堂节奏”、“注重师生互动，鼓励与支持学生参与课堂讨论”、“注重因材施教，积极对学生进行辅导”的调查内容等。通过学生评教，真正促使教师进一步完善自身的教学。

（三）建立全程性评估

建立全程性评估，即评教系统与工作在整个教学过程中都是开放的与持续的。在教学过程中学生与教师进行交流，这段时间不用打分，学生向教师反映听课效果，写出对下一步教学的意见与建议。而在课程结束时，再由学生对教师进行评分。这样就可以避免一次性打分的缺点，对学生更加有益，对老师更加公平，让每个具体的环节体现发展性评估的作用。

第十章 民族院校国际合作办学模式研究

第一节 高等教育国际化进程概述

一、高等教育国际化的含义

所谓高等教育国际化，是指一个国家的高等教育或某所具体的大学在国际意识、开放观念指导下，通过开展国际性的多边交流合作活动而不断促进国际社会的理解，提高国际学术地位，参与国际教育事务，促进世界高等教育改革与发展的动态发展的过程或趋势。高等教育要面向世界，以具体多样的高等教育国际交流与合作为载体，吸收、借鉴世界各国的高等教育办学理念和办学模式，从而达到提高人才培养质量、推动本国高等教育现代化进程、促进本国和世界经济发展、实现人类相互理解与尊重的目的。

关于高等教育国际化的标准，美国教育理事会在2000年分析美国高等教育国际化状况时提到了以下内容：高等教育结构中本土学生的外语学习；出国留学生教育（包括访问学者）、高等教育机构课程的国际化、高等教育机构招生对学生国际化特质的要求；高等教育机构的教育交流活动（包括外国留学生教育和学者访问）、政府及其他社会组织对高等教育国际化的支持和资助；劳动力市场对国际性人才的需求等①。

二、高等教育国际化的基本内容

高等教育国际化主要指在教学内容内在结构方面的国际化，它将人

① 姚金雨. 我国民族院校国际化研究［D］. 武汉：武汉理工大学，2012：17.

类所有优秀的现代化的知识、理论与方法作为其结构的核心和教学编排的导向，即以人类知识、文化、科学等“无国界的态度与作法”来设计它的全部内在的结构与表现形式，旨在培养大学生在国际化和多元化社会中的眼界、胸襟与行为方式，以及在更加开放的国际化工作环境下生存的能力。目前，高等教育课程体系国际化主要有：一是开设专门的国际教育课程，使大学生意识到所有国家的相互联系及诸如贫穷和种族歧视等问题的普遍性；二是开设注重国际主题的新课程，如国际关系、国际金融、国际贸易等；三是在已有课程中增加一些国际方面的内容，如采用原版教材，或根据需要参照国外同类教材内容自编教材等；四是推进国际普遍关注的重大课题的研究，如生命科学、环境科学、宇宙科学等；五是注重地区研究；六是重视少数群体、民族发展的研究，及对其优秀的文化、传统等内容的认知与传播；七是建立校际联系，把国外参观学习与课程联系起来。

当前，高等教育国际化呈现出一些新的发展趋势。一是高等教育国际化的空间更加扩大。经济全球化为高等教育国际化扫除了许多政治上的障碍，为不同国家和地区高等教育的交流与合作开辟了更多的渠道。二是高等教育国际化的内容更加丰富多彩。高等教育国际化从以往单纯的、外在的人员派出或接受，扩大到了课程引进、学分互认和跨国办学等方面，并成为各国提高高等教育质量的主要手段。三是高等教育国际化的经济色彩更为明显。以往的高等教育国际化主要考虑的是学术和教育因素，现在越来越多地追求经济效益。发达国家开始终止向发展中国家提供无偿高等教育援助而转向高等教育的国际贸易。四是高等教育国际化的主体发生改变。由“国家政府主导型”逐步转变为“政府院校协作型”和“院校主导型”。五是高等教育国际化向组织化、标准化和统一化方向运动。近年来，出现了不少区域性和全球性的高等院校合作组织。某些课程已朝全球化和统一化方向发展。不仅如此，构建区域或全球范围内统一的高等教育质量保证体系，乃至于建立相对统一的高等教育结构或制度也已成为 20 世纪 90 年代后期高等教育国际化发展的最新走向①。

① 李想. 国际化进程中在华留学生教育质量探究 [D]. 西安：西安电子科技大学，2010：12.

经济全球化背景下的高等教育国际化，既给我国高等教育的发展带来了机遇，又提出了挑战。高等教育国际化给我国高等教育的发展带来的机遇主要表现在：一是有利于提高我国高等教育的现代化水平。二是有利于拓宽我国的高等教育市场。随着我国高等教育国际化程度的不断提高，外资将在我国高等教育资源配置中发挥更多更大的作用，人力资源的国际流动将更加迅速，高等教育国际化的空间更加扩大，这就有利于拓宽我国的高等教育市场。三是有利于促进我国高等教育体制的变革与创新。高等教育国际化也对我国的高等教育提出了挑战：一是对高等学校现行的办学体制、运行机制、专业结构、管理方式的挑战。二是对教育资源的挑战。高等教育国际化使教育资源成为一种共享性资源，在全球范围内重新分配。四是对学生思想教育工作的挑战。形形色色的西方价值观、人生观会在高等教育国际化的过程中传播。大学校园将充斥着世界性的宗教、种族和其他政治问题。民族文化的传承、学生的思想教育将面临新难题①。

三、高等教育国际化的基本特征

高等教育国际化不仅仅是在国际间的交往实践中达到某种程度的同一性，还是高度一体化与多元化的统一。当前我国高等教育国际化的三个重要特征：

首先，我国高等教育国际化的动因和目标在于提升大学的国际竞争力和国际声誉。在经历了高等教育规模扩张之后，20 世纪 90 年代末一系列旨在提升高等教育质量的国家战略和法规的颁布引发了中国高等教育领域对于国际化问题的讨论。“创建世界一流大学”成为我国政府和众多大学，尤其是研究型大学的发展目标。

其次，我国高等教育国际化是在国家政策支持下进行的，政府和大学在国际化进程中以一种协作的关系，共同推动高等教育国际化的发展。一方面，政府制定政策，提供资金，并通过一定的项目实质性地推动高等教育国际化的进程，而另一方面，院校在这一进程中承担起越来越重要的角色。

① 刘湘溶. 如何应对高等教育国际化［N］. 中国教育报，2004-10-28 (10).

最后，有组织、有规划是中国高等教育国际化发展的又一特征。目前，我国高校已经普遍将国际化作为重要的战略目标，国际化已经渗透到院校管理以及教学管理的各个环节之中。大学层面国际化活动进入常规化发展，国际交流与合作管理机构职能和重要性不断扩大。国际化逐渐成为大学发展规划的重要组成部分①。

四、高等教育国际化相关的概念阐释

（一）关于教育全球化

“全球化”一词最早出现在1959年的英国《经济学者》杂志上，流行于20世纪90年代。全球化一词没有统一的定义，主要是指人类的活动跨越大陆和地区，突破了地域和民族国家的局限，形成了全球广泛的交流和联系。

全球化首先表现在经济领域。跨国生产、跨国消费、全球范围的金融流动、集装箱运输、卫星通信、互联网技术等使得各国经济互相依赖，任何国家都不可能独立地生存和发展②。

全球化的实质是现代化，现代化必然会导致全球化。现代化是人类生产力发展的必然结果。现代化发轫于西方，但并非只有西方才能实现现代化。后发国家虽然现代化来得晚一些，但生产力的发展也必然会走向现代化。当然，现代化的发展模式并非只有西方一种，各个国家应当走自己现代化的道路。由于现代化首先发轫于西方，再加上西方的强势经济和文化，因此有人认为全球化就是西方化，甚至称它为美国化。也因此有人反对全球化。但全球化是时代发展的必然，是回避不了的，只能更好地认识它、利用它。

全球化带来了文化教育的国际化。文化教育具有很强的民族性和时代性。民族性具有固守民族文化的特点，但文化发展又是动态的，是在继承和固守民族文化传统的基础上不断吸收其他民族的优秀文化而逐渐

① 金帷，温剑波．如何定义高等教育国际化：寻求一个本土化的概念框架[J]．现代大学教育，2013（3）：8．

② 顾明远．世界高等教育发展的基本趋势和经验[J]．北京师范大学学报（社会科学版），2006（5）：27．

创造新文化的过程。文化教育的国际化同样被看作一种“脱越”的过程。一些原本在特定地点或人群中使用的符号、形式、价值观念脱离本土传播到其他地方；一些原本固着在本土的符号和形式被外来者所取代；同时一些新的符号和形式在全球范围内产生和流行。文化的国际化在全球范围内产生了一些新的文化制度，如奥林匹克运动会、奥斯卡电影颁奖、各种电影节、文化节、人类的自然遗产和文化遗产的展示和保护等，有些文化原本是在特定的民族国家或地区流行的，现在则为全世界所关注和保护。凡是符合时代要求，能够促进生产力发展的文化教育都会被不同民族吸收和融合。如人类发明的各种先进技术、各民族创造的艺术，都会很快地传播到全世界。

全球化带来了文化教育的融合，同时也带来了冲突和焦虑。冲突表现在外来文化与本土文化的不和谐，不能相融合；焦虑表现在对外来文化的浸透，本土文化有被融化、被改变甚至丧失的危险的忧虑。出路何在？一是采取开放的心态，学习吸收世界文明一切优秀成果，并使之本土化，融合到我们民族文化之中，不断创造民族的新文化。二是继承和弘扬自己民族文化的优秀传统，并向世界传播。

（二）关于教育国际化

全球化带来了教育国际化——新的科技革命把人类带入了一个新的时代，即知识经济的时代。知识经济时代的特征不仅是知识成为发展经济的主要要素，而且带来了经济的全球化和社会的各种变革。而最大的变革是人们价值观的变化。知识经济使人们看到了人的价值、知识的价值。知识经济使人们认识到，人不是简单地创造资本的机器，人是社会的主人，又是自然的一员。人的发展、人类的发展是第一位的。人的创造、经济的发展，归根到底是为了人类自身的发展。

知识经济时代也对教育有了进一步的认识。教育的本质是育人，是提高人的素质。教育确实离不开政治和经济的发展，离不开社会的发展。但教育不是消极地适应社会政治和经济的发展，教育要促进社会的进步和发展，而最终的目的是促进人类自身的发展。

科学技术的发展带来了经济全球化，同时也影响到文化的国际化和教育的国际化。但不要误解，文化教育的国际化不是文化教育的全球一体化，它不同于经济的全球化，而是说文化教育也必然会受到全球化的影响，主要是指文化教育的国际交流与融合，当然其中充满着矛盾与冲突①。

有的学者不赞成提教育国际化，其实这是对教育国际化的理解问题。教育国际化并非是西方化，也不是国际趋同化。教育国际化是指国际间的人员交流、财力支援、信息交换（包括教育观念和教育内容）、教育机构的国际合作以及跨国的教育活动等方面。教育国际化是现代教育的基本特征。教育国际化包含以下几个方面：

第一，合作办学。《国家中长期教育改革和发展规划纲要（2010—2020年）》中指出："引进优质教育资源。吸引境外知名学校、教育和科研机构以及企业，合作设立教育教学、实训、研究机构或项目。"通过合作办学引进境外的优质教育资源，包括人力资源（知名学者）、信息资源（包括课程、教材等）、管理资源（包括先进的管理理念和经验）②。如宁波诺丁汉大学、中加学校等都是合作办学的典型。

第二，聘请专家。吸引世界一流的专家学者来华从事教学、科研和管理工作。学校要面向世界，向世界开放，聘请世界一流专家到我国学校任教，引进国外学科的前沿成果，引进先进的课程和教材，这是我国高等学校走向世界一流的捷径。香港科技大学所以能在短短十多年时间办成知名大学，就在于他们向世界开放，从世界上引进人才，当然还有充足的经费和优越的政策环境的支持，这是教育国际化极好的案例。

第三，合作与交流。开展政府之间、学校之间的合作。建立教学科研合作平台，签订科研合作、人员培训等合作项目；扩大中外大学间的教师互派、学生互换、学分互认和学位互授联授等，使我国高等教育融入世界，为世界学术界、高等教育界认可。

第四，互派留学生。我国改革开放以来，掀起了第三次留学高潮。据2011年有关学者的统计数据表明2008年有出国留学生17.98万人，

---

① 顾明远．教育的国际化与本土化［J］．华中师范大学学报（人文社会科学版），2011（6）：123.

② 顾明远．教育的国际化与本土化［J］．世界教育信息，2011（4）：23.

从1978年起到2008年累计达到139.15万人。2008年我国接受外国留学生7.1万人。留学生规模的扩大是教育国际化的重要标志。近年来，我国出国留学生的年龄越来越轻，许多中学生都出国留学了。很多学生是为了规避国内的应试教育，也有的为了更早地适应国外教育环境。这也并非什么坏事，它可以促进我国的教育改革。但年龄过小到国外去也有很大风险，最好还是上完中学或大学再出去。每年也有很多外国留学生来华学习。

第五，与国际组织合作，把握国际教育的新趋势。许多国际组织，如联合国教科文组织、世界银行、欧洲经济合作组织、儿童基金会等组织都关注教育问题，经常发表有关教育的国际报告，反映国际教育发展的动向和趋势。他们不仅给发展中国家提供教育援助，还发表战略性的政策建议。例如联合国教科文组织1972年发表的《学会生存》以及1996年发表的《教育——财富蕴藏其中》的报告，对世界教育的发展具有重要的指导意义。我国改革开放以后就与这些国际组织有广泛的交往合作。例如在我国改革开放初期世界银行为我国高等教育、师范教育的发展提供贷款，对我国教育的恢复和发展起了重要作用。今后我们仍然要加强与他们的合作。

第六，介绍国外教育理论，翻译学术著作。改革开放以来，在“解放思想，实事求是”的思想路线指引下，我国教育界认真反思新中国成立以来的教育发展，努力吸纳世界各国教育改革的新理论、新经验，翻译介绍了大量外国学术著作。1977年邓小平指示“要引进外国教材，吸收外国教材中有益的东西”。在当时外汇十分紧缺的情况下，中央拨款10万美元，从美国、英国、西德、法国、日本等国家选购了大批中小学教材，促进了我国课程和教材的现代化。

第七，中国教育走向世界。教育国际化是全球性的，对我国教育来讲，是双向的，我们既要吸收世界文明的一切成果，也要把中国文化介绍到世界，促进国际间的相互交流。一方面我们吸收外国留学生，另一方面我们也到外国办学。《国家中长期教育改革和发展规划纲要(2010—2020年)》中提出“推动我国高水平教育机构海外办学”，“支持国际汉语教育”，“加大教育国际援助力度，为发展中国家培养培训专门人才”。

第八，开展国际理解教育，培养国际化人才。开展国际文化、世界时势的教育，提高国民对世界各地区政治经济文化的了解，扩大视野。为适应国家经济社会对外开放的要求，培养大批具有国际视野、通晓国际规则、能够参与国际事务和国际竞争的国际化人才①。

五、我国大学的国际化发展

清末以来近百年的时间里，我国的高等教育体系大部分是借鉴国外的高等教育理论和经验，经历了三次国际化浪潮。第一次国际化浪潮始于20世纪初，我国初步建立了高等教育体系。从欧美国家留学归来的教育人士是我国高等教育体系的创建者，他们基本上引进了欧美国家的学科和专业，当时创办了北京大学、清华大学等著名大学。第二次国际化浪潮是在新中国成立以后，社会主义制度逐步建立。社会主义制度建立初期，我国高等教育体制是以苏联的体制为模板来建立并进行管理。为了适应计划经济，高等学校被纳入我国的管理体制当中，许多大学以专业性质为划分基础，归入到国家的各个部委。大学的专业设置、教学管理、课程设置和教材内容等都得到统一管理，并为改革开放、由计划经济逐步转化为有中国特色的社会主义市场经济服务。这些大学自身也在积极探索，实行改革。一方面，许多国内的教师和研究人员，被派送到欧美等教育发达的国家进修或者攻读学位，国外的专家学者也越来越多地被邀请到我国的大学讲学；另一方面，大学中使用的教材引进了外国的优秀原版教材，大学的管理也逐步走向市场化。第三次国际化浪潮始于我国正式加入世界贸易组织。在世界经济一体化和我国经济全面对外开放的推动下，我国的教育市场全面对外开放。

我国的大学要真正融入大学国际化的浪潮中，必须将自己置身于世界的大学教育体系中，用国际上通行的标准来评估国内大学，用世界好的经验来建设国内大学。如何在这次历史的机遇中把握好我国大学的国际化，如何选择我国大学的国际化道路，实现大学教育国际化的目标，

① 顾明远．教育的国际化与本土化［J］．华中师范大学学报（人文社会科学版），2011（6）：125.

是我国 1 000 多所大学共同关心的问题。

中外合作办学开始于 20 世纪 80 年代，至今已有 30 多年。从我国中外合作办学的办学形式、颁布的政策等方面的特征，可以把我国中外合作办学分为五个阶段：

（一）萌芽阶段

改革开放以后，我国的教育事业逐步得到复苏，中外合作办学逐步兴起，但是由于其处于初步建立阶段，规模小、程度浅，中外合作办学并没有引起人们的重视。20 世纪 80 年代中期，中国人民大学、复旦大学等高等院校相继举办了中美经济学、法学培训班。随后，天津财经学院与美国俄克拉荷马市大学合作举办 MBA 班，南京大学与美国霍普金斯大学合作创建中美文化研究中心等，这些机构均属早期中外合作办学的先例①。我国对中外合作办学的经验不足，也没有对合作办学提供政策支持、法规保障。但是，在中外合作办学的过程中出现了很多问题，因而我国逐渐开始将一些政策法规的制定提上了议事日程。1982 年，重新修订《中华人民共和国宪法》的第十九条中规定："国家鼓励集体经济组织、国家企事业组织和其他社会力量依照法律规定举办各种教育事业。"政府不再是唯一的办学主体，中外合作办学在某种程度上有了宪法的保障。

（二）探索阶段

最初，我国的中外合作办学项目都是非学历教育，中方的机构大多都是非正规学历教育的高校，其中有一部分是由民办机构举办的。国家对中外办学项目的管理缺乏经验，并没有制定相对应的政策法规予以保障，很多问题在办学过程中显现出来。为了解决中外合作办学中显现出来的问题，原国家教委相关部门于 1993 年下发了《关于境外机构和个人来华合作办学问题的通知》（下文简称《通知》）。《通知》中明确指出了，"多种形式的教育对外交流和国际合作是中国改革开放政策的一个重要组成部分"，"抓住机遇，通过接受捐资助学、合作办学等形式，有

① 焦国政．高等院校中外合作办学的回顾与思考［J］．中国高等教育，1998（10）：42．

条件、有选择地引进和利用境外于我有益的管理经验、教育内空和资金，有利于我国教育事业的发展”，“接受境外机构和个人在我国合作办学，应坚持积极慎重，以我为主，加强管理，依法办学的原则”，“合作办学的归口管理由国家教育委员会负责。接受境外机构和个人在我国合作办学，均需按本通知精神审批。凡未经审批已经举办的教育机构，应根据通知精神进行核查和调整”。《通知》是中国今后中外合作办学政策制定的基础。

（三）发展阶段

为了加强对中外合作办学的管理，进一步推进我国教育事业的发展和加大教育对外交流与合作，国家教委于 1995 年正式颁布实施了《中外合作办学暂行规定》，对中外合作办学的申请条件、要提供的文件、机构的设置标准、审批程序、监督、招生等各个方面作了具体的规定，为我国的中外合作办学政策搭建起了基本框架。国务院学位办公室于 1996 年发布了《关于加强中外合作办学活动中学位授予管理的通知》，它是《中外合作办学暂行规定》的重要补充。我国各种中外合作项目发展迅速，加强学位授予的管理工作有利于我国中外合作办学的健康发展。

（四）成熟阶段

1997 年，经国务院批准，国家计委、国家经贸委、外贸部联合发布了《外商投资产业指导目录》，合作办学（除基础教育外）是限制外商投资产业。为了让中外合作办学单位聘请外籍专业人员工作和社会力量办学得到规范和有效的管理，国家外国专家局办公室于 2001 年 12 月颁发了《社会力量和中外合作办学单位聘请外籍专业人员管理暂行办法》，详细规定了社会力量办学的资格条件、程序及范围、加强管理、年间评估四个方面。同年，我国正式加入世界贸易组织，服务贸易总协定是 WTO 协定不可分割的一部分，其中包括教育服务。根据对该协定的承诺，外国人可对我国开展有关方面的教育服务贸易。服务贸易具体承诺减让表中，高等教育服务将允许中外合作办学，外方可获得多数拥有权，这在发展中国家是极其少见的。但对中外合作办学的国民待遇限制不做承诺，这意味着我国中外合作办学的政策空间较宽。教育部于 2002

年6月，下发了《关于加强中外合作办学管理的紧急通知》，指出在中外合作办学法规还未颁布时，仍应按照《中外合作办学暂行规定》执行。各省级教育行政部门应认真复核本行政区域内（包括教育部及其他中央部门所属的教育机构）的中外合作办学活动。

2003年3月国务院公布了我国第一个关于中外合作办学的行政法规——《中华人民共和国中外合作办学条例》（以下简称《办学条例》），并于同年9月1日起施行。该条例规范了我国中外合作办学活动，加强了我国教育对外交流与合作，促进了我国教育事业的发展。它具体说明与规定了中外合作办学的性质、发展定位、权益和行为准则、范围、方针和原则、设立、组织与管理、教育教学、资产与财务、法律责任等。附则针对“外国教育机构同中国教育机构在中国境内合作举办以中国公民为主要招生对象的实施学历教育和自学考试助学、文化补习、学前教育等的合作办学项目”、“外国教育机构同中国教育机构在中国境内合作举办以中国公民为主要招生对象的实施职业技能培训的合作办学项目”，“在工商行政管理部门登记注册的经营性的中外合作举办的培训机构”等审批管理责任，也分别作出了规定，但是没有对“外方获多数拥有权”进行限定。2004年，为了更好地实施《办学条例》，教育部发布了《中华人民共和国中外合作办学条例实施办法》（以下简称《实施办法》），为我国高等教育中外合作办学提供了明确的法律依据。2004年7月开始执行《中外合作办学暂行规定》，同时废止《实施办法》对于“中外合作办学机构设立、活动及管理中”的具体规范，以及依据《办学条例》举办实施学历教育和自学考试助学、文化补习、学前教育等的中外合作办学项目的审批与管理进行了具体的规定①。《办学条例》以及《实施办法》的出台让中外合作办学有了法律保障。

2004年8月，为促进中外合作办学的健康发展，加强中外合作办学的规范管理，教育部下发了《教育部关于做好中外合作办学机构和项目复核工作的通知》、《关于启用〈中外合作办学机构申请表〉和〈中外合

① 张力．中外合作办学的政策判断与走势［M］//袁振国．中国教育政策评论．北京：教育科学出版社，2006：4-6.

作办学项目申请表〉等事项的通知》。2004 年 9 月 10 日，教育部下发了《关于设立和举办实施本科以上高等学历教育的中外合作办学机构和项目申请受理工作有关规定的通知》。随后相继下发了《关于发布〈中外合作办学项目备案和项目批准书编号办法（试行）〉的通知》、《关于启用中外合作办学许可证和中外合作办学项目批准书的通知》。同年 12 月，教育部、劳动和社会保障部联合下发了《关于下发〈中外合作办学许可证编号办法（试行）〉的通知》等。这些文件的下发使得中外合作办学得到规范，我国中外合作办学的法制化进入了一个新的阶段。

（五）高速发展阶段

2007 年以来，我国的中外合作办学的规模逐渐扩大，办学层次还向学位和研究生层次发展，办学模式也逐渐多样化。一些大学逐步建立起具有本校特色的中外合作办学和合作交流项目，这些项目推动了教育事业的改革，引进国外优秀的教育资源和先进教育管理经验，进一步满足了人们的教育需求。

第二节　高等教育国际化指标

大学日前成为高等教育国际化的践行者和策动者，大学国际化迫切需要基本的运作规范。根据大学国际化指标体系的构成、观测点和权重，初步构建了一个包括七个一级指标和十八个二级指标的评价指标体系①。

一、观念国际化

改革的重要前提是观念的变化和革新，因此树立国际化的观念，然后据此制定相应的规划和政策是国际化改革的重中之重。

（一）国际化的理念和追求

学校领导者、管理者和教师的观念转变，也包含学生国际化视野的

① 韩洁芳，杨连生. 高等学校科技国际化能力评价模型研究 [J]. 科学管理研究，2014 (2)：22-24.

建立。首先应让学校领导者和管理者对国际化的各种方式产生认同感，从而更新自己的办学理念，深入思考大学应该如何实现国际化，然后以国际视野来指导学校的教学、科研和社会服务。从教师方面来说要树立国际视野，并非意味着必须在知识创新中走在世界的前沿，而是以国际性的视野，了解本学科、本专业世界发展的前沿，尽量向学生传达那些处在学科前沿的知识和信息，并能够以国际的、跨文化的、全球的观念促进学生全球化视野的养成①。

（二）具体的政策实施

国际化具体的政策实施文件，是大学发展国际化事业所必需的，指明了一所大学国际化发展的重要方向。国际化战略规划的前提性工作是以大学国际化视野或理念来制定学校的学术改革与发展战略。总的来说，大学国际化的实施应包括学校国际化具体实施的目标、措施和政策、方向、思路等几个要点，它们共同组成国际化的实施决策的重要部分。

二、机构国际化

发展大学国际化事业的根本要点是大学国际化活动的组织机构，大学国际化的职能要求不同的系统部门共同协同完成。世界范围来看，一所大学的国际化组织有三个逐层递进的系统：校级的国际化事务委员会、院级的国际化事务委员会和学校国际办公室。同时，许多大学还设立了国际文化交流学院或海外教育学院等，这个方法有利于引进更多的外国学生到中国学习。

第一，国际办公室。是学校的一个职能部门，主要负责执行学校国际化战略规划，组织国际学术交流与合作，拓展国际教育市场，协助海外招生等事宜。

第二，校级国际事务委员会。学校国际化事务委员会是学校国际化事务的最高决策机构，主要负责大学国际化战略规划的制定和由学院提请的各类国际化问题的最后裁决。

---

① 李盛兵. 大学国际化评价指标体系初探 [J]. 华南师范大学学报（社会科学版），2005 (6)：113.

第三，院级国际化事务委员会。负责各自学院内的国际化行动规划制定和执行，并向学校提出学院国际化发展思路或具体事宜，如聘任外籍教师、举办国际会议、开设国际性课程或合作办学等①。

三、学生结构国际化

学生国际化是一所大学国际化的衡量标准。大学国际化就是要增强学生群体的国际性，为本校学生创造到国外学术交流、学习、实习的各种机会，同时还可以招收外国留学生。留学生效量的扩大不仅将为学校发展带来部分经费，而且会使得大学校园成为一个多元文化汇集的共同体，符合大学本真的理念。现有的研究成果表明，一所大学的学生结构国际化应包含四个方面的内容，即留学生数与在校生数的比例、留学生来源国分布、留学生专业分布以及本校学生到国外进行交流学习与研究的数量。这一指标可分解为如下四个二级指标。

第一，留学生数占在校生数的比例。留学生数占在校生数的比例依不同的区域、学校各有不同，且一些偶然因素也可能导致留学生的数量波动。但对于一所致力于成为国际化的大学而言，外国留学生数还是应有一个基本的比例，参照相应的统计分析，3%～10%的区间较为合理。

第二，留学生来源国分布。目前我国高校留学生来源国仍以亚洲国家为主，欧美国家较少。今后应积极拓展留学生来源国，从而实现大学校园内多种族和多元文化的交汇。

第三，留学生专业分布。一所大学学生结构国际化程度的高低，还要看留学生的专业分布情况。目前的情况是以汉语学习为主，且多为培训类的非学历学习。今后要吸引留学生进入学校的更多专业学习，并逐渐发展为以正规学历教育为主。

第四，本校到国外学习的学生占在校生数的比例。鼓励并创造条件为本校学生出国进行交流学习或研究活动，加强校际合作和学分互认，也是学生结构国际化的一个主要方面。这有利于学生国际化视野的培养以及在学习和科研方面的前沿性知识的获取。

---

①　李盛兵．大学国际化评价指标体系初探［J］．华南师范大学学报（社会科学版），2005（6）：114．

四、教师结构国际化

教师结构国际化是大学国际化的另一个标志，这表示一所大学中，外籍教师（包括聘用教师和访问学者等）以及留学归国人员在教师总量中所占的比例。尤以来校任教的外籍教师和留学归国人员的数量和质量为主要评价指标，国际知名学者的到来意味着这个学校在国际上是否享有较高的学术造诣和良好的学术声誉。

第一，外籍教师。大学应当运用各种形式邀请国外知名学者来校开设课程和讲座，给高校的各种学术发展注入生机和活力，同时也会增加大学的知名度和国际化氛围。有实力的大学，可以在全球范围内招聘教师和研究人员，以增强师资队伍的国际性。

第二，留学归国人员。大学应根据学校学科专业发展的需要，在考查和了解海归学者的学术水平基础上，积极招募留学归国人员。此外也可以创造各种条件将自己的教师送到国外学习①。

五、课程国际化

这一点是指把国际的、跨文化的知识与观念融合到课程中来，通过课程内容、课程结构、课程管理、教材建设、外语教学等各种形式，培养出具有国际观念、国际视野和技能的国际性人才的动态发展过程。这种类型的国际化有利于建立世界一流大学和培养国际型人才，提高教学和科研水平。课程国际化较之前面几项指标，是一种更深层次上的国际化。它的优点在于：一方面可使本土学生不用出国就可接触到本专业的国际学术动态和前沿性知识，了解国际问题，形成多元文化意识和全球性视野；另一方面是通过课程国际化吸引外国学生和学者来学校学习、教学和开展研究，有助于教师结构和学生结构的国际化。该指标由以下三个二级指标构成。

其一，原版教材的使用及双语教学应选择合适的专业，并尽可能让原版教材和双语教学的使用有利于这个政策的实施。

其二，外语课程。除英语外，还可以拓展学生的视野和文化的其他

① 李盛兵. 大学国际化评价指标体系初探［J］. 华南师范大学学报（社会科学版），2005（6）：114-115.

语言课程。

其三，探讨国际问题的课程。在社会科学领域或公共选修课上开设国际性问题课程。

六、科研国际化

科研活动是大学的两个中心之一，科研国际化是大学国际化的重要组成部分，也是大学学术声誉的重要保证。根据科研活动的基本组成要素和国外大学科研国际化的实践，我们可将科研国际化分解为以下两个二级指标：

其一，创造具有国际视野的课题，这一项中包括不同级别的指标：课题相关人员的国际化、国际化的资助方式、信息资源的国际化以及科研成果发表与应用的国际化。在许多发达国家，高等教育研究水平评估中“获得由政府、国际组织、外国政府、非政府机构提供资助的咨询项目”已经成为大学实力和国际化的重要指标。

其二，与国际接轨的各种全球性学术会议。开展各种国际学术交流的一个重要方法是召开国际性会议，定期举办国际性学术会议，不仅为各国研究者提供了一个学术交流的平台，更为作为主办方的大学创造了宣传自己、提高国际知名度的机会。高校教师和科研人员积极参加各类相关的国际性学术会议并发表论文是科研国际化的另一个重要组成部分，也是教师和科研人员提高专业水平、拓展国际性学术视野及进入国际学术圈，提高自身及学校国际知名度的重要方式。

七、国内外合作共同办学水平国际化

随着科技文化教育的全球化发展，当前大学国际化的一个明显特点和标志是合作办学。中外合作办学是指外国主体（外国法人组织、个人、有关国际组织）同中国主体（具有法人资格的教育机构及其他社会组织）在中国境内合作举办教育机构、开展教育项目研究、实施教育教学的活动①。具体来说，中外合作办学一是中外合作办学的办学主体必须是教育机构；二是中外合作办学指在中国境内（不包括港、澳、台地

① 肖地生，顾冠华. 全球化视野下的中外合作办学 [J]. 黑龙江高教研究，2003 (5)：9.

区）举行的办学活动；三是中外合作办学的招生对象主要是中国公民，也包括在中国留学的海外留学生；四是中外合作办学必须以中外双方合作的方式举办；五是学生的培养地可以在国内，也可以在国内培养一段时间后选择到国外培养地培养。

中外合作办学的类型和形式多种多样，按照不同的分类标准，我国现有中外合作办学机构分为两类：一类是某大学到境外与同行合作，开辟新的教育资源，共同开展教学和科研工作；另一类是某所高校在境内与国外大学合作，利用已有资源共同培养大学生。其授课方式可分为两种：一是引入境外教育资源，在境内实施教学的全过程，所招学生在境内读完所有课程，便可获得境外合作颁发的学位和资格证书；二是学生在当地读完两年或大部分课程，最后一年或最后一阶段转入境外合作大学继续就读，学生读完规定的课程并取得合格的成绩，便可获得本国及境外大学颁发的学位和资格证书①。合作办学这一项可分解为以下两个二级标准来进行评价。

第一种方式到国外合作办学，到境外与国外高校合作开办课程和学校进行授课。

第二种与国外高校合作，把境外资源带到国内，在校内与国外高校合办课程或学院。

第三节　我国民族院校国际化发展概述

一、我国民族院校的特点

民族院校是党和国家为解决我国国内民族问题而建立的综合性普通高等院校。经过 50 多年的实践和探索，民族院校在办学宗旨、教育对象、培养目标、办学层次、学科专业、课程体系、教育方法等方面均形成了自身的特色，为我国民族高等教育的健康发展提供了成功的范式。突出的办学成就，使民族院校业已成为我国培养少数民族高素质人才、

① 王凤兰．中外合作办学的动因及发展对策［J］．燕山大学学报（哲学社会科学版），2005（2）：33.

研究我国民族理论和民族政策、传承和弘扬各民族优秀文化的重要基地，成为展示我国民族政策和对外交往的重要窗口，发挥了非民族院校不可替代的作用。民族院校中除了在教育制度、教育方针、教育管理、专业设置、教学内容与教学方法等方面具有我国普通高等学校的共性之外，还具有自己的基本特点——民族性。这种民族性主要表现在以下几个方面：

第一，师生结构的民族性。学校最根本的构成要素就是教师和学生。民族院校大家庭的结构主体是少数民族教师和少数民族学生，汉族教师及学生所占比例较小。

第二，办学宗旨的特定性。民族院校的办学宗旨在不同历史阶段为适应不同的需求有所变化，但始终没有脱离民族性这一核心。在办学过程中，始终秉持培养少数民族人才，为少数民族和民族地区服务的宗旨。

第三，民族团结的象征性。民族团结是社会主义民族关系的基本特征，是国家统一、繁荣昌盛的前提和保证。举办我国民族院校的重要前提是我国多民族共同发展的历史和现实。民族团结教育是民族院校的重要内容，各民族的相互交融、共创和谐在民族院校得到最大体现。

第四，多元一体性的民族文化。民族院校的师生来自包括汉族的各个民族，多元文化一体性正是其民族性的延伸。民族院校的多元一体性具体表现为：民族院校是各少数民族文化交流的中心，是少数民族文化与汉族文化交流的平台，是我国民族文化和世界各国文化交流的中心。

二、我国民族院校国际化的溯源

改革开放之初，随着我国经济体制、政治体制、科技体制、教育体制和文化体制改革的深化，民族院校也同其他普通高校一样，开始寻找发展的突破口，酝酿深刻的变革，其中的一项重要的变革，就是它的国际性日益增强。

进入 20 世纪 90 年代以来，我国民族高等教育改革迈出了坚实的步伐。1992 年 3 月，国家教委、国家民委联合召开了第四次全国民族教育工作会议，提出在新的形势下民族院校要提高办学适应性和竞争力，制定了《全国民族教育发展与改革指导纲要》。1993 年 4 月，国家民委召开了所属民族院校党委书记、校长会议，讨论制定了《国家民委关于加快所属民族学院改革和发展步伐的若干意见》，提出了我国民族院校改革和发展的思路、内容、任务、原则和措施。

国家民委于2005年10月、2006年5月和2008年9月相继召开委属院校外事工作会议，专题研讨委属院校来华留学生交流与合作、引进外国专家等工作，强调以民族学科优势扩大国际教育交流，以国际交流促进学科发展和师资队伍建设，以国际合作强化委属院校重点学科建设。

2007年2月，国务院办公厅印发《少数民族事业“十一五”规划》提出，“扩大少数民族文化对外交流，实施民族文化‘走出去’战略，进一步加强民族高等教育的对外交流与合作”。

2012年7月，国务院办公厅印发了《少数民族事业“十二五”规划》提出，“鼓励民族院校和民族地区高校开展对外交流与合作，提高办学国际化水平”。“拓展民族院校和民族地区高校对外交流渠道，开展与国外著名大学、研究机构学术交流与合作，引进国外教育资源合作办学”。从中我们发现，“提高办学国际化水平”、“引进国外教育资源合作办学”已在规划中明确提出。

随着高等教育国际化步伐的加快，我国民族院校发展的国际交流与合作也在不断加快，极大地推动了我国民族高等教育的改革与发展，加深了国际社会对我国民族高等教育的认识和理解。

三、我国民族院校国际化的成就

民族院校在办学过程中，始终坚持把党的民族工作规律与高等教育规律相结合，把民族高等教育的特殊性与普通高等教育的普遍性相结合。新的历史时期，民族院校在适应高等教育国际化发展进程中，不断开拓，总体上，国际化发展在不断开创新局面。

（一）民族院校发展的国际化得到国家高度重视

民族高等教育的国际化虽然历史不长，但是已经在我国得到广泛重视，并且取得令人瞩目的成就。国家高度重视民族院校发展的国际化，国家民委领导在历次全国民族教育会议上，都反复提出要不断扩大民族高等教育的对外开放。同时，还制定出一系列的政策法规，指明和规范了我国民族高等教育国际化方向。

2005年12月，国家民委领导吴仕民副主任在北京召开的全国民族高校第五次工作会议中指出，各民族院校要“树立经济全球化的国际背景下办大学的意识，敏锐地看到世界政治、经济、科技等发展趋势对民族高校的影响，打开渠道，增加国际交流。办开放的大学，在对外开放中办大学”。同时，将“推动民族高校与国际著名大学、研究机构开展学术交流与合作，支持利用国外教育资源合作办学”的内容正式列入我国《少数民族事业“十一五”规划》。

在国家民委的统一领导下，国家民委国际交流司、教育科技司的领导对各民族高校的对外交流与合作也给与了高度的重视和关注，大力支持民族高等教育的国际化进程，积极支持民族高校拓展对外交流渠道，鼓励民族院校与国际著名大学、研究机构开展学术交流与合作，努力引导民族院校在教育国际化的进程中稳步前进。

（二）出国留学工作及招收国际留学生工作发展迅速

出国留学及招收国际留学生工作是我国教育面向现代化、面向世界、面向未来，加强高层次人才培养和促进中外科技、教育与文化交流的一个重要途径，其目的是为博采世界各国之长，吸收国外先进科学技术，适用的经济、行政管理经验及有益的文化。

1. 教师留学工作

采取公派出国与自费出国相结合的方式，使出国留学人员规模逐年扩大，派出留学人员结构也渐次向上发展，提高了访问学者的派出比例，进一步调整了公派留学人员去往国别的比例。对于派出留学人员，各民族院校不光是做好出国前的派出工作，更注重出国人员返校后的工作，采取多种形式，因地制宜地充分发挥回国人员的积极性，并加强全面管理。如中南民族大学，从建校以来通过不同形式、不同渠道共计派出各类专业技术人员出国留学或进修学习100多人次，这些出国留学人员学成回国后，大多数成为学校专业技术骨干和学术带头人，在教学科研中发挥着重要作用。

2. 学生留学工作

民族院校已经意识到，要培养国际化人才，增进民族间的相互认同，就必须派学生到相关国家去了解该国的历史、文化、风土人情等，真正参与进当地人的生活中去理解对方。2003 年至 2007 年，委属六所民族院校的出国留学生由 2003 年的 75 名增加到了 2007 年的 374 名，人数约增长 3.3 倍。从出国留学生规模及逐年增长比例比较，大连民族大学名列第一，由 2003 年的 20 名出国留学生发展到 2007 年的 248 名，增长了 11.4 倍。在 2003—2007 年间，委属民族院校共计选派出留学学生 957 名，其中，大连民族大学共计派出 541 名，中央民族大学派出 167 名，西南民族大学派出 93 名，中南民族大学派出 61 名。

3. 来华留学生工作

与全国普通高校蓬勃发展的来华留学生教育形势一致，我国民族院校来华留学生数量、质量大幅度提升，国际化程度不断提高。2007 年，国家民委委属院校共招收来自近 50 个国家、地区的来华留学生 1 367 人次，其中包括汉、藏、彝等语言的进修生及本科、硕士和博士学历教育留学生。目前，民族院校留学生教育已经形成“多层次、多形式、多国别”的留学生培养模式。特点可以概括为：一是来华留学生数量逐年增加；二是来华留学生生源国别逐渐增多；三是来华留学生语言生多，学历生、研修生少；四是来华留学生教育发展被纳入学校整体发展规划。可以说，来华留学生工作已成为促进民族院校走向世界、参与国际教育交流与合作的重要途径，是民族院校国际化发展的重要组成部分及国际化程度提升的重要标志①。

四、我国民族院校国际化存在的问题

（一）各民族院校之间国际化发展不平衡

第一，委属院校之间国际化发展水平有差距。委属民族院校包括中央民族大学、中南民族大学、西南民族大学、西北民族大学、北方民族大学和大连民族大学，这六所委属院校的国际化水平差距主要表现在教师和学生出国留学人数方面。

第二，省、自治区民族院校之间国际化发展水平有差距。贵州民族大学 1985 年开始招收留学生，近 20 年来接纳了 90 余名长、短期外国留

① 姚金雨. 我国民族院校国际化研究 [D]. 武汉：武汉理工大学，2012：48.

学生来校学习汉语、民族文化人类学、少数民族语言等。发展至今，国际合作交流部门的工作已取得丰硕成果，已经形成非常成熟的全方位国际化工作开展模式，包括出国出境访问、校际合作、学术交流、师资培训、留学生、外教外专、爱心民族文化交流、外事工作、国际合作机构等。有些学校 2002 年开始招收留学生，在学院网站上友好学校一栏仅出现 7 条信息。在国际合作处 2011 年工作计划中，“力争与澳大利亚、新西南、美国和加拿大签订友好合作协议，并开展实质性的合作”，“在学校党政领导下，积极筹建国际教育学院”等文字表明，其国际化工作的开展还处在最初的发展阶段。很明显，贵州民族大学的国际化发展已远远走在其他院校的前面。

第三，委属院校与省、自治区民族院校国际化发展水平有差距。由于建校有先有后，地理分布、地方扶持、国家政策倾斜等因素的影响，国家民委直属管理的民族院校与省、自治区地方政府管理的民族院校之间国际化发展工作的各项指标均存在明显差距。

（二）各民族院校国际化工作内部发展不平衡

以委属六所院校为例。近些年来，中央民族大学在外事接待、校际合作与交流项目、国际会议举办等方面在稳定中有较大的发展，在聘请外籍教师方面，却增长率不高；中南民族大学在组织专家出国交流、合作科研、合作办学方面发展较快，但是来华留学生教育发展却相对缓慢；西南民族大学在外事接待、留学生教育、外国文教专家项目等方面发展较快，但组织教师出国出访培训交流相对较少；西北民族大学在外国文教专家项目、科研合作等方面情况较好，但留学生教育发展相对缓慢。北方民族大学外事接待、出国出访、教师留学等都在稳定中发展，但文教专家项目、留学生教育、学生留学等方面却滞后不前。大连民族大学近几年来，来华留学生教育、学生出国留学方面发展迅速，文教专家项目增长快，但教师出国留学相对较少。

（三）系列政策、法律、评估层面工作尚未完全到位

从开展国际交流的留学生教育视角来说，当前，发达国家已经形成了一整套较为完备的留学生教育产业化的理念及运作模式，其中包括政

策、法律、评估等工作的“配套”。由于诸多原因，我国留学生工作在政府政策、国家法律、行业评估等方面要整体落后于发达国家。面对世界留学生教育这个巨大的买方市场，我国民族院校作为市场中竞争的主体，必须拥有自主决策和行动的权利，接受并将市场化的观念融入教育实践中去。将人才培养目标与市场需要相结合，将政治、社会效益和经济效益相结合。但在教育变革的现实中，我国正走在现代大学制度探索的路途中，因此，政策、法律、评估层面等工作还远远不到位。这就需要政府和民族院校一道完善这些方面的工作，譬如提出可操作性的议案、制定和WTO框架下相互衔接的法规和政策、为调动各方面的力量和积极性，实行目标管理和效益评估，建立有效的评估体系和激励机制等，来促进民族院校国际化建设发展的各方面工作的科学高效地开展①。

第四节　委属民族院校的中外合作办学模式

一、委属民族院校中外合作办学现状②

（一）中央民族大学

中央民族大学开展了许多中外合作办学项目，其中最特别的就是汉语国际教育专业性硕士研究生项目。该项目不仅可以提高学生的汉语和英语水平，还可以为国家提供可以适应国际教学工作的复合型、应用型的国际化高素质人才，有利于我国传统文化的传播，并进行跨文化交流。

（二）中南民族大学

为了顺应时代的发展，与国际接轨，该校在办好本科教育和研究生教育的基础上，积极与其他国家大专院校加强合作，大力发展该校学生出国留学教育和留学生教育。该校先后与美国威斯康星州立大学-普拉特维尔校区，韩国全北国立大学、庆熙大学、全南大学，德国路德维希堡

① 姚金雨. 我国民族院校国际化研究［D］. 武汉：武汉理工大学，2012：48.

② 根据委属六所民族院校官网及相关资料整理，需说明的是本节限于篇幅，重点收集了中南民族大学和西南民族大学的相关资料和信息。

财政与公共事业管理大学，加拿大圣·佛朗西斯·泽维尔大学、萨斯喀彻温印地安联邦学院、里贾纳大学等一些国外大学开办出国留学合作项目。该校的国际交流合作项目主要包括孔子学院、教育硕士、非学历交换项目、本科生双学位项目和研究生项目。同时，该校还在筹备国际班。

其一，该校与韩国全北国立大学留学合作项目。它包括本科生非学历交换项目、本科生“2+2”双学位项目和研究生项目，涵盖了韩国全北国立大学的所有专业。(1) 本科生非学历交换项目的对象是本科层次的学生，内容是该校交换学生到全北国立大学进行半年至一年的学习生活。学生在交换学习期间不仅要向原学校正常缴纳学费，还要自理在韩国的生活费。申请此项目的学生必须满足以下两个要求：第一，懂韩国语，达到四级水平（不会韩国语者到全北大学后先学习语言课程）；第二，学习成绩优异。(2) 本科生“2+2”双学位留学项目，即参加此项目的学生须在该校学习大一和大二的课程，然后到全北国立大学学习大三和大四的课程，学生修完所有的课程后可以获得双边学校文凭。它的对象是本科层次的学生，申请学生应符合一项两项条件：第一，修完该校规定的一、二年级课程；第二，懂韩国语，达到四级水平（不会韩国语者到全北大学后先学习语言课程）。全北国立大学还为该项目的留学生提供奖学金，学生毕业以后可以继续申请攻读韩国任意一个大学的硕士研究生。(3) 研究生项目的对象是该校大四学生，参加此项目将在全北国立大学研究学习两年，毕业后可以申请攻读韩国任意一个大学的博士研究生。学生要自理所有费用，但是理工科专业的学生可以参与导师的课题，获得一定的项目经费。申请此项目的学生必须具备以下条件：第一，本科毕业证和学士学位证；第二，本科成绩单，且专业课平均分在 75 分以上；第三，懂韩国语，达到四级水平（不会韩国语者可到全北大学后先学习语言课程）。

其二，中法交换生项目。即该校与法国里昂第三大学开办的学生交流项目，项目的对象是该校的研究生。该校将每年选拔 5 名优秀的研究生到里昂第三大学学习交流一年。学生的选拔包括以下程序：第一，个人提出申请，导师同意，学院审批；第二，申请材料由申请人交研究生部审核；第三，由国际教育学院和研究生部统一组织考试，公开选拔。

学生可以根据自己的兴趣来学习里昂第三大学设立的任何专业知识。在法国交流学习期间，学生不需要向法国的学校缴纳学费，但要自理生活费。申请该项目的学生需要满足的条件如下：第一，该校在籍研究生；第二，在校期间表现良好，成绩优秀，无纪律处分；第三，英语基础较好，具有良好的听、说能力；第四，有一定的法语基础；第五，有一定的经济承受能力。

其三，该校与加拿大圣弗朗西斯泽维尔大学不仅有着本科生“2+2”留学生项目，还有交换生项目。参加“2+2”留学生项目的本科生要参加泽维尔大学派来的教授举行的英语测试和面试，择优录取。学生的选拔包括以下程序：第一，个人提出申请，导师同意，学院审批；第二，申请材料由申请人交研究生部审核；第三，由国际教育学院和研究生部统一组织考试，公开选拔。在法国交流学习期间，学生不需要向法国的学校缴纳学费，但要自理生活费，学习的专业必须与在该校学习的专业相同。申请该项目的学生需要满足的条件如下：第一，该校在籍本科生或研究生；第二，在校期间表现良好，成绩优秀，无纪律处分；第三，英语基础较好，具有良好的听、说能力；第四，有一定的经济承受能力。

其四，中美合作英语教育硕士项目。它是教育部批准的我校与美国威斯康星州立大学-普拉特维尔校区合作办学项目。此项目向该校本科四年级学生进行常年招生。申请攻读中美合作“英语教育硕士”项目的学生需提供以下材料：第一，中英文申请表；第二，学士学位证复印件并附英文翻译件；第三，本科四年成绩单需加公章及英文翻译件（无需公章）；第四，以下各类英语成绩至少需满足其中之一，托福成绩500分以上包括500分，或者与托福成绩要求相当的雅思成绩。英语专业的学生需TEM成绩，四级以上（中国英语水平测试考试），非英语专业的学生需大学英语考试六级。

其五，中英奖学金项目。即该校与英国威尔士大学联盟成员之一的格林多大学（原威尔士东北学院-NEWI）合作办学交流项目，包括硕士学位奖学金项目和“2+2”双学士学位奖学金项目。申请硕士学位奖学金项目的学生须具备以下条件：第一，学士学位证（原件及复印件）；第二，本科四年成绩单（原件及复印件）；第三，达到格林多大学要求的各专业入学条件；第四，达到相应的英语要求并提供成绩单原件及复印件。申请“2+2”双学士学位奖学金项目的学生须具备以下条件：第一，通过在我校所学课程的考试并获得相应学分；第二，达到格林多大学要求的各专业入学条件；第三，达到相应的英语要求并提供成绩单原件及复印件。

其六，孔子学院。中南民族大学与美国威斯康星州立大学普拉特维尔校区合办的孔子学院是我国民族院校创立的第一个孔子学院。中南民族大学按照国家汉办要求，深化国际交流与合作，从推广汉语学习、推广中国文化、推广教育服务、推广成果转化等四个方面办好孔子学院。

其七，预设国际班。此项目将配备 1/3 至 2/3 的外籍专家及教师担任英语教育和学位课的教学任务，该校自己的教师进行部分基础课的教学。整个教学过程中使用英语教学，案例的选用和课堂的内容实行国际化，让学生在国内就能享受到国外的教学资源，体验国外的教学氛围。

（三）西南民族大学

西南民族大学与英国、美国、法国、瑞士、韩国、日本等国家的一些大学进行了合作办学，主要包括两种形式：其一，本科生或研究生合作培养；其二，与韩国几所大学的交换生项目。西南民族大学的合作交流项目总结如下（见表 10-1）：

表 10-1　西南民族大学的合作交流项目

序号	项目名称	合作形式	合作内容	文凭	专业	费用
1	与英国伯明翰旅游与酒店管理学院的中外合作办学项目	“3＋1”形式合作培养本科生	学生在西南民族大学国际教育学院学习 3 年，完成英语大专专业的课程学习，雅思成绩达到 6 分，可直接升入英国伯明翰旅游与酒店管理学院学习 1 年，攻读本科学士学位。成绩优秀的学生还可以在本科毕业后直接申请攻读硕士学位。	1. 西南民族大学颁发英语大专文凭。2. 英国伯明翰大学颁发旅游与酒店管理专业本科学士学位。	旅游与酒店管理	自费

续表

序号	项目名称	合作形式	合作内容	文凭	专业	费用
1	与英国伯明翰旅游与酒店管理学院的中外合作办学项目	“1 + 1”形式合作培养硕士研究生	顺利完成在校本科学位学习，且雅思成绩达到6分或相等水平的西南民族大学学生，经学校推荐，英方大学录取，可进入英国伯明翰酒店及旅游管理学院学习攻读为期1年的硕士学位。	1. 西南民族大学颁发本科文凭。2. 英国伯明翰大学颁发硕士学位。	旅游与酒店管理	自费
2	与英国威尔士大学威尔士东北学院的校际合作项目	“3 + 1”形式或“2 + 2”形式合作培养本科生	学生在西南民族大学学习3年或2年后，雅思成绩达到6分，直接升入威尔士大学威尔士东北学院，完成剩余的1年或2年的本科学习。毕业后，成绩优秀的学生还可直接申请攻读硕士研究生。	英国威尔士大学颁发本科学士学位。	电子信息工程、工商管理、艺术设计、应用计算机技术等专业	自费
		“1 + 1”形式合作培养硕士研究生	顺利完成在校本科学位学习，且雅思成绩达到6分或相等水平的西南民族大学学生，经学校推荐，英方大学录取，可进入英国威尔士大学威尔士东北学院攻读为期1年的硕士学位。	1. 西南民族大学颁发本科文凭。2. 英国威尔士大学颁发硕士学位。	电子信息工程、工商管理、艺术设计、应用计算机技术等	自费
3	与英国诺森比亚大学的校际合作项目	“1 + 1”形式合作培养硕士研究生	顺利完成在校本科学位学习，且雅思成绩达到6分或相等水平的西南民族大学学生，经学校推荐，英方大学录取，可进入英国诺森比亚大学攻读为期1年的硕士学位。	1. 西南民族大学颁发本科文凭。2. 英国诺森比亚大学颁发硕士学位。	计算机游戏软件工程	自费

续表

序号	项目名称	合作形式	合作内容	文凭	专业	费用
4	与美国加州州立大学圣波纳迪诺校区的校际合作项目	“2＋2”和“1＋2＋1”形式合作培养本科生	“2＋2”项目：西南民族大学学生在国内学习2年后，再转学去美方学习2年完成本科学习。	美国加州州立大学圣波纳迪诺颁发本科学士学位。	专业不限	自费
			“1＋2＋1”项目：西南民族大学学生在国内学习1年后去美方学习2年，第四年再回国内学习，所获文凭为中国大学和美国大学的双文凭。其中，学生托福、雅思需达到入学要求：托福笔试500分，机考173分，网考61分；雅思5.5分。	1. 西南民族大学颁发本科文凭。 2. 美国加州州立大学圣波纳迪诺校区颁发本科学士学位。		
5	与美国马里兰州佛罗斯堡州立大学的校际合作项目	“1＋3”、“2＋2”和“1＋2＋1”形式合作培养本科生	“1＋3”项目：西南民族大学学生在国内完成1年的学习后，再转到美方学习3年完成本科学位学习。	美国马里兰州佛罗斯堡州立大学颁发本科学士学位证书。	专业不限	自费
			“2＋2”项目：西南民族大学学生在国内学习2年后，再转学去美方学习2年完成本科学位学习。	美国马里兰州佛罗斯堡州立大学颁发本科学士学位证书。		

续表

序号	项目名称	合作形式	合作内容	文凭	专业	费用
5	与美国马里兰州佛罗斯堡州立大学的校际合作项目	“1＋3”、“2＋2”和“1＋2＋1”形式合作培养本科生	“1＋2＋1”项目：西南民族大学学生在国内学习1年后去美方学习2年，第四年再回国内学习，完成本科学位学习。其中，学生托福、雅思达到入学要求：托福笔试550分，机考213分，网考79分；雅思6.0分或有TLC机构签发的语言合格证书（9级证书）	1. 西南民族大学颁发本科文凭。 2. 美国马里兰州佛罗斯堡州立大学颁发本科学士学位。	专业不限	自费
6	与法国IPAG高等商业学院校际合作项目	“2＋1＋1”形式的合作培养本科生项目	西南民族大学的学生在获得学校制定的第二学年结束时所需的学分，并且具有中级法语能力，或同等法语水平，可在第三年到IPAG高等商业学院留学学习法语语言1年，然后返回西南民族大学继续完成本科学业。	1. 西南民族大学颁发本科文凭。 2. 法国IPAG高等商业学院学习证明。	专业不限	自费
		“1＋1”形式合作培养硕士研究生	西南民族大学的学生顺利完成在校本科学位学习后，经学校推荐，法方大学录取，可进入IPAG高等商业学院学习，攻读为期一年的硕士MBA学位。	1. 西南民族大学颁发本科文凭。 2. 法国IPAG高等商业学院颁发硕士学位。	专业不限	自费

续表

序号	项目名称	合作形式	合作内容	文凭	专业	费用
6	与法国IPAG高等商业学院校际合作项目	“1＋2”形式合作培养双硕士学位的国际研究生	西南民族大学的学生顺利完成在校本科学位学习，经学校推荐，法方大学录取，可进入IPAG高等商业学院及其部分欧洲合作院校学习，攻读为期2年的双硕士学位。学生到法国后，第一年在IPAG高等商业学院学习；第二年的第一学期在法国IPAG高等商业学院学习，第二学期在IPAG的著名欧洲友好学校学习。	1. 西南民族大学颁发本科文凭。 2. 法国IPAG高等商业学院和法方合作学校同时颁发硕士学位。	专业不限	自费
7	与瑞士酒店管理旅游学院的校际合作项目	“1＋1”形式合作培养硕士研究生项目	西南民族大学学生顺利完成在校本科学位学习，成绩合格，雅思英语达到6分要求，然后进入SHMS学习1年硕士课程。成绩合格毕业后获得英国德比大学硕士学位。	1. 西南民族大学颁发本科文凭。 2. 英国德比大学颁发硕士学位。	专业不限	
		“1＋2＋1”形式合作培养本科生项目	西南民族大学旅游酒店管理专业学生在西南民族大学学习期间，在学习本专业课程的同时，选学瑞士SHMS酒店管理旅游学院大一课程和雅思课程，成绩合格，英语达到要求，即可到SHMS继续学习大二、大三课程，成绩合格	1. 瑞士酒店管理学院颁发学士学位。 2. 英国德比大学颁发学士学位。 3. 西南民族大学颁发本科文凭。	旅游酒店管理	

续表

序号	项目名称	合作形式	合作内容	文凭	专业	费用
7	与瑞士酒店管理旅游学院的校际合作项目		毕业后获得SHMS酒店管理学院本科学士学位同时获得英国德比大学学士学位，如果返回西南民族大学继续学习，则可以同时获得西南民族大学的本科文凭。			自费
		“2＋1.5”形式合作培养本科生项目	西南民族大学学生在西南民族大学完成双方认可的2年课程（含4—6个月的实习）后可以转入瑞士SHMS酒店管理旅游学院学习一年半，获得SHMS酒店管理旅游学院本科文凭及学士学位，同时获得英国德比大学学士学位。	1. 瑞士酒店管理学院颁发学士学位。 2. 英国德比大学颁发学士学位。	专业不限	
		“1＋2”形式合作培养本科生项目	招收的项目学生在西南民族大学学习雅思课程和瑞士SHMS酒店管理旅游学院大一课程后（含3个月的实习），到瑞士SHMS学习2年，获得瑞士SHMS酒店管理旅游学院学士学位和英国德比大学学士学位。	1. 瑞士酒店管理学院颁发学士学位。 2. 英国德比大学颁发学士学位。	专业不限	
8	与韩国仁济大学的校际合作项目	本科生交换学习	双方每年选拔在校本科生到对方大学进行为期1年的交换学习，合作培养，互认学分。	1. 西南民族大学颁发本科文凭。 2. 韩国仁济大学颁发学习证明。	专业不限	互免学费、住宿费

续表

序号	项目名称	合作形式	合作内容	文凭	专业	费用
8	与韩国仁济大学的校际合作项目	合作培养硕士研究生项目	顺利完成在校本科学位学习，且英语或韩语达到要求水平的西南民族大学学生，经学校推荐，韩方大学录取，可进入韩国仁济大学攻读硕士学位。	1. 西南民族大学颁发本科文凭。 2. 韩国仁济大学颁发硕士学位。	专业不限	自费（韩方将提供较多的学费优惠）
9	与韩国昌原大学的校际合作项目	本科生、硕士研究生交换学习	双方每年选拔在校本科生、硕士研究生到对方大学进行为期1年的交换学习，合作培养，互认学分。	1. 西南民族大学颁发本科文凭。 2. 韩国昌原大学颁发学习证明。	专业不限	互免学费
10	与韩国建国大学的校际合作项目	本科生、硕士研究生交换学习	双方每年选拔在校本科生、硕士研究生到对方大学进行为期1年的交换学习，合作培养，互认学分。	1. 西南民族大学颁发本科文凭。 2. 韩国建国大学颁发学习证明。	专业不限	互免学费
11	与韩国东国大学的校际合作项目	本科生、硕士研究生交换学习	双方每年选拔在校本科生、硕士研究生到对方大学进行为期1年的交换学习，合作培养，互认学分。	1. 西南民族大学颁发本科文凭。 2. 韩国东国大学颁发学习证明。	专业不限	互免学费

续表

序号	项目名称	合作形式	合作内容	文凭	专业	费用
12	与中国延边科技大学的校际合作项目	本科生交换学习	双方每年选拔在校本科生到对方大学进行为期一学期的交换学习，合作培养，互认学分。	1. 西南民族大学颁发本科文凭。 2. 中国延边科技大学颁发学习证明。	专业不限（韩语专业为主）	互免学费、住宿费
13	与日本大和语言教育学院的校际合作项目	“2＋1＋1”形式的合作培养本科生	西南民族大学的学生在获得学校制定的第二学年结束时所需学分，并且具有日语能力二级以上或同等日语水平。可在第三学年到日本大和语言教育学院留学学习1年，然后返回西南民族大学继续完成本科学业。也可通过日本大和语言教育学院申请在日本读本科和硕士研究生。	1. 西南民族大学颁发本科文凭。 2. 日本大和语言教育学院颁发学习证明。	日语	自费

（四）西北民族大学

1. 与英国朴茨茅斯大学的合作项目

凡在该校就读的普通本科生，所学专业与以下专业相同或相近（传媒与英语学习、国际贸易与英语、国际贸易、逻辑学与英语、商务英语逻辑学、国际商务英语、体育管理英语，国际商务与贸易、国际关系、国际贸易物流与英语、电子商务管理、商业管理、市场学、市场学与英语等）视学习计划、英语水平要求，获得雅思成绩5.5分至6.5分之间者，可通过“1＋3”，“2＋2”或“3＋1”等双联课程模式赴朴茨茅斯大学修读相关专业学分或攻读学士学位，两校互认学分，参与此项目的学生有机会获得朴茨茅斯大学和西北民族大学的毕业证书及学位证书（即双学位）。

2. 与美国福特海斯州立大学合作项目

凡在该校就读的普通本科生（大学在校期间各科平均成绩65分以上；无需参加雅思或托福考试，只需参加由美国福特海斯州立大学命题的英语ESL考试即可赴美国福特海斯州立大学留学），如所学专业在美国福特海斯州立大学有相同本科专业，可通过“1＋3”，“2＋2”或“3＋1”等双联课程模式赴美国福特海斯州立大学修读相关专业学分或攻读学士学位，两校互认学分，参与此项目的学生有机会获得美国福特海斯州立大学和我校的毕业证书及学位证书（即双学位）。

3. 与美国犹他州立大学合作举办国际经济与贸易专业本科教育项目

它是该校人才培养模式和教学质量要求与国际标准接轨、向国际先进水平发展的重要举措。该专业项目的学制是4年。该专业纳入国家普通高等学校招生计划，由西北民族大学和美国犹他州立大学共同录取，学生在两校均有相应的注册学号，即“双录取”。由中美双方共同制订人才培养计划，共同实施教学及管理，即“共教育”。修业合格者将获得西北民族大学的经济学学士学位和美国犹他州立大学的理学学士学位，教育部认证美方学位的有效性，即“双学位”。

（五）大连民族大学

该校的合作项目主要包括美国、波兰、新西兰、韩国和日本的留学项目和交换生项目。交换生项目是半年至一年，留学项目的模式主要包括“2＋2”、“3＋1”双学位项目和“3＋2”硕士项目。

（六）北方民族大学

该校与美国、英国、加拿大、澳大利亚、马来西亚和韩国的高校开展了合作办学项目，这些项目中有交换生项目和“2＋2”等留学项目。这些合作办学项目促进了该校的教育国际化，同时，该校可以借此机会引进较好的教育资源，学习国外优秀的教学方式和课程设置，还可以提高人才培养的国际竞争力。

二、委属民族院校中外合作办学人才培养模式

对以上六所学校举办的中外合作办学项目的模式进行总结，可将它们从整体上分为三类：

（一）融合型模式

融合型模式就是将我国高校的教学模式与国外合作高校的教学模式融合在一起来培养人才①。该模式的第一种方式是全面引进与自己合作的国外高校的教学模式，如中南民族大学的“教育硕士”项目，该项目就是对学生实行双语教学，引进对方学校的教学计划、教学方法和教材。同时，合作学校的教师将会被聘请到国内学校来授课，并派送中方教师去合作学校进修。首先，该模式为学生提供了在国内享受国外教育资源的机会，还将学生培养成能适应国际市场需求的创新型人才。

该模式的第二种方式是部分的学科或专业与国外大学合作，如中南民族大学开设的“国际班”项目，即中外合作双方共同设计课程、制订教学计划。教学计划以国外的为主，并采用国外的教材。从教学方面来看，该项目中的 2/3 左右的课程由合作的国外大学进行英语授课，主要是专业课的讲授；另外一小部分课程，尤其是基础课程由中方大学的教师进行双语授课。中方人员承担管理工作，也允许聘用少部分外籍管理人员。

这种模式不仅可以充分地利用国外的教育资源，还可以满足学生接受国外高等教育的需求，与下文谈论的嫁接型模式相比，学生能够避免在国外学习产生的巨大的经济压力。这种中外合作办学模式能够融合中西方文化，培养出精通外语、掌握国内外先进知识与技术的国际化人才。因此，通过融合性办学模式，我国的高校可以以低成本并充分利用国外优秀的教育资源。但值得我们注意的是，这种模式对资金的要求很高，如外方管理人员的工资，外方教师的工资以及差旅费、教材费等。

（二）嫁接型模式

嫁接型模式就是国内学校与其合作的国外学校互评对方开设的课程，承认对方的学分，当学生修得了双方学校规定的学分后，就可以获得双学位。我国很多高等院校的中外合作办学都采取这种模式，它主要有“2＋2”模式、“3＋2”模式、“1＋2＋1”模式等。“2＋2 模式”是指学生

① 居毅，程刚．国际合作办学的模式与实践［J］．高等工程教育研究，2001(4)：25.

在国内高校学习两年，然后到与其合作的外国高校学习两年，当修满要求的学分时就可以获得双方学校颁发的毕业证书和学士学位证书；“3＋2 模式”是指学生先在国内大学学习三年，随后到与其合作的外国高校学习两年，修满学分后可获得国外大学的硕士学位和国内大学的学士学位；“1＋2＋1 模式”是指学生先在国内高校学习一年，再到与其合作的外国高校学习两年，最后再回到国内学习一年，学生修满要求的学分后就可以获得双方学校颁发的毕业证书和学位证书。这种办学模式能够实现学生出国留学的需求，具有相当大的吸引力。这些项目不仅可以使学生学习更多的先进知识和实用技能，提高外语水平，还可以使学生学会适应新的环境、独立生活，甚至还可以为他们在国外继续深造或找工作提供便利。但是，这种模式会遇到一些操作性的问题，如学生的签证问题、对于新环境的适应性问题、学习结束后的滞后问题等，将在一定程度上影响中外合作办学的正常运转。

（三）松散型模式

松散型模式具有较强的可操作性，我国大部分高校都推行此模式。该模式实现了教学与国际接轨的方法，一方面，我国一些高校的教师去国外访学，借鉴国外先进的教学经验，邀请国外的优秀教师来讲学；另一方面，进行学生交流，不少学生通过交换生项目去国外进行为期半年至一年的短期学习或实习。我们可以以这种模式通过不同渠道吸取国外办学的先进经验，利用国际教育资源，提高我们的办学水平和办学质量，培养适应国内外市场需要的复合型人才。但是在这种模式中，访学的教师、交流的学生由于项目时间短并不能得到系统的学习，邀请国外优秀教师也需要一定的资金。

第十一章　高等教育大众化进程中民族院校人才培养模式的现实审思

第一节　高等教育大众化理论

高等教育大众化是实现我国经济和社会可持续发展的必然选择。其立论有三：首先，经济增长方式的转变。从粗放型向集约型转化，需要培养大量的高水平的生产、管理、服务人才。其次，知识经济时代的要求。21世纪掌握高新科技的创新人才只能由大学来培养，中国本科以上的人才储备量太少，在激烈的国际竞争中将处于不利地位。第三，国民文化素质的重要性。人口的文化构成是综合国力的基础，我国城乡居民中受过高等教育的比例远低于发达国家，因此，提供更多、更好的高等教育入学机会，让更多的青年接受高等教育，是我国未来高等教育发展与改革的重要任务。

潘懋元先生的高等教育大众化思想内容广博，从入口到出口都囊括在内；思考全面，从大学的分类定位到具体的教学问题都有涉及；视野开阔，从世界反思到中国国情考察，思想深邃，逻辑清晰，自成体系，对于我国高等教育大众化进程产生了重要的影响，对高等教育大众化理论的发展做出了重要的贡献。这一思想体系具有以下几个鲜明特点：

一是西方大众化理论的中国化。高等教育大众化理论最早在美国提出，其据以为本的仅是美国高等教育发展的实践，而"对在世界高等教育体系中占据相当比重的发展中国家的高等教育的发展进程基本没有涉及"，也没有考虑广大发展中国家"后发外生型"的大众化发展方式，因此视野自然具有局限性，甚至对同是发达地区的欧洲高等教育发展也不能进行准确的指导。显然，将美国的大众化理论简单移植过来指导本国高等教育发展是不可能的。正是因为这样，日本、英国、德国等国的学者都对大众化理论进行了本土化的改造。在我国，20世纪90年代末开始进行大众化探索，首先需要的就是理论的指导，潘懋元先生在引进马丁·特罗的大众化理论时保持清醒的头脑，提出了中国进行高等教育大众化具有特殊的国情和特殊的个性：如中国是发展中国家，国家的经济实力非常薄弱，他认为按照特罗的依靠政府举办公立高校来实现大众化的理想是不能实现的，所以要大力发展民办教育；中国是后发外生型国家，决定了我国高等教育在数量还没有达到大众化门槛的时候就已经局部出现大众化的“质”；中国的传统文化重学轻术，崇尚“动口不动手”，这就要求对高等学校进行符合实际的分类定位，等等。可以说潘懋元先生的高等教育大众化思想是西方高等教育大众化理论的中国本土化，是符合我国国情、建之于我国实践基础上的理论，是有中国特色的大众化理论。

二是继承性与发展性的统一。以马丁·特罗教授为代表的高等教育大众化理论基本反映了高等教育规模扩张过程中的一般规律，它提出的数据模型和量变带动质变的论据对世界高等教育发展具有重要的指导意义。但是，由于是采用归纳法提炼出来的，该理论的实际基础非常狭窄，现在看来，有些观点具有明显的缺陷：由于该理论提出至今的几十年中世界政治、经济、科技发生了巨大的变化，如经济全球化、网络技术的发展等，使许多原先正确的观点现在不能正确反映客观现实而显得有点过时；由于特罗教授本人的精力和视野的有限而使得该理论对问题考虑得不全，具有片面性。潘懋元高等教育大众化理论无疑首先是对马丁·特罗教授理论的继承，但同时也是对该理论的创新和发展，其创新和发展主要是从以下三个方面展开的：一是从中国的特殊国情出发，提出符合我国实际的思想，如提出了大众化发展的“过渡阶段”理论和大力发展民办高等教育的思想；二是从现时代的形势出发，与时俱进，促进大众化理论的时代发展，如根据今天国际竞争的需要提出了“教育—人才”是21世纪国家的核心竞争力的理论，进一步阐述了大众化时期高等教育与社会的关系；三是从整体把握，论述马丁·特罗教授没有顾及或涉及不深的方面，如进一步研究大众化时期高等教育的分类、定位理论等。

三是逻辑与历史的统一。马克思主义认为，社会存在决定社会意识，社会意识又反过来作用于社会存在。潘懋元的高等教育大众化思想是基于中国的高等教育实践的需要和现实，以指导高等教育大众化改革为目的发展起来的，其思想既来源于中国高教实践，又超前于中国高等教育实践，因此，既是对实践的把握与升华，又对未来实践具有重要的指导意义。早在我国政府决定开始高等教育的大众化进程之前，以潘懋元先生为首的厦门大学高教所已经从西方国家高等教育发展的历程中看到了大众化发展的必要性，开始着手引进并研究西方的高等教育大众化理论，为我国高等教育大众化发展的合理性与必要性奔走呼号。1999年扩招成为事实后，高等教育由于规模扩张引发的一系列问题也相继暴露出来，潘懋元从这些问题中觉察到中国高等教育大众化不同于西方理论论述的地方，并提出了“过渡阶段”一说，开始引导中国高等教育研究关注大众化过程中高等教育质的变化，以期尽量减少突然启动的大众化带来的不利影响。潘懋元根据国际经验和我国国情提出的高等教育大众化实施路径，是对我国高等教育良性发展结构的准确把握。同时，面对公众和学界对大众化高等教育中质量问题的批评和责难，他又进一步阐述了大众化时期高等教育的质量观，提出了新时期我国高等教育的质量战略。今天，为了解决高等教育大众化的人才培养质量以及与社会需求衔接的问题，他对高等教育结构分化、功能定位的高度重视就是对其思想的继承和延续。从潘懋元高等教育大众化思想形成发展的轨迹来看，应该说，这一理论体系是时代的产物，是历史和逻辑的统一，是理论与实际的结合，它有力地指导了我国高等教育大众化改革的实践①。

一、高等教育大众化：量与质的矛盾统一

大众化的理解不是坚持简单的数字标准，而是从量和质两方面来入

① 刘小强，罗丹．中国特色的高等教育大众化理论体系——潘懋元先生高等教育大众化思想研究［J］．大学教育科学，2007（1）：38-39.

手，坚持量与质的统一。大众化的进程包含量的增长与质的变化两个方面。量的增长是人们所熟知的适龄青年入学率（准确地说是在校率）达到15%～50%。质的变化具有广泛的内容按照最早提出大众化这一新概念并以其有力的论证得到世界认同的马丁·特罗在总结发达国家大众化发展规律时所列举的质的变化，包括教育观念的改变、教育功能的培养目标和教育模式的多样化、课程设置、教学方式与方法、入学条件、管理方式以及高等教育与社会的关系一系列的变化。也就是说，大众化进程，包括量的增长与质的变化，如果只追求量的增长而不顾质的变化，将由于“无法解决增长所引起的问题”而陷于两难境地，最后的抉择只能是要么进一步增长，要么停止增长，但进一步增长必然要冲破传统的精英教育办学思想和模式，而停止增长则意味着落后于时代。马丁·特罗把这种既赞成大众化又企图保守传统思想与模式的人称为“传统主义者—扩张主义者”①。大众化进程包括量的增长与质的变化，是两者相互统一的过程。

二、高等教育大众化：量的增长与质变的非均衡性

日本东京大学教育学院院长金子元久运用逆向思维方法，以美国高等教育普及化为标准形态，反思日本高等教育体系结构的三个维度，认为日本虽然毛入学率超前于美国但并没有实现真正意义上的高等教育普及化。其根据是美国现实发生的普及化具有三个明显的结构特征：第一是“横向扩大”，指的是高中毕业生升学率的持续扩大，其指标就是特罗发展论中的毛入学率，在1999年美国高等教育直接升学率达到了50%左右；第二是“纵向延长”，指的是受教育者在校学习期限的延长和断续型的就学行为，即高等教育入学人数的扩大。据美国教育统计资料显示，2003年美国秋季注册入学学生中，年龄在25岁以上者占全体学生39.4%，其中本科教育层次的比例为32.7%。第三是“无界限化与高质量核心的形成”，在美国，宽松的社区学院免试入学制度、完全的学分累积制度、完善的转学制度使得学生从社区学院转读四年制大学

① 潘懋元．中国高等教育大众化的理论与政策［J］．高等教育研究，2001(6)：2.

的道路畅通，可以在不同（不同地域）的高等教育机构和教育课程之间流动，由此形成了高等教育体系的无边界化；而另一方面，美国治学严谨、专业过硬的精英教育在普及阶段则得到进一步提高，即形成了高质量核心。

日本的“横向扩大”（高等教育毛入学率）在20世纪70年代中期便达到了50%，并于1990年开始达到了约70%的水平。从“纵向延长”的角度看，由于日本女性结婚后便辞职回家相夫教子的传统，日本雇用制度的影响，停职求学的高代价，使得继续教育成为可能的体制还不完备；同时，大学中途退学被视为例外，断续型就学形态在日本也不普遍。因此，并没有出现如美国一样的非适龄人口的“弥补型需求”、“断续型就学”和“继续教育”等现象，可见，日本在纵向的延长上并没有扩大。另外，由于承担大众化教育责任的私立院校和国立大学之间存在着森严的壁垒，这种结构在很大程度上制约了学生在高等教育系统中的流动。由于日本的高等教育具有很强的社会阶层筛选的作用，虽然形成了相对的高质量核心，但是高等教育体系的无边界化尚未形成。“因此可以说日本高等教育的特征在于，没有对大众化阶段的制度变化加以修正，便又进入了后大众化阶段。”①

斯坦福大学的佩特里夏·甘波特（Patricia J. Gumport）运用后大众化理论考察美国的情况时指出，“美国高等教育体系在20世纪60年代和70年代早期经历了快速发展阶段后，便迎来了一个巩固或者说‘成熟’的阶段即1975年前后至80年代晚期”②。在大众化的成熟阶段，大学入学最显著的变化是大规模的非适龄人口学生的入学——到1990年，接受高等教育的大多数学生是22岁以上的群体；传统高校的缓慢发展，但是非传统院校——如两年制副学士学位授予学校和职业及专门学院的数量激增；组织复杂性增强，从1976年—1991年，受雇于高等院校的非教学专职人员、管理人员和研究助理的数量翻了一番。在高等教育成熟阶

① 金子元九．高等教育的社会经济学［M］．北京：北京大学出版社，2007：47.

② PATRICIA J G．高等教育：从大众化走向后大众化［J］．郑若玲，译．外国高等教育资料，1999（2）：24-38.

段末期出现的两种趋势：一是学生对教育体验态度的改变，他们不认为自己是学生而是认为自己是顾客购买了高等教育课程；二是私立院校学费的上升，导致政府不得不通过对学生财政援助去补贴学生的学费。这两种趋势最终导致了大众化成熟阶段向后大众化的实质转变。在后大众化阶段，美国高等教育的基本特征表现在加强高等教育的公众监督和呼唤大学树立社会责任感、政府资助的削弱、公众对学费上涨的抵制与大学通过学费收入的再循环对学生进行补贴、市场压力和竞争的上升、转向强调职业教育的主张以及获得学位时间的大大延长等方面。大学为了应对危机和压力进行压缩经费和强调教学等诸多改革①。

美国宾夕法尼亚大学的罗伯特·吉姆斯基（Robert Zembk）教授认为后大众化阶段是“无序的杂乱无章的变革时期”，其原因是“大众化时期占主流的学术快速发展模式让步于日趋凸显的财政紧缩和质量危机”。他认为，从大众化向后大众化过渡过程中，美国高等教育的层级等级不是被弱化，而是被日益强化了②。

台湾政治大学汤志民教授认为高等教育后大众化阶段的含义是：(1) 进入急剧扩张后的平台期，开始进行以持续发展为主题的大学理念的检讨；(2) 对高等教育的规模、结构、开放对象和开放条件进行重新检视；(3) 政府对高等教育的援助，已经不能期待，财政紧缩不可避免；(4) 政府虽然会给予最基本的财政投入，但会强调资金的使用重点和有效分配，主要的财政问题将由各大学以最适切的方法自助克服③。

三、对高等教育后大众化理论的全面认识

（一）后大众化理论并不是一种数字目标理论

并不是说一个国家的高等教育毛入学率达到 25%或 36%抑或其他数

① 张文格. 高等教育后大众化理论的全面认识及其启示 [J]. 现代教育科学, 2011 (16): 29-30.

② ZEMBK R. 美国高等教育的后大众化 [J]. 樊建芳, 译. 国际高等教育研究, 2000 (3): 31-49.

③ 张文格. 高等教育后大众化理论的全面认识及其启示 [J]. 现代教育科学, 2011 (6): 29-30.

字区间，就进入了后大众化阶段，而是会有多种现象出现，在结构特性方面会发生诸多量变并最终引起质的飞跃，进入后大众化阶段。在我国，近十年来一直将高等教育毛入学率的高低作为衡量政绩的重要目标，大部分地区对某年毛入学率达到某一指标作了详细规定，一些地区甚至还制定了实现普及化的方案。所以，后大众化理论一经引入中国，便有研究者将后大众化界定为某个数字区间，据此认为我们已经进入后大众化阶段。这显然背离了后大众化理论的实质。

（二）由大众化向后大众化转变中间有一个过渡阶段——“大众化的成熟阶段”

各国高等教育体系有着相似发展历程，即由大众化走向成熟进而走向后大众化。这里有个关键词，即大众化的成熟阶段，这往往被我国的研究者所忽略。在此阶段高等教育体系及其组成部分继续向前发展，但速度有所减慢，高等教育体系保持大众化阶段的相对封闭状态，并根据自己的情况应对来自外部的挑战。但到了后大众化阶段，日益增强的外部压力掘开了高等教育系统扩张的根基，导致高等院校开始重新考虑其办学规模、种类、质量、效益和财政等问题。从某种意义上讲，大众化标志着美国高等教育的“公有化”，后大众化则标志着“私有化”。忽略大众化后期的成熟阶段，将影响研究者们对后大众化进程的判断。

（三）后大众化的最终走向未必就是普及化

世界各国的研究者们对高等教育大众化的最终归宿是否就是普及化尚无定论。马丁·特罗本人于 1998 年在他所发表的论文《从大众高等教育到普及高等教育》中，修正了他原先的观点，认为今后的普及高等教育不在于注册人数，而在于参加和分享。即人人都能在家庭和工作场所参与在线终身学习。而金子元久则认为大众化的最终走向不一定是普及化，也有可能就是后大众化。他认为，日本的经济和社会结构、个人的价值观和行为以及制度和政策等方面的因素，致使日本高等教育普及化的前景黯淡，因此有可能一直处于后大众化阶段。对于大众化以后迅速普及高等教育的做法，布鲁贝克认为：“创建一种普及高等教育的理论毫无用处，因为即使最富裕的国家也不可能提供普及高等教育所需的经费，除非社会愿意重新分配目前用于国防、空间探索、公共卫生和社会福利计划方面的国家资源，否则根本不可能有足够的人力、物力来普及高等教育。因为这种慷慨的重新分配是完全不可能的事，因此我们面临的问题是怎样合理地分配有限的剩余资源。”

四、后大众化理论对我国高等教育的启示

马丁·特罗的高等教育发展“三阶段”理论被视为衡量国家和地区高等教育发展程度的重要标尺，影响了许多国家的高等教育发展决策。由于各国对其理论的理解差异较大，所以其产生的影响也非常不同。在我国，其理论使人们盲目注重数字的变化，由此产生了规模扩大和与之相对应的体制、制度、结构、资源之间的摩擦，导致了重重危机和潜伏在繁荣发展背后的一系列问题。如果后大众化是中国高等教育发展的必然经历，那么后大众化理论的价值和实践意义，就在于提供一种新的思想、态度和视野，来启示我国高等教育发展变革的方向①。

第二节　高等教育大众化的质量观及主要矛盾

一、高等教育的质量观

高等教育质量观就是人们对高等教育的认识观，是主观见之于客观的过程。质量和质量标准的多样化，实质上就是人们对高等教育的认识和要求的多样化。这种认识和要求的多样化，是社会经济对人才的规格、类型、层次需求的多样化，个体学习需求的多样化，尤其是办学主体多元化的结果。因为大众化阶段，其教育的主体是多元的，多元主体要求有多样化的质量和质量标准。近几年，随着高等教育向大众化推进，我国基本形成了国家办学为主和民办高等教育、公有民办、社会办学、中外合作办学并举的多元化办学格局。基于教育主体的多元化及其产生的高等教育多样化的现实，我们就不难理解高等教育质量和质量标准的多样化。

① 张文格. 高等教育后大众化理论的全面认识及其启示 [J]. 现代教育科学，2011 (6)：31.

教育质量多样化的问题实质是教育质量的类型和内容问题。一方面，高等教育质量具有类型多样化的特点。不同类型、不同层次、不同办学形式的院校提供不同类型的教育质量，即不同类型、不同层次的学校有不同的培养目标和规格；另一方面，教育质量的多样化是指质量内容的多样化。任何事物都包含着多种属性，每一个属性就会对应一个质量内容，有多少个属性就有多少个质量内容。对于学校或受教育者来说，其质量的内容是广泛的而且也是非常复杂的。

教育质量标准的多样化是指不同层次、不同类型高等教育人才培养规格的多样化。教育质量标准应包括两层涵义：一是一般的质量要求，另一个是具体的人才合格标准。前者是指一切高等教育都要依据我国教育目的和高等教育一般培养目标，培养德、智、体、美等全面发展，人文素质和科学素质有机结合，具有创新精神和实践能力的专门人才。一定历史时期，一般的质量要求是相对稳定的。后者是指各级各类高等教育具体培养目标所规定的质量要求，是衡量所培养人才是否合格的质量规格。

无论是高等教育质量的多样化，还是质量标准的多样化，都是针对社会对人才总的需求以及高等教育整体质量体系而言的，但同一层次同一类型或者同一层次不同类型的高校的基本质量标准应该是大致统一的。如果不这样去认识，就可能会导致教育行为的偏差，就会影响高校的教育质量建设①。

二、高等教育大众化进程中的主要矛盾

在教育非均衡发展战略的指导下，我国发达地区纷纷提出了高等教育大众化的奋斗目标。这一目标的提出是解决发达地区经济持续增长对高等教育强烈要求和落后的高等教育生产力矛盾的必然选择。

如果不采取促进高等教育发展的措施，而让高等教育继续停留在英才教育阶段，就会延缓该类地区经济发展的速度，还会引发一系列的社会后果。当区域性经济发展到相当的层次和规模后就会感到建立在劳动

① 曹洪．论高等教育大众化的教育教学质量观［J］．南京：南京理工大学学报（社会科学版），2003（6）：68.

密集型、资本密集型经济基础上的从业人员知识起点偏低，技能过于单一，适应不了产业结构升级换代的需要。

实践证明要使引进的先进设备发挥最大的效能，必须使用一大批接受过大众化高等教育的劳动者，否则在低素质劳动力的操纵下这些设备不但产生不了高效益甚至会导致企业亏损。为了解决区域性经济发展的不平衡性，发达地区还肩负着为欠发达地区经济发展服务的历史使命。

当前发达地区要创造条件积极推动工业经济向知识经济的转变，其中高等教育发达与否是个关键性因素。在21世纪，知识将代替资本成为最重要的生产要素，高新技术产业成为知识经济的标志性产业及推动经济增长的主要支柱。发达地区都在大力推进高新技术产业的发展，迫切需要大批既有现场操作技能又掌握系统技术理论知识的新型员工，这类知识型工人只能依靠大众化的高等教育来培养。

发达国家高等教育大众化的经验表明，社区学院、高等职业技术学院是培养大批生产第一线迫切需要的应用型、实用型技术人才的主力军。

只有将高等教育从英才教育阶段向大众化阶段推进才有可能满足人民群众的普遍愿望，而且发达地区已经具有推进高等教育大众化的广泛的社会基础：经济总量、综合实力、社会事业和人民生活都迈上了新台阶，教育发达，已基本普及了高中阶段的教育。

关于大众化进程中高等教育质量的下降，潘懋元先生认为大众化进程中高等教育质量下降既是真命题，也是假命题。从前者来说，高等学校由于连续不断地扩招，学生数量的增长与学校教育资源的增长出现了严重的不平衡，这在客观上造成了教育质量的下降。为了应对质量的下降，高等学校提出了两条政策性原则：在规模上，变“稳步发展”与“快速发展”为“适度超前发展”；在增长方式上，变“内涵式发展”为“内涵式发展与外延式发展并重，以外延式发展为主”。高等学校还采取了两项适当对策：扩充教育资源；切实履行财政性经费增长的承诺，并采取有效措施，鼓励社会力量投资教育，开放海外“招商引资”。潘懋元先生提出了要树立正确的质量观，实现两个转变：要把传统的唯知识质量观和西方流行的唯能力质量观转变为包括知识能力在内的素质质量观；要把精英教育时期的单一化的教育质量观转变为大众化教育阶段的多样化的教育质量观，同时要根据社会对各层次、各类型专门人才的需求，采取不同的标准，评价各级各类高等教育的教育与教学质量。

第三节　影响民族院校人才培养模式的因素及其优化

一、学校组织因素

学校是培养人才的摇篮，不同于其他企事业单位。它是为学子的成长和未来事业奠定良好品德及文化科学知识的第一基础阵地。因此，努力提高教学质量，全面落实教育目标，领导必须实现学校的科学管理，在新形势下，民族高校人才培养模式既具有一般高校人才培养模式的特征，又具有民族高等教育类型的特殊性。民族高校人才培养主要是面向少数民族和少数民族地区，人才培养模式呈现了多样化的形式，主要有技能型、应用型、复合型等人才培养模式。然而，我国民族院校在长期发展中所形成的以文理科为主、多学科相结合的高等院校的基本格局，

从总体上看，民族院校学科专业建设仍滞后于国家现代化建设和民族地区经济社会发展的需要，还存在一些结构性矛盾和体制性障碍。"由于受多年的计划经济体制影响，民族高校的学科结构比较单一，人才培养的社会适应性和学科专业建设的结构性矛盾较为明显，如缺乏高新技术学科，新兴学科专业较少；新设置的应用型学科专业，普遍存在起点较低、学术水平不高、缺乏优势和特色等问题；学科专业结构对人才需求市场的适应能力不强，'人才短缺'与'人才过剩'的结构性就业问题比较突出。"① 办学思路是否合理，层次定位、类型定位和服务面向定位是否准确，直接关乎高校能否实现结构优化和保持规模、速度、质量、效益的协调发展。"传统的民族类学科专业，虽有优势和特色，但在招生和毕业生就业等方面存在不少困难；一些院校学科专业资源配置不合理，存在重专业数量扩充、轻专业内涵建设的倾向，导致学科竞

① 李鸿. 民族高等院校学科专业结构的调整及其社会适应性研究 [J]. 民族教育研究，2004 (6)：23.

争力不强和专业设置的重复性、盲目性与趋同性等。”[①]这些都是当下亟待克服和解决的短板问题。

民族院校人才培养应当如何定位是实现培养目标的前提性问题。民族院校人才培养应当避免两个极端：一是没有特色，缺乏人才培养的个性；二是过度强调民族特色，造成就业面狭窄。民族院校人才培养应充分体现普适性、特色性和前瞻性。

首先，民族院校人才培养模式创新需要把普适性和特色结合起来。我国民族院校的设立是民族政策的产物，从中华人民共和国成立初期《培养少数民族干部试行方案》（1950 年 11 月 24 日政务院第六十次政务会议批准）提出的设立初衷是“为了国家建设、民族区域自治与实现共同纲领、民族政策的需要”，“普遍而大量地培养各少数民族干部”，到 1979 年国家民委、教育部《关于民族学院工作基本总结和今后方针任务的报告》指出的“民族学院必须把工作重点转移到社会主义现代化建设上来……为少数民族地区的社会主义现代化建设服务”，再到 2002 年国务院《关于深化改革加快发展民族教育的决定》提出的“民族教育跨越式发展”，不同的历史时期，我国民族院校的任务侧重不同，但服务于民族地区是一条不变的红线。但在另一方面不得不指出的是，与非民族院校相比，民族院校普遍存在教育品牌效应和号召力不高的问题。

其次，坚持民族院校人才培养特色是教育产品本身属性的需要。教育是一种公共产品，我国已经确立了社会主义市场经济体制，随着劳动力市场的细分，不同行业对人才的需求日益个性化。高校如果不对这种需求作出回应并在人才培养的特色上下工夫，将无法在日趋激烈的教育市场竞争中立足。但是，在强调特色的同时，必须兼顾人才培养的普适性。当前民族院校的生源一部分是从非民族地区招收而来，很多学生毕业后会回到原籍工作。随着区域经济合作和全球经济一体化的加速，户籍管理政策改革，通讯交通的发达，人才市场机制的完善，人才流动加剧，民族院校的生源与就业分离的现象日益突出，民族院校人才培养普

① 李鸿．民族高等院校学科专业结构的调整及其社会适应性研究 [J]．民族教育研究，2004 (6)：25.

适性和特色兼顾不仅满足了劳动力市场的个性化需求，也增加了学生就业的机会。民族院校人才培养坚持普适性与特色的统一既是适应人才市场化的需要，也是市场化背景下民族院校自身发展的需要。

最后，民族院校的人才培养模式改革在坚持普适性和特色兼顾的同时，还必须与时俱进，适度超前，具有一定的前瞻性意识。民族地区作为后发地区，科技发展日新月异，随着西部大开发和集中连片特困地区被纳入国家发展战略的规划，民族地区的发展将是跨越式发展。本科人才培养的周期为4年，教育产品投入产出的周期与经济社会发展的时差，要求民族院校的培养在课程体系的设置和课程内容的设计上必须具有一定的前瞻性以适应知识日益更新的需要。

二、教师主导因素

作为一个系统工程，创新人才的培养过程除了受学校组织影响之外，也受到教育知识的直接传播者——教师主导因素的影响。教师的教育思想观念，不仅关系到学校教育能否实现创新，而且直接影响学生创新素质的培养。

教师的教学理念。众所周知，“理论指导实践”，从一个教师的课堂教学方式我们可以直接看出他的教学理念。那么，一个教师必须要全面理解党和国家的教育方针，正确并贯彻到日常教学中来。只有树立素质教育、教育教学以及终身教育的观念，只有全面关注学生的身心发展，只有具备竞争、创新、合作和挑战意识，只有教会了学生如何学习，才能更好地使教师课堂教学行为有效。

教师的教学能力。一名优秀的教师教学活动和结果之所以行之有效，说明他对教学原理和技能十分熟悉；说明他擅长组织教学；说明他能够将心理学以及教育学理念灵活运用到日常教学中；说明他能根据学生的个体差异性管理学生、因材施教等等。除此之外，和教学有效性紧密联系的还有：教师在授课时的内容导入、课堂提问、教授、媒体应用、组织控制教学、师生交往、评价反馈以及科研能力等教学能力。

教师的文化水平。教师的知识结构是教师文化水平的主要表现，有专业学科知识、相关科学知识、条件知识、实践性知识。教学有效性和教师的知识水平之间联系紧密。要真正使教学有效，教师要使学科知识向专业化发展，并在上课时灵活运用自己掌握的深厚的学科专业知识，才能上好一门课。在某种意义上，有效教学中的“有效”一词，其实是学科教学实践和教育心理学原理相互结合的产物，二者的有效结合可以让教师更好地进行课堂教学。一个教师如果要成为一个专家，除了增强自己的实践性知识外，还要不断在教学实践中提问、反思和积累。

总之，教师是教育行为过程的直接传播者及组织者，作为实施教育创新的主体，教师具有十分重要的地位和作用。因此，教师自身的创新意识间接地影响教育体制的创新及人才培养模式的创新。作为教育行为的灵魂，高校教师只有首先提高自身的创新意识，才能用自己的行为思想潜移默化地影响学生，发掘学生的创造潜能，最大限度地培养学生的创造力。此外，教师高尚的道德品质和责任感，不仅可以为学生树立良好的道德学习的榜样，也对人才的创新培养具有重要意义。

三、学生主体因素

学生是教师教学的对象，是教学活动的直接参与者。要是不存在学生这个要素，教学就无从依存，就更不能研究课堂教学的有效性了。影响学生课堂教学有效性的因素表现在以下几个方面：

学生的起点能力。学生的起点能力是指学生已有的知识基础，即学生有没有具备和学习任务有关的专业知识。知识是在已有的体系基础上由学生建构起来的，这是建构主义的观点。如果学生能力定位不准，起点过高或过低，脱离学生的实际情况，而让学生重复地在低起点做无用功，就会浪费学生的时间和精力，对教学有效性有很大影响。

学生的个体差异。心理学研究表明，“有多少个学生就有多少个独特的世界”。学生与学生之间客观存在着差异，表现在认知方式和智力之间的差异、兴趣与动机之间的差异、气质与性格等方面的差异。不同的学生表现出的差异程度有所不同：这个学生可能有相当好的表达能力和较好的文学素养，那个学生则在文学及语言方面较为薄弱，但却对数字很敏感。课堂教学的有效进行要求教师在教育学生的时候要选择不同的方法，要针对学生的情感、认知及文化特点等来采取相对应的教育方法。

学生的参与。学生的参与不是简单的形式上的参与，而是实质性的主体参与。教师应调动学生的学习动机与兴趣并鼓励学生把学习作为他的第一任务并要求他们积极主动地参与学习。

学生的认知风格。我们通常所说的学习方法就是学生的认知风格，指的是在认知活动中个体所偏爱的一种信息加工方式。比如有些人喜欢利用视频或图片得到信息，而有些人则利用文字获得；有些人倾向于在小组讨论中学习，而有的人则倾向于在相对安静的环境下学习。毋庸置疑的是，教学有效性是被学生的认知风格所直接影响的。但教育工作者长期以来则对自己的教学方法与教学策略关注得更多，并没有重视学生的学习方法。在教师的帮助和引导下，学生的认知风格才能形成。“授之以鱼不如授之以渔”，在实际教学中，教师在传授知识的同时也应向他们传授有效的学习方法和学习策略。

第十二章　民族院校特色发展的战略选择

第一节　民族院校特色发展的思考

民族院校特色与特色民族院校建设问题是当前教育界十分关注的问题。我国社会主义市场经济体制的确立、发展和不断完善，对我国教育体制改革的基本目标和价值取向提出了新要求。市场经济就是发挥市场主体对资源的配置和调节作用，就是在竞争中求生存、求发展。无论是宏观管理，还是微观管理，能否适应市场经济运行的逻辑，是一切组织管理变革、创新和管理目标实现的关键所在。民族院校作为人才培养的最重要的组织，面临着市场规则的严峻挑战。

一、民族院校办学特色的基本内涵

我国在 20 世纪 80 年代改革开放初期提出了“特色院校”这一概念，然而学者关注更多的是教育实践层面的操作，特色民族院校在这个时期还是一个比较朦胧的概念，很多人仅把某一学科上的特色笼统地称为特色院校。1993 年《中国教育改革和发展纲要》明确提出“要区别不同地区、科类和学校，确定发展目标和重点，制定高等学校分类标准和相应的政策措施，使各种类型学校合理分工，在各自的层次上办出特色”。特色院校引起理论界的关注，成为热门的概念。在这个时期，特色院校被更多地理解为那种具有特别教育功能的院校。到 20 世纪 90 年代后期，特色院校逐步进入政府教育政策文本，成为推动教育改革的重要力量和新的办学模式。

（一）特色的含义

根据《现代汉语词典》的解释，特色为“事物所表现的独特的色彩、风格等”。特色是一个事物或一种事物显著区别于其他事物的风格、形式，是由事物赖以产生和发展的特定的具体的环境因素所决定的，是其所属事物独有的。创新有三层含义，第一，更新。第二，创造新的东西。第三，改变。“创新”这个概念在《现代汉语词典》中解释为“抛弃旧的，创造新的”。是指提出别人未曾提出的思想，和做别人未做过的事情，它是在原来事物基础上，通过重新排列组合、引申发散、否定重构等，设计创造出一种与原来既有一定联系又有明显区别的新事物。在某种意义上说，创新就是对旧有的错误的东西进行否定。由此可以看出，办学要有特色，则必须要创新，要创新出既区别于原本旧的制度，又不同于别的民族院校的独特的风格。

（二）民族院校特色与特色民族院校

有学者将民族院校特色与特色民族院校的认识大致归纳为三种看法：第一种认识，即民族院校特色与特色民族院校是两个可以相互通用的概念，它们之间没有什么质的差异，只是排列组合不同罢了。第二种认识，即民族院校特色与特色民族院校是两个本质相同、联系密切、分别处于不同层次的概念。在这种认识中又有两种相左的意见。认为民族院校特色是一个上位的概念，特色民族院校是一个下位的概念。对大多数普通民族院校来说，首先要把民族院校办成特色民族院校，提高民族院校社会声誉。在此基础上，才能办出民族院校特色。另一种观点认为，特色民族院校是一个上位概念，民族院校特色是一个下位概念。民族院校可以建设某一方面的特色为突破口，经过不断地努力，向创建特色民族院校的高峰迈进。第三种认识，即民族院校特色和特色民族院校是两个根本不同的概念。它们各有其不同的适用范畴，绝不能相互替代。

我们可以清楚地看到民族院校特色与特色民族院校二者之间是有着根本区别的。建设民族院校特色定位于民族院校人文环境与民族院校教育文化氛围范畴的民族院校建设，因此它对民族院校具有广泛的适用性；它注重以内涵式发展来提高教育质量的民族院校建设，因此它对我国办大教育并加快教育事业发展具有较强的现实性；它着眼于提高民族院校的整体教育质量、学生发展质量、教育工作质量、办学条件质量，因此它对民族院校的发展具有长远的指导性。建设特色民族院校定位于对某些特殊教育内容与某些课程设置进行充实范畴的民族院校建设，是以注重外延式发展为主的民族院校建设，是着眼于满足社会某些人群特殊需要的民族院校建设，所以这种建设具有相对的局限性。二者是两个根本不同的、不能相互替代的概念。

（三）办学模式与特色民族院校

在特色民族院校的探索过程中，形成了多样化的办学模式。办学模式是民族院校在长期的教育管理实践抽象概括而形成的，是为达到一定的教育目的和培养目标的有效的、富有个性特色的民族院校管理的基本结构及其操作程序，其实质是民族院校怎样培养人的问题。民族院校的办学模式具有多样性，办学模式与特色民族院校之间呈现交叉关系。每所民族院校都应该依据本校的主客观条件构建自己民族院校的办学模式，形成自己的办学特色。这些有办学特色的民族院校有可能就是特色民族院校，判断的标志是看这些民族院校特色是否拓展、深化、渗透到民族院校的教育教学活动中，是否上升为民族院校的精神①。民族院校特色渗透于民族院校工作的方方面面，体现出一种总体风格，产生相应的育人效应，并最终上升为民族院校精神。它具有独特性、稳定性和示范性。

首先，民族院校的独特性有创造性，是在继承、吸收和内化一切优良的民族院校传统基础上，遵循办学规律，从本校的实际出发，顺应外部世界的发展过程中逐步创造形成的。它从本校的实际出发，形成自己的个性风貌，这些成果渗透到民族院校的各个层面，形成一种“人无我有，人有我优，人优我精”的独特风格。其次，民族院校的稳定性是指办学的个性和成果长期地显示、保持和发展，并经受得住时间的检验，成为民族院校新的传统，具有较深的社会影响。它标志着民族院校教育个性和管理个性的成熟。它具体表现在办学目的、宗旨、培养目标、组

① 朱永新．我的教育理想［M］．南京：南京师范大学出版社，2000：69.

织管理和运作以及教育资源的利用和开发上，核心是把学生培养成什么样的人。最后，一所民族院校是特色民族院校，必须对他校有示范作用。民族院校的示范性表明民族院校有很高的教育质量和管理水平，同时民族院校的某项教育教学工作优于其他民族院校。

二、民族院校办学特色形成的主要因素

总结民族高等教育政策发展的特色，对于探寻和提升民族高等教育政策特色发展理论，促使民族高等教育又好又快地发展具有特殊而重要的意义：可以让我们明了和把握从何处拓展新的研究，进而形成创新性的研究成果，以促使民族高等教育事业健康、快速、平稳发展。民族院校办学特色的形成受以下主要因素的影响：

（一）坚持以党和国家的教育方针、政策为导向

1993 年，中共中央、国务院印发的《中国教育改革和发展纲要》指出："要区别不同地区、科类和学校确定发展目标和重点，制定高等学校分类标准和相应的政策措施，使各种类型学校合理分工，在各自的层次上办出特色。"随后教育部出台了一系列的评估文件，其中的《普通高等学校本科教学工作水平评估方案（试行）》单独设立了一个"特色项目"，并明确规定，评估结论为优秀的学校必须"特色鲜明"。这些政策的颁布使得理论界对于办学特色的探讨日渐深入，并对办学实践产生了深远的影响①。

首先，坚持以党和国家的民族工作方针、政策为导向。党和国家的民族工作方针、政策，指引着我国民族高等教育政策的前进方向。从世界教育史上看，把民族高等教育政策作为整个高等教育政策中一个特殊的组成部分予以发展，这是中国共产党的伟大创举。这既是由我国国情所决定的，也是由中国共产党的一贯政策所决定的。

《中国共产党章程》明确规定，中国共产党"是中国各族人民利益的忠实代表"。因此，中国共产党一直把各民族的平等、团结、共同发展和繁荣，作为处理民族问题的基本原则和纲领。在这样的民族政策

① 钱佩忠．大学办学特色基本问题探究［J］．高教与经济，2010（3）：18．

指引下，民族高等教育必然要受到党和政府的高度重视和大力支持，民族高等教育政策的发展也必然得到党和国家的民族工作方针与政策的指引。这是我国民族高等教育政策推动民族高等教育蓬勃发展的关键所在。

有史以来，除了当代中国以外，还没有哪一个时代推行这样完善的符合各民族利益的民族政策；从世界范围看，除了中国共产党和中国政府以外，还没有哪一个政党和国家政府推行这样的民族政策。因此，在党和国家的民族工作方针与政策的关心与指引下，我国的民族高等教育政策得以推动民族高等教育事业迅速发展。

其次，始终坚持社会主义方向与正确思想的指导。我国是社会主义国家，我国的民族高等教育事业是社会主义教育事业的重要组成部分，这就决定了指导民族高等教育发展的民族高等教育政策的社会主义性质，决定了民族高等教育政策必须坚持社会主义的办学方向，为巩固和发展社会主义服务。

我国民族高等教育政策始终坚持社会主义方向，一是坚持党对民族教育政策制定的领导。这是社会主义民族高等教育政策发展的根本保证，也是社会主义民族高等教育政策的重要特征。离开了党的领导，民族高等教育政策坚持社会主义办学方向就成了一句空话。二是坚持以经济建设和社会发展为中心。民族高等教育政策主动积极地适应民族经济和社会发展的需要，服从和服务于经济建设这个中心，为少数民族和民族地区的经济建设、政治建设和文化建设服务，为不断增强民族团结和维护祖国统一服务。三是坚持民族高等教育为社会主义现代化建设服务，与生产劳动相结合，培养德、智、体全面发展的建设者和接班人的教育方针。民族教育政策坚持社会主义办学方向，集中地体现在使受教育者德、智、体全面发展，培养社会主义事业的建设者和接班人上，这是由社会主义民族教育性质决定的，也是新时期党的教育方针的核心内容①。

在指导思想上，民族教育政策高举中国特色社会主义伟大旗帜，坚

① 金东海. 少数民族教育政策研究［M］. 兰州：甘肃教育出版社，2002：16-17.

持以邓小平理论、“三个代表”重要思想、科学发展观为指导，全面贯彻党的教育方针和民族政策，解放思想，转变观念，发挥教育在西部大开发和民族地区经济社会发展、增强民族团结、维护国家统一中的作用；根据“因地制宜，分区规划，分类指导，突出重点”的原则，确定民族高等教育政策改革发展的目标和政策措施。正是这样，民族高等教育才得以充分发挥其育人功能和社会功能，更好地为发展民族地区生产力服务，同时促进社会的全面进步。

最后，始终从政治的高度制定民族高等教育政策。我国民族高等教育政策始终坚持从政治的高度来制定，这是因为：第一，我国的民族高等教育，特别是民族高等教育的主要实施机构——民族院校，本身就是政治的产物；第二，我国是个多民族国家，民族平等、团结、进步是基本国策，对少数民族实施高等教育，让少数民族尽快摆脱愚昧、贫穷、落后状态，本身就是人民政府的政治任务①。因此，创办和发展民族高等教育，是中国共产党人和中国政府为消除民族间的不平等而采取的一项重大举措。这项举措，从一开始就带有强烈的政治色彩，负有庄严的政治使命。从表面看，这项举措是为了解决民族间文化教育发展上的不平衡，解决少数民族接受高等教育的问题，实质上是要从根本上消除民族间权利上的不平等、经济上的不平等。正是这一点，决定了民族高等教育在我国这样一个多民族大国中具有特殊的政治地位和作用。如果从这一点出发，作进一步的考察，我们就会发现，如果民族间经济、文化、教育方面的差距不消除，民族间权利上的不平等就难以真正消除。

（二）坚持区域因素和民族因素相结合，服务社会需求

首先，高度重视区域因素影响，坚持制定倾斜性政策，充分保障了少数民族接受高等教育权利的实现。在历史上，旧中国遗留下来的少数民族教育基础极端落后，同时，在自然和经济方面，我国民族区域主要分布在偏远贫困地区，那里自然环境恶劣，交通不便，经济落后，这些因素都极大地制约了我国民族高等教育事业的发展。因此，国家制定出

① 马麒麟. 中国民族高等教育的改革与发展［M］. 北京：教育科学出版社，2000：53.

一系列的民族高等教育优惠政策，以促使民族高等教育事业的快速发展，保障少数民族接受高等教育权利的实现。

党的“十七大”将教育作为重要的民生问题予以高度重视，要求全党全社会要进一步“扶持贫困地区、民族地区教育”，促进教育均衡发展①。在当前，按照科学发展观的要求，进一步实施特殊的倾斜政策，加快少数民族地区教育发展步伐，对于实现民族高等教育均衡发展的目标、促进民族高等教育公平具有重要的意义。如依据相关政策要求，教育部和民族地区教育行政部门要做好高校民族班和民族预科班的招生工作，以上学年招生规模为基数，并按上学年全国普通高等学校本科招生平均增长比例，确定当年国家部委及东中部地区所属高等学校民族班和民族预科班的招生规模；预科生的经费按本科生标准和当年实际招生数，分别由中央和地方财政核拨，加强民族预科教育基地建设，深化预科教学改革，提高教育质量；实施培养少数民族高层次骨干人才计划，从2003年开始，选择若干所重点高等学校面向少数民族和西部地区，采取特殊措施培养少数民族的博士、硕士人才；对民族地区高等学校和民族院校学位授权点的建设和研究生招生规模等给予特殊的政策扶持；资助西部各省（自治区、直辖市）重点建设一所起骨干示范作用的高等学校，重点支持办好中央民族院校；国家公派留学人员工作也要向少数民族和西部地区倾斜。这些倾斜性政策，极大地促进了民族高等教育事业的快速发展，保障了少数民族接受高等教育权利的顺利实现。

每一所学校都处于不同的地区，有着不同的历史传统文化。文化传统的地域性直接表现为不同地域间人们的语言、思想、意识、心理等的不同，植根于此基础上的民族院校，随地域文化的不同而不同②。

其次，充分考虑了民族特点。事物的矛盾具有特殊性，这是一事物有别于他事物的原因，这也要求我们在解决问题时，要坚持一切从实际出发，充分考虑事物矛盾的特殊性，实事求是，因地制宜。民族特点是

---

① 王嘉毅，祁进玉．实施倾斜政策，促进少数民族教育快速发展［J］．西北师范大学学报（社会科学版），2009（1）：71-74.

② 钱佩忠．大学办学特色基本问题探究［J］．高教与经济，2010（3）：19.

在一定历史条件下形成的，并总是伴随着一定的历史条件不断发展变化，永远也不会停留在某一点上①。我国民族高等教育政策充分考虑了我国少数民族历史、语言、经济生活、聚居地域、心理素质等方面特点，并在思想路线上坚持实事求是的态度，制定出相应的政策，促使民族高等教育更加符合少数民族需求，促使民族高等教育事业又好又快地发展。

一方面，我国民族高等教育政策充分考虑和照顾了民族地区的实际特点。在不同的民族高等教育政策和规定中，都强调民族高等教育要适合少数民族特点和民族地区特点，从实际出发，采取适合少数民族特点的教学方式。高校布局既结合了民族地区实际，又注意了办学效益，在民族地区和散杂区创办了独具特色的民族院校，在一部分高校设立专门招收少数民族学生的民族班和预科班等。另一方面，我国民族高等教育政策充分考虑了不同地区的差异，促进了民族高等教育的均衡发展。我国民族高等教育政策不仅注重缩小民族地区与非民族地区的发展差距，而且致力于促进民族地区之间及内部的均衡发展，以使民族高等教育更好地适应地区经济社会发展的需要。

与此同时，还需正确处理宗教与民族高等教育的关系。由于历史的惯性作用，我国55个少数民族大多还保留着一定的宗教信仰。作为最古老、最深层的历史文化形态，各少数民族的传统宗教，不仅在过去，而且在今后相当长的时期内，都将给民族高等教育以广泛的影响。我国民族高等教育政策的发展正确处理了宗教与民族高等教育的关系。我国民族高等教育是社会主义性质的教育，其基本目的就是要教育各民族学员树立无产阶级的科学世界观。从总体上讲，我国民族高等教育政策的发展，坚持了民族高等教育非宗教的原则，在发展民族高等教育问题上，坚持马克思主义的宗教与教育分离的原则，严格遵守了“任何人不得利用宗教进行妨碍教育制度的活动”这一宪法原则。坚持党和国家的宗教信仰自由政策，允许正常的宗教活动，同时禁止任何团体、个人利用宗

① 耿金生，王锡宏．民族教育改革与探索［M］．北京：中央民族学院出版社，1989：546.

教妨碍国家教育制度，干扰和破坏学校正常教学秩序。

最后，坚持正确的社会需求导向。在多元化的社会格局下，不同阶层、团体、家庭和个人对高等教育提出了多样化的要求和个性化的需求，民族院校只有以追求办学特色和个性发展为突破口，找准位置，发扬优势，打造品牌，办出特色，才能适应经济社会发展的需要。同时，面对招生市场和就业市场的激烈竞争，能否形成自己的办学特色已经成为关乎民族院校兴衰存亡的关键因素。在这种背景下，强化特色意识、重视特色建设、培育办学特色，已成为高等教育大众化阶段各民族院校的重要战略抉择①。新中国成立后尤其是改革开放以来，我国的国情发生了天翻地覆的变化，我国的民族高等教育事业亦经历了从无到有、由弱到强的巨大变化，民族高等教育事业所处的外部环境也处于不断的发展变化之中，针对这些变化，我国的民族高等教育政策也随之不断做出调整，以更加适应处于不断变化之中的民族高等教育的实际需要。

由于自然、历史、社会等复杂因素的影响，长期以来我国少数民族地区在经济社会发展水平上相对滞后。在新中国成立以后，为了缩小民族地区与汉族地区、民族地区与内地发达地区之间的经济发展差距，我国在少数民族地区的经济社会发展上一直采取的是“模仿或照搬东部发达地区的发展模式”，或称之为“追赶汉族”的传统追赶战略②。与此相适应，我国对少数民族高等教育事业的发展采取的是“优先发展、重点扶持”的政策，力求民族地区高等教育追赶内地发达地区的高等教育，并以此作为体现社会主义大家庭各民族教育平等的重要标志，以此作为缩小甚至消除民族高等教育与内地发达地区高等教育之间存在的事实上的不平等现象的主要途径③。但这种战略在民族地区人才的培养上具有趋同化的倾向，没有考虑到民族地区的特殊性以及时代背景的复杂变化，同时，对民族高等教育的发展过于注重外部政策支持与人、财、物

① 钱佩忠．大学办学特色基本问题探究［J］．高教与经济，2010（3）：18-19．

② 胡鞍钢，温军．社会优先发展：西部民族地区新的追赶战略［J］．民族研究，2001（3）：12．

③ 王鉴．我国少数民族教育跨越式发展战略研究［J］．西北师范大学学报（社会科学版），2004（1）：102．

的援助，对民族地区自力更生与自主发展重视不够。在西部大开发战略、科教兴国战略、可持续发展战略、民族地区特殊发展战略等影响下，我国相应地提出了民族教育的跨越式发展战略，并把民族教育的跨越式发展战略作为实施其他战略的基础。这一政策的转变适应了时代变化的需要，更加有力地促进了民族高等教育的发展。

（三）增强办学基础和内部优势学科的张力，重视校长办学理念。

首先，增强办学基础和内部优势学科的张力。一所民族院校办学特色的形成必然受制于自身办学基础，包括办学历史、办学定位与办学条件。如前所述，办学特色是在长期的办学实践中形成的，因而办学历史悠久的民族院校往往更容易形成办学特色。有学者对此作了形象的比喻："不同的特色根植于不同的土壤，学校的实际就是特色的土壤，通过对学校特殊现实的研究，寻找出适合这种现实的办学路子并做出成绩，才可能形成特色。因此，不同层次、不同类型的民族院校都可以在自己的定位当中成就卓越成绩、形成各自的办学特色。"① 在民族院校内部，从一定程度上讲，学科水平是形成办学特色的重要支撑。

其次，一方面坚持常规发展与非常规发展相结合。常规发展是指在通常的政治、经济、文化条件下，按照通常的手段、方式、途径和渠道、措施，以通常的速度、规模、质量和效益，发展民族教育。所谓非常规发展是指在特殊的政治、经济、文化条件下，或在特殊的外部力量扶持下，或通过本民族异乎寻常的努力，而采取特殊的手段、方式、途径和渠道，使民族教育以特殊的方式、特殊的速度和规模进行发展②。民族高等教育的发展，坚持常规发展与非常规发展相结合，并以常规发展为主的思想，有助于我们在发展民族教育问题上坚持长期作战的思想，又有助于我们扩大思路、开阔视野，在更广阔的领域里，对民族教育发展，进行多方面、多角度的探索。另一方面坚持自力更生与国家扶持相结合。多年来，我们在发展民族高等教育事业方面，一贯坚持国家

---

① 钱佩忠．大学办学特色基本问题探究［J］．高教与经济，2010（3）：19．

② 谢启晃，孙若穷．中国民族教育发展战略抉择［M］．北京：中央民族学院出版社，1991：61．

帮助和自力更生相结合的方针。民族高等教育的发展，既是少数民族自己的事情，也是我国整个文化教育事业发展的重要任务。从我国的具体特点来看，发展民族高等教育，首先要求少数民族人民自己的努力，同时，又必须有国家的帮助。没有国家帮助，仅靠少数民族单方面努力，发展民族教育是很困难的。但是，国家的支持，毕竟是民族高等教育发展的外部条件，外部条件只有通过内因才能起作用。民族教育事业主要依靠民族地区的内部力量来办，主要立足于少数民族的自身努力。如果说在解放初期由于特定的历史条件，民族高等教育政策的发展需要更多地依靠国家扶持，那么，随着我国社会主义现代化建设事业的深入以及少数民族经济文化的发展，发展民族高等教育政策，则需要更多地依靠本地区的力量和本民族自身的努力。我国民族高等教育政策的发展坚持自力更生与国家扶持相结合，自我觉醒、自我奋发、自我进取、自我努力、自我更新、自我完善，是我国民族高等教育政策的出发点、立足点和基本点。

最后，重视校长办学理念。陶行知先生曾说：“校长是一个学校的灵魂，要评论一个学校先评论它的校长。”在办学特色的建设中，校长的办学理念尤为重要。从民族院校个体发展来看，强调办出特色是民族院校自身发展的逻辑要求。民族院校作为一种与社会经济、政治机构既相互关联又鼎足而立的机构，除了要适应社会变化的要求外，还有其自身内在的逻辑即教育本身的规定性——遵循客观规律促进人的发展，这种内在的规定性是民族院校之为民族院校的根本，也是民族院校发挥其社会功能的动力源。创建特色就其行为来说是一种创优过程，是事物寻求自身最优存在状态的过程。校长应该对教育规律有着独到的认识，把它当作自己的办学理想、理念、目标、总体的指导思想，并将它贯穿于办学过程之中；然后，吃透校情，准确定位，发现优势，扬长避短，把理想与现实结合起来，确立具有前瞻性的办学思路，准确分析学校生存、发展的历史和现实条件及背景，抓住机遇敢为人先，大胆创新。

三、民族院校如何形成办学特色

关于如何形成办学特色的研究大致分两类：第一类是历史悠久、办学基础深厚的老民族院校，或隐或显地体现自己的办学特色，重点是要做好提炼、深化和进一步的规划工作；第二类是新建民族院校则要根据自身实力以及民族院校所在地的经济社会环境和高等教育布局状况，做好特色规划，努力形成特色。

第一，提高认识，树立全面发展的理念。校长对民族院校的领导首先是从教育思想上领导，其次才是从行政上领导。因此，创建特色民族院校，校长必须清楚认识在深化教育改革的今天，如何去挖掘学生潜能、开发学生智力、培养高素质复合型创新人才。校长应该转变旧有观念，并深刻认识到创办特色民族院校的重要意义，从而切实贯彻素质教育，促进学生全面、协调发展。

第二，以师生为本，注重民族院校文化建设。特色民族院校创建并非为特色而特色，它应该统一于基础教育、基本任务。其目的是推进素质教育，更好地育人。我们既要关心学生知识获得、教师业务能力提高，更要关注师生精神层面。只有这样，特色民族院校才能成为学生心智成长的精神家园，才能使教师绽放生命光彩。一是树立品牌，打造民族院校文化特色。民族院校文化是民族院校特色的重要内涵，是民族院校生命力之所在。校长的学识、胆略、人格和办学理念决定着民族院校文化品位的高低；校长的精神状态、人格魅力和工作作风决定着民族院校文化根基深浅，校长应是民族院校文化引领者。在创建特色民族院校过程中，应十分注重加强民族院校文化建设。用强大的民族院校文化为创建特色民族院校提供有力保障。民族院校文化是一个日积月累的过程，在这个过程中它吸纳了时代主流文化，融进了民族院校个性文化，通过整合最终形成独特的民族院校文化，这一传承和创造需要校长长期培育和创造。二是建立一支个性突出的教师队伍。教师是民族院校工作的中坚力量，校长的办学思想和办学方略只有通过全体教师的努力才能产生实际效果。培养大批个性特色突出的教师，是创办特色民族院校的重要前提。首先教师教育责任重大，教师自身师德和人格魅力潜移默化地影响着学生的个性、品德发展。其次教师专业知识水平是影响教师教学质量的根本，新课程对教师专业知识发展提出了更新、更高的要求，无论提高教学质量还是实施新课程，教师专业知识发展都是最核心内容。因此，建立一支个性突出的教师队伍，应当成为创建特色民族院校的焦点。可采取一系列措施，提升教师整体素质，建立起“教师学习共同体”，探索独具魅力的校本培训模式，加强校本培训和校本教研，改进和完善教学研究制度、工作方式，建立理论学习制度、对话交流制度、教研评价制度。以使教师的潜能得到充分发挥，促进其专业化成长，整体提升教师素质，进而全面提高民族院校教学质量。同时充分调动教师自主性、积极性，倡导自主学习、终身学习，培育一大批有思想、有潜力、有创造力的研究型教师、学习型教师。

第三，建立机制，为创建特色民族院校提供有力保障。建立有效的办学机制是创建特色民族院校的有力保障，应加强管理，向管理要特色，最重要的一条就是要建立能切实提高教学质量、发展民族院校特色的管理机制。管理机制作为动力系统，将对民族院校特色的形成具有强大的推动力。在民族院校管理、教育教学管理、教育科研、师资培训、班级管理、学生管理及教师考核评价等方面，应结合民族院校创建特色教育的目标，进行相关的改革和调整，使管理机制与民族院校的特色目标和办学思路相匹配，如制定各种规章制度，经济上向相关教师倾斜，为保证民族院校特色的形成建立有效的运行机制。

第四，开展活动，促进民族院校特色的创建。要加快民族院校的特色创建的步伐，就必须有计划，有步骤地围绕民族院校的特色开展一系列有益的活动，只有这样才能充分调动教师和学生的积极性，收到好的创建效果，使民族院校的特色尽快彰显出来。总之，在由“民族院校特色”到“特色民族院校”这个复杂而曲折的发展过程中，需要校长能和师生一道同舟共济，同心协力，持之以恒。

综上所述，学校特色的形成过程是一个历史的筛选、积淀过程，也是一个承前启后、除旧布新的过程，是动态的和可持续发展的。特色构建分为三个阶段，这三个阶段是经过选择、培育、优化逐步形成的。第一阶段，通过办学早期对地区及时代文化的分析，在弄清自身优势的基础上，构建办学特色体系的基础和起点；第二阶段，在办学过程中根据实际情况找准学校富有生命力的特质，根据此特征采取相应措施，形成自己的“特色理论或构想”，指导学校办学特色沿着正确的方向发展。经过前两个阶段，学校办学实践中的某个层次或某些要素上的特色将日益显露，学校整体办学特色也初显端倪；第三阶段，要继续发扬优势，在巩固某个侧面、某个层次建设成果的基础上，用有效的规章制度加速内化，使学校蕴含的独特办学特质潜在地影响每一个校园个体、学校活动的各环节，最终成为一种稳定的品质①。

四、民族院校特色发展的理性思考

新中国成立后，党和政府十分尊重少数民族的各项合法权益，高度重视民族高等教育事业，始终把发展民族高等教育看作实现各民族平等、消除隔阂和差距的关键之一，并采取了一系列特殊的政策和措施，推动民族院校的快速发展，无论是学校的数量、规模，还是办学的质量和效益等，都有显著的提高和增长。但是，民族院校的发展仍然面临着一些困难，仍需要给予大力的帮扶。

（一）加大经费投入和管理

虽然我国民族高等教育政策在投入经费方面做出了相关规定，但是经费投入不足一直是我国民族院校事业发展的瓶颈之一。我国西北、西南，包括中南部分地区的少数民族院校的发展，还面临着很大的困难，尤其是经济发展落后、财政困难的民族地区，投向民族院校的费用更是有限。

近年来，党中央、国务院已出台的关于增加少数民族地区教育投入的一些政策，落实起来还得精准政策、精准发力。1993年，《中国教育改革和发展纲要》提出，“逐步提高财政性教育经费支出占GDP的比例，20世纪末达到4%的目标”，但是离这一目标仍有一段距离。民族院校经费投入的总量性短缺，是我国民族院校供求关系基本矛盾的反映，也是我国民族院校发展的最主要制约因素。要摆脱这种困境，可以采取的措施有：

1. 健全经费投入机制

适应市场经济条件下的少数民族教育经费投入机制尚未建立是导致经费投入不足的重要原因之一。在市场经济条件下，市场是资源配置的

① 钱佩忠. 大学办学特色基本问题探究［J］. 高教与经济，2010（3）：19-20.

主体，必然要讲求公开、合理、高效，必然要排斥旧有的高度集中的计划体制。虽然国家投资仍然是教育经费来源的主渠道，但由于市场经济条件下中央与地方政府实行财政分离，许多计划经济体制下的不规范的财政拨款、国家补贴已不适宜市场经济体制下的财政体制，国家不可能再像过去计划经济体制下那样完全用行政性手段任意调拨资金给少数民族地区。因此，目前迫切需要国家建立一个严肃的、具体可操作的、对中央和地方各级政府有规范作用的少数民族教育经费拨款机制。

2. 提高经费使用效益

虽然民族院校的发展面临资金短缺的问题，但是一个不争的事实是，相当一部分教育经费没有得到充分合理的利用。因此通过提高教育经费的使用效益，把钱花到刀刃上，对于促进民族院校的快速发展，有不可估量的作用。因此，在经费投入不足的前提下，我国民族高院校可在加强教育经费利用及绩效评估方面大有作为。

3. 加大对违规使用经费行为的制裁力度

一个完善的经费使用监督体系，离不开一整套强有力的对违法行为的制裁制度，否则，对经费使用的监督体系就是一个纸老虎，对经费使用监督的制度也将成为一纸空文，没有任何约束力。因此，应加大对经费使用中出现的违法违纪问题的制裁力度。深刻认识民族院校财政违法行为的危害，加大对违法违纪行为的制裁力度，对纠正民族院校财政违法行为，维护经费使用秩序，提高对有限的经费分配使用的安全性、规范性和有效性，推动民族院校快速发展有重要作用。同时，加大对民族院校财政违法行为的制裁力度，对于反腐倡廉意义重大，有助于预防腐败问题的发生。

（二）加强民族高等教育立法工作

新中国成立以来，我国民族高等教育事业迅速发展，取得了历史性伟大成就，但是也遭受过严重挫折和巨大失误，走过相当曲折的道路。当前，决策的随意性，侵犯学校和教师权益的事情时有发生，这其中，法制的不健全是重要原因之一。民族高等教育立法对于民族高等教育的发展具有不可代替的极其重要的作用。

当然，在《中华人民共和国宪法》、《中华人民共和国教育法》及

《中华人民共和国民族区域自治法》等法律中均有关于发展民族教育的相关规定。多年来，从中央到地方，各方面都在呼吁立法部门制定一部《少数民族教育条例》，制定这样一部法规，一方面可以使民族教育有法可依，另一方面以法律的形式将国家对民族高等教育发展和优惠的各项政策更加具体化和稳定化，有利于形成一种特殊的规范，便于人们遵守和执行。

加强民族高等教育工作的立法不仅是必要的，而且是可行的。党的十一届三中全会以来，教育已被列为国家经济发展的战略重点之一。我国民族教育事业的发展已被提到极其重要的战略地位，党和国家关于民族教育要“优先”、“重点”发展的政策正在得到进一步贯彻落实，这对我国民族教育立法工作是很有利的。

同时，我国民族高等教育事业已经积累了六十多年的经验，而且有不少专家学者已积极开展教育立法和民族高等教育立法的研究，探索我国教育立法和民族高等教育立法的理论和途径。因而，在新时期迫切需要出台一部系统的《少数民族教育条例》及与之相配套的民族高等教育法规，使其充分发挥对民族高等教育的促进和保障作用。民族高等教育优惠政策的基本内容都要在法律上有所体现，比如规定民族高等教育经费投入体制与管理方式，规定经过完善后的、适应形势变化的降分照顾的招生政策与分配政策，以及保证学生顺利入学和就读的保障措施，规定双语教育和民族文字教材编译的具体政策和实施办法，并要突出地方特色和应用价值，规定民族院校教师的优惠待遇及如何加强师资培训与交流，如何稳定民族师资队伍等等①。只有这样，才能更进一步保证民族高等教育优惠政策的落实，促进民族高等教育的更快发展。

（三）建立与社会主义市场经济体制相适应的民族高等教育体制

市场经济是资源配置的一种方式，是以市场机制为基础自动实现社会资源配置的一种主要方式，同时它也是社会化商品经济运行的基本形式，是社会化商品经济社会中的一种经济体制。从本质上讲，社会主义市场经济体制是市场经济与社会主义制度的有机结合。社会主义市场经

① 汤夺先. 论我国民族教育的优惠政策 [J]. 民族教育研究，2002 (1)：47.

济自身的发展和它对各种人才的需求，也必然会对民族高等教育事业提出新的要求，要求教育在人才培养的规格、数量和质量等方面不断适应市场发展变化的需要。

长期以来，我国实行以公有制为基础的计划经济体制，并建立了与之相适应的民族高等教育体制及其运行机制。随着改革开放和现代化建设事业的发展，这种教育体制和运行机制已经不能适应社会主义市场经济的发展需要。民族高等教育总体上落后于全国教育事业的改革与发展，同时也滞后于少数民族地区建立社会主义市场经济体制的要求。建立社会主义市场经济体制，不仅提出了改变原有的少数民族高等教育体制及其运行机制的要求，而且为少数民族教育改革指明了方向，提出了目标模式和客观依据，创造了适宜的外部环境①。

因此，社会主义市场经济体制的建立对民族高等教育体制的挑战是毋庸置疑的，是不以人们的主观意志为转移的，不管人们意识与否，它都在直接或间接地给民族高等教育体制以压力，而这种“挑战”和“压力”也就意味着经济体制的变革必将引起民族高等教育体制的全面变革，促使其适应社会主义市场经济体制。

（四）推动民族院校发展模式的多样性

著名学者费孝通先生提出的中华民族一体多元化的命题，既是对我国民族关系史的深刻总结，也是对我国民族教育发展史和发展趋势的高度概括②。中华民族一体多元化的思想也完全适用于民族院校的发展。民族教育历来是我国教育的重要组成部分，少数民族院校与汉族高等院校并存，民族高等教育与汉族高等教育相互借鉴、相互交融、相互促进、共同发展。少数民族高等教育与汉族高等教育共同组成了统一的中华民族高等教育，它们有着统一性和共同性，但是这种统一性和共同性，并没有排除各民族高等教育的特殊性和差异性。尤其是改革开放以来，民族院校的差异性和特殊性在日益强化，民族院校多样化的发展趋

① 李鸿．社会主义市场经济与民族教育［J］．民族教育研究，1996（4）：23．

② 谢启晃，孙若穷．中国民族教育发展战略抉择［M］．北京：中央民族学院出版社，1991：59．

势不断增强。

长期以来，在计划经济体制下，我国民族院校发展模式单一，没有更多的选择余地。单一的发展模式，又决定了民族院校类型上的单一性和教育形式和教育层次上的单一性。新时期的我国的民族院校，要办出独有的特色，必须坚持发展模式的多样性。推动民族院校发展模式的多样性，就必须做到以下几点。

1. 教育形式的多样性

现有的民族高等教育，主要有三种形式：普通高等教育、成人高等教育和少量的职业高等教育。要达到教育形式的多样性，必须打破这三种教育形式各自为政的格局，逐步建立包括不同学制、不同培养对象、不同教育内容、不同培养目标的多种教育形式，同时，使多种教育形式互相衔接、互相补充、互相贯通，从而形成一个全新的民族高等教育体系，给民族地区的受教育者提供更多的选择余地。

2. 教育层次的多样性

除了正规的研究生、本科、专科教育外，还要有多种形式的非学历的专门培训和民族地区特殊需要的单科教育，逐步形成一个宝塔式的民族高等教育层次结构。这个教育层次结构的塔尖，是高层次的学术理论型教育，中间是一般层次的专业技术型教育，下边是普及型的实用技术教育。

3. 人才培养规格的多样性

教育层次的多样性，必然带来人才培养规格的多样性。现代社会的发展，也决定了对人才需求的多样性。这种多样性，实际上就是人才构成的层次性。从长远来看，民族院校应该按照培养决策层、管理层、实施层和学术型、技术型、操作型等人才的不同规格，划分学校类型，达到人才培养规格的多样化。

4. 办学主体的多样性

现在的民族院校，办学只有国家这一唯一的主体。这种状况，不利于民族高等教育的发展。政府办民族院校，应该是民族高等教育的主体，同时，也应该允许和倡导社会团体办学、企业办学、个人办学、中外联合办学，甚至还可以大胆探索让外国人在我国宪法允许的范围内，创办民族院校。这样，就能做到办学主体的多样性，推动民族高等教育的发展。

（五）突出重点，兼顾一般

我们在考虑民族院校发展时，必须立足全局，统筹安排，让民族之间、区域之间、各层次教育之间协调发展。如果我们不兼顾民族院校的一般，过分强调某一民族、某一区域、某一层次、某一方面的发展，势必打破全局的协调和平衡，就会破坏教育内部系统比例关系。但是兼顾一般，也要突出重点。只有突出重点，才能更好地兼顾一般。在兼顾一般的基础上，有所侧重，突出重点，无论对民族院校的近期发展还是远期发展，都具有十分重要的意义。尤其是在教育经费投入总体不足的情况下，正确的把握全局与主次，明确区分轻重，分清缓急，对某些院校的某些方面，对某一类型的某一层次进行重点支持、重点扶持是十分必要的。

第一，在总体布局方面，坚持重点论。在国家的总体政策布局上，应坚持对民族院校的倾斜，继续实行优惠政策。

第二，在民族方面，坚持重点论。为实现各民族共同发展，保障各民族平等接受教育权利的实现，为保障国家根本利益和国家长治久安，在对各民族普遍扶持的基础上，对一些人口较少，教育发展程度较低，又难以依靠自身力量发展的民族进行大力扶持；对由于历史原因和国际环境，在国内外处于特殊地位的一些民族，应给予或继续加强重点照顾和支持；对那些条件较好，教育已有快速发展的民族，进行一般性照顾和支持。

第三，在区域方面，坚持重点论。在对各民族自治地方普遍支持的基础上，对国际交往比较频繁、战略地位较为特殊的民族地区，以及对国家发展具有重要影响的地区进行重点扶持；对条件较好的先进民族地区，给予一般政策性支持。

（六）抓好师资队伍建设

民族的振兴靠教育，教育的振兴靠师资。民族院校师资的好坏直接关系到民族高等教育的成败。民族院校师资队伍的建设，重在提高质量和稳定队伍问题，并解决教师数量不足的问题，以提升教育质量。

1. 提高待遇，稳定队伍

稳定教师队伍是加强师资队伍建设的前提，师资队伍不稳定的主要原因之一就是经济待遇偏低，社会地位不高。因此，稳定教师队伍的根本问题是提高教师的经济待遇、社会地位、政治地位，使教师真正成为全社会羡慕的职业。在这方面可以制定的政策有很多：(1) 增加教师工资。增加教师工资待遇，是教师能够安心从事教育、科研等一切活动的前提，没有稳定的、足够的工资待遇做保障，民族院校难以引进人才，更难以留住人才，民族院校高等教育的质量也难以得到提升。(2) 解决住房问题。住房问题是现今民生的重大问题之一，也是关乎教师队伍建设的重大问题，教师的住房问题能得到妥善解决，对于稳定教师队伍有极其重要的意义。(3) 健全休假疗养制度。国家可以制定相关政策，健全教师休假疗养制度，拨出专项资金，以供民族院校教师去教育先进地区参观、考察。(4) 国家还应制定有关政策，切实解决教师的医疗保健问题。

2. 加强在职教师的培训，提高教师质量

办好教师进修学校和继续教育学院，通过多种渠道，采取灵活的方式，以多种形式对民族院校教师进行在职培训，提升教师队伍质量。各地区教育主管部门也应制订本地区的民族院校教师的培训规划，将教师队伍质量的建设作为一项长期任务来抓。

3. 加强对民族地区的教师培养支援

继续组织东部地区教学先进高校对民族院校进行对口支援，为民族院校培养、培训教师，以加强民族地区师资建设。

4. 完善教师考核制度

完善民族院校教师考核制度，促使在职教师积极参加培训班，努力提高政治觉悟和业务水平。继续将教师考核制度与教师进修制度相结合，逐步提高教师队伍整体水平。

（七）树立民族院校面向21世纪的新思想和新观念

我国民族院校要适应时代与社会的不断发展，就必须从解放思想入手，牢固树立民族院校改革和发展的新观念。转变和更新民族院校的思想和观念，就必须高举中国特色社会主义伟大旗帜，坚持以邓小平理论、“三个代表”重要思想、科学发展观为指导，深入贯彻落实科学发展观，全面贯彻党的教育方针和民族政策；必须遵循党和国家制定的有关教育方针与政策；必须从时代特征和我国基本国情出发，从民族地区各少数民族实际出发；必须遵循高等教育发展的一般规律。

就民族院校而言，要通过各种形式的变革、牢固树立起如下的面向21世纪的教育思想和教育观念。

1. 坚持“民族院校具有重要战略地位和作用”的思想

江泽民同志曾指出：“一些地区和部门，还没有把教育摆到应有的位置。有的同志对工作重点转移到以经济建设为中心是理解的，而对经济建设转移到依靠科技进步和提高劳动者素质轨道上来这个战略方针则认识不足。有的同志认为经济要上，教育要让，‘先把经济搞上去，再来发展教育’，……这些认识和做法，都是同党中央和邓小平同志的要求不相符的，是缺乏远见的和有害的。”[①] 长期以来，人们对民族高等教育的地位与作用，也一直存在一些模糊的认识。尤其是关于民族院校的地位与作用，一直是一个争论热点。然而，民族院校肩负着为民族地区培养少数民族中、高级干部和科技人才的光荣任务，具有十分重要的地位，民族院校为民族地区和各少数民族的发展作出了极大的贡献，这已是一个不争的事实。发展民族院校是党和国家民族政策的重要内容，是民族地区和各少数民族的实际需要。因此，目前的紧迫问题不是争论办不办的问题，而是应该如何办的问题。发展民族院校，既需要党和国家予以重视，同时也需要各级政府部门和领导的重视，需要民族地区和广大少数民族群众的重视。邓小平同志曾说过，“忽视教育的领导者，是缺乏远见的、不成熟的领导者”。要把重视民族院校，为民族院校办实事作为民族地区各级领导干部的任期目标责任和政绩考核的重要内容。要真正帮助和促进民族地区及各少数民族的发展，必须突出民族院校的战略地位。民族地区四个现代化的关键是科学技术的现代化，科技人才的培养靠教育，特别是要靠民族高等教育。民族高等教育担负着培养经

① 见1994年6月14日江泽民在全国教育工作会议上的讲话。

济、文化、科技、社会等各方面的高级专门人才的任务，具有很重要的地位。

2．树立“民族院校为民族地区和各少数民族服务”的思想

第三次全国民族教育工作会议指出：“我们大力帮助少数民族，最有远见的办法，就是从办好教育，大力培养人才做起。”民族院校是在为了促进民族地区和各少数民族的发展中不断发展和完善起来的，具有强烈的针对性。民族院校对民族地区的促进作用表现为：为民族地区培养高素质高级专门人才，促进民族地区生产力的发展与提高，改善民族地区和各少数民族的生活方式，继承和传播各民族优秀文化，促进民族地区社会稳定和发展，更新民族地区思想观念等。

在相当长的一段时期内，民族院校与其他普通院校一样，存在着不问地区和社会需要，与民族地区和各少数民族需求脱节的封闭式办学现象。也存在着只强调政治干部的培养，而忽略经济发展所需人才培养的现象。教育思想和观念落后的现状与依靠科学技术和教育进步振兴民族地区的总需求之间矛盾非常尖锐。一般说来，没有发达的教育就不可能有发达的经济，没有发达的经济也就不可能有发达的教育，经济与教育是相辅相成的。民族院校的发展是民族地区经济发展的最有效保证，而民族经济的发展又将极大地促进民族院校的不断发展。教育必须为社会主义建设服务，社会主义建设必须依靠教育，这是我国教育工作的指导方针，也是民族院校发展的出发点。经济、科技等既是高等教育发展的基础，同时又是高等教育的承担者，因此，民族院校在总的指导思想上，必须实现从只强调教育的政治服务，向全面发挥教育的经济和社会功能，为民族地区现代化建设服务的观念的转变。民族院校必须努力为促进民族地区各少数民族经济社会发展服务，必须适应民族地区改革开放和建立社会主义市场经济体制的需要，从少数民族和民族地区的实际需要出发，密切与民族地区经济社会发展的关系。民族院校必须坚持与民族地区和社会发展进步紧密结合，必须努力为民族地区和少数民族培养高素质创新人才。

3．继续坚持“民族院校应坚持三个面向”的思想和观念

“三个面向”是由邓小平同志提出的我国教育发展的根本方向。民族

院校也必须要坚持这一方向，紧随世界教育发展的新趋势，适应现代化发展的需要。同时，民族院校必须注意学习国内外教育的成功经验，坚持对外开放，加强同国际的合作与交流。民族院校既要着眼于民族地区和各少数民族的发展，培养民族地区经济建设和社会发展急需的实用人才，同时又要着眼于国内外未来发展的趋势，培养未来发展所需的人才。民族院校必须从“三个面向”出发来确定教育的发展战略和目标，深入改革民族高等教育的结构体系、课程体系、教学内容等，使民族院校的发展与未来发展的需要相适应，使专门人才培养的质量与未来社会发展的需要相适应。

4．必须树立“民族高等教育现代化”的思想和观念

现代高等教育的特征包括开放化、国际化、多样化、终身化、信息化。“开放化”包括高等教育的内部开放（即各科类、各层次的教育彼此渗透，互相交叉）和外部开放（即加强同社会、经济、科技、文化等方面的联系，加强教学、科研、生产一体化）。“国际化”指各国高等教育在保持本国优秀文化教育传统的基础上借鉴世界其他国家的先进经验，加强国际合作与交流。“多样化”则包括高等教育办学体制的多元化（如国家办学、部门办学、企业和私人办学等）和教育结构的多样化（如全日制、半日制、业余制等各类形式）。“终身化”强调学校教育与社会教育的结合，职前教育与职后教育的结合，强调家庭教育、社会教育与学校教育的相互衔接。“信息化”意味着信息技术中的多媒体技术、计算机网络、网上通讯、远程通信等先进技术广泛应用于高等教育。因此，民族院校必须适应国内外形势的发展，打破过去的封闭办学模式，实行开放式教育，逐步形成多层次、多类型、多规格的大教育网络；必须在加强自身特色的基础上，不断借鉴我国普通高等教育和世界高等教育发展的经验，加强同外界的联系和交流；必须加强民族院校对民族地区的服务功能，促进教学、科研及生产的一体化；必须打破旧的视学校教育为终极教育的思想和学历主义的束缚，树立终身教育新观念；必须加强信息技术在教学中的运用，用先进的教育新技术代替旧的教育手段。

第二节　民族院校特色发展的目标与使命

一、民族院校特色发展的目标

一方面，作为我国高等教育发展的重要组成部分，民族高等教育发展的形势与任务，同全国教育尤其是高等教育的发展形势是紧密相连的，两者之间具有共性。这是因为民族高等教育与一般高等教育都是社会主义高等教育的一部分，都必须认真贯彻党的教育方针，坚持教育为无产阶级政治服务，教育与生产劳动相结合，为我国的四化建设，为社会主义的物质文明和精神文明建设，培养德、智、体全面发展的各种建设人才。都应该切实地把工作重点转移到以教学和科研为中心的轨道上来，努力提高教学质量，为国家的现代化建设服务。因此，民族院校特色发展的目标应首先遵循党和国家关于我国高等教育政策发展的总体思路，服从我国高等教育政策发展的总体要求，实现我国高等教育发展的整体目标。另一方面，民族院校的特色发展与普通高等教育的发展相比，又有其特殊的一面，这集中地表现在“民族”两个字上，这就是说：第一，它是为了大力培养民族干部而建立起来的；第二，它是为少数民族地区的建设事业服务的；第三，它的适用对象主要是少数民族学生，这也是其之所以成为民族院校而不是其他院校的重要原因。

随着我国社会主义市场经济体制的确立和完善，两者的共性将越来越多，而特殊性将逐渐减少，但民族院校特色还在一个相当长的时期内不会消失，这是由民族院校的性质决定的。因此，民族院校的发展在达到普通高等院校发展的目标的同时，又要形成适合自己发展的特殊思路，实现自身发展的特殊目标。正如《国务院关于〈中国教育改革和发展纲要〉的实施意见》所指出的，“不同类型不同层次的高等学校应有不同的发展目标和重点，要办出自己的特色”，这就要求不同层次和类型的民族高等院校，应根据自身的特点、与社区的关系及民族地区经济社会发展的需要，科学地给自己定位，办出自己的特色。

根据党和国家的民族工作方针、政策以及《高等教育法》、《面向21世纪教育振兴行动计划》及《中共中央国务院关于深化教育改革全面推进素质教育的决定》，尤其是2010年颁布的《国家中长期教育改革和发展规划纲要》等一系列法律和纲领性文件，可以明确我国民族院校发展的总体目标是，在现有基础上，继续稳步前进，建构起规模、质量、结构、效益俱佳的、适应21世纪少数民族和民族地区经济社会发展的民族高等教育新体系，加快民族高等教育的改革与发展。具体说来，我国民族院校发展的目标有：

第一，积极稳步发展，扩大民族高等教育规模，坚持民族高等教育的公益性和普惠性，保障公民依法享有接受良好教育的机会，切实保障少数民族接受高等教育权利的实现，促进教育公平。

第二，继续深化改革、优化结构，加快民族高等教育管理体制改革步伐，建立新的民族高等教育体制，健全充满活力的民族高等教育体制，合理配置教育资源，努力提高教学质量和办学效益，培养造就一批高水平的、具有创新能力的民族人才。

第三，主动适应社会经济的需求，进一步加强科学研究，使高校高新技术产业为培育社会经济发展新的增长点作贡献。

第四，构建体系完备的终身教育，为国家知识创新体系和现代化建设提供充足的人才支持和知识贡献。

第五，内涵发展与外延发展相结合，以内涵发展为主，改善民族高等教育发展方式。民族高等教育要实现稳步发展，就必须处理好内涵发展与外延发展的关系。内涵发展，主要是指民族高等教育要充分利用现有资源，提高其利用率和办学效益。外延发展，主要是指增加投入，铺新摊子。由于民族高等教育经费投入不足，扩建新的院校存在困难，因此就必须强调其内涵提高，把有限的资金投入到现有的民族高等院校发展上。

第六，进一步解放思想，更新观念，深化改革，提高民族高等教育开放水平，全面形成与社会主义市场经济体制和全面建设小康社会目标相适应的充满活力、富有效率、更加开放、有利于科学发展的民族高等教育体制、机制，办出具有中国特色、世界水平的现代民族高等教育。

二、民族院校发展的使命

在我国民族高等教育政策发展目标的指引下，我国民族院校发展在当前时期的任务有如下几点。

（一）全面提高民族高等教育的质量与效益

质量与效益的提高，是高等教育发展的重要标志。当前，提高高等教育的质量和效益，已越来越受到重视。尤其是在新时期，我国经济体制和增长方式的转变，更是对民族高等教育提出了更高的质量与效益要求。

一方面，民族高等教育肩负培养民族高级专门人才、发展科学技术文化、促进社会主义现代化建设的重大任务，提高教育质量不仅是民族高等教育发展的核心任务，同时也是建设高等教育强国的内在要求。2010年颁布的《国家中长期教育改革和发展规划纲要（2010—2020年）》提出，到2020年，民族高等教育结构更加合理，特色更加鲜明，人才培养、科学研究和社会服务整体水平全面提升，建成一批有特色、高水平的民族高等学校。另一方面，民族高等教育在提高质量的同时，也要注重提高办学效益，这要求处理好数量和质量的关系，特别要将质量放在突出的位置；必须努力办出自己的特色和水平，以特色求生存、求发展；必须调整民族高等院校的布局结构、人才培养类型、专业学科结构等。目前，民族高等教育在高校规模、生师比、教学水平等方面仍需进一步提高和完善，民族高等教育必须树立质量和效益观念，坚持规模、质量、效益、结构的协调统一发展。

（二）提高民族人才培养质量

质量是民族高等教育的生命。提高民族人才培养质量，是民族高等教育事业的核心，因此，应该牢固确立民族人才培养在民族院校工作中的中心地位，着力培养信念执著、品德优良、知识丰富、本领过硬的高素质专门人才和拔尖创新人才。要提高民族人才培养质量，应进一步加大教学投入，加强实验室、校内外实习基地、课程教材等基本建设，同时要严格教学管理、深化教学改革，推进和完善学分制，实行弹性学制，促进文理交融，并且要健全教学质量保障体系，改进高校教学评估制度，把教学作为教师考核的首要内容。加强就业创业教育和就业指导服务。创立民族院校与科研院所、行业、企业联合培养人才的新机制。

继续实施“高等学校本科教学质量与教学改革工程”，充分调动学生学习积极性和主动性，大力支持学生参与科学研究，强化实践教学环节，激励学生刻苦学习，增强诚信意识，养成良好学风。在研究生培养方面，实施“研究生教育创新计划”，加强管理，不断提高研究生特别是博士生培养质量。应大力推进研究生培养机制改革，建立以科学与工程技术研究为主导的导师责任制和导师项目资助制，推行产学研联合培养研究生的“双导师制”。

（三）提升科学研究水平

随着大学的发展，大学的职能也逐渐从当初单纯的教学慢慢扩展到现代的人才培养、科学研究与服务社会三大功能。科研象征着潜在的产出能力，是服务社会的桥梁与中介。科研是现代大学向社会证明其存在价值的重要指标，科研水平也越来越成为高校综合实力的重要组成部分，它从某种程度上代表了一所大学的学术水平，决定着高校在某一学科领域是否具有发言权。同时，大学作为国家科技创新体系中的重要组成部分，肩负着科技创新的使命。大学是基础研究的主力军，是原始创新的重要源泉，是解决国民经济重大科技问题、实现技术转移、成果转化的生力军，是技术创新的重要力量①。

因此，应充分发挥民族院校在国家创新体系中的重要作用，鼓励民族院校在知识创新、技术创新、国防科技创新和区域创新中作出贡献。促进民族院校、科研院所、企业科技教育资源共享，推动民族院校创新组织模式，培育跨学科、跨领域的科研与教学相结合的团队，促进科研与教学互动、与创新人才培养相结合。加强高校重点科研创新基地与科技创新平台建设，充分发挥研究生在科学研究中的作用，并完善以创新和质量为导向的科研评价机制。

（四）增强社会服务能力

民族高等教育创办六十多年来，始终把为民族地区经济社会发展服务作为自己神圣的使命，并取得了举世瞩目的成就，也博得了民族地区

---

① 张明明．高校科研管理的创新［J］．中国高校科技，2011（7）：26.

各族人民群众的信赖和支持。民族高等教育在各族人民群众的心目中，享有崇高的威望。从某种意义上说，各族人民在相当长的一个历史时期内，主要依靠民族高等教育，了解民族地区以外的世界，通过民族高等教育接触现代文明、了解和认识社会发展的规律。特别是新中国成立后的第一个十年里，民族高等教育对我国民族地区的社会主义建设事业，产生了积极的影响，发挥了不可替代的作用。当今民族高等教育的发展，以其体系的完备和功能、作用的健全，对现在和未来民族地区的经济社会发展，将发挥超过以往的作用，成为民族地区经济建设和社会发展的一支重要力量。

新时期，民族院校应进一步增强其社会服务能力，要牢固树立主动为社会服务的意识，全方位开展服务，推进产学研用结合，加快科技成果转化，规范校办产业发展。同时要为社会成员提供继续教育服务，开展科学普及工作，提高公众科学素质和人文素质，积极推进文化传播，弘扬优秀传统文化，发展先进文化。鼓励师生开展志愿服务，积极参与决策咨询，主动开展前瞻性、对策性研究，充分发挥智囊团、思想库作用。

（五）深化改革、优化结构、办出特色

我国民族高等教育经过六十多年的发展取得了公认的成就，在维护祖国统一、增强民族团结、培养少数民族干部和各类高级专门人才中发挥了重要作用。但是随着改革的深入和经济的发展，特别是社会主义市场经济体制的确立，民族高等教育面临的问题越来越多。无论教育观念、教育模式、教育质量，还是办学效益和管理体制等方面，都不能适应社会主义市场经济的需要。特别是在经济体制转变的过程中，民族高等教育同经济社会发展不相适应的矛盾日益突出，从而使民族高等教育的生存和发展面临着前所未有的危机和挑战。这些问题，尽管错综复杂，但核心的问题只有两个：一是民族高等教育如何全面适应民族地区现代化建设对各类人才培养的需要；二是如何全面提高教育质量和办学效益。换句话说，民族院校要生存、要发展，必须实现两个根本性的转变。而要做到这一点，唯一的出路是改革。同时，我国经济体制和政治体制改革的不断深化，也为民族高等教育改革提供了良好的社会环境。

作为民族高等教育主体的各民族院校要求改革的呼声日益高涨，一些行之有效的改革方案已开始酝酿和启动。这表明，全面深化民族高等教育改革的内外条件日趋成熟，我国民族高等教育改革和发展具有广阔的前景。

民族院校的改革，简单地说，是要改革那些不利于全面提高教育质量和办学效益的方面。具体来说，主要有以下内容：民族高等教育要更加适应国家和区域经济社会发展需要，建立动态调整机制，不断优化民族高等教育结构。民族高等院校要继续打破“条块分割”和封闭的办学格局，进一步推进多种形式的联合办学，充分利用现有的教育资源，优化学科专业、类型、层次结构，促进多学科交叉和融合，重点扩大应用型、复合型、技能型人才培养规模。在研究生方面，要加快发展专业学位研究生教育。优化区域布局结构。加快建设一流大学和一流学科，以重点学科建设为基础，启动特色重点学科项目。发挥政策指导和资源配置的作用，建立高校分类体系，实行分类管理，引导高校合理定位，促使高校进一步优化办学结构，克服同质化倾向，形成各自的办学理念和风格，在不同层次、不同领域办出特色，争创一流。同时在以人事、分配为重点的内部管理体制改革方面，建立起适应教育现代化需要的高效、富有竞争激励活力的管理体制和运行机制，彰显民族高等教育特色。

（六）进一步预测民族地区经济发展对专业人才的需求趋势

多年来，党和国家一直制定优惠政策，采取有力措施，加大对西部贫困地区的支持力度，扶持民族地区经济社会的繁荣与发展。可以预期，随着国家促进区域经济协调发展的主要政策措施的实施，中西部的经济仍将有较大的发展，这种发展趋势带来的人才需求将会给民族高等教育事业的发展带来新的机遇。因此，民族高等教育事业应为民族地区培养适合当地经济文化发展所需要的各类专业人才，这要求：(1) 对民族地区经济发展对专业人才的需求趋势做出合理预测；(2) 对民族地区产业结构的特点对专业人才的社会需求做出合理预测；(3) 对毕业生就业情况对专业人才的社会需求做出合理预测。只有对民族地区社会经济发展对专业人才的需求做出科学合理的预测，才能保证我国民族院校发展的科学性，也才能保证我国民族高等教育事业的顺利发展。

（七）转变观念，树立全面的人才培养理念

教育思想和教育观念的更新对民族高等教育来说，意义非常重大。民族高等教育要想在21世纪有较大发展，就必须逐步树立起适应新时代和社会发展的新的教育思想和观念。教育思想和教育观念的更新与转变，是民族高等教育改革的首要任务。

民族高等教育要适应社会主义市场经济对高素质人才培养的要求，必须转变教育思想观念，树立全面的人才培养观："教育应当促进每个人的全面发展，即身心、智力、敏感性、审美意识、个人责任感、精神价值等方面的发展。""为了与其整个使命相适应，教育应围绕四种基本学习加以安排：学会认知，即获取理解的手段；学会做事，以便能够对自己所处的环境产生影响；学会共同生活，以便与他人一道参加人的所有活动并在这些活动中进行合作；最后是学会生存。"① 在当今及未来的教育发展中，对人的各种能力的培养将愈来愈受到重视。高等教育的人才培养从"专才教育"向"通才教育"转变，已成为当今高等教育改革的一大趋势。如今社会需要的是具有共同理想和信念，具有自立、自强、自尊、竞争、开拓、创新精神的具有国际意识的高素质人才。树立全面的人才培养理念，还应扬弃过强的功利主义，改变过窄的专业设置，加强过弱的文化底蕴，还应更加重视大学生文化素质教育、能力培养、实践教学和个性发展。

第三节　民族院校内部治理及其法制化

一、民族院校内部治理及组织特征

（一）治理的内涵

对于治理的内涵，学者们有着不同的理解，在治理的定义上也远未达成一致的看法。在R. 罗茨看来，治理可用于代指任何活动的协调方

---

① "国际21世纪教育委员会". 教育——财富蕴藏其中［M］. 北京：教育科学出版社，1996：85.

式，至少包含着六种不同的用法：作为最小国家的治理，作为公司的治理，作为新公共管理的治理，作为善治的治理，作为社会—控制系统的治理和作为自组织网络的治理[①]。詹姆斯·N. 罗泽瑙将治理定义为一系列活动领域里的管理机制，这些管理机制“虽未得到正式授权，却能有效发挥作用”。虽然学者们对于治理的见解各异，但他们都致力于了解公共行为的众多行为体（个体或集体）之间发展起来的紧密的相互关系，并且认为对治理的论证能够更好地归纳人们所寻求的协调方式：行为体之间（战略或利益）的协调，还有规则与行动价值之间的协调[②]。治理是一个内容丰富、包容性很强的概念，是各种公共的或私人的机构和个人管理其共同事务的诸多方式的总和，是使相互冲突或不同利益得以调和并采取联合行动的持续过程[③]。联合国全球治理委员会总结了治理的四个特征：第一，治理不是一整套规则，也不是一种活动，而是一个过程；第二，治理过程的基础不是控制，而是协调；第三，治理既涉及公共部门，也包括私人部门；第四，治理不是一种正式的制度，而是持续的互动[④]。

（二）大学组织治理的内涵

大学是人类文化积淀的产物，是知识的共同体。现代意义上的大学的产生，最早可追溯到欧洲的中世纪大学。大学组织最初是教师和学生聚合在一起而形成的一种行会组织，以学习和教授某项专门的知识为目的，后来才逐渐成为学习和研究的组织。随着时代的发展，大学组织不断更新自己的使命，逐步发展成为一个高度社会化的公共组织，其职能也从最初的教学扩展到教学与科研相统一，再拓展到教学、科研与社会

---

① RHODES R, The New Governance: Governing Without Government [J]. Political studies, 1996 (44): 653.

② 让-皮埃尔·戈丹. 何谓治理 [M]. 钟震宇，译. 北京：社会科学文献出版社，2010：23.

③ The Commission on Global Governance. Our Global Neighborhood: The Report of the Commission on Global Governance [M]. Oxford: Oxford University Press, 1995: 2.

④ The Commission on Global Governance. Our Global Neighborhood: The Report of the Commission on Global Governance [M]. Oxford: Oxford University Press, 1995: 23.

服务三大职能①。大学组织作为公共组织的一种，自产生之日起就存在着治理活动。大学组织治理是大学组织为调和相关主体利益，达成大学组织的目的，所采取的契约、指导、控制等所有方法、措施的过程与成果体现。大学组织治理不仅包含着对大学组织内部结构的治理，而且还强调和大学组织外部因素协调的互动过程②。治理与大学组织密不可分，治理是对大学组织的治理，大学组织是治理的对象和实施治理活动的承担者。一方面，大学组织要生存和发展，就必须通过各种治理手段与措施，使大学组织的运行更加规范和稳定，治理方式的改变会影响到大学组织的变革。另一方面，大学组织是治理得以实施的基本单元和载体，治理要通过大学组织来实现，大学组织结构的变动也要求对治理方式和手段做出相应的调整和改革。因此，大学组织与大学组织治理存在着密切的互动关系，大学组织的治理影响着大学组织的特征，大学组织的特征也反过来影响着大学组织的治理方式和手段。

（三）民族院校的组织特征

1. 松散的组织系统

民族院校实行的是高度专业化的院系研究所建制，层次清晰、功能明确、管理有序。然而，民族院校也存在无序性和人员机构间联系松散的特征，具体体现在：第一，组织目标存有差异，各学院、系、研究所等的培养目标不尽相同，教师也在一定范围内拥有确定自己的工作内容和工作目标的权利；第二，组织结构不确定，规模越大，复杂程度越高的大学组织，其权力结构也越复杂模糊；第三，组织运作不规则，越是高度专业化、规模较大、具有多重目标的院系研究所，其组织内部运转的无序性也就越突出；第四，组织管理不确定，组织对外部信息的把握具有不确定性，组织管理中参与者的流动性强，很难明确每个人的职责。这些表明民族院校虽是由相关职能部门及学院、系、研究所、班级

---

① 金顶兵，闵维方. 论大学组织的分化与整合 [J]. 高等教育研究，2004 (1)：32-38.

② 郁建兴，宋晓清. 商会组织治理的新分析框架及其应用 [J]. 中国行政管理，2009 (4)：59-64.

等组成的统一结构体系，但民族院校中各基层部门间存在着分隔与断裂，组织内部如教学和科研活动在本质上还是由活动主体决定。松散结合的组织系统特征有助于民族院校内部各院系研究所相对独立，可以灵活地应对环境提出的多样化要求，进而增强组织的整体适应性，形成大学组织内部动力与活力，为学术自主提供了制度性保障①。

2．职能目标的多元性

民族院校的目标具有多元性特征，而且有些目标还在一定程度和范围内互相排斥。一般认为，大学具有三大职能，即教学、科研和社会服务。但是组织都有一个整体目标，而大学作为一个组织，在其三大职能背后的整体目标是什么，很难有一个统一的明确说法。与大学三大职能相适应，大学的目标也具有多元性或多重性的特点。高校的职能经历了从单纯的培养人才发展到教学与科研并重，培养人才与发展科学齐进，进而产生为社会服务的职能的过程②。这些变化的根本原因在于高等教育要适应社会经济的发展、生产力水平的提高、科学技术的进步以及由此带来的社会形态的变革。纵观高等院校的组织职能的演变历程，高校多重职能目标并非生来如此，也非一成不变，更非一蹴而就。高等学校职能的递进发展过程中，后出现的职能并不否定大学先前已经具备的职能，而是和原先的职能一同展现高等教育的功能，而且这种共存共荣并不断发展的过程是持续的，永远不会终结。职能目标的多元性使民族院校的整体目标具有模糊性，但是也正是民族院校职能目标的模糊性，才使得民族院校各部门及其成员拥有较大的自主发挥的空间，从而营造出宽松的学术氛围。

3．低重心的科层管理

民族院校拥有明确的组织机构、清晰的结构层次、明确的功能目标，并建立了系统的、理性的和科学的管理制度，有其明确的、严格的权力等级体系。因而从组织形式上看，行政权力在民族院校中起着重要作

① 王乾坤．大学组织特征及管理模式探析［J］．武汉理工大学学报，2001(8)：78-81.

② 薛天祥．高等教育学［M］．桂林：广西师范大学出版社，2001：76.

用，民族院校属于比较典型的科层组织结构。科层管理保证了民族院校的井然有序，各项教学管理工作有章可循。但是，民族院校组织不同于企业组织和政府组织，它是由相对独立的学科构成的扁平化的组织结构，权力较为分散，权力重心较低。这一方面是由于民族院校的职能具有多元性的特征，组织目标实现的复杂性和艰巨性使得分权成为必然。要加快高校的发展，就必须发挥教师群体和专业组织的积极性，调动广大教职工和学生的参与意识。另一方面，民族院校的组织结构的重心在基层，基层组织作为操作的基本单位承担了基本的教学、科研和社会服务职能。因而，民族院校组织是实行科层管理的组织，但却是低重心的科层管理组织。

4. 相对独立的组织生态环境

任何组织都生存在一定的环境之中，任何组织也都离不开外部环境的制约，必须与其所处的环境相互依存，并与其所处的外部环境进行物质、能量、信息等方面的交换。民族院校作为一个组织，也遵循着这样的规律，无时无刻不在与社会、经济、文化等进行着各方面的输入—输出的交换。与一般的组织不同，民族院校虽与外部环境保持联系，受外部环境的制约，但却拥有一个相对独立的组织生态环境，对外部环境的变化的敏感度相对较弱。在我国，几乎每所公办大学除了必需的行政组织、教学单位、教辅单位外，都还设置了大量的直属单位，如保卫处、附属中小学、附属幼儿园等。完备的组织机构使高校承接了本应由社会承担的职能，使高校具备一个相对独立的组织生态环境。这虽然方便了高校师生的生活，但却强化了民族院校与外部环境的边界和壁垒，减弱了高校组织与社会、市场和政府的联系机制，缩小了高校与外部环境的交流内容与范围，减少了高校与外部环境的交流频率，降低了高校与外部环境的交流深度。

5. 二元并存的权力配置

民族院校的管理运行与政府或企业等组织管理的理性运行有着重要的区别，政府或企业等组织管理运作具有权力的一维性，即其行政权力来自科层组织中的法定的职位权力，来源于公司或政府的规章制度。而高校的管理运作则具有两种截然不同的权力，即行政权力和学术权力。

一方面，高校具有现代社会科层组织特征，因而，法定的行政权力在民族院校日常的教学管理中起着重要的作用。另一方面，高校组织的松散结构以及职能目标的多元性，说明高校并非严格的科层化组织。而且民族院校所承担的是高度专业化的学术活动，教师的教学和研究、学生的学习与活动都具有较大程度和范围的自主性。因此，高校中也存在与之相适应的学术权力。虽然这两种权力的来源不同，并在某些方面存在着冲突和矛盾，但是这些冲突和矛盾是可以调和的。行政权力的行使是为学术权力更好地发挥奠定基础和扫清障碍，而且它们的最终目标是一致的，都是服务于民族院校的职能目标。

二、大学章程与民族院校内部治理

（一）大学章程的内涵

大学章程是大学组织治理的重要依据，是高校根据教育政策、法规，按照一定的程序，以文本形式对大学的重大的、基本的事项做出全面规定所形成的规范性文件，其本质是对大学内部以及与大学有关的教育利益的调整和分配①。一部好的大学章程不仅能充分彰显学校的办学特色和目标价值，而且能有效地确保大学权力的规范运行，对于建设现代大学制度，完善现代大学治理体系起着重要的作用。大学章程演绎着校内行政权力与学术权力的博弈，折射着高校与政府、社会、师生的良性秩序和谐。以大学章程为基准的现代大学治理，是“校长治校”与“教授治学”之耦合，是学术自由与人权保障之凸显，是实体法治与程序法治之统一②。

2010 年，党和政府在《国家中长期教育改革和发展规划纲要(2010—2020 年)》中明确提出，各类高校应依法制定章程，依照章程规定管理学校。2013 年，十八届三中全会在通过的《中共中央关于全面深化改革若干重大问题的决定》中，明确了市场在资源配置中起决定性作用，并提出建立事业单位法人治理结构。在市场经济体制下，如何以建

① 米俊魁．大学章程价值研究 [M]．青岛：中国海洋大学出版社，2006：18.

② 湛中乐，徐靖．通过章程的现代大学治理 [J]．法制与社会发展，2010(3)：106-124.

设大学章程为契机，完善民族院校内部治理结构，理顺民族院校与政府的关系，促进高校自身良好有序的运转，成为亟待探讨的话题。

（二）大学章程建设的意义

1. 为大学组织治理提供依据

大学章程不仅是沟通高校与市场、政府的桥梁和纽带，也是高校依法治校和自主管理的基础。《中华人民共和国教育法》明确规定，设立学校必须具有组织机构和章程，学校有“按照章程自主管理”的权利。从法律的角度来看，在遵守国家有关法律规章制度的前提下，大学实行自主管理的直接依据是大学章程。因为大学章程是根据国家教育政策法规制定的，彰显了学校的办学理念和特色，确立了学校发展目标和战略，规范了校内外各种关系，明晰了领导体制、治理结构、管理模式，规定了教职工以及学生的权利和义务。大学章程是国家教育政策法规在高校管理工作中的细化，因而大学章程一旦通过教育行政部门的核准与审批，就具有了相应的法律效力，不仅对学校的办学行为有约束力，而且对国家相关行政部门的管理行为也有约束力。大学章程中规定的属于学校自主管理的领域，行政部门就不应再加以干预。当然，若大学章程超越或违背法律法规，则会受到政府相关部门的干预或司法审查的介入。

2. 促使大学组织行政科学化

大学组织的去行政化具有两重含义，一是大学内部的去行政化，即防止行政权力干预学术权力，确保行政权力为学术权力服务；另一重含义则是避免政府对高校发展的过度干预，确保高校办学的自主性，保证高等教育事业发展的独立性，使其按照教育的规律稳健发展。但是，大学的发展不能没有行政，大学组织去行政化应以大学组织行政科学化为前提。事实上，公办院校以及相当一部分民办院校，从校长到院长、从处长到所长，以及行政部门中的相当一部分普通工作人员，又有几人不是教授、博士①。就此而言，在微观上，大学组织内部行政科学化应是大学组织去行政化的题中之义。大学章程的制定，有助于规范高校行政

---

① 姚跃林．学校行政科学化是“去行政化”前提［N］．中国教育报，2014-10-28（2）．

权力的运用，促使大学组织行政的科学化，保证行政权力为学术权力服务。另一方面，大学组织的发展存在于特定的社会环境之中，与社会的其他领域保持协调一致，是大学组织实现自我发展、自我提升、自我创新、自我超越的重要条件。如果过于强调大学组织的自治与大学的独立性，则容易导致大学组织的发展超脱于社会发展之外，不能与社会的发展进步保持协调。而若过于强调政府的直接管控，则又容易忽略教育的发展规律，陷入行政化的泥沼。因此，为了保证大学组织与社会发展的协调，加强政府的宏观统筹则是必然的选择。而大学章程的制定，不但有助于划清高校与政府的边界，而且有利于在政府统筹规划与大学自治之间寻求一个平衡点，在这个平衡点上，既能够充分发挥政府的宏观调控作用，使大学组织的发展与社会的发展相统一，又能较好弱化大学的行政色彩，充分尊重大学组织的自治与自主发展。

3. 有助于完善现代大学制度

现代大学制度是一切关于大学的理想制度的统称，其核心是在国家的宏观调控政策指导下，大学面向社会，依法自主办学，实行科学管理。现代大学制度涉及大学与政府、大学与市场关系的规范和理顺，涉及大学内部治理结构的完善和改革。构建现代大学制度也是建设具有中国特色的高等教育面临的时代课题。《国家中长期教育改革和发展规划纲要（2010—2020 年）》在第十三章“建设现代学校制度”中明确指出：要完善中国特色的现代大学制度，并把大学章程建设列为完善中国特色现代大学制度建设的重要一环①。同时，大学章程可以视为高等教育政策法规在大学内部施行的配套文件，具有解释、细化高等教育政策法规的作用，有助于完善现代大学制度，实现依法治校。2011 年，教育部发布的《高等学校章程制定暂行办法》为大学章程的建设作了进一步的说明，为大学章程的制定提供了操作依据，促使大学章程制定工作紧迫地提上了各级教育行政部门和高等学校的工作日程，促使现代大学制度的进一步完善。

---

① 袁本涛. 现代大学制度、大学章程与大学治理 [J]. 探索与争鸣，2012 (4)：69-72.

4．优化大学组织架构

大学组织架构是大学组织整体的结构，是大学组织为了实现既定的目标，经过组织设计形成的大学组织内部各个行政部门、各个教学单位以及各个层次之间固定的排列组合方式。虽然大学组织架构在使命、功能等方面存在着差异，在学科组合方式、组织机构设置及权力配置方面也存在着不同，但无论大学组织发生怎样的变化，它们都注重追求学术自由与社会责任，且在组织运行上体现出上下行机制，并以结构功能协调作为现代大学组织运行的基石①。通过大学章程的建设，可以进一步优化大学组织架构，理顺大学组织中高中低层关系，合理配置大学组织的行政权力，弱化高校行政色彩。这不仅契合党和国家对高校去行政化的要求，而且通过大学章程的建设，优化大学组织架构，可以保证大学组织行政权力的重心集中在基层，进而保障学术权力与行政权力的统一，使行政权力更好地服务于学术与教学，为大学组织学术自由创造良好的环境，促使学术自由发展，以利于校长治校、专家治学、学生自主发展的良好局面的形成。

5．确保大学组织权力的来源合法、行使有效

大学章程介于国家对高校的宏观管理层面和高校自主管理的微观层面之间，它是政府干预大学内部事务的依据和边界，也是规范大学内部秩序的“组织法”②。因而，大学章程具有承接上位政策法规，指导下位制度规章的意义和作用。在宏观层面，国家通过相关教育政策、法律的实施，来实现对高校的宏观领导，各省自治区直辖市则依据国家的有关教育政策法规制定地方的高校管理规则条例。就效力的大小而言，政策法规、规则条例的效力大，是大学章程的上位法，因而规范着大学章程的制定。高校根据中央和地方出台的各级各类政策法规，制定了大学章程，从而确保了大学组织权力的来源合法。在微观层面，大学章程就是大学内部的“宪法”，是大学进行办学、管理的最根本的规范性文件。

---

① 胡仁东．现代大学组织架构的异同分析［J］．江苏高教，2005（5）：14-17.

② 湛中乐，高俊杰．大学章程：现代大学法人治理的制度保障［J］．国家教育行政学院学报，2011（11）：15-20.

在大学规章制度体系中，大学章程位于最高层次，具有最高权威和法律效力。而其他规章制度则位于较低的层次，是根据大学章程制定的，其规定不能和大学章程相冲突，如人事管理制度、教学管理规定等都应服从于大学章程，这样就保障了大学组织权力的有效行使。

（三）大学章程建设的建议

1. 坚持民主制定原则

大学是由诸多利益相关者组成的松散的社会组织，而大学章程的本质是对高校资源和各阶层利益的调节与分配，因而，大学章程的制定应充分考虑不同利益相关者的期望与利益，广泛听取他们的意见与要求，这样制定的大学章程才能反映出各方面利益群体的需要，在实际执行过程中遇到的阻力才会最小，大学章程也才能够发挥最大的效力，产生最大的效益。大学章程的制定应坚持民主原则，尤其是要能够反应教师这一利益群体的意见，这一方面是因为教师具有深厚的学术造诣，在大学章程的重大问题决策上可以提供政策咨询和智力支持。另一方面，大学是一个二元权力并存的组织，在这样一个组织中，管理者并不能够通过完全的行政手段对教师施加影响，只有鼓励教师参与大学章程的制定，并以某种方式让其共同分担决策责任，才能使其认同大学章程的价值。一部好的、行之有效的大学章程的制定，绝不只是校长和管理者办学意志的集中体现①，而是应坚持民主基础上的集中和集中指导下的民主相结合，以使民主作风得到充分发扬。

2. 解读国家政策法规，突出大学特色

大学组织的行政权力来自国家政策法规的赋予，要确保大学组织行政权力来源合法行使有效，就必须深度解读国家政策法规。同时，大学章程直接影响着党和国家的路线、方针、政策和国家法律、法规的贯彻落实，影响着基层干部和广大教职工的积极性和创造性，影响着高校培养人才的数量和质量。因而，作为承接上位政策法规的大学章程的制定者，应该仔细研读国家的相关教育政策法规，以保证大学

① 王孙禺，袁本涛，黄明东．高等教育组织与管理［M］．北京：高等教育出版社，2008：80.

章程的内容与国家相关教育政策法规保持高度一致。由此而制定的大学章程应凸显出共性，即在不同地区、不同类型和处于不同经济发展水平的大学所体现出的共同属性。与此同时，高等教育具有多层次、多类型的特征，每一所大学都有各自的发展历史和文化底蕴，在长时间的办学过程中形成了各自的办学理念、发展路径、目标定位和人才培养目标等。因此，每所高校制定的大学章程在突出共性的同时，也应根据自身的办学传统、办学历史、资源禀赋等，结合国家和当地社会经济环境及发展的需要，确定自身在特定领域、层次、地域范围内的发展目标与特色。

3. 大学章程要具体可操作

大学章程作为国家高等教育立法体系以外的且与高等学校内部管理密切相关的制度规章，事关高等学校资源配置、发展定位、师生权利的实现与义务的履行、社会资助与回馈等重大问题。大学章程之于现代大学治理，其价值重大不言而喻。大学组织治理若要程序规范、方式合规，就必须有一部具体可操作的大学章程。今天制定的大学章程，不是为了简单地弥补长期以来没有制定章程的缺失，而是具有针对性的改革举措①。但是从教育部已经核准了的大学章程来看，虽然现有的大学章程对大学的各项事务作了比较全面的规定，但是大多还停留在理论层面，实质的内容表述还都比较抽象和模糊，在大学组织的日常教学管理中，大学章程的可操作性不强。比如某大学章程中对学校功能的表述：学校以人才培养和知识创新为根本任务，开展教育教学、科学研究和社会服务活动。这些虽表述了大学组织的职能目标，但是并没有对学校应如何实现人才培养和知识创新做进一步的说明。其在人才培养目标上这样规定：学校根据人才培养目标、要求及社会发展需要，制定人才培养方案并依此实施教育教学活动，逐步建立、健全具有自身特色的培养高素质人才的教育教学体系。这虽规定了人才培养的适用性和适应性，却并没有明确学校的人才培养模式和方案。因而，笼统的表述使大学章程作用的发挥受到了局限，降低了大学章程的适用性。

① 别敦荣. 论我国大学章程的属性 [J]. 高等教育研究，2014 (2)：19-26.

4. 积极借鉴国外大学章程制定的经验

大学组织的生态环境相对封闭，要真正制定出适合中国大学特色和高等教育发展基本规律的大学章程，就应突破大学组织与外界环境的边界与壁垒，积极借鉴国外大学章程制定的经验①。欧洲中世纪大学是现代大学的源头，中世纪大学自治的传统一直影响着现代大学的治理。国外高校制定大学章程的历史由来已久，很多学者认为最早的大学章程是被称为“大宪章”的《巴黎大学章程》，它的颁布为西方国家大学章程的制定提供了可靠依据②。国外大学章程的制定积累了相当丰富的经验，同时由于各国政治体制和文化传统差异，各国大学章程的建设也特色各异。因此，要建设具有中国风格、中国特色和中国气派的大学章程，就应积极借鉴外国大学章程的制定经验。但应注意的是，我们不能直接照搬照抄国外大学章程。对于国外大学章程制定的历史与现状，我们应理性地加以分析，总结其经验，吸收其教训，要有所扬弃地批判吸收和利用，并根据我国高校自身的发展历史和校情，把特有的大学精神、办学理念和中国的优秀文化传统融入大学章程的建设过程中，以建设一部既具有中国特色又符合本校实际特点的现代大学章程。

三、民族院校法制化及其路径选择

《国家中长期教育改革和发展规划纲要（2010—2020年）》专章提出要建设现代学校制度的要求，各级各类高校、教育研究者们都积极展开讨论和摸索实践，现就现代大学治理中涉及的去行政化问题、治理结构、章程的内容以及如何与《高等教育法》衔接的问题提出一点看法。

（一）去行政化：依法治校的首要前提

行政化是用不符合教育发展规律的管理方式来管理教育活动，用行政权挤占或替代学术权力。主要包括两个方面：一是政府对大学管理的行政化倾向，二是大学内部管理的行政化倾向。

① 朱全宝. 大学章程的冷思考——兼谈大学法的制定 [J]. 复旦教育论坛，2013 (1)：45-49.

② 袁春艳，张东. 大学章程的历史回溯与思考 [J]. 重庆邮电大学学报，2013 (5)：136-141.

与西方高等教育的起源不同，我国的大学是西学渐进的产物，多数由政府出资建立，从根源上就和政府有着割舍不开的联系。特别是由计划经济中发展而来的大学，更是对上级组织的命令完全服从，学术活动必须在政治权力的架构下来运作。当人们逐渐意识到行政权力覆盖范围如此之大，以至于干预到学术生命力的存亡。九所985高校北京大学、清华大学、南京大学、复旦大学、浙江大学、哈尔滨工业大学、上海交通大学、中国科技大学和西安交通大学联合成立了被称为“中国的常青藤”的“C9联盟”，他们首先采取了高校去行政化的措施，为中国高校去行政化改革提供方向和借鉴。但是现实中遇到行政化的尴尬是，由于政府部门掌握大量的竞争性经费和教育资源，致使高校和教师要不断地与其周旋。在权力本位的引导下，各种资源的获取都要容易许多，出于对自身利益的考量，许多人就会把精力放在追求权力和官位级别上，而不愿意长时间静下心来埋头搞学术研究。

在这样的利益格局中被任命的校长，除了要领导学校各项行政事务，还是学术委员会成员，权力的融合意味着权力的增殖，难免有私心利用行政权力为自己谋取学术资源。目前，国内有些高校的经验是让校长退出学术委员会，从形式上让行政权和学术权二者分离。这样的做法并不可行，原因在于让行政权和学术权分离的实践在国外的一流高校中已有经验，在学校的学术治理框架中，校长、教务长等行政人员在教授会里并且是“执委”。耶鲁大学现任校长雷文上任之后，没有带过一个研究生、博士生，没有挂名领衔做过一个具体的科研项目，只出过一本专著——《大学工作》，还不是学术著作。他在《大学工作》一书的序言中这样写道：对任何一所大学的校长来说，压倒一切的目标是：吸引和培养第一流的师生。大学校长是一个需要全神贯注、专心致志、全力以赴去做的事业，没有时间也没有精力再去旁顾其他的事情。简单而言，真正的行政权和学术权分离，不在于校长退出学术委员会，而在于学者担任校长之后就做职业化校长，不再从事学术研究。校长也就不能、不需要再利用行政权力为自己谋求学术利益。这其实是世界一流大学的利益回避规则。这样校长参与学术机构是作为行政负责人，为学术决策、为教授服务，真正落实教授治学的原则。

另外，高等教育组织本身属于学术组织，与其他以营利为目的的工商企事业单位不同，其功能是培养人才、科学研究和服务社会。校长一旦完全退出学术委员会，不深入知悉与时俱进的人才培养要求，不了解教育教学的实际开展、学科建设的定位发展和未来走向，不利于从全局观组织领导学术空间的形成和学术成就的积累与发展。

为避免行政化在我国高校多年发展中显现出的弊端，《国家中长期人才发展规划纲要（2010—2020年）》提出，“取消科研院所、学校、医院等事业单位实际存在的行政级别和行政化管理”，这样的政策导向就是给高校的学术空间保留应有的自由，去行政化后的管理方式需要能够适应行政、学术和市场的治理模式。

（二）治理结构：权力分配模式

当教育管理的实践者和理论研究者们发现行政权力挤占甚至替代学术权带来的弊端的时候，开始转向寻找能反应快速和适应灵活的创新型大学管理模式。这种理想状态下的创新型大学管理模式要能够打破原有的校内权力结构，给予教师和学生参与学校发展战略决策的权力和机会，诸如教师和学生可以质疑学校的体制是否合理、是否掌握有益于决策层决策的重要信息。特别是当需要从组织基层挖掘出所需信息的时候，学术群体更需要继续并保持良性发展，从而为大学的决策作出应有的贡献，这是学术群体的权力更是责任。当然，高校的行政能力此时更需要加强，以应对来自政府、社会的压力，这是从另一个角度强化行政能力。未来大学命运如何，取决于其融合传统学术价值和新的管理方式的能力①。

大学治理中存在的三种基本的权力：行政权力、学术权力和市场权力。拥有某种权力的层级的职能和地位发生变化将影响体制中其他层级的权力平衡，当三种权力中的任何一方不依据管理规律来挤占其他权力都会造成治理结构的失衡。良性的管理方式就是能将高校组织内的所有权力或决策体系合法、合理的被分配到各组织层级。

① 简·柯里，等．全球化与大学的回应［M］．王雷，译．北京：北京大学出版社，2010：94．

行政权力主要来自两个方面：一是学校外部的政治机构，二是学校内部的行政管理。当外部大环境没有改变以前，重点在于改良高校内部的学术制度和管理模式。行政权力主导时，当行政意志符合大学发展内在规律要求的时候，这种治理模式对大学发展所起到的促进作用要比其他任何权力都要显著。人性都有对权力的需要，但不会在任何时候都显示出来，当人受到正面的、积极的外在因素的影响和冲击下，权力意识就会与自身需求紧密地关联起来，从而创造出巨大的物质与精神财富。

学术权力在大学的治理结构中属于软权力，权力享有者的学术发展与真理追求是权力配置的宗旨和理念。学术活动来源于生活，但又高于生活，所以要允许有限的乌托邦式设想的存在。但学术理念伸张的正义往往会触动一些阶层的权力与利益，这些阶层自然会对学术的理念进行打压。因此，学术权力应该在什么时候、让渡多少权力于行政权力或其他权力是十分有必要的。

我国的市场经济体制并没有完全成熟，市场权力会不经意地受制于两种行政权力，因此市场会呈现出两种态度：要么顺应，要么退出。相应的，政府与大学也都不能轻视市场的存在价值，学生来源、人才市场输出、社会教育等都是与教育相关市场存在的表现形式，市场与政府、高校、学生之间都有利益交换甚至是共赢①。

三种权力共同支撑着大学运行中相关人背后指涉的利益来源，过去我国高校由政府出资兴办，校长受命于政府并对其负责，这种内外部权力集中确实在整体性发展和决断时发挥了很好的促进作用。但随着市场经济的确立，权力集中的管理模式不能适应快速发展变化的内外部环境，权力的横向分离受到人们的青睐。权力的横向分配在理论上有两种选择，即基于权力合一的议会制是一种行政权源于立法机构并对其负责的管理形式，另一种是基于权力分离的总统制，行政权与立法权彼此拥有高度的独立性。在议会制度中，最高行政长官由选举决出或由立法机构任命。将议会制度置于大学背景下，大学代表委员会、全体教师选举或任命一位校长，校长对其负责也可能被其解聘。而总统制度放在大学

① 苏君阳．论大学治理权力结构的基本类型［J］．江苏高教，2007（4）：1-3.

环境下，校长独立于委员会而独立行使权力。例如，在议会制中的大学委员会可以利用权力解聘校长，校长的职权随时会受到削弱，甚至影响到大学的长期战略发展，大学管理结构的稳定性不好。在总统体制下，当校长与委员会都不愿妥协的时候就会出现僵局，对于需要及时作出决断的事务造成影响，决策效率不高。

两种体制各有优劣，无论选择哪种分离方式，都需要具体的规范性文件和具体的落实细则。而解决高校管理漏洞的唯一办法就是“依法治学”。在大学章程中应将大学的蓝图与使命确立下来，保持其发展的稳定性和可持续性，将高校各利益群体的权责合理分配。

（三）章程：大学法人化的制度保证

在完善我国特色现代大学制度中，章程建设是首当其冲的。在高校治理结构中，无论校长的行政领导权、学术委员会在学科以及学术发展的自决权，都需要在有法律效力的制度下进行，章程就是大学内部管理模式的法律依据。国外许多优良管理经验表明，立法先行是使大学良性运作的首要制度保障，大学相关主体的权责在章程中明确，特别是要规定学术权力、行政权力和市场权力在不同组织层级上的合理分配，实质上就是落实责任机制。

首先，采取相应措施使大学有真正的自主权。政府从曾经严格监管的高等教育管理中退出，必然增大大学自主权。以日本为例，日本国立大学已正式启动法人化改革多年，法人化改革前的 100 多年，日本国立大学由中央政府设置和集中管理，教师身份属于国家公务员，政府为学校提供充足的办学经费，不干预学校的学术活动。法人化改革之后，国立大学不再作为政府直接管理下的行政组织的一部分，而是独立自主运营的法人实体，政府与学校之间形成了一种新的“管办分离”的管理体制。

其次，责任机制源于公众对管理者的不信任，但并不影响责任机制在大学治理中发挥积极的作用。责任机制在美国运用得非常普遍，已经是一个制度化了的现象。各大学主要通过内部机制，如采用绩效预算、绩效审计和项目考核等不同的措施以加强和落实责任机制。采用责任机制措施有两个目的，即促进和惩戒。促进是首要的目的，章程中将大学的未来发展蓝图和各层级岗位职责予以明确，激励岗位上的工作人员利用工作平台，提高工作效能进而实现自我。许多高等教育工作者需要在有法律规范作为引导的时候，才会逐渐建立责任意识。同时，政府、社会等外在监督组织可通过章程中的具体条款了解高校的绩效和发展走向，对那些绩效不好或有碍于高校发展的情况，就需要相应的政策予以“惩戒”。

再次，责任机制从最初用来加强内部管理转向来自外部的认证评估。公众对高等教育事业的关注度越来越高，这也加强了政府在公共领域实施评估并加大评估力度的信心。高校规模越来越庞大，政府对高校管理的方式也在发生变化，需要从以往行政命令性的强制领导转为制定法规予以规范，实行间接管理。我国的大学大多层级较高，指涉的客体较为笼统，没有可操作性，对章程的规范性管理缺少直接的上位法。

（四）大学自治之保障：法治的完善

为保证大学自治而制定的章程必须有外部的法治力量作为保障和支撑，而且必须通过立法程序。南方科技大学的做法是将通过学校讨论、审议的章程，提交学校举办者所在的同级人大常委会讨论、审议，使经过这样程序出台的章程成为法律。高校运行中涉及的各层级、部门岗位的产生、权责、后续处理等问题必须依法执行。所以，需要有不违背上位法《高等教育法》且具有执行力的下位法为地方性高校的章程建设提供法律依据。

章程是集高校相关利益群体之权力结构划分的制度性保障，这就涉及谁有资格来管理章程的问题。高校的设立与发展是教育领域的基本矛盾之一，除了要有懂教育规律的人为权力结构划分提供理论支撑，还需要社会各界为高等教育事业的发展提供监督，为保证各方利益的合法、合理，就需要章程的颁发有法律依据，这也是政府责任机制在高校运行中的间接管理的表现。

第四节　民族院校国际化及路径选择

一、大学国际化的可行性

（一）教育质量保障和认证体系的国际化

各国政府越来越关注教育质量保障认证问题，还致力于制定国际教育质量的保障和认证体系。2000 年，欧洲大学联合会（EUA）制订了一项教育认证计划，该计划促使欧洲出台了一系列有关于欧洲教育认证模式发展的原则。2001 年，35 个欧洲国家的教育部长和 250 位左右的高校代表参加了布拉格会议，会议上探讨了有关于进一步加强各国之间教育合作的事项，“会议探讨并强调要清除欧洲国家间阻碍学生流动的障碍；改革大学人事制度，促进教学和科研人员之间的交流和合作；引入阶段性文凭；实施统一的学分制度；改善各国高等学校的课程和专题设置，确保课程质量，确立新课程认可制度，从而建立一个统一的、高质量的并在世界上具有吸引力的欧洲高等教育市场”①。我国的高校必须积极地加入高等教育的世界性活动中，让我国的高等教育更快地融入国际教育中。在制定我国国内的教育质量保障和认证体系时，还要逐步建立起与国际教育评估机构的交流与合作，从而获得多方的合作与认可，并保持与各国教育质量保障与认证体系的一致性。

（二）专业设置和课程内容的国际化

专业设置和课程内容具体化应体现三个“通”，即通识、通才、通用。

通识，指广博的知识，学生不仅要学习知识，还要学习做人；不仅要学习科学知识，还要学习人文知识。让学生学会做人、学会学习、学会做事、学会生活、学会发展，做和谐发展全面发展的人。美国哈佛大学 1978 年公布的《公共基础课程方案》要求全体学生都要学习文学艺术、历史、社会哲学分析、美国语言文化以及数学和自然科学。他们的目标是让学生在科技文化和人文文化之间架起一座桥梁并达到和谐统一，并使所有学生都了解文化传统，懂得人的价值。

通才，指在某个领域内知识面比较广，知识体系比较完善。单一专业的人员并不能满足当今竞争激烈的社会，科技发展迅速、职业要求变化快，学生的知识结构要适应社会的变化，学生应具备适应新的行业的能力。学生在学校除了接受多学科综合教育，还要具备本专业的知识，具备顺利从一个技术领域转到另一个技术领域的能力。

① 彭正梅. 德国高等教育的改革动向 [J]. 全球教育展望，2002 (9)：6.

通用，指教师应在国际化框架下讲授国际性课程，培养学生的国际意识。20世纪，美国、日本等发达国家开设了一系列教育国际化课程，如国际关系、国际经济、国际金融、国际贸易等。我国高等教育在设置课程时，应该积极实行国际化，吸收国外最先进的科学文化知识，引进国外优秀原版教材，邀请国外专家到国内讲学。

（三）教育管理的国际化

为了适应我国的社会主义市场经济和教育管理的国际化，我国的高等学校应实施以政府宏观调控为主、高校自主办学的管理体制。为使高等教育管理体制灵活应对变化着的社会需求，我国政府应改变对学校的直接管理方式，把政府对学校的直接行政管理转变为运用立法、拨款、规划、信息服务、政策指导等方式对高校进行宏观管理。

为了实现学校教育管理的国际化，我们应该努力研究各国的学分制。各国的学分制因教学管理制度不同而不同。从19世纪起，美国高等教育通用的评定手段一直都是学分制，学生学习具有极大的灵活性，学生只要修完一定数量的必修课，修满除必修课以外的课程的学分，就可获得相应的学位。欧洲的大多数高等学校采用的是欧洲学分转换体系学分制。目前，这一体系正在被全欧洲的大多数高等学校所采用。欧洲学分转换体系的关注点是学分的转换及学生的国际流动。我国各高等学校应该在认真研究欧美高等教育管理模式的基础上，制定出自己的学分框架，并通过与世界其他国家的高等学校交流，建立起符合国内各大学自身发展需要的具有自身特色的学分制，还应在中外合作办学中努力尝试学分互换、学分互认制。

从师资建设方面来看，我国的大学应该学习、借鉴国际上通用的优秀管理方法，积极聘请国外专家来我们学校讲学。同时，我国高等大学可以聘请国外优秀的师资和研究人员，并为国内的教师提供出国访学、交流的机会。

二、大学国际化的途径

我国各个大学不仅历史背景、文化、管理方法、领导形式不尽相同，其国际化水平、拥有的教育资源也不同，高等教育国际化的方式也不同。以下是几点大学国际化的建议：

（一）模式的选择上“引进来”与“走出去”相结合

我国的大学在国际化的进程中，应实行“引进来”，向世界上优秀的大学学习。“引进来”是指以中国高校的具体需求为基础，吸收国外高校先进的教育理念，引入国外大学优秀的教育资源，从而不断提高国内学校的教学质量、科研水平、师资建设和管理能力，逐步为国际社会所接受。同时，凭借经济全球化和中国改革开放的大环境，吸引外国学生、学者、科学家、教育家，使大学或学院成为一个国际化的小世界，活跃于国际教育界，从而获得更多国际支持①。

我国大学在实现“引进来”的同时，还要创造条件“走出去”，即让世界认知、理解、尊重和接受中国大学的教师、学生、科研项目、办学理念、管理方式等各方面的国际化交流与合作。

为了快速推进中国大学国际化的现有水平，我国高校必须大力“引进来”，但是单纯的“引进来”，缺少“走出去”的国际化，并不是真正意义上的国际化。“走出去”也是实现“引进来”的动力源泉。

（二）发展思路上“布点”与“铺面”相结合

具有国际化视野、放眼世界是大学国际化的基本前提。由于欧美等发达国家的一些重点大学的发展早于我国大学，它们的教育资源丰富，我国大学可以从中学习、借鉴。不少国内大学都选择与欧美地区的大学开展国际交流合作项目，除此之外，我国的大学还应该向其他一些次发达、不发达甚至欠发达的国家或地区学习，因为其中有些地区与我国的国情相似，这些国家或地区的外国留学生市场具有极大的潜力。同时，这些地方的大学也有值得我们学习的办学思路、国际化经验、重点学科和专业、管理经验。因此，在大学国际化进程中，要放眼世界各大洲，先“布点”，选择一至两个有合作可能性的学校建立校际关系，然后以“点”带“面”，带动与整个地区学校的联系。

---

① 中国高等教育学会引进国外智力工作分会. 大学国际化理论与实践［M］. 北京：北京大学出版社，2007：111-114.

（三）发展目标上“数量”与“质量”相结合

许多中国的大学为了跟上国际化的潮流，不断增加国际交流合作项目的数量，但是一味追求数量，不能保证学校国际化的质量。大学国际化的质量必须与该学校的定位、发展方向、战略重点、对象范围、自身特色等密切联系起来，如学校派出什么样的留学人员、邀请什么样的国外专家来讲学、进行何种模式的合作等应该结合学校自身各方面进行考虑。在大学国际化的进程中，应关注数量，更应注重质量。

（四）发展过程中“院系”与“学校”相结合

大学国际化可以借鉴改革开放中的一条成功经验，即先局部后整体，在发展过程中应结合“院系”与“学校”这两级。一所大学的国际化从整体上一蹴而就是几乎不可能的，学校应该先在优势学科或专业上，逐步实行局部的国际化，即院系的国际化，这不仅能够将资源的利用效率最大化，还可以在短期内实现国际交流的实质性的进展。从院系开始进行重点国际化，可以提高院系国际化的积极性，从而通过局部，促使整体即学校实现国际化。

（五）国际化的过程中“框架”与“具体”相结合

在计划的过程中是离不开“框架”与“具体”的，即先建立关系，签署框架协议，再采取一系列措施来具体落实。我国不少大学都与国外的学校通过签订《谅解备忘录》、《校际关系协议》等来建立关系，但是很多学校在签订协议后，并没有将合作落到实处。如今，在大学国际化背景下的交流与合作是国内学校与国外学校进行沟通和交流的纽带与桥梁，在合作框架确立后，学校应采取一系列具体措施来进行校际合作的调查、策划、协调和监督，并真正服务于学校，为学校培养人才、改善教学、鼓励科研等。

（六）国际化的实践中“教师”与“学生”相结合

国际交流与合作中最关键的因素是人。那么，学校国际化的目标的确立、政策的执行、部门的设立、项目的构想等等都与教师与学生的需求密切相关。学校国际化的实践中最根本的就是培养教师与学生的国际交流意识和激发他们进行国际交流的动力。全球化的问题越来越引人注目，越来越多的人开始重视国际交流，不少有过留学经历、有海外关系的人以及想要出国并从中受益的人，越来越渴望参与到国际交流合作中，因为他们拥有更多的资源，期望获得自己相关领域的最新信息和动态。但是，具有国际交流的意识并不代表人具有进行国际交流合作的动力。有的人认识到加强国际合作的重要性，希望与国外的专家进行交流，但是心有余而力不足，缺乏机会、缺少资源；有的人具备国际合作交流的条件，但却将其视为负担，自己的工作已经十分繁忙，无暇顾及。应建立激励机制，为教师提供更多出国访学，参加国际会议、国际研究项目的机会，让教师进行国际交流与合作，并让学生参与其中。

（七）留学生招生和人才招聘上“内宾”与“外宾”相结合

“内宾”主要是指华人、华侨和留学校友。他们不仅了解西方文化，也了解中国文化，对中国大学的教学、管理体制等有一定的了解。由于语言上没有障碍，与国内的教师沟通顺畅，他们不仅能与国内的教师建立关系，还可以推动中国大学与“外宾”建立关系。中国大学应该充分利用出国留学人员和海外校友提供的信息，建立信息库，为学校招收留学生和引进高层次的专业人才提供信息和咨询。

参考文献

一、著作类

[1] 周激流，唐毅谦．大专业平台人才培养模式：理论架构与实践探索 [M]．北京：科学出版社，2012.

[2] 中国高等教育学会引进国外智力工作分会．大学国际化：理论与实践 [M]．北京：北京大学出版社，2007.

[3] 雷召海．中国民族院校的定位与发展研究 [M]．武汉：湖北人民出版社，2009.

[4] 杨胜才．中国民族院校特色研究 [M]．北京：民族出版社，2007.

[5] 魏所康．培养模式论：学生创新精神培养与人才培养模式改革 [M]．南京：东南大学出版社，2004.

[6] 杨启光．教育国际化进程与发展模式 [M]．北京：社会科学文献出版社，2011.

[7] 王永生．本科人才培养模式改革的研究与实践 [M]．北京：北京交通大学出版社，2010.

[8] 杨国祥．创新人才培养理念与模式 [M]．镇江：江苏大学出版社，2007.

[9] 刘国钦，伍维根，彭健伯，等．高校应用型人才培养的理论与实践 [M]．北京：人民出版社，2007.

[10] 陈洪玲，于丽芳．高校扩招后人才培养模式的理论与实践 [M]．北京：北京师范大学出版社，2011.

[11] 王世忠，等．民族院校大学生学业发展研究 [M]．北京：科

学出版社，2016.

[12] 王世忠. 大学生资助政策执行效果评估研究 [M]. 北京：中国社会科学出版社，2014.

[13] 王世忠. 民族院校人才培养模式的创新与实践 [M]. 武汉：武汉大学出版社，2014.

[14] 王世忠. 少数民族教育发展研究 [M]. 北京：人民出版社，2013.

[15] 滕星，王铁志. 民族教育理论与政策研究 [M]. 北京：民族出版社，2009.

[16] 曲木铁西，夏仕武. 少数民族高等教育导论 [M]. 北京：民族出版社，2013.

[17] 唐纪南，张京泽. 中国民族院校发展史 [M]. 北京：中国社会科学出版社，2012.

[18] 吴仕民. 中国民族政策概览 [M]. 北京：人民出版社，1995.

二、期刊论文类

[1] 杨福玲，刘金兰，董粤章，等. 中国大学国际化发展的政策与战略趋势初探 [J]. 天津大学学报（社会科学版），2011，13 (3)：279-283.

[2] 雷召海. 关于新时期民族院校发展战略的若干思考 [J]. 中南民族大学学报（人文社会科学版），2010 (3)：160-163.

[3] 特罗. 从精英向大众高等教育转变中的问题 [J]. 王香丽，译. 外国高等教育资料，1999 (1)：1-3.

[4] 潘懋元，谢作栩. 试论从精英到大众高等教育的“过渡阶段” [J]. 高等教育研究，2001 (2)：1-6.

[5] 潘懋元. 中国高等教育大众化的理论与政策 [J]. 高等教育研究，2001 (6)：1-5.

[6] 黄福涛. 高等教育的国际化与全球化——历史与比较的视角 [J]. 国际高等教育研究，2003 (1)：1-7.

[7] 李斌，罗赣虹. 高校大类招生：精英教育的一种推进模式 [J]. 大学教育科学，2012 (5)：11-16.

[8] 李秀娟. 按学科大类招生 构建“平台＋模块”课程结构体系 推进人才培养模式改革 [J]. 黑龙江高教研究，2004 (6)：106-108.

[9] 许春英，高志强. 基于大类招生培养模式的人才培养方案优化设计 [J]. 当代教育论坛 (管理研究)，2010 (11)：59-60.

[10] 郭秀晶，王霁霞. 来华留学生高等教育的政策分析与制度变迁 [J]. 北京科技大学学报 (社会科学版)，2008 (4)：141-145.

[11] 陈士夫，王瑛. 关于地方高校大类招生培养模式的思考 [J]. 中国大学教学，2008 (1)：64-65.

[12] 王冀生. 通识为本　专识为末 [J]. 教育发展研究，2002 (3)：59-62.

[13] 马德山，马青. 民族院校人才培养理念的重构与教学管理制度的优化 [J]. 西北民族研究，2010 (2)：197-203.

[14] 何冬兰，李磊，冯玺. 民族本科院校人才培养模式的形成、特征及其构建 [J]. 高校社科动态，2008 (2)：37-48.

[15] 张京泽，王丽萍，覃鹏. 关于民族院校贫困生的资助措施及思考 [J]. 民族教育研究，2004 (5)：19-24.

[16] 冯建新，梅健. 民族高等院校人才培养模式探析 [J]. 民族高等教育研究，2013，1 (4)：13-17.

[17] 郑超美. 本科教育按大类招生及培养模式探析 [J]. 重庆科技学院学报，2006 (5)：83-86.

[18] 李志义. 研究型大学如何构建本科人才培养新体系 [J]. 中国高等教育，2008 (Z2)：34-37.

[19] 周激流，赵钢，等. 以大专业平台整合资源　建立三方互动育人机制 [J]. 中国高等教育，2011 (12)：48-49.

[20] 肖地生，顾冠华. 全球化视野下的中外合作办学 [J]. 黑龙江高教研究，2003 (5)：9-12.

[21] 谭贞. 中外合作办学政策的历史考察 [J]. 郑州大学学报 (哲学社会科学版)，2010，43 (4)：167-170.

[22] 李永强，金璐. 中外合作办学的政策分析 [J]. 现代教育科学，2008 (5)：26-29.

三、学位论文类

[1] 陈润奇. 高等教育国际化背景下对中外合作办学的探讨 [D]. 上海：上海师范大学，2007.

[2] 蔡琼. 中国民族院校发展中的文化转型 [D]. 武汉：华中科技大学，2006.

[3] 贺俊. 我国高校应对高等教育国际化策略研究——以 H 大学为例 [D]. 上海：华东师范大学，2012.

[4] 何桂强. 高校创新性人才培养模式的研究与实践 [D]. 长沙：中南大学，2002.

[5] 海燕. 我国研究型大学本科人才培养模式改革研究 [D]. 沈阳：东北大学，2008.

[6] 张继桥. 我国高等教育国际化发展的若干思考 [D]. 济南：山东大学，2007.

[7] 张柳. 高等学校教师公派出国留学的现状及对策研究 [D]. 上海：上海交通大学，2012.

[8] 宋连莲. 中国大学国际化建设研究 [D]. 大连：大连理工大学，2006.

[9] 宋遂周. 我国民族院校人才培养模式研究 [D]. 北京：中央民族大学，2010.

[10] 陶晓东. 我国中外合作办学基本分析与个案调查 [D]. 苏州：苏州大学，2008.

[11] 王恒安. 高校按"大类招生培养"的研究 [D]. 汕头：汕头大学，2007.

[12] 王建慧. 阿特巴赫高等教育国际化思想研究 [D]. 武汉：华中科技大学，2011.

[13] 闫豫. 民族院校普通本科人才培养模式研究 [D]. 武汉：中南民族大学，2013.

[14] 杨相配. 基于学生满意度视角的民族院校本科教学质量研究 [D]. 武汉：中南民族大学，2013.

[15] 余思思. 民族院校本科发展性教学评估研究 [D]. 武汉：中南民族大学，2015.

[16] 陈燕. 民族院校本科教学质量保障研究 [D]. 武汉：中南民族大学，2013.